사회복지현장실습

양정남 · 윤동성 · 최은정 · 조　준 · 이형하

청목출판사

머리말

사회복지현장실습은 사회복지를 전공하는 학생들이 학교에서 배운 이론과 기술을 현장에 적용하여 봄으로써 이론과 실제와의 차이를 경험해 보고, 다른 한편으로는 사회복지를 자신의 전문직 직업으로 선택하는데 중요한 실제적 경험을 하게 하는 중요한 교과목이다. 학생들은 사회복지 실습 현장의 경험을 통해 각종 사회복지기관에서 이루어지는 다양한 형태의 실천방법에 대해 보다 넓은 이해와 민감성을 갖도록 훈련받는다. 따라서 이 교재는 사회복지실천지식 및 기술을 실제에 적용함으로써 전문직의 사명감과 실천능력을 겸비한 사회복지전문가를 교육하고 훈련시키는 데 필요한 다양한 실천이론과 지식 그리고 개별 사회복지실습기관의 이해를 도울 수 있는 기관정보와 프로그램, 실습사례 등을 빠짐없이 담을 수 있도록 노력하였다.

이 책은 크게 두 가지 부분으로 나누어 볼 수 있다. 총론적인 부분이라고 할 수 있는 1장에서부터 3장까지는 사회복지현장실습의 기초적인 내용 전반에 관해서 다루었고, 각론에 해당하는 4장부터 15장까지는 아동복지, 노인복지 등 사회복지 각 분야의 사회복지시설과 실습사례, 프로그램 등을 소개하였다.

총론부분의 구성을 간단히 설명하면 다음과 같다.

1장 "실습지도의 개요"에서는 실습의 개념, 실습지도의 목적과 목표, 사회복지전문직에 대한 가치와 윤리 및 정체성, 실습생 · 실습기관 · 실습지도자 각각의 자격기준 및 책임을 고찰하였다. 또, 각 부분마다 학생들이 생각하고, 토론해 볼만한 연습문제를 제시하여 실습에 임하기 전에 여러 차원에서 사회복지학도로서의 자기를 스스로 점검해 볼 수 있도록 하였다.

2장 "사회복지실습의 주요 내용 및 기술"에서는 전문성 발달을 위한 교육내용과 행정적 · 정책적 측면의 교육내용을 주로 서술하였고, 사회복지 실습의 주요기술인 면접과 의사소통 기술 · 개입과정에 대한 기술을 고찰하였다. 2장에서도 역시 관련된 주제의 연습문제를 제시하였고, 강의실과 실습기관에서 유익한 토론과 사고를 해볼 수 있는 기회를 마련하였다.

3장 "사회복지실습의 기초이론과 기록"에서는 학부와 석사과정 학생들이 공통적으로 학습해야 하는 핵심적인 내용과 기술을 제시한 Fortune(1994)의 모델을 중심으로 각 범주의 내용과 실습에서 실제로 적용할 수 있는 방법을 구체적으로 살펴보았다.

각론부분은 먼저 4장에서 다양한 영역을 포함하고 있는 지역사회복지관을 살펴보고 5장에서는 사례관리를, 그리고 6장에서는 최근 사회복지현장에서 중요성이 확대되고 있지만, 학생들이 가장 어렵게 느낀다는 "프로포절 작성"에 대한 실질적인 내용을 간단히 정리하였다. 그리고, 사회복지공동모금회의 양식에 맞춘 프로포절의 예와 삼성복지재단의 약식제안서(one paper proposal)의 예를 제시해 두었다. 7장부터 15장까지는 아동복지기관이나 노인복지기관 등 개별 사회복지기관의 기본적인 개요와 함께 각 사회복지 영역별 분야의 실습사례와, 프로그램의 작성 실례를 소개하였다.

마지막으로 아직 미흡한 점이 많은 책의 출판을 맡아주신 청목출판사 임직원께 감사드리며, 이 책이 학생들에게 사회복지현장과 실습과정을 이해하는 데 조금이라도 도움이 되었으면 하는 바람을 가져본다.

2010년 2월
저자 일동

차 례

제 1 장

실습지도의 개요

제 1 절 사회복지 실습의 개념

사회복지는 다양한 연령·사회·경제적 계층의 사람들이 선택하는 전문직이다. 또한 사회복지를 자신의 제2, 제3의 직업으로 선택하는 사람도 많다. 이러한 관점에서 사회복지실습은 학생들이 사회복지를 자신의 전문직 직업으로 선택할 수 있도록 실제적 경험을 주는 중요한 교과목이다. 실습생들은 사회복지 실습 현장의 경험을 통해 다양한 사회문제와 인간에 대한 보다 넓은 이해와 민감성을 갖도록 훈련받는다.

이 교과목의 기본 목표는 사회복지실천의 가치 및 윤리, 지식 그리고 사회복지실천과정 및 기술을 실제에 적용함으로써 전문직의 사명감과 실천능력을 겸비한 사회복지사를 교육하고 훈련시킨다. 이는 사회복지학이 이론과 실제를 겸비한 학문으로써의 응용과학적 측면을 나타내고 있다. 사회복지 실습 교과목의 구성은 사회복지 실무현장에 실습생을 배치하여 사회복지기관에서 교육받도록 하는 방법과, 학교에서의 세미나 수업 방법을 병행하여 통합적으로 운영한다. 이 과정에서 실습생은 사회복지 실천과정에서 이루어지고 있는 서비스를 계획하고 전달하며 평가하는 과정에 참여하고 학교에서 배운 사회복지의 실천원칙, 윤리와 가치, 과학적인 실천기술을 현장에 적용시키는 실무경험을 하게 되는 것이다. 사회복지 전공 교육에 있어 중요한 교과목인 사회복지실습에 대해 한국사회복지교육협의회(2004)에서는 사회복지 현장실습(Social Work Practicum)이라는 전공 필수과목으로 편성하고 있다. 이 과목은 사회복지기관에서 이루어지는 현장실습에 대하여 교육과정의 일부분으로 간주하여 실습교육이라는 명칭을 사용하고, 기관에서 진행되는 부분은 실습지도로 언급하고 있다. 협의회에서 제시한 실습 과목의 기준은 다음과 같다.

○**학점 및 시간** : 3학점 이상 11시간 이상(현장실습 8시간 + 실습 세미나 3시간)
○**실습 유형** : 학교와 학생 사정에 따라 다르지만 학생은 다음 두 가지 방법 중 한 가지를 택할 수 있음.

즉, 학기 중 실습 유형은 주당 1일 8시간 16주 실습지 출석 근무를 해야 하며 중간 및 기말고사 기간에 해당하는 2주의 실습시간은 16주에 포함될 수 있다. 방학 중 실습은 1일 8시간 매일(월~토요일) 연속 3주 이상 출석 근무 단, 월~금요일의 근무지는 연속 4주 이상 출석근무로 규정한다. 최근 사회복지사협회(2005)에서는 실습교육시간을 일반실습, 심화실습I, 심화실습II 과정 공통으로 다음의 기준에 준하여 시행할 것을 권고하고 있다. 학기 중 실습은 주 1일 8시간 15주(120)시간, 방학실습은 4주(120시간 이상), 생활시설에서 실습을 할 경우 120시간 이상으로 규정한다.

제2절 사회복지 실습지도의 목적과 목표

실습지도는 사회복지의 전문적 지식과 기술을 습득하고 실천하는데 중요한 교육 방법으로 활용되어 왔다. 학생은 실습을 통하여 클라이언트를 실제로 대면하고 실행에 의한 학습 기회를 가질 수 있게 된다. 따라서 사회복지를 전공하는 학생들은 학교에서 사회복지의 가치와 윤리를 비롯한 이론적인 영역을 학습하고 실습을 통해 현장에 적용하는 경험을 하게 된다. 이러한 실습 경험은 학생의 사회복지 실천 기술의 개발에 가장 중요한 영향을 미치고 있다. 그러므로 실습지도는 학생이 학교에서 습득한 사회복지 실천 지식, 기술, 가치를 현장 경험을 통해서 통합할 수 있는 기회를 제공하는데 초점을 두게 된다. 사회복지실습지도의 목적은 두 가지 측면에서 볼 수 있다. 첫째는 학생들이 학교에서 배운 지식, 기술, 가치를 실습을 통해 현장과 통합하는 기회를 갖게 되고 둘째는 현장의 경험을 통해 새로운 학습기회를 갖게 되어 이론과 방법을 확인하고 수정·발전시킬 수 있는 학습의 장이 될 수 있다.

사회복지실습지도의 목적과 목표는 학교 또는 학부와 대학원에 따라 다를 수 있다. 한국사회복지교육협의회(2004)에서 제시한 사회복지 현장실습 과목의 목표를 살펴보면 다음과 같다.

① 학교에서 습득한 사회복지에 관한 지식과 기술의 실천적 적용
② 사회복지 실습현장에서의 클라이언트 체계의 문제 확인, 정보 수집, 조직화, 분석, 개입 계획의 수립과 이해, 개인 노력에 대한 평가과정을 경험하게 함으로써 새로운 지식과 기술의 습득
③ 지역사회 대상 집단의 특성과 자원에 대한 지식을 활용할 수 있는 능력
④ 사회복지 시설 및 기관의 조직, 정책, 절차에 적용할 수 있는 경험적 이해 증진과 능력 향상
⑤ 사회복지 실천에 대한 자신의 적성 테스트 기회 제공
⑥ 실습생의 사회복지사로서의 자아인식 증진과 전문적 정체감 형성

이와 같이 사회복지실습지도의 목적과 목표를 종합해 보면 지식의 습득, 전문적 기술의 개발, 전문직으로서의 태도를 개발하는 것이다. 이 세 가지 목표를 좀더 자세히 살펴보면 다음과 같다(서홍란·이경아, 2001).

1) 지식의 습득

① 인간과 환경간의 공식, 비공식 체계간의 상호관련성을 이해한다.
② 클라이언트에 대해 보다 포괄적이고 실제적인 이해를 갖는다.
- 클라이언트 체계와 다양한 변수들(즉, 생물·심리·사회적 특성, 문화차이 등)과의 상호 관련성을 이해한다.
- 클라이언트 체계에 영향을 미치는 요소들에 대해 이해한다. 예를 들어, 빈곤, 차별, 연령, 생활 방식, 장애, 성(姓) 등을 포함할 수 있다.
- 생태학적 체계의 영향, 기존의 전달체계의 기능과 역기능과 클라이언트 체계를 어떻게 변화시키고 개선할 수 있을지에 대해 이해한다.

③ 이러한 체계에 효과적으로 개입할 수 있는 직접적인 실천방법에 대해 이해한다.
④ 원조과정의 기본적인 원칙을 이해한다.
⑤ 사회복지실천을 평가하는 방법을 이해한다. 즉 문제해결과정, 특정 전문실천분야에서 활용하는 개입방법과 결과에 대해 평가하는 방법을 이해한다.

⑥ 전문사회복지사로서의 철학, 가치, 목적, 윤리와 실습생 자신의 개인적인 가치와의 관계를 이해한다.

⑦ 인접학문에 대한 이해와 상호관련성에 대해 이해한다. 이는 학교에서 배운 이론과 실천기술들을 통합하는 데 요구된다.

2) 전문적인 기술의 개발

① 체계적인 관점으로 핵심 문제를 규정할 수 있어야 한다. 또한 그 문제에 영향을 받거나 그 문제에 포함될 수 있는 관련 혹은 하위문제들을 확인하고 문제에 대한 초기사정에 필요한 정보를 획득하는 기술이 필요하다.

② 획득한 정보와 자료를 조직화하고, 환경 요인의 영향을 평가하고, 문제와 관련된 사회정책 및 프로그램들을 평가하는 기술을 개발한다.

③ 문제 상황에서 클라이언트의 내적 요소와 대인관계 요인들이 미치는 영향에 대해 인식하고 이를 명확히 할 수 있는 기술을 개발한다.

④ 문제해결 과정에서 요구되는 다양한 의사소통기법들을 활용할 수 있어야 한다.

⑤ 지역사회에서 이용 가능한 자원들을 개발하고, 클라이언트의 욕구와 능력에 따라 이들 자원과 연결할 수 있는 연결자, 중재자로서의 기술을 습득해야 한다. 또한 필요시 클라이언트를 공식, 비공식으로 타 기관에 의뢰할 수 있어야 한다.

⑥ 종결과정에 포함되는 사회복지사, 클라이언트, 기관의 과업과 역할을 실행할 수 있어야 한다.

⑦ 거시적인 관점에서 보다 큰 체계의 문제를 해결하기 위해 정부의 정책과 다양한 프로그램을 확인할 수 있어야 한다. 또한 전문직의 가치에 따라 이들 정책과 프로그램의 효과를 평가하는 기술을 갖추어야 한다.

⑧ 실습생 자신의 업무수행에 있어서 사회복지 전문직의 목표와 가치를 적용할 수 있어야 한다.

3) 전문직으로서 태도의 개발

① 클라이언트의 최선의 이익(best interest)을 위해 원조하는 태도를 기른다. 이는 실습생 자신의 능력에 적합하면서 클라이언트의 문제해결에 필요한 모든 방법을 동원함을 의미한다.

② 클라이언트에 대한 실습생 자신의 감정과 태도를 인식하고 전문직으로서 책임성 있

는 태도를 기른다.

③ 동료(타 학교 실습생, 기관 실무자, 지도감독자 등)의 제안에 경청하고 이에 적절히 반응하며 책임 있게 수행하는 태도를 기른다.

④ 끊임없이 학습할 수 있는 태도가 요구된다. 이는 전문가로서 성장하는 책임 있는 자세이다.

제 3 절 사회복지전문직에 대한 가치와 윤리

사회복지 교과과정은 사회복지실천의 목적과 기본적 가치관 그리고 지식 및 기술의 통합적 관계 유지라고 말할 수 있다. 사회복지 현장을 경험하기 위해 실습을 준비하는 실습생에게 기본적 가치관과 윤리적 사명감을 갖도록 준비하는 것은 중요한 과업이라고 할 수 있다. 따라서 학생들은 실습현장에 나가기 전 사회복지 실천에 대한 가치와 윤리의 의미에 대한 구체적 지식을 습득하고 전문적 행동 속에 통합되어 그 적용여부를 검증할 수 있도록 한다. 이러한 학습과정을 통해 학생자신의 개인적 가치관에 대한 인식을 개발하고, 자신의 가치관을 점검하여 윤리적 장애물들을 스스로 다룰 수 있도록 준비해야 한다. 실습지도는 각 접근방법에 따라 지도하는 방법에 차이는 있으나 전문직에 대한 정체성 확립의 중요성은 동일하게 인정하고 있다.

1. 사회복지 전문직의 정체성

사회복지 전문직의 정체성 확립과 관련하여 사회복지 실습이란 사회복지 업무를 어떻게 수행 하는지를 배우는 것이다. 즉, 학생들은 실습을 통해 대학에서 배운 이론을 실천현장에서 적용해 보고 사회복지사로서의 능력을 검증해 보게 된다. 이러한 과정을 통해 사회복지 전문직으로의 사회화 과정에 참여할 수 있게 된다. 사회복지 전문직에 대한 성공적인 사회화는 클라이언트에게 서비스를 전달할 때 전문직의 지식, 기술, 자격을 소유하고 활용하며 실천하는 것을 말한다. 다음은 실습을 준비하는 학생들이 전문직에 대한 가치와 윤리 그리고 정체성 확립을 위한 질문이다.

연 습 문 제

① 사회복지가 무엇인지에 대해 친구나 가족에게 전문용어가 아닌 일상적인용어로 설명을 해보시오.

② 클라이언트가 사회복지사를 방문하는 이유에 대해 기술해 보시오.

③ 실습생은 실습을 나가기 전 다음의 과업을 실천한다. 공식적으로 학교와 기관에 실습을 신청하기 전 희망 기관을 방문하여 다음과 같은 내용으로 사회복지사를 면담한다.

- 사회복지 전문직을 선택하게 된 동기는 무엇인가?

- 사회복지현장에서 가장 만족하는 부분은 무엇이며 가장 어려운 문제는 무엇인가?

사회복지 실천은 가치와 지식, 기술의 창조적인 총합이다. 사회복지사의 자질은 3가지의 요소를 잘 조화시키는 것뿐만 아니라 사회복지사 자신의 가치, 클라이언트의 가치, 기관의 가치도 고려해야 한다. 따라서 사회복지사들은 다양한 가치선호에 따라 도덕적 · 정치적 이슈에 대해 융통성을 가져야 한다. 예비 사회복지사들은 자신과 다른 가치관을 가진 클라이언트와 사회복지사에 대해서도 조화를 이룰 수 있어야 한다(양정남 · 최선령, 2007). 사회복지 전문가 윤리강령이 오늘날 사회복지사들이 필요한 모든 대답을 제공하는 것은 아니지만 윤리강령은 사회복지실천 과정에서 부딪히는 다양한 윤리적 결정을 내리는 데 일반적 원칙과 큰 테두리를 제공한다. 따라서 전문가 윤리강령은 사회복지사업 실천과정에서 윤리적 결정의 출발점이 되고 있다.

사회복지실천 과정에서 사회복지사는 각기 다른 상황에서 다양한 윤리적 결정을 내려야 하고, 윤리적 딜레마에 직면하게 되지만 인간존엄에 대한 기본적인 존중, 평등한 기회에 대한 신념, 사회변화에 대한 의지 등의 보편적 · 공통적 가치를 기반으로 윤리적 결정이 내려진다면 보다 인간다운 사회복지실천이 이루어질 것이다.

<한국사회복지사 윤리강령>

사회복지이념은 사회의 안정과 번영을 위하여 정의, 평등, 자유, 민주의 가치를 바탕으로 모든 사회구성원들이 인간의 존엄성을 유지하면서 자기실현을 할 수 있도록 사회전체가 공동으로 책임진다는 철학을 기본으로 한다. 이와 같은 이념을 구현하기 위해 사회복지사는 미시적인 관점에서 개인, 가족, 집단, 조직, 지역을 대상으로 직접실천을 하거나, 거시적인 관점에서 사회제도적 개선과 관련된 제반 활동에 적극적으로 개입하는 간접실천을 한다. 사회복지사들은 사회복지실천에 있어 반드시 윤리강령을 존중하며 준수해야 한다. 2001년에 개정 · 공포된 우리나라 사회복지사 윤리강령은 다음과 같다.

1) 사회복지사의 기본적 윤리기준

(1) 전문가로서의 자세

① 사회복지사는 전문가로서의 품위와 자질을 유지하고 자신이 맡고 있는 업무에 대해 책임을 진다.

② 사회복지사는 클라이언트의 종교, 인종, 성, 연령, 국적, 결혼상태, 성 취향, 경제적 지

위, 정치적 신념, 정신·신체적 장애, 기타 개인적 선호, 특징, 조건, 지위로 차별대우를 하지 않는다.

③ 사회복지사는 전문가로서 성실하고 공정하게 업무를 수행하며, 이 과정에 어떠한 부당한 압력에도 타협하지 않는다.

④ 사회복지사는 사회정의 실현과 클라이언트의 복지증진에 헌신하며, 이를 위한 환경조성을 국가와 사회에 요구해야 한다.

⑤ 사회복지사는 전문적 가치와 판단에 따라 업무를 수행함에 있어 기관 내외로부터 부당한 간섭이나 압력을 받지 않는다.

⑥ 사회복지사는 자신의 이익을 위해 사회복지 전문직의 가치와 권위를 훼손해서는 안 된다.

⑦ 사회복지사는 한국사회복지사협회 등 전문가단체 활동에 적극 참여하여 사회정의 실현과 사회복지사의 권익옹호를 위해 노력해야 한다.

(2) 전문성 개발을 위한 노력

① 사회복지사는 클라이언트에게 최상의 서비스를 제공하기 위해 지식과 기술을 개발하는데 최선을 다하며 이를 활용하고 전파할 책임이 있다.

② 클라이언트를 대상으로 연구하는 사회복지사는 저들의 권리를 보장하기 위해 자발적이고 고지된 동의를 얻어야 한다.

③ 연구과정에서 얻은 정보는 비밀보장의 원칙에서 다루어져야 하고, 이 과정에서 클라이언트는 신체적·정신적 불편이나 위험·위해 등으로부터 보호되어야 한다.

④ 사회복지사는 전문성 개발하기 위해 노력하되, 이를 이유로 서비스의 제공을 소홀히 해서는 안 된다.

⑤ 사회복지사는 한국사회복지사협회 등이 실시하는 제반 교육에 적극 참여하여야 한다.

(3) 경제적 이득에 대한 태도

① 사회복지사는 클라이언트의 지불능력에 상관없이 서비스를 제공해야 하고, 이를 이유로 차별 대우를 해서는 안 된다.

② 사회복지사는 필요한 경우에 제공된 서비스에 대해 공정하고 합리적으로 이용료를 책정해야 한다.

③ 사회복지사는 업무와 관련하여 정당하지 않은 방법으로 경제적 이득을 취하여서는 안 된다.

2) 사회복지사의 클라이언트에 대한 윤리기준

(1) 클라이언트와의 관계

① 사회복지사는 클라이언트의 권익옹호를 최우선의 가치를 삼고 행동한다.

② 사회복지사는 클라이언트에 대한 인간으로서의 존엄성을 존중해야 하며, 전문적 기술과 능력을 최대한 발휘한다.

③ 사회복지사는 클라이언트가 자기결정권을 최대한 행사할 수 있도록 도와야 하며, 그들의 이익을 최대한 대변해야 한다.

④ 사회복지사는 클라이언트의 사생활을 존중하고 보호하며, 직무수행과정에서 얻은 정보에 대해 철저하게 비밀을 유지해야 한다.

⑤ 사회복지사는 클라이언트가 받는 서비스의 범위와 내용에 대해 정확하고 충분한 정보를 제공함으로써 알 권리를 인정하고 존중해야 한다.

⑥ 사회복지사는 문서와 사진 및 컴퓨터 파일 등의 형태로 된 클라이언트의 정보에 대해 비밀보장의 한계, 정보를 얻어야 하는 목적 및 활용에 대해 구체적으로 알려야 하며, 정보 공개 시에는 동의를 얻어야 한다.

⑦ 사회복지사는 개인적 이익을 위해 클라이언트와의 전문적 관계를 이용해서는 안 된다.

⑧ 사회복지사는 어떠한 상황에서도 클라이언트와 부적절한 성적 관계를 가져서는 안 된다.

⑨ 사회복지사는 사회복지 증진을 위한 환경조성에 클라이언트를 동반자로 인정하고 함께 일해야 한다.

(2) 동료의 클라이언트와의 관계

① 사회복지사는 적법하고도 적절한 논의없이 동료 혹은 다른 기관의 클라이언트와 전문적 관계를 맺어서는 안 된다.

② 사회복지사는 긴급한 사정으로 인해 동료의 클라이언트를 맡게 된 경우, 자신의 의뢰인처럼 관심을 갖고 서비스를 제공한다.

3) 사회복지사의 동료에 대한 윤리기준

(1) 동료

① 사회복지사는 존중과 신뢰로서 동료를 대하여 전문가로서의 지위와 인적을 훼손하는 언행을 하지 않는다.

② 사회복지사는 사회복지 전문직의 이익과 권익을 증진시키기 위해 동료와 협력해야 한다.

③ 사회복지사는 동료의 윤리적이고 전문적인 행위를 촉진시켜야 하며, 이에 반하는 경우에는 제반 법률규정이나 윤리기준에 따라 대처해야 한다.

④ 사회복지사가 전문적인 판단과 실천이 미흡하여 문제를 야기시켰을 때에는 적절한 조치를 취하여 클라이언트의 이익을 보호해야 한다.

⑤ 사회복지사는 전문직내 다른 구성원이 행한 비윤리적 행위에 대해 제반법률 규정이나 윤리 기준에 따라 조취를 취해야 한다.

⑥ 사회복지사는 동료 및 타전문직 동료의 직무가치와 내용을 인정·이해하며 상호간에 민주적인 직무관계를 이루도록 노력해야 한다.

(2) 수퍼바이져

① 수퍼바이져는 개인적인 이익 추구를 위해 자신의 지위를 이용해서는 안 된다.

② 수퍼바이져는 전문적 기준에 의해 공정하게 책임을 수행하며, 사회복지사와 수련생 및 실습생에 대한 평가는 그들과 공유해야 한다.

③ 사회복지사는 수퍼바이져의 전문적 지도와 조언을 존중해야 하며, 수퍼바이져는 사회복지사의 전문적 업무수행을 도와야 한다.

④ 수퍼바이져는 사회복지사와 수련생 및 실습생에 대해 인격적·성적으로 수치심을 주는 행위를 해서는 안 된다.

4) 사회복지사의 사회에 대한 윤리기준

① 사회복지사는 인권존중과 인간평등을 위해 헌신해야 하며, 사회적 약자를 옹호하고 대변하는 일을 주도해야 한다.

② 사회복지사는 필요한 사회 서비스를 개발하기 위한 사회정책의 수립·발전·입법·집행에 적극적으로 참여하고 지원해야 한다.

③ 사회복지사는 사회환경을 개선하고 사회정의를 증진시키기 위한 사회정책을 수립·

발전·입법·집행을 요구하고 옹호해야 한다.

④ 사회복지사는 자신이 일하는 지역사회의 문제를 이해하고, 그것을 해결하는 일에 적극적으로 참여해야 한다.

5) 사회복지사의 기관에 대한 윤리기준

① 사회복지사는 기관의 정책과 사업목표의 달성, 서비스의 효율성과 효과성의 증진을 위해 노력함으로써 클라이언트에게 이익이 되도록 해야 한다.

② 사회복지사는 기관의 부당한 정책이나 욕구에 대하여 전문직의 가치와 지식을 근거로 이에 대응하고, 즉시 사회복지윤리위원회에 보고해야 한다.

③ 사회복지사는 소속기관 활동에 적극 참여함으로써 기관의 성장·발전을 위해 노력해야 한다.

6) 사회복지윤리위원회의 구성과 운영

① 한국사회복지사협회는 사회복지윤리위원회를 구성하여 사회복지 윤리실천의 질적인 향상을 도모하여야 한다.

② 사회복지윤리위원회는 윤리강령을 위배하거나 침해하는 행위를 접수받아 공식적인 절차를 통해 대처하여야 한다.

③ 사회복지사는 한국사회복지사협회의 윤리적 권고와 결정을 존중하여야 한다.

2. 사회복지사의 정체성

사회복지실습의 초점은 학생들이 학교에서 배운 지식과 기술을 향상시키기 위해 실천현장에서 수퍼비젼을 받으며 사회복지 실천 경험을 쌓는데 있다. 따라서 사회복지 교육 가운데서도 현장 실습이 사회복지사를 준비시키는데 가장 중요한 구성요소라고 하는 데에는 많은 전문가들이 동의한다(Kadushin, 1992). 실습교육은 교실에서 배운 지식과 개념들을 실제 상황에 적용함으로써 학생들에게 실천적 지식, 기술 및 가치관을 학습하는 기회를 제공하는 핵심적 교과과정이다(Fortune, 1994). 학생들은 개념적 지식을 현장에 적용시켜 실천 과정에서 얻어지는 경험과 관찰을 바탕으로 기존의 지식을 다져 나가거나 재확립할 수 있는 기회도 가질 수 있다(한인영 외, 2002). 또한 사회복지사의 역할 및 활동을 이해하고 클라이언트의 문제를 이해함으로써 사회복지사로서의 정체감을 갖도록 하며, 실습기관의 종류와 기능 및 구조를 이해할 수 있다(서진환, 2001). 따라서 학생들이 실습현장에 나아가기 전 다음과 같은 사회복지사의 역할과 기능에 관련된 이슈들에 대해 토론해 보는 것이 도움이 될 것이다.

연 습 문 제

- 사회복지사의 기능과 역할은 무엇인가?

____
____
____
____

- 사회복지사는 어떤 문제를 가진 클라이언트에게 관심을 갖는가?

____
____
____
____

- 사회복지사는 어떤 스트레스로부터 고통받으며 누구로부터 지지를 받는가?

____
____
____
____

사회복지사(social worker)란 사회복지의 현장에서 근무하는 전문직으로서, 사회복지실천에 관련되어 직접적인 서비스를 전달하는 사람을 말한다. 이 호칭은 국제적으로 승인되어 있으며, 그 범위나 자격기준은 국가에 따라 다르다. 사회복지사들은 개인이나 집단의 욕구에 반응하고, 인간의 욕구를 충족시키는 데 필요하거나 또는 장애가 되는 요소들을 제거하며 환경을 변화시키기 위해 영향력을 행사한다. 우리나라의 사회복지 제도는 1970년 사회복지사업법이 개정 공포됨에 따라 제도적으로 인정받게 되었다. 1994년 사회복지사업법 시행령 개정으로 사회복지사업 종사자 자격증을 사회복지사 자격증으로 사용하게 되었다. 우리나라의 사회복지 자격제도는 다음과 같다.

① 사회복지사 1급

· 법 제11조 제3항의 규정에 의한 국가시험에 합격한 자(본 조항은 2003년부터 적용). 국가시험은 매년 1회 이상 실시하며, 시험은 필기시험의 방법에 의하여 실시된다. 시험응시자격은 4년제 정규대학 및 대학원 졸업생으로 사회복지학 교육을 받고 졸업한 자이고, 국가시험과목은 8과목이다.

② 사회복지사 2급

· 고등교육법에 의한 대학원에서 사회복지학 또는 사회사업학을 전공하고 석사 또는 박사학위를 취득한 자, 다만 대학에서 사회복지학 또는 사회사업학을 전공하지 아니하고 동 석사학위를 취득한 자는 보건복지부령이 정하는 사회복지학 전공 교과목 중 필수 10과목 이상, 선택 4과목(대학원에서는 필수 6과목, 선택 2과목)이상을 각각 이수한 때에 한하여 사회복지사 자격을 인정한다.

· 고등교육법에 의한 대학에서 보건복지부령이 정하는 사회복지학 전공 교과목을 이수하고 학사학위를 취득한 자

· 고등교육법에 의한 대학과 동등 이상의 학력이 있다고 교육부장관이 인정하는 학교에서 보건복지부령이 정하는 사회복지학 전공교과목과 사회복지 관련 교과목을 이수하고 졸업한 자

· 고등교육법에 의한 전문대학에서 보건복지부령이 정하는 사회복지학 전공교과목과 사회복지 관련 교과목을 이수하고 졸업한 자

· 고등교육법에 의한 대학을 졸업하거나 이와 동등 이상의 학력이 있는 자로서 보건복지부장관이 지정하는 교육훈련기관에서 12주 이상 사회복지 사업에 관한 교육훈련을 이수한 자

· 사회복지사 3급 자격증 소지자로서 3년 이상 사회복지사업의 실무경험이 있는 자

제 4 절 사회복지실습생의 자격기준 및 책임

앞서 수차례 언급하였듯이 사회복지 실습은 사회복지사의 전문성 확보와 정체성 확립을 위해 중요한 교과목이다. 따라서 효율적인 현장실습이 이루어지기 위해서는 교육내용을 강화하고 현장실습에 대한 학생들의 사전 준비가 필수적이라 하겠다. 사회복지사협회(2005)에서 권고하는 실습생의 자격기준은 대학에서 사회복지 전공학생 중 사회복지사 1급 국가고시 필수 과목 8개 중 4개 과목 이상 이수한 자로 한다.

인간행동과 사회환경, 사회복지실천론, 사회복지실천기술론, 지역사회복지론, 사회복지법제, 사회복지정책론, 사회복지행정론, 사회복지조사론

다음은 사회복지사로서 갖추어야 할 가치와 윤리에 해당하는 실습생의 기본적인 태도와 책임이다(서홍란 · 이경아, 2001).

1) 비밀보장의 원칙을 지켜야 한다.
2) 실습계획에 따라 모든 업무를 수행한다. 모든 실습 업무는 계획된 실습시간을 활용하고, 업무수행상 발생하는 모든 문제는 즉시 실습지도자에게 보고한다.
3) 지도감독시간에 성실하게 임한다. 필요한 자료는 제출해야 하며, 시간을 엄수하고, 책임감 있고 지속적인 태도로 지도감독을 활용한다.
4) 실습생 자신의 학습경험과 발전을 검토할 수 있도록 지도감독 내용을 실습일지에 기록한다.
5) 실습지도교수와 실습 과정에 관해 정보를 공유하기 위해 개별 · 집단 지도감독을 받아야 한다.
6) 실습업무와 관련된 갈등 문제는 실습지도자나 실습지도교수와 의논한다.
7) 평가서(기관의 학습경험에 대한 것)와 현장교육에 대한 실습생의 의견을 제출해야 한다.

제 5 절 실습기관의 자격기준 및 책임

실습기관은 실습 교육에 중요한 역할을 한다. 실습생은 실습 경험을 통해 클라이언트를 직접 대하면서 현장감을 익힐 수 있고, 학교에서 습득한 새로운 지식과 기술을 적용해 볼 수 있는 기회가 되기 때문이다. 실습기관은 실습의 목적 달성에 중요한 영향을 주는 변수가 된다. 왜냐하면 기관에 따라 실습내용과 실습지도자가 달라지기 때문이다. 따라서 실습기관은 실습생들이 학습할 수 있는 분위기를 조성하고, 전문가로서의 가치와 목표를 확인하고 경험할 수 있는 기회를 제공하는 중요한 책임을 갖는다. 사회복지사협회에서는 다음과 같은 조건을 갖춘 사회복지시설에서 학생들이 실습할 것을 제안하고 있다(한국사회복지사협회, 2005).

- 사회복지사업법 제 2조에 해당하는 기관(사회복지현장실습을 수행할 수 있는 생활시설, 이용시설, 단체, 법인 등을 포괄함)
- 자격 있는 실습지도자가 있는 기관
- 사회복지 현장실습 교육지침서에 준하여 실습지도가 가능한 기관
- 실습지도자에게 업무조정 및 인센티브를 줄 수 있는 기관
- 대학과 실습기관의 실습교육자 간담회에 참석할 수 있는 기관

실습기관은 예비 사회복지사를 양성하는데 있어 대학과 함께 공동체 의식을 가지고 보다 체계적이고 전문적인 실습지도를 위해 노력해야 하며 학생들이 학습해야 할 핵심적인 내용과 과정에 대한 프로그램 개발과 지속적인 연구가 필요하다. 다음은 실습기관의 책임에 관한 사항이다.

1) 사회복지 전문직 가치와 윤리에 대한 책임을 명시한다.
2) 기관과 기관이 위치한 지역사회에 대해 오리엔테이션을 제공한다.
3) 보다 효과적인 실습 경험을 제공하기 위해 실습생을 위한 적당한 물리적 공간과 시설을 제공할 수 있어야 한다.
4) 실습교육과 관련하여 학교와 긴밀한 협조관계를 유지한다.
5) 실습교육과 학습목적에 부합하는 적절한 과제를 부여하고 이에 대한 지도감독을 실시한다. 과정기록(process recoding), 문제와 목표를 해결하는 과정을 평가하고 통합

할 수 있도록 지도한다.

6) 클라이언트와의 직접적인 경험을 포함하여 적절한 학습경험을 제공해야 한다.
7) 실습의 진행사항에 대해 실습지도교수와 의논하면서 실습 프로그램을 개발할 수 있으며, 만약 실습생에게 문제가 발생했을 경우 실습지도교수와 의논한다.

제 6 절 실습지도자의 자격기준 및 책임

실습생과 실습지도자와의 관계는 실습교육과정에서 무엇보다도 중요한 부분이다. 학생들이 학교에서 배운 이론과 지식을 실제에 적용하는 능력을 배양하는 책임이 사회복지실습지도자의 역량에 달려 있기 때문이다. 따라서 실습지도자는 교육적 역할과 지지적 역할을 수행하여야 한다.

이와 같이 실습지도자는 보다 체계적인 실습지도를 하기 위해서는 실습생과의 상호작용을 통해 실습의 목표를 명확히 하는 것이 중요하며 현장에서 느끼는 문제뿐만 아니라 현재 학계에서 이슈가 되고 있는 학문적인 경향에 대해서도 전문적인 지식을 갖추는 노력이 필요하다.

사회복지실천이 사회복지사와 클라이언트 간의 전문적인 관계를 조성하는 것이라면 현장실습은 실습생과 실습지도자 간의 상호노력을 통해 실습목표를 달성하고 실습생과 실습지도자 간의 전문적인 관계를 조성하는 것이라 볼 수 있다.

· 실습교육기관의 실습지도자 자격기준(한국사회복지사협회, 2005)
· 사회복지사 1급 자격증 소지자
· 실습생과 동등 이상의 학력 소지자
· 해당분야의 실무 경력 최소 3년 이상인자
· 실습지도에 관한 교육을 이수한 자

다음은 구체적인 실습지도자의 책임에 관한 내용이다(서홍란 · 이경아, 2001).

1) 실습생 교육에 책임을 인식하고 실습 기관의 목적, 일정, 업무에 관한 '실습교육계획서'를 작성하고 이를 학교의 실습지도교수에게 전달될 수 있도록 한다.
2) 실습생의 욕구를 이해하고 이와 관련하여 적합한 교육을 할 수 있도록 준비해야 한다. 실습시작 전에 오리엔테이션 프로그램, 실습생을 위한 학습공간, 업무의 선정, 실

습교육을 위한 협조자 등을 미리 준비한다.

3) 실습교육을 위해 업무시간을 할애해야 한다. 각 실습생당 매주 1시간 정도의 개별 지도감독 시간을 가져야 하며, 교육준비 기간이 충분히 포함되어야 한다.
4) 실습생이 개발할 수 있는 자원과 경험을 제공한다. 실습생이 이론적인 개념을 실습현장에 연관하고 통합할 수 있도록 적절한 학습 기회를 제공한다.
5) 실습교육목표에 부합하는 실습 지도를 수행할 수 있도록 학교와 협조체계를 유지한다. 학교에서 주최하는 실습지도자 간담회 또는 실습지도교수와의 세미나 등에 참여할 수 있도록 한다.
6) 실습종결 후 1주일 안에 학교에 '실습평가서'를 제출한다.

제 7 절 대학과 지도교수 자격기준 및 책임

한국사회복지사협회(2005)가 권고하는 대학의 실습지도교수 자격기준과 대학의 기준은 다음과 같다.

▪ 대학 기준의 기준 한국사회복지교육협의회 또는 한국전문대학사회복지교육협의회 정 또는 준 회원교
▪ 사회복지 현장실습 교육지침서에 준하여 실습지도가 가능한 대학 또는 대학원
▪ 실습기관의 간담회에 비용지불과 참석이 가능한 대학과 대학원

▶ 실습지도교수에 관한 대학의 실습지도교수 자격기준
· 사회복지사 1급 자격증 소지자
· 현장경험이 있는 자
· 사회복지학으로 학위를 2개 이상 소지한 자

실습지도 교수의 학생지도와 실습기관 그리고 대학에 대한 책임은 다음과 같이 요약할 수 있다(호남대학교 사회복지학과, 2005).

1) 실습기관의 섭외와 실습지를 평가한다.
2) 실습생에 대한 기초 정보를 파악 하고 실습생 현장 지도를 실시한다. 즉, 면담을 통해 실습생 격려 및 실습생의 실습 진행 점검 및 실습상황 파악한다. 또한 실습생의

개인적, 학문적 정보를 실습기관과 실습지도자에게 알린다.

3) 실습교육의 목적을 달성하기 위해 기관 행정담당자와 실습지도자는 함께 협의하도록 하며 일정한 기준에 따라 정확히 실습교육이 평가될 수 있도록 자문한다.

4) 매 학기 최소 1회 이상 기관을 방문한다. 기관방문을 위한 사전 준비 항으로는 실습기관에 대한 기초 정보 파악 즉, 기관의 설립 목적, 주요 사업, 조직구조 등을 파악한다. 기관장·수퍼바이져를 면담하고 실습지도 유무 및 실습내용의 충실도 확인하고 실습생에게 문제 발생 시 해결 방안 협의한다.

5) 실습교육정책을 개발을 통해 사회복지실습의 목표, 규정, 실습과정 등에 관한 내용을 지속적으로 수정 보완한다.

6) 실습지도자와 협의 아래 학기 중간과 학기말에 실습생의 성적을 평가한다. 만약 실습생의 성취도가 낮다면 이에 대해 실습지도자와 토의하고 실습교육 경험을 더욱 효과적으로 활용할 수 있도록 지원한다.

참고문헌

양정남 · 최선령. (2007). 『사회복지실천론』. 서울: 양서원.

양옥경 외. (2001). 『사회사업실천론』. 서울: 나남출판사.

김융일 외. (1995). 『사회사업실천론』. 서울: 나남출판사.

조휘일 · 이윤로. (1999). 『사회복지실천론』. 서울: 학지사.

장인협. (1991). 『사회사업실천방법론(상 · 하)』. 서울: 서울대학교 출판부.

김기태. (1998). 『위기개입론』. 서울: 홍익제.

Seafoer, B.W., Horejsi, C.R., & Herejsi, G.A. (1998). 『사회복지 실천 기법과 지침』. 서울대학교 사회복지실천연구회 역. 서울: 나남출판사.

한국사회복지사협회. (2005). 『사회복지현장실습교육지침서』. 학문사.

조휘일 역. (2001). 『사회복지실천과 수퍼비젼』. 서울: 학지사.

김선희 · 조휘일. (2000). 『사회복지실습』. 서울: 양서원.

김융일 · 양옥경. (2002). 『사회복지실습』. 서울: 양서원.

김영호 외. (2001). 『사회복지 현장실습의 이해』. 서울: 양서원.

이팔환 · 김재완. (2001). 『사회복지실습』. 서울: 학문사.

『사회복지 현장실습 핸드북』. (2001). 서울: 나눔의 집.

김영호 외. (2001). 『사회복지 사무관리 실무』. 서울: 양서원.

한국사회복지교육협의회. (2004). 『사회복지학 교과목 지침서』.

서진환. (2001). 『사회복지실습의 길잡이』. 서울: 학지사.

서홍란 · 이경아. (2001). 『사회복지현장실습』. 서울: 나눔의 집.

이필환 · 설진화. (2003). 『사회복지현장실습』. 서울: 도서출판신정.

태화기독교사회복지관. (2003). 『사회복지실습지도』. 서울: 양서원.

한인영 외. (2002). 『사회복지실습』. 이화여자대학교출판부.

Ellis, R.A., Mallory, K.C., Golud, M.Y. and Shatila. (2006). *The macro practitioner's workbook*, S.L, Thomson.

Barsky, A .E. Thomson. (2006). *Successful social work education*. USA.

Linda K. Cummins. (2006). *Social work skills demonstrated*, A&B35.

Bradford W. Sheafor. (2003). *Techniques & guidelines for social work practice*, Allan &Bacon11.

Loewenberg F.M., Harrington D. (2005). *Ethical Decisions for Social Work Practice*, Brooks/Cole.

Long D.D., Tice C.J., Morrison J.D. (2006). *Macro Social Work Practice*, Thomson Brooks/Cole.

Neukrug E.S., Fawcett R.C. (2006). *Essentials of Testing and Assessment*, Thomson Brooks/Cole.

Brueggemann W.G. (2006). *The Practice Of Macro Social Work*, Thomson Brooks/Cole.

Karen K., Alrleman K., Garfton H., Hull, Jr. (2006). *Understanding Generalist Practice*, Thomson Brooks/Cole.

Kadushin, A. (1992). *Supervision in social work*(3nd ed), Columbia University Press.

Fortune, A. E. (1994). Field education. In F. G. Reamer(Ed), *The Foundations of Social work Knowledge*. New York: Columbia University Press.

제 2 장

사회복지실습의 주요내용 및 기술

제 1 절 사회복지 실습의 주요내용 및 기술

사회복지실습은 실습생이 '실천현장에서 무엇을 학습해야 하는가?'와 실무능력 향상을 위한 관점이 주를 이루어 왔다. 한인영 외(2002)는 실습 영역을 임상실습, 조사연구 실습, 행정 실습, 정책 실습 등으로 구분하고, 각 영역에서의 실습목표, 실천 기술과 지식, 실습 내용 등을 제시하였다. 이와 같은 구분은 기본 실습과정을 마친 2차 실습대상 학생들에게 문제별 또는 대상별로 특수한 실천 영역을 구체화하는 기회를 갖도록 한다.

이 장에서는 이상의 실습 내용이 모두 포함된 실습지도에 있어서 학부와 석사과정 학생들이 공통적으로 학습해야 하는 핵심적인 내용과 기술을 제시한 Fortune(1994)의 모델을 중심으로 각 범주의 내용과 실습에서 실제로 적용할 수 있는 방법을 구체적으로 살펴보기로 한다.

〈그림 2-1〉 실습지도의 핵심적 내용 및 기술 모델

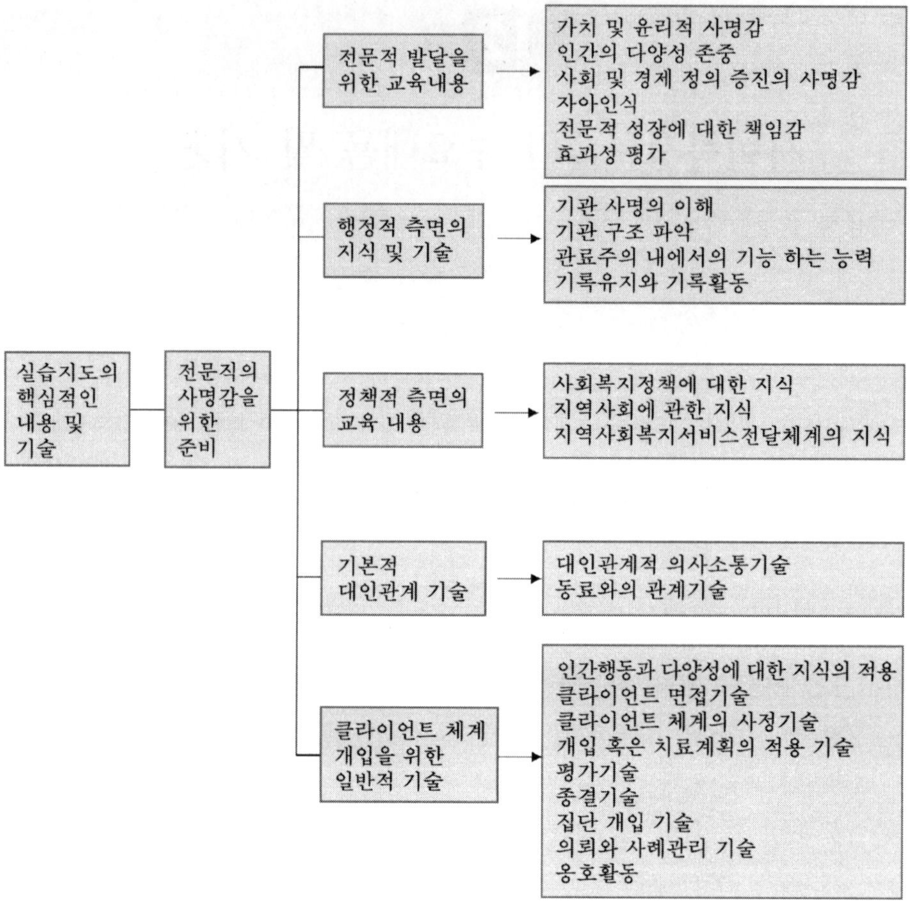

출처: Fortune, 1994.

제 2 절 사회복지 실습의 주요내용

1. 전문적 발달을 위한 교육내용

전문적 발달을 위한 교육 내용에는 1) 사회복지의 가치 및 윤리에 대한 사명감 고취 2) 인간의 다양성을 존중하고 다양한 배경의 사람들과 일할 수 있는 능력 배양 3) 사회적 억압, 차별, 그리고 경제적 불평등을 극복하려는 책임감과 사명감 4) 자신에 대한 객관적 지식과 강점과 약점에 대한 자아인식 5) 전문적 성장에 대해 책임감 배양 6) 자신의 활동의 효과성을 평가할 수 있는 능력 등이 포함된다. 이러한 학습내용을 학생에게 전달하기 위한 구체적인 실행과제를 다음과 같이 제시할 수 있다.

1) 사회복지와 사회사업의 가치 및 윤리에 대한 사명감

실습생이 사회복지 전문직의 가치, 윤리, 기능을 이해할 수 있도록 하며 실습생이 윤리적 이슈를 구체적으로 인식할 수 있는 과제를 수행한다. 또한 실습생이 사회사업 가치에 대한 사명감을 증진하고 실제적으로 가치에 따라서 행동할 수 있도록 한다. 구체적인 과제로는 사회복지사 윤리강령에 대한 토론이나 윤리적 딜레마 상황에 대한 토론 등을 한다.

연 습 문 제

성적 학대를 한 아버지: B양은 12세로 몇 달 전 어머니가 돌아가신 이후 지금까지 위탁가정에서 지내고 있다. B양은 사회복지사에게 지난 3년 동안 아버지로부터 성적인 학대를 받아왔다는 비밀이야기를 털어놓았다. 내일은 B양의 장래가 달려 있는 장기적인 보호계획을 위한 법정공판이 열리게 된다. B양은 사회복지사에게 위탁가정에서 계속 지내기보다는 아버지와 함께 살고 싶다는 말을 하였다. B양이 아버지로부터 성적인 학대를 받아왔다는 사실을 사회복지사가 법원에 보고한다면, 판사는 B양의 요구를 들어주지 않을 것이다. 그러나 사회복지사가 이를 침묵하고 B양의 비밀을 존중한다면 판사는 B양의 요구를 들어주어 아버지와 함께 살게 될 가능성이 높아질 것이다.

- 본 사례에서 발생할 수 있는 윤리적 이슈는 무엇인가?(사회복지사의 직업윤리로써 비밀보장에 관하여 논의한다.)

- 누가 이 문제를 해결해야 하는가? 그 이유는? 그리고 해결책은 무엇인가?

- 논의된 선택에서 윤리적 결과는 무엇인가? 제안된 해결책이 최소한의 해만을 끼친다고 가정할 수 있는가?

2) 인간의 다양성에 대한 존중

실습생이 인간의 다양성을 이해하고 서로 다른 배경, 사고, 혹은 재능을 가진 다양한 사람들과 일할 수 있는 능력을 키울 수 있도록 한다. 실습생의 지역적, 성별, 신체적 조건에서 오는 차이점과 다양성에 대해서 서로 다른 집단의 차이를 존중하고 강점을 찾을 수 있도록 한다.

연 습 문 제

아래의 질문은 실습생 자신의 문화와 내면화된 우울이나 자신감결여의 잠재된 원천을 인식하도록 설계된 것이다. 여러분 스스로의 삶의 경험에 대해서 기술해 보자. 이러한 것은 여러분 스스로 문화 정체성을 형성한다고 알려져 있다(Kathy Ford and Alan Jones, 1987).

•당신(실습생)은 어떤 종류의 차별을 경험하였는가?

____

____

____

____

____

•당신은 성별 때문에 차별받거나, 마땅히 누려야 할 권리를 침해당해 본 경험이 있습니까?, 어떤 경험이었습니까?

____

____

____

____

____

•당신의 나이는? 연령차별에 대해서 경험한 적이 있는가?, 어떤 경험이었습니까?

3) 사회적 · 경제적 정의에 대한 사명감

실습생이 특정한 집단에 대한 편견이나 선입견을 갖지 않도록 하고, 사회적 억압을 받거나 어려움에 처한 집단을 돕고 이들을 위해서 사회사업 실천기술을 활용할 수 있도록 한다.

4) 자신에 대한 객관적 지식과 자아인식

실습생이 자신의 강점과 약점에 대해 파악할 수 있도록 하며, 자신의 약점에 도전하는데 도움이 될 수 있는 과제물을 선택할 수 있도록 한다.

자아인식은 사회복지사들에게 있어서 끊임없는 과정이며 도전이다. 거의 모든 사회복지사들은 다양한 개인적인 문제를 가지고 있다. 따라서 사회복지사들은 자신의 문제를 인식하는데 노력해야 하며 그 과정을 통해 사회복지사는 클라이언트들을 적절하게 다룰 수 있게 된다. 사회복지사는 인간의 잠재적 자원, 강점, 창조성 같은 다중잠재력(multi-potentiality)을 인정하는 강점 관점에 관심을 두어야 한다. 강점 관점이란 클라이언트를 독특한 존재로서 다양성을 인정하고 존중하면서 클라이언트의 결점보다는 강점에 초점을 두어 가능한 모든 자원을 활용하여 역량을 실현해 나가도록 돕고자 하는 것이다. 이러한 맥락에서 '강점 관점이 사회복지의 전문적 가치를 실천하는데 필수적이다'라고 말할 수 있다. 즉 인간의 존엄성, 가치, 자기결정을 증진시키고자 하는 사회복지의 가치는 클라이언트의 내재된 잠재력, 능력, 강점을 인지하여 이를 발현할 수 있도록 하고자 한다는 것이다(Linda K. Cummins, 2006).

5) 자신의 전문적 성장에 대한 책임감

실습생이 자신의 전문적 성장에 대해 책임감을 갖도록 한다. 전문적 성장을 위한 다양한 방법들을 수행 한다 (자기평가, 전문적 조직의 참여, 새로운 문헌연구, 자문 활용 등).

6) 자신의 활동에 대한 효과성을 평가할 수 있는 능력

실습생 자신의 사회복지실천활동에 대한 효과성을 평가할 수 있는 능력에 대해서는 등한시하기 쉽다. 사회복지실천 활동에 대한 평가 작업은 계속되는 과정이어야 한다. 현장실습 첫날부터 실습생은 평가되어지는 주요 항목에 대해서 알고 있어야 한다.

2. 행정적 측면의 교육내용(조직적 상황에 대한 내용)

행정적 측면의 교육내용은 현장 실습에 있어서 실습생이 실습기관의 조직과 상황을 이해하고 사회복지사가 조직 내에서 적응하고 효과적인 서비스를 제공하는 데 도움이 되는 지식과 기술이라고 할 수 있다.

여기에는 기관의 사명을 이해하고, 기관의 구조를 파악하며, 조직 내에서 기능적으로 일할 수 있는 방법을 학습하고, 기록 관리와 기록방법을 학습하는 것 등이 해당된다. 첫째는 기관의 사명과 철학을 이해하는 것으로 기관분석 보고서를 과제로 제시하고 이에 대한 집단토론을 실시할 수 있다. 둘째는 기관의 공식적, 비공식적 관료제도, 정보가 전달되는 통로와 의사소통이 이루어지는 방법, 클라이언트를 위한 자원에 접근할 수 있는 방법 등 기관의 내적 작용을 이해하는 것이다. 과제로는 기관분석보고서를 활용할 수 있고, 학생들은 이 과정에서 직원과의 직접적인 면접 등을 실시할 수 있다.

연 습 문 제

※실습생이 실습하는 기관에 대해서 분석해 보자.

기 관 분 석 보 고 서

학 교			담당교수	
제 출 자	학 번		성 명	

1. 기관 개요
   1) 기 관 명 :
   2) 소 재 지 :
   3) 책 임 자 :
   4) 설립목적 :
   5) 설 립 자 :
   6) 운영재단 :

2. 조 직
   1) 행정조직 :
   2) 인적구성 :
3. 규모 및 주요시설

4. 지역사회 개요와 기관의 특징

   1) 지역사회개요

   2) 기관의 특징

5. 사업내용

6. Comment(지역사회에 맞는 Program별 사업추진의 타당도)

3. 정책적 측면의 교육내용

정책적 측면의 교육내용은 실습생이 실습기관 조직의 국가 및 상위 기관과의 관계, 그리고 기관이 위치한 지역사회의 배경에 대해 이해시키는 것을 의미한다.

기관에 직접적인 영향을 주는 국가와 지방의 사회복지정책들에 관한 내용과 기관에 의해 서비스를 받는 지역의 경제적, 정치적, 사회적, 그리고 문화적 구조에 대한 지식, 그리고 지역의 사회복지 서비스 연계망인 서비스 전달체계의 지식이 포함된다.

1) 사회복지정책에 대한 이해

기관에 직접적인 영향을 주는 국가와 지방정부의 사회복지정책에 대해 학습한다. 정책은 거시 체계에 대한 이해로 사회복지정책은 미시체계와 집단체계에도 직접적인 영향을 미친다. 정책에 민감한 실습(policy-sensitive practice)이란 실습생은 정책이 어떻게 클라이언트 생활에 영향을 미치는지를 알고 있고, 그에 따라서 행동하는 것을 의미한다.

연 습 문 제

다음의 개념들은 정책 실습에 있어서 중심적인 것이다. 각각의 것을 정의해 보자.

• 사회문제(Social Problem)

____

____

____

____

____

• 사회적 욕구(Social need)

____

____

• 사회정책(Social policy)

2) 지역사회에 대한 지식(지역의 특성과 자원에 대한 사정 및 분석)

지역사회에 관한 이해는 기관이 서비스를 제공하는 지역의 경제적, 정치적, 사회적, 문화적 구조에 대한 지식에 관련된 부분이다. 실습생들은 정보의 중요성과 이를 서비스에 적용하는 방법을 학습해야 한다. 따라서 그들에게 지역사회를 직접 관찰하고 다양한 자료를 활용하여 지역사회 분석보고서를 작성하는 과제를 부여할 수 있다. 아울러 이에 관하여 실습생들과 집단토론의 시간을 마련하는 것은 실습생들의 지역사회에 관한 이해를 도울 수 있다.

연 습 문 제

※실습생이 생활하는 지역사회를 분석해 보자.

<지역사회 분석보고서>

Ⅰ. ○○○구 개관

1. 구의 소개
2. 구의 연혁
3. 구의 상징물
4. 구의 역사

Ⅱ. 지역사회 특성

1. 지리적 특성
2. 면적
3. 인구학적 특성
4. 사회적 특성

Ⅲ. 지역사회 공공자원분석

- 관공서, 학교, 병원 등

Ⅳ. 지역사회에 대한 평가

1. 지역사회에 대한 인상

2. 지역사회의 주요 당면 문제점

3. 지역사회의 주요 당면 문제점을 해결하기 위한 사회 복지적 개입방법

3) 지역사회복지 서비스 전달체계에 대한 이해

실습생이 지역사회내의 사회복지서비스 연계망을 의미하는 것으로 지역사회 분석보고서를 과제로 활용할 수 있다. 이 부분에서는 이용 가능한 공식적, 비공식적 자원, 조직 간의 관계, 클라이언트를 위한 의뢰절차와 접수과정 등을 분석하도록 한다.

제3절 사회복지 실습의 주요 기술

1. 면접과 의사소통기술

사회복지사는 면접과 의사소통기술을 통해 클라이언트에 대한 존중과 관심을 표현할 수 있으며 클라이언트의 감정, 사고, 욕구를 파악한다.

면접은 클라이언트의 문제를 해결하고자 하는 목표지향적 활동으로서 직접 실천을 위한 기본적인 기술 중의 하나이다. 면접 시 사회복지사는 면접을 위한 물리적 환경을 고려해야 한다. 면접이 사무실에서 진행된다면 사회복지사는 클라이언트와 대화가 잘 이루어지도록 의자와 책상의 배열에 주의를 기울이고 산만한 분위기가 되지 않도록 해야 한다. 또한 녹음이나 녹화와 같은 방법을 사용할 계획이라면 클라이언트에게 미리 알리고 동의를 구하는 것이 바람직하다. 면접의 내용은 클라이언트의 욕구나 서비스의 목적을 기초로 미리 질문의 구조를 계획하는 것이 좋으며 면접 진행시 효과적인 의사소통을 방해할지도 모르는 사회복지사 자신의 가치나 감정에 대해 스스로 인식하는 것이 바람직하다.

면접이 효과적이기 위해서는 의사소통기술이 필수적인데 여기에는 듣는 기술과 질문기술 그리고 관찰기술이 포함된다.

1) 듣는 기술

면접에서 클라이언트가 말한 내용을 듣는 기술은 클라이언트와 사회복지사의 관계형성에 있어 매우 중요한 기술이다. 사회복지사는 클라이언트가 무엇을 말하는지, 사회복지사의 질문에 어떻게 반응하는지를 듣는 것이다. 사회복지사는 가능한 면접시간을 더 많이 들어주는 데 활용하여야 한다. 듣는 기술은 단순히 클라이언트의 이야기를 듣는 것이 아니고 그가 지금 무엇을 표현하는지, 그의 감정과 사고는 어떠한지를 이해하면서 듣는 것이다.

공감적 태도 속에서의 듣는 기술은 그 자체로서도 클라이언트가 감정정화(catharsis)를 하고 마음의 안녕을 찾게 하는 효과가 있다. 사회복지사의 듣는 기술은 클라이언트에게 자신의 격한 감정, 분노 등의 부정적 감정을 표현함으로써 클라이언트를 변화시킬 수 있는 개입방법이 된다(임은희, 2004). 사회복지사가 클라이언트의 말을 경청시 **유의할 점은 다음과 같다**(이윤로, 2005).

① 클라이언트가 면접 시 처음 꺼내는 말과 종결하는 말의 내용은 자신의 자아나 환경에 대해 가지고 있는 태도를 반영함으로써 중요하다.

② 클라이언트에게 특정한 주제가 고통스럽거나 토론하기 싫은 주제인 경우 화제를 바꾸어버리는 경우가 있으므로 이에 대한 파악이 필요하다.

③ 클라이언트가 계속해서 한 주제에 대해 말하기를 원하는 경우 역시 매우 중요한 문제이거나 클라이언트가 도움받기를 원하는 문제일 수 있으므로 파악이 필요하다.

④ 클라이언트의 진술내용이 서로 상반되거나 다른 경우에는 면접내용이 클라이언트 자신에게 매우 위협적이거나 공개하고 싶지 않다는 것을 시사한다.

2) 질문기술

사회복지사가 클라이언트로부터 필요한 정보를 얻기 위하여 그리고 클라이언트의 생각과 느낌을 표현하도록 돕기 위해서 사용되는 방법이 질문이다. 질문은 면접의 중심이 되는 기술로서, 유능한 사회복지사는 몇 마디 질문으로 클라이언트에게 많은 것을 이야기하도록 해야 된다. 사회복지사는 클라이언트의 보조에 맞추어 질문해야 한다. 너무 많은 질문은 클라이언트에게 혼돈을 주고 너무 적은 질문은 클라이언트에게 부담을 준다. 사회복지사와 클라이언트와의 면접이 바람직하게 진행되기 위해서는 "당신은 몇 살입니까?"와 같은 폐쇄형질문(closed- ended question)보다 "당신에 관한 이야기를 해 주십시오."와 같은 개방형질문(open-ended question)을 사용한다(양정남 · 최선령, 2007).

3) 관찰기술

클라이언트는 비언어적 방식으로 정보를 주고 감정을 표현한다. 사회복지사는 비언어적 표현에 민감해야 클라이언트의 진술의 타당성을 체크할 수 있고 피드백을 주기가 용이하다. 비언어적 의사소통과 관련하여 사회복지사는 다음 사항을 관찰해야 한다.

· **신체언어(body language)** : 클라이언트의 앉아 있는 모습, 얼굴표현(얼굴이 붉어진다거나 초조해 한다), 목소리의 색조의 변화, 손가락으로 탁자를 치는 행동이 무엇을 전달

하는가?

- **처음 꺼내는 말과 종결하는 말의 내용**: 이 내용은 중요한 경우가 많은데, 클라이언트가 자신의 자아나 환경에 대해 어떤 태도를 가지고 있는지 암시를 준다.
- **화제의 이동**: 대화 도중 어떤 주제가 나올 때 화제를 바꾸는 경우는 특별한 주제가 고통스럽거나 토론하기 싫다는 것을 의미하는데, 그 이유를 나중에라도 알아낼 필요가 있다.
- **반복적인 주제의 제시**: 클라이언트가 계속해서 한 주제를 제시하는 경우, 이는 클라이언트에게 매우 중요한 문제이거나 도움을 받기 원하는 문제다.
- **불일치**: 클라이언트의 진술 간에 차이가 나는 것은 면접내용이 클라이언트 자신에게 매우 위협적인 것이거나 공개하고 싶지 않다는 것을 시사한다(이윤로, 2006).

2. 개입과정에 관한 기술

클라이언트체계에 대한 개입과정은 클라이언트와 그의 다양한 환경내의 체계들을 변화시키기 위해 사회복지사가 전문적 가치와 지식에 기초하여 개입하는 과정을 의미한다.

1) 접수기술

접수란 문제를 가진 사람이 사회복지기관을 찾아왔을 때 사회복지사가 그의 문제와 욕구를 확인하여 그것이 기관의 정책과 서비스에 부합되는지의 여부를 판단하는 과정이다. 접수과정을 통해 기관에서 서비스를 제공할 수 있다고 판단되면 기관을 찾아온 사람은 비로소 클라이언트가 되며 적합한 서비스를 받게 된다. **접수과정에서 사회복지사의 주요활동**은 ① 클라이언트와의 관계형성 ② 클라이언트의 문제확인 ③ 클라이언트의 욕구와 기대확인 ④ 기관의 서비스에 대한 정보제공과 서비스 수혜여부 결정 ⑤ 관련 서식 작성 등에 관한 내용이 포함된다.

2) 사정기술

사정(assessment)은 클라이언트의 문제나 욕구와 관련된 자료를 수집하고 분석하며 종합하는 과정으로 서비스 종결까지 지속되는 과정이다. 사정과정에서의 자료수집은 접수단계에서의 자료수집과 달리 클라이언트의 문제를 이해, 분석, 해결하는데 필요한 자료를 모으는 것을 의미한다.

초기면접기록지

1. 인적사항

이름	생년월일
성별	
결혼 유무	
직업	
종교	
현주소	

2. 정보제공자

클라이언트와의 관계 및 방문에 관한 태도

3. 방문이유

상담을 요청한 주된 문제
최초로 나타난 시기와 상황 및 경과

4. 가족사항

· 가족 유형:
· 현재 동거인 수:(   )명
· 가족 구성원 :

◆ 아버지

성장과정	성격 및 경력	자녀에 대한 태도

◆ 어머니

성장과정	성격 및 경력	자녀에 대한 태도

◆ 부모의 결혼관계

• 가계도(3세대)

5. 클라이언트의 개인력(personal history)

6. 생태도

■ 사정의 도구

가계도: 2~3세대의 가족관계를 도표로 작성하여 현재 제시된 문제의 원인을 규명하는 것으로 사회복지사와 클라이언트가 함께 작성하여야 한다. 또한 가계도는 각 가족구성원의 한 세대에서 다음 세대까지 생물학적 · 법적 · 정서적 관련성을 도표로 나타내는 것이다. 가족들 스스로 세대 간 반복되는 관계유형을 찾고, 이에 대한 통찰을 하는데 매우 중요한 도구가 가계도이다.

〈그림 2-2〉 가계도작성의 예

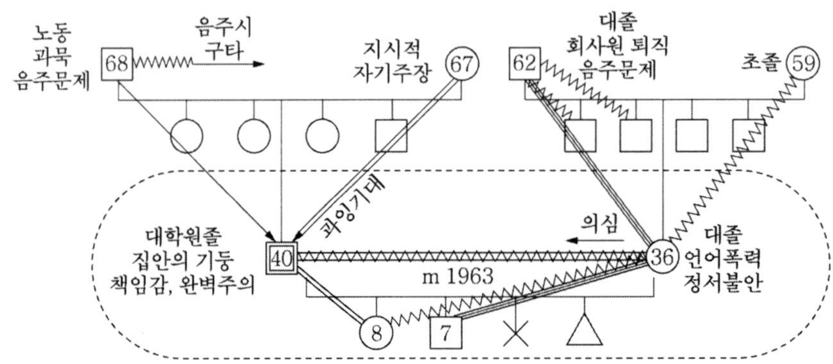

〈그림 2-3〉 가계도 작성의 실제 : 가족구조의 도식화

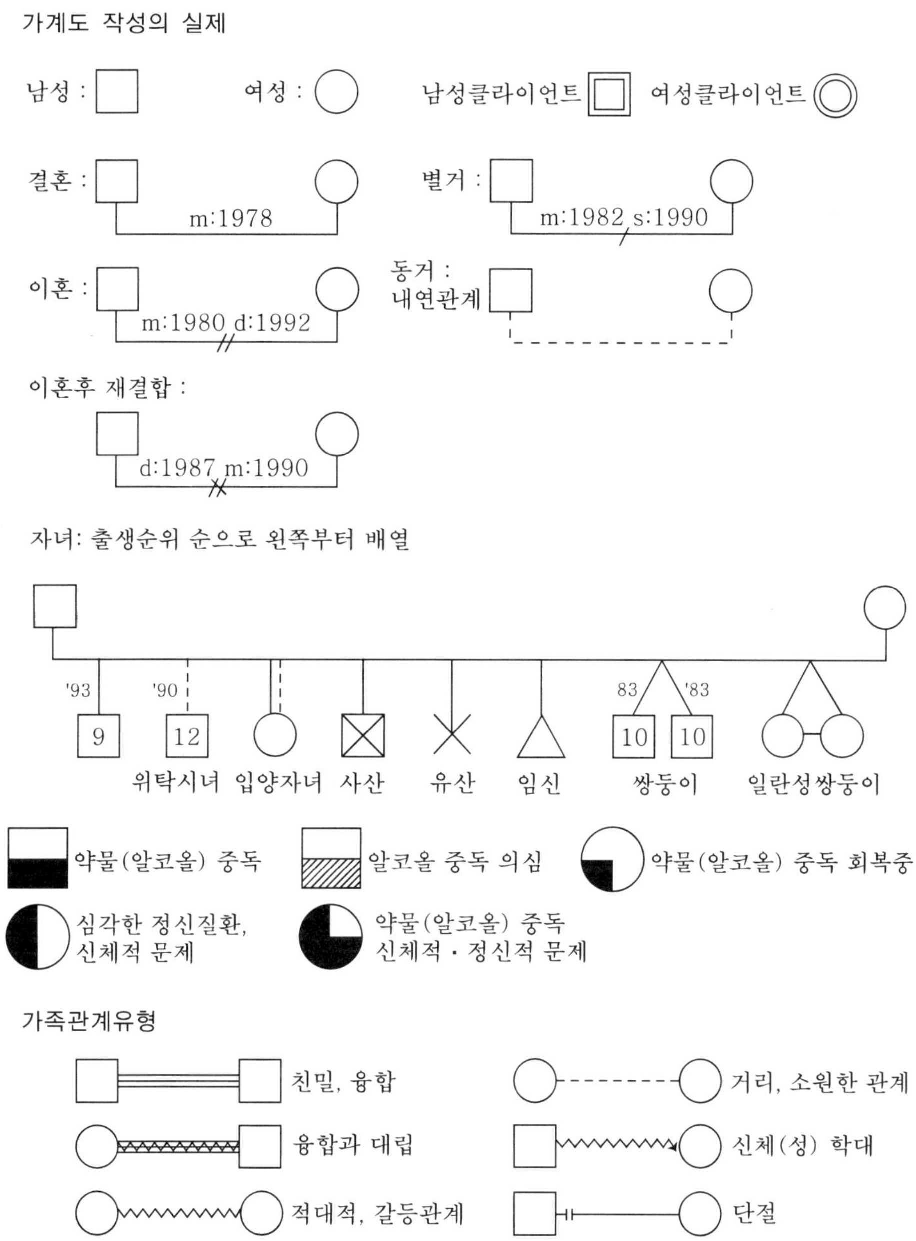

출처: M. McGoldrick, R. Gerson, L. S. *Shellenberger*, *Genograms: Assessment and intervention*. 2nd ed. pp. 13-23.

· **생태도**: 클라이언트의 상황에서 의미 있는 관계와 체계들을 그림으로 나타내어 특정 문제와 이에 대한 개입을 계획하는 데 중요한 도구로, 가계도와 마찬가지로 사회복지사와 클라이언트가 함께 그리는 것이다.

〈그림 2-4〉 생태도의 예

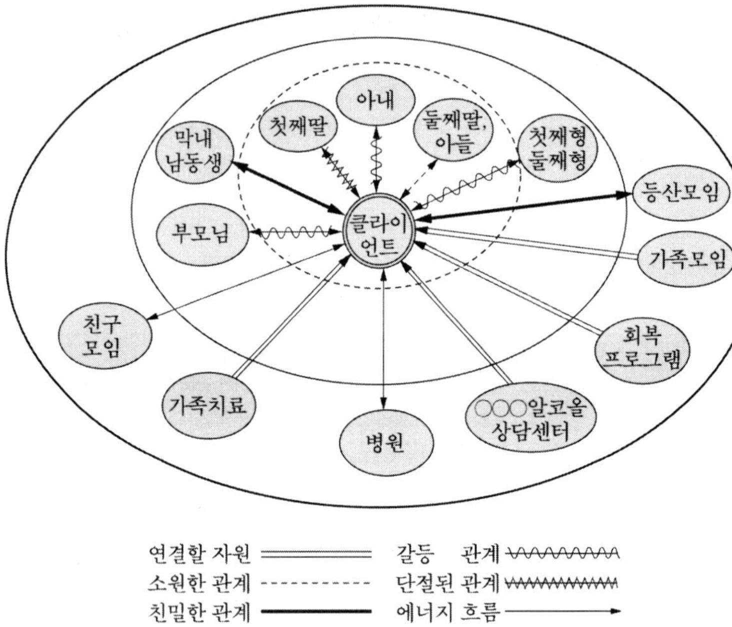

3) 계획기술

이 과정에서는 목표를 설정하는 것이 중요한 과업이며 이에 기초하여 개입계획을 수립하게 된다. 목표설정시에는 반드시 클라이언트가 바라는 바와 연결되어야 하며 명시적이고 측정가능한 용어로 진술되어야 한다. 또한 개입목표가 많을 경우 우선순위를 정하여 개입하는 것이 바람직하다. 목표설정에 대한 합의가 이루어지면 사회복지사와 클라이언트는 계약을 맺게 된다.

4) 개입기술

개입단계에서는 사회복지사와 클라이언트가 목표를 달성하기 위한 활동을 수행한다. 실천개입방법의 선택은 측정결과에 기반을 두며 사회복지사와 클라이언트의 계약에 의해 성립된다. 개입단계에서는 문제에 초점을 맞추고 상담, 역할극, 지역사회자원 연계, 지지집단 형성, 자원개발, 치료극, 기타 관련전략의 적용과 같은 활동을 수반할 수 있다. 사회복지사는 개입과정을 통해 클라이언트에게 정기적으로 환류와 지지를 제공하고 클라이언트의 문제해결 노력에 대한 솔직한 평가를 해야 한다. 그러나 과업을 수행해 나가면서 클라이언트와 사회복지사는 시작 단계에서 설정했던 어떤 목표들과 방법은 적절하지 못하다는 것을 알게 되고 이들을 수정하게 될 수도 있다. 이럴 경우 시작단계로 다시 돌아가 몇 가지 과제를 반복하고 중간 단계의 과제들을 다시 시작하게 된다.

5) 평가 및 종결기술

사회복지실천에서 평가란 개입활동 결과의 효율성과 효과성을 의미한다. 즉, 평가는 사회복지실천의 전 과정에서 목적과 목표의 달성 정도와 이를 성취하기 위해 사용된 수단의 적합성을 평가하는 과정이기도 하다. 평가는 사회복지사와 그들을 고용하고 있는 사회복지기관들이 클라이언트와 지지자원, 그리고 사회구성원에게 책임성을 증명하기 위한 필수 불가결한 작업이다. 평가는 결과평가, 과정평가로 구성되어 있다(임은희, 2004). 종결은 클라이언트의 목표가 성공적으로 달성되었을 경우 또는 클라이언트와 사회복지사가 원조과정을 마무리하고자 할 때 일어나는 과정을 의미한다. 종결단계에서는 클라이언트와 사회복지사의 분리의 단계이며 다양한 감정이 개입되어 있어 이에 대한 준비가 필요하다.

사회복지실천 종결보고서(김경호, 2005)

사회복지실천 종결보고서

클라이언트 성명:

1. 의뢰 경위

2. 문제

3. 개입목적

4. 개입 계획

5. 회기별 개입 요약

1) 1회기
2) 2회기
3) 3회기
4) 4회기
5) 5회기
6) 6회기
7) 7회기
·
·

6. 개입에 대한 총평가

7. 사후관리

년 월 일

작성자: 사회복지사 * * * (인)

참고문헌

김경호. (2005). 『사회복지실천기술론』. 청목출판사.
김인숙 · 김용석. (2002). 『사회복지실천기술연습』. 나남출판.
서미경 외. (2003). 『사회복지실천윤리』. 양서원.
양정남 · 최선령. (2002). 『사회복지실천론』. 양서원.
엄명용 외. (2000). 『사회복지실천의 이해』. 학지사.
이윤로. (2005). 『사회복지실천기술론』. 학지사.
이윤로. (2006). 『최신 사회복지실천론』. 학지사.
임은희. (2004). 『사회복지실천론』. 학지사.
조휘일. (2000). 『사회복지실천과 수퍼비젼』. 학지사.
태화기독교사회복지관. (2003). 『사회복지실습지도』. 양서원.
한인영. (2002). 『사회복지실습』. 이화여자대학교 출판부.
Kathy Ford & Alan Jones. (1987). *Student Supervision*, THE MACMILLAN PRESS LTD.
Barsky, A. E. (2006). *Successful Social Work Education*, Thomson.
USA.
Ellis, R. A., Mallory, K. C., M. Y. and Shatila, S. L.,(2006). *The Macro Practitioners Workbook*, Thomson.
Fortune, A. E. (1994). Field education. In F. G. Reamer(Ed.), *The Foundations of Social Work Knowledge*. New York: Columbia University Press.
Linda K. Cummins, (2006). *Social work skills demonstrated*, A&B35.

제 3 장

사회복지 현장실습의 기초이론과 기록

제 1 절 사회복지 현장실습의 기초 이론

사회복지사가 하는 일은 무엇이며 어떤 이유에서 전문직인지 질문을 받을 때가 있다. 사회복지사의 역할은 누구나 할 수 있는 게 아니냐는 질문을 받을 정도로 그 역할이 명확하지 못하고 이렇다 할 고유의 전문기술을 제시하기도 어렵다. 그러므로 사회복지사는 의식적으로 지식에 기반을 둔 실천을 해야 한다. 사회에서 전문직에 관한 신뢰의 핵심은 전문가가 가장 최신의, 가장 적절한 지식을 갖고 변화를 추구하는 노력을 할 것이라는 기대이다. 사회복지사는 자신의 실천활동과 직접적인 관련이 있는 가장 최근의 지식을 탐구하기 위해 끊임없는 노력이 필요하다. 또한 관련된 영역에서 필요한 지식을 활용하는 방법을 알고 있어야 한다(서홍란 · 이경아, 2008).

사회복지실천에 있어 사회복지사들에게 필요한 지식은 첫째, 사회복지사의 실질적인 개입활동을 다루는 실천지식(practice knowledge)으로서 "내가 무엇을 하며 그것을 어떻게 할 것인가?"라는 질문에 대한 해답을 찾는 것이며, 둘째는 인간과 환경의 상호작용에 관련되는 인간체계의 성장과 발달 및 기능 혹은 역기능 등의 이론에 기초한 지식(theory based knowledge)이다(Zastrow, 2004).

기본적으로 실천이론은 경험에 의해서 시험되며 동시에 그 효과성도 증명된다. 이러한 과정을 통하여 개발된 이론은 사회복지실천을 수행하는데 행동의 지침이 되며, 증명된 효과성은 사회복지사의 책임에 대한 기준이 된다(Turner, 1997). 만약 사회복지사가 실천현장에서 클라이언트를 위한 어떤 결정을 내리게 될 때 이론에 바탕을 두지 않는다면 '옳다고 판단되어지는 일'을 실천하거나 돕고자 하는 친절하고, 마음이 따뜻한 비전문가와 별 다를 바가 없을 것이다. 따라서 이론은 클라이언트에 대한 개입 및 평가의 기본이 된다. 사회복지사는 클라이언트의 상황에 의미를 부여하고 주어진 클라이언트 상황의 강점과 약점 또는 장애를 파악하며 그의 생활환경과 기능을 파악하고 이해하기 위해 이론을 적용한다.

1. 체계 이론

클라이언트의 환경은 직접적인 가족의 경계를 넘어 확대가족, 친구, 이웃, 학교, 종교 기관, 공공 법규, 문화적 규범 및 경제시스템 등 삶의 모든 경험을 포함한다. 체계이론에 의하면 하나의 체계는 서로 간에 상호 작용하는 부분들이나 여러 하위체계들로 구성되어 있다. 예를 들어 한 개인은 하나의 가족이라는 보다 큰 체계에 속해 있는 하위체계라 할 수 있다. 하나의 가족은 공동체라는 보다 큰 체계의 하위체계이며, 공동체는 사회라는 보다 큰 체계의 하위체계인 것이다.

체계와 하위체계는 상호간에 구조상의 관계를 가지고 있으며, 상호간의 경계에 의해 구분되어 있다. 경계는 서로 간에 침입될 수 없도록 되어 있으며, 이러한 폐쇄체계는 독립되어 있어 외부로부터 받는 영향이 적은 반면에 상호 침입이 가능한 개방된 체계로 만들어져 있는 경우도 있다. 이러한 경우 다른 하위체계와 활발하게 교류하여 지속적으로 변화한다. 하위체계 간에 이루어지는 상호작용이나 교류는 역동적인 과정들로 개방된 체계를 지속적으로 유지시켜 준다.

체계가 언제든지 변화할 수 있도록 개방되어 있다면 체계는 균형을 유지하거나 안정된 상태를 유지할 수 있을 것이다. 안정된 체계에 새로운 변화가 발생하면 그 체계가 다시 균형이 이루어지기까지는 불안정한 체계상태에 머문다. 예를 들어 뉴욕에서 9·11사태가 발생했을 때 도시체계의 변화는 그 엄청난 파괴에 적응하지 못했지만, 많은 하위체계(공동체, 기관, 개인)와 상위체계(주, 연방 그리고 국제적 반응)를 통해서 뉴욕은 서서히 균형을 유지하고 안정적인 상태를 되찾을 수 있었다. 그러나 안정상태를 회복하기까지 많은 시간이 소요되었으며, 상업적, 가정적 및 경제적 체계는 아직까지 회복되고 있는 중이다. 뉴욕이라는 도시의 하위체계에 가해진 이러한 엄청난 충격은 오랜 시간 동안 미국사람들이 자국에 대해 가지고 있던 안전과 안보에 대한 믿음을 산산이 부숴버리는 것이었으며 국가(상위체계)는 이에 대응해야 하였다.

그 대상이 가족이든 지역사회이든 국가이든 그 종류와 관계없이 체계의 손상과 붕괴에 대하여 사회복지사는 바로 개인과 모든 사회적 체계 및 영향요소(Haynes and Holmes, 1994)들 간의 상호작용에 관심을 기울여 "모든 사람들의 삶의 질을 개선할 수 있도록 개인과 사회 사이에서 이루어지는 긍정적이고 성숙된 상호작용을 조장하고 회복"하는데 그들의 힘을 쏟게 된다(Minahan, 1981, p.6). 9·11 사태의 경우 사회복지사의 이와 같은 노력은, 많은 사람들이 가족의 구성원을 잃은 슬픔에 싸여 있고, 도시는 테러리스트의 공격에 대한 취약성을 극복하려 하고 있으며, 지역 및 국가 경제는 국가의 역사 속에 한 획을 그은 충격에서 벗어나기 위해 노력하고 있는 상황 속에서 모든 전문분야에 걸쳐 지속적으로 이루어지고 있다.

사회복지실천의 목적은 보다 큰 사회의 체계에 속해 있는 하위체계(개인, 가족, 집단, 조직, 지역사회)들 간의 상호작용을 평가 및 개선하는 것이다. 또한 전문가들은 세 가지 수준으로 체계를 다루는 것이 중요하다는 것을 알게 되었다. 미시체계(micro system)는 개인과 그 개인의 과거, 경험, 독특한 성격 그리고 자원으로의 접근성과 같은 것들을 그 예로 들 수 있다. 중간체계(mezzo system)는 그 자체 내에서 복잡성과 다양성을 가지고 있는 가족과 같은 작은 그룹을 의미한다. 이러한 작은 그룹들은 개개의 구성원들에게 많은 영향을 주기도 하고 또한 구성원들에 의해 많은 영향을 받기도 한다. 이에 속하는 기관은 공동체에 속하는 기관(organizations)들이나 기관(agencies)과 같은 것들을 그 예로 들 수 있다. 거시체계(macro system)는 규모가 큰 그룹을 의미하며 사회기관, 학교 또는 종교기관과 같은 것들을 그 예로 들 수 있다(Zastrow, 2003).

2. 생태학적 체계이론

Germain과 Gitterman(1980)의 생태학적 체계이론은 유기체와 환경과의 관계를 연구한다. 즉 사람과 환경이 서로 영향을 주고, 변화시키고, 만들어 가는 지속적인 상호교환 또는 교류를 연구하는 것이다. 이 이론은 적응(adaption)과 대처(coping)의 개념을 중시한다. 개인들은 환경에 의해 영향을 받고 또한 환경을 변화시킨다. 즉 상호적응(reciprocal adaption)이 존재하게 된다(이윤로, 2006).

생태학적 관점은 사회복지사로 하여금 개인, 집단, 조직 그리고 기관들 사이에서 발생하는 상호작용의 전체를 형상화시켜 주는 복합적인 현상에 대해 인식하도록 한다(Germain & Gitterman, 1997). 논리적인 생각은 두 사건 사이의 원인과 영향관계를 가정하도록 만드는 단선적인 사고방식으로 나타나는 경향이 있지만 '생태학적 사고'를 환경속의 한 개인이 가지고 있는 여러 방향과의 상호작용에 대해서 이해하도록 하는 것이다. 단선적 사고가 A와 B의 변화에 끼친 영향만을 살피고, 그 과정에서 발생했을지도 모를 A자신의 변화에는 관심을 보이지 않는 반면, 생태학적 사고는 A와 B 사이의 시간을 두고 지속되는 순환적 교환에 관심을 둔다. 즉, A가 B의 변화에 영향을 주고, B의 변화는 다시 A의 변화에 영향을 주고, 이 변화는 다시 B에 영향을 주어 B를 변하게 한다는 것이다. 이러한 과정은 생태학적 관점의 주요 개념들인 교류(transaction), 상호의존성(reciprocity) 상호성(mutuality) 등의 용어에 의해 표현된다(이필환 외, 1999).

3. 환경 속의 인간(Person-in-environment) 분류 체계

생태학적 관점과 체계 이론에 의해 나타낼 수 있는 환경 속의 인간(Person-in-environment, PIE)이라는 시각을 구조적으로 보다 확실하고 통일된 적용을 이룰 수 있도록 해준 것은 1980년대 PIE 평가 및 분류체계의 개발이었다. 이 체계는 미국사회복지사협회(NASW) 특별전문위원회에 의해 개발되었다. 예를 들어, 특정공포증에 대한 정신질환 진단기준표-Ⅳ(DSM Ⅳ)가 정신의학적인 문제들에 대해 질병 및 병리적 개념에서 문제를 정의하려는 반면에 PIE는 개인의 역할 기능 수행과 아울러 개인 주변으로부터의 지지 상황 모두를 고려하여 문제를 분류하는 체계이다.

PIE 체계는 환경 속에서의 클라이언트의 기능을 평가하고 강점과 약점을 동시에 주목하도록 만들기 위해 사용되어진다. 이 체계는 환경과 개인 사이의 기능과 기능장애 또는 균형과 불균형에 초점을 맞추고 있다. 사회적 기능은 사회적 역할의 수행(Social role performance)이라는 단어로 설명 및 정의될 수 있다. 사회적 역할의 수행은 개인의 삶 속에서 발생하는 다양한 역할에 대한 기대를 충족시키는 그 사람의 능력으로 이해될 수 있다. 그 예로 회사의 입장에서 직원이 출근을 제시간에 하고 결근을 하지 않는 등 직원으로서의 역할수행 여부를 들 수 있다. 클라이언트는 부모나 배우자와 같은 그들의 생활 속에서 그들이 맡을 수 있는 모든 주요한 역할에 대한 평가를 받는다(Karls & Wandrei, 1994). PIE 체계는 생태학적, 심리학적, 자연과학적 그리고 사회적 관점에서 클라이언트의 생활의 복잡성을 분석하는 방법을 제공해 준다. 이 체계는 전체적인 문제의 복잡성을 이해하는 최고의 방법으로 인정받고 있다. 이 기술적인 분류체계는 사회복지사가 평가하는 네 가지 요소로 구성되어 있다(〈표 3-1〉를 참조하시오).

〈표 3-1〉 PIE 시스템의 요소

FACTOR Ⅰ:	사회적 기능에 있어서 클라이언트가 가진 문제점들과 문제를 해결하는 클라이언트의 능력
FACTOR Ⅱ:	클라이언트의 사회적 기능에 영향을 주는 클라이언트의 환경 속에서 발생하는 문제점
FACTOR Ⅲ:	클라이언트의 사회적 기능을 저해할 수 있는 정신 및 건강상의 문제점
FACTOR Ⅳ:	육체적 문제점

출처: Karls & Wandrei. 1994.

PIE 체계는 클라이언트에 대한 기술적인 진술과 사회적 역할의 기능 및 환경상의 문제점들에 대한 정보를 제공해 준다. 사회복지실천을 통한 개입은 PIE 평가가 클라이언트의 역할에 대한 기능 중 손상된 부분, 또는 클라이언트의 사회적 기능에 부정적으로 영향을 주는 특정 환경을 밝혀냈을 때 이루어지는 것이 적절하다. 클라이언트의 고통과 사회적 기능장애의 존속기간에 대해서도 주목해야 하며, 그들의 대처기술도 평가해야 한다. 정보는 네 가지 요소의 전반적인 부분에서 드러나게 되며 이러한 정보들에 의해서 기관 및 사회복지사들 사이에서 의사소통에 이용되는 일반적인 수행 언어가 만들어지게 된다(Karls & Wandrei, 1994). 각 요소는 클라이언트의 삶을 각기 다른 방향에서 평가하며, 각 방향은 '축'으로 불려진다. 예를 들면, factor Ⅰ에 대한 평가는 축Ⅰ을 만들어 생활 속에서 특정 역할에 대한 클라이언트의 능력에 대한 정보 및 기술을 제공하고; factor Ⅱ에 대한 평가는 클라이언트의 사회적 기능을 저해하는 환경 속 특정 사건 및 사람에 대한 정보 및 기술을 제공하며 이는 축Ⅱ로 잘 알려져 있다; factor Ⅲ에 대한 평가는 클라이언트의 정신건강상태를 축Ⅲ에 나타내며 평가에는 DSM-Ⅳ가 사용된다. 그리고 factor Ⅳ는 축Ⅳ를 이루어 클라이언트의 육체적 상태에 대한 정보 및 기술을 제공한다.

이러한 개인-환경의 상호작용 맥락 속에서 사회복지사는 개인과 환경을 각각 어떤 관점에서 접근할 것인가를 알아보자.

1) 개인에 대한 관점

사회복지사가 개인적 특성에 관여할 경우 개인의 한 부분만을 볼 것이 아니라 다차원적인 시각에서 상호연관된 다양한 측면들을 보아야 한다. 개인은 생물학적 또는 신체적 특성, 지적인 특성, 정서적 특성, 사회적 특성, 영적 특성, 경제 상황, 가족 상황, 문화 배경 등의 특성이 혼합되어 하나의 전체적인 인간으로 표출되기 때문이다(Brill, 1985). 환경 속의 인간이라는 의미 속에 포함되어 있는 '인간'이라는 개념은 개인의 '성격'과는 다른 의미이다. 성격은 전체 인간의 한 구성부분에 불과하다. 사회복지실천과정에서 '환경 속의 인간'중 인간(개인)의 의미를 개인의 성격으로 국한하려 할 경우, 사회복지실천의 활동은 사회복지 영역보다는 오히려 심리학의 영역으로 치우칠 수 있다. 이러한 전체로서의 인간에 대한 관심은 사회복지전문직이 관여해야 할 업무의 폭을 결정하게 된다. 예를 들어, 음식, 주거, 위생 및 건강유지 등의 기초 욕구를 충족시키는 데 어려움을 겪고 있는 클라이언트의 경우, 클라이언트의 결핍된 욕구충족행위를 원조하기 위해 사회복지사는 클라이언트의 신체기능 상태, 지식 및 기술의 수준, 정서적 안정 상태, 자신 또는 타인을 지각하는 상태, 생에 대한 동기 수준, 생의 목적 또는 야망의 유무와 그 내용 등을 진단한 후 진단결과에 따라 다양한 활동을 여러 차원에서 전개할 수 있다.

2) 환경에 대한 관점

환경은 개인의 주위를 둘러싸고 있는 여건들을 의미한다. 인간과 모든 살아 있는 생명체에 영향을 미치는 주변의 물리·사회적 구조와 세력, 이들의 상호작용 등이 환경에 포함된다. 사회복지사에게 특히 관심의 대상이 되는 환경은 인간의 일상적 생활에 직접적인 영향을 가장 많이 주는 개인의 생활환경이다. 여기에는 개인의 가족, 친한 친구, 이웃, 직장의 동료, 일상적인 생활을 해 나가면서 접하게 되는 서비스 및 프로그램들이 해당된다. 사회복지실천 업무에 관한 실증적 조사 및 분석에 기초하여, 사회복지사는 클라이언트가 생활환경과의 상호작용을 보다 원활히 해 나갈 수 있도록 원조한다. 그러나 보다 광범위한 환경인 간접 환경의 변화를 위해 개입하는 경우는 상대적으로 적은데 그 이유는 간접환경을 변화시키기가 어렵고 간접 환경의 영향은 비교적 덜 분명하게 나타나기 때문이다(Teare & Sheafor, 1995).

4. 역량강화모델

1970년대에 일반체계이론과 생태학이론이 사회사업실천의 이론적 틀로서 활용되면서, 생태체계(eco-system)적 관점에 근거한 강점(strength)지향 접근 혹은 해결중심 접근의 중요성이 대두되었다. 즉, 클라이언트를 '문제' 중심으로 보는 것이 아니라 '강점' 중심으로 봄으로써 클라이언트의 잠재능력(potential competence) 및 자원을 인정하고, 클라이언트 내외에 탄력성(resiliency)이 있음을 전제하여, 클라이언트가 자신의 삶을 통제할 수 있도록 그의 역량을 강화시키고자 한다. 이에 따라, 역량강화 모델에서는 클라이언트와 사회복지사의 협력적인 파트너십(collaborative partnership)에 의한 문제해결과정을 중시한다.

역량강화 모델은 생태학적 관점에서 '환경 속의 인간'(PIE)이라는 전체적 인간관을 갖는다. 그리고 병리(pathology; 결함)관점이 아닌 강점(strength)관점을 유지하고 과거가 아닌 미래를 지향하며, 클라이언트의 '문제'를 도전, 전환점, 성장을 위한 기회로 인정한다. 즉, 전통적인 손상모델(damage model)로부터 도전모델(challenge model)을 지향한다. 또한, 이 모델에서는 문제 진단이나 확인보다는 문제해결을 추구한다. 또한, 사회복지사는 그의 전문적 능력보다는 클라이언트와의 협력적인 동반자관계를 유지하는 데 역점을 둔다.

사회복지사는 클라이언트의 내적 힘을 활성화시키기 위해서 클라이언트의 '환경 속의 인간'을 이해해야 하며, 그를 잠재적 힘의 근원(강점의 관점)으로 생각해야 한다. 클라이언트가 개인적, 대인 관계적 그리고 정치적인 힘을 얻을 수 있도록 돕기 위해서 사회복지사는 클라이언트와 협동하여 그들이 개인, 가족 및 공동체에서 중재 작업을 성공적으로 할 수 있도록 도와주어야 한다. 사회복지사의 업무는 클라이언트와 그들이 가지고 있는 내적 힘(자원)을 인식, 활성화하는 것이다. 또한 클라이언트의 환경을 개선하기 위해 통제력을 증가시키고 그들이 원하는 방향으로 힘을 집결시킬 수 있도록 원조하는 것이다. 동시에 사회복지사는 클라이언트들이 효과적인 인간관계를 발전시켜 나갈 수 있도록 그들의 가능성과 능력을 강화시킬 수 있는 방법을 찾아야 한다. 클라이언트가 공동체내에서 자원을 이용하고 또한 공동체에 기여할 수 있는 방법을 찾아낼 수 있도록 도와주어야 할 것이다. 이러한 일들을 하기 위해서는 잠재된 가능성과 클라이언트의 회복능력에 초점이 맞춰져야 하며, 클라이언트의 취약점은 가능한 강조되지 않도록 할 필요가 있다(Miley et al., 2001).

이러한 역량강화 모델은 다양한 클라이언트집단에 적용할 수 있다. 특히 청소년집단이나 수용시설 거주자 등에 효과적인 것으로 나타나고 있다. 또한, 이 모델은 여성들에게 매우 효과적인 것으로 확인되고 있는데 재취업 여성, 이혼 여성, 학대받는 여성, 인종차별에 고통받는 여성 집단에 매우 유용한 것으로 나타났다. 최근에는 노인집단, 장애인집단, 노숙자 등에까지 적용의 폭이 확대되고 있다.

5. 강점모델

'역량강화 모델'에서는 클라이언트에게 동기와 능력 및 기회 등을 제공하여 사회적 기능수행을 가능하게 하는 힘을 함양하는 데 중점을 두는 반면, 강점 모델에서는 클라이언트로

하여금 그가 가지고 있는 잠재능력, 재능, 자질 등을 인식시켜 줌으로써 적극적인 사회적응을 촉진시키는 데 중점을 둔다.

강점 모델은 중증의 정신질환자들에 대한 대표적인 실천모델로 적용되어 왔는데, 여기에서는 그들의 병리보다는 강점(장점)에 초점을 두며 그들의 자기결정을 존중하고, 그들도 학습하고 성장하고 변화할 수 있다는 점을 강조한다.

사회복지사가 클라이언트의 내재된 힘을 지지할 때 그들의 긍정적인 성장가능성을 고양시킬 수 있는 것이다. 이러한 면에서 강점 모델은 사회복지실천의 기본가치와 일치한다. Saleeby(2001)는 강점에 대한 중점은 사회복지실천 전문직의 가치 기반인 인간존중, 평등, 자율성 인정, 분배정의 등과 상통한다고 보았다.

강점의 관점에서 하나의 중요한 면은 그것이 사회복지사에게 복지사업의 관점에서 흔히 나타날 수 있는 결손모델에 대한 대안의 틀을 제공해 준다는 데에 있다(Saleebey, 1992). 사회복지사들은 클라이언트의 손상된 부분을 보살피고 '고치는' 치료적인 부분에 초점을 맞추는 의학모델에 치우친 사고방식 보다 개인이나 가족 그리고 공동체가 가지고 있는 선천적인 가치를 강조해줄 수 있는 이론적인 틀을 확고히 하고 있다면 강점모델을 수행하는 데 쉽게 접근할 수 있을 것이다.

강점 모델의 특징을 두 가지로 요약하여 설명하면 다음과 같다. 첫째, 강점 모델은 '문제'(병리)가 아닌 '도전'을 강조한다. '문제'는 오랫동안 사회복지실천에서 클라이언트로 하여금 수치감, 죄책감, 낙인감을 느끼게 하였다. 문제를 지나치게 강조하는 사회복지사는 클라이언트가 극복해야 하는 바로 그 어려움을 들춰내는 데 역점을 둔다. 문제에 초점을 두는 것은 강점을 드러낼 클라이언트 체계와 사회복지사의 능력을 덮어버리며, 그것을 병리로 진단하는 것은 개인의 강점을 가리게 된다. 반면, 강점지향적인 사회복지사는 사회복지실천의 손상모델(병리모델)보다는 도전모델(건강모델)을 지지한다. 사회복지사가 클라이언트들의 문제를 도전과 성장의 기회로 삼을 때 클라이언트는 자신의 관점을 의미 있게 변화시킨다.

둘째, 강점 모델은 과거가 아닌 현재와 미래를 중시한다. 의료모델(병리모델)에 초점을 둔 개입활동에서는 언제, 왜, 어떻게 클라이언트 체계가 잘못되기 시작했는지 등의 과거를 주로 탐색한다. 반면, 강점지향적 사회복지실천은 미래의 성장과 발달을 위해 활용될 수 있는 제반 자원들을 발견하기 위해 현재를 탐색한다.

끝으로, 강점 모델을 실천하는 과정에서 사회복지사가 수행해야 할 역할들은 다음과 같다. 첫째, 개인들은 성장과 발달(변화)을 위한 본래적·개별적 능력을 갖고 있다는 점을 인식한다. 둘째, 클라이언트는 자원과 능력을 원칙적으로 지니고 있음을 인식한다. 셋째, 클라이언트와의 상호작용과 협력을 통해 기존의 강점과 자원을 증대시킬 수 있음을 인식한다. 넷째, 클라이언트는 그의 상황을 잘 인식하고 대안이 주어지면 가장 좋은 해결책을 스스로 결정할 수 있음을 인식한다. 다섯째, 클라이언트가 무력감을 증대시키기보다는 능력과 완수감을 증대시키는 과정을 적극 지지한다. 여섯째, 체계 내의 결함보다는 체계간의 상호교류과정을 중시한다.

제 2 절 사회복지실천의 기록

사회복지실천에서 기록은 클라이언트의 상황을 확인하고 기술하고 사정하는 역할을 한다. 즉, 사회복지사가 서비스의 목적과 과정, 계획과 활동 전반을 묘사하고, 그 활동과정을 평가하는 것까지 포함한다. 이러한 기록은 정보를 축적하고 서비스 전달을 보다 효과적으로 하며, 기관 내 · 외부와의 의사소통에도 활용된다.

실습과제로서 기록은 실습생과 실습지도자, 실습지도 교수 모두에게 실습생의 학습을 위한 자료를 제공함으로써 전문가로서의 성장에 매우 의미 있는 도구가 된다. 실습과제의 기록은 실습생 스스로 자신과 자신의 사회복지실천과정 및 결과를 점검하고, 이론과 실천을 통합하는 기회가 된다. 기록을 통해 실습지도자와 실습지도교수는 실습과정 및 진행상황을 모니터하고 교육이 강화되어야 할 부분을 발견하며 평가의 근거로 활용할 수 있다.

반면 사회복지실천에서 기록의 가장 중요한 측면은 책임성에 있다. 사회복지사는 클라이언트와 기관, 사회에 대해 윤리적 · 법적 책임을 갖고 그들의 서비스를 기록하고 설명하고 평가할 수 있어야 한다. 책임성과 기록에 대한 요구는 점점 더 증가하고 있으며, 이에 따라 기록의 내용도 점차 세분화되고 있다. 사회복지사는 어떤 정보가 필요한지, 또 배제되어야 하는지 알고 있어야 하며, 이를 보다 효율적으로 전달하고 보관할 수 있는 형식과 양식, 지침을 알고 있어야 한다. 기록은 임상적인 실천기술 이상의 것이며, 실천과정 모든 단계에서 이루어지는 일련의 중요한 전문적인 결정을 포함한다(서홍란 · 이경아, 2008).

1. 사회복지실천 기록의 목적

(1) 사회복지실천활동의 문서화: 사회복지사는 실천 초기단계부터 종결단계까지 클라이언

트의 상황, 제공한 서비스 내용과 과정, 목표 달성 여부와 성과 등을 기록으로 남겨 문서화해야 한다. 실천 내용을 문서화하는 것은 기관의 서비스에 대한 책임성을 보장하는 것이며, 사회복지사의 전문활동을 입증할 수 있는 근거자료가 되어 재원 확보나 법적인 증거로 활용될 수 있다.

(2) **효과적인 서비스를 위한 모니터**: 실천과정을 기록하면서 사회복지사는 자신의 활동에 대해 점검할 수 있다. 체계적 기록을 통해 제공된 서비스와 운영방법, 전달체계 등을 검토하고 평가하여 수정할 수 있다.

(3) **사례의 지속성 유지**: 부득이한 사정으로 담당자가 바뀌거나 다른 기관으로 클라이언트가 이동할 경우, 지금까지의 서비스 기록을 통해 서비스의 지속성을 유지할 수 있다.

(4) **전문가 간의 의사소통의 활성화**: 다양한 전문직이 함께 일할 경우 기록을 통해 각 전문직의 관점과 서비스 내용을 공유하여 팀활동의 효과를 기대할 수 있다.

(5) **수퍼비전의 활성화**: 기록을 통해 실습생은 자신의 활동에 대한 실습지도자의 피드백을 받게 되어 클라이언트에게 양질의 서비스를 제공할 수 있다.

(6) **클라이언트와 정보공유**: 소비자 운동의 영향으로 클라이언트와 그 가족들의 기록 확인에 대한 욕구가 점점 높아지고 있다. 전문가의 기록을 통해 클라이언트는 자신에게 제공된 서비스에 대한 이해를 높일 수 있으며 자기결정권을 적절하게 행사할 수 있다.

2. 기록내용

사회복지실천현장에서 사용되는 기록은 클라이언트나 사회복지사 중심이 아니라 서비스 중심적이어야 한다(kagle, 1991). 또한 사회복지사의 책무성(accountability), 효율성(efficiency), 사적 권리(privacy)의 목표를 달성하기 위해 실제적으로 클라이언트에게 이루어지는 서비스에 대한 지속적 기록이 이루어져야 한다. 첫째, 서비스 탐색단계에 있어서는 내담자 특성, 서비스를 개시하는 이유, 현재와 과거의 클라이언트 상화에 대한 서술(사회력), 자원과 제약이 포함된다. 둘째, 서비스 형성단계에서는 서비스에 영향을 미치는 결정, 서비스 목적, 서비스 계획, 서비스 특성이 포함된다. 셋째, 서비스 실행단계에는 중간 노트, 서비스 재검토가 포함되며, 넷째, 서비스 종결단계에서는 서비스 종결의 방법, 서비스 활동과 결과에 대한 요약, 추후 노트가 포함된다(kagle, 1991; 윤현숙 외, 2002).

1) 서비스 탐색단계

(1) 클라이언트 특성

인구학적 정보는 전문적 판단을 요하지 않는 정보이며, 사회복지사와 클라이언트가 대면하기 전에 클라이언트 자신이나 사무직원이 기록하기도 한다. 클라이언트에 대한 인구학적 정보에는 이름, 주소, 생년월일, 성, 교육수준, 현재직업, 수입, 결혼 상태, 가족 구성, 종교 등을 기록한다.

(2) 서비스를 개시하는 방법과 이유

클라이언트가 직접 서비스를 요청하는 경우에는 클라이언트가 기관의 서비스를 어떻게 인식하고 있는지를 알려준다. 또한 클라이언트가 다른 부서나 다른 기관에서 의뢰된 경우에는 서비스를 의뢰하는 측이 갖고 있는, 클라이언트가 필요 하는 서비스에 대한 인식을 알려준다. 이 때 '현재 제시된 문제'가 '앞으로 다루어야 할 문제'와 일치할 수도 있지만 다른 사람에게는 그렇지 않을 수도 있다.

(3) 현재와 과거의 클라이언트 상황에 대한 기술

클라이언트의 문제나 욕구를 역사적이며 생태학적 맥락에서 이해하기 위해 클라이언트 상황에 대한 현재와 과거에 대해 얻은 정보를 사회력(social history)이라고 한다. 사회력은 현재의 클라이언트 상황을 이해하는 데 적합한 개인적 · 대인적 · 사회적 · 환경적 정보에 집중하고 중심 문제를 관련 생태학적 맥락에서 다룬다.

(4) 자원과 제약

탐색과정에서 확인된 문제와 욕구에 대응하기 위해 사회복지사는 클라이언트가 필요로 하고 이용 가능한 자원과 서비스를 고려하게 된다. 교회단체, 자조집단, 사회적 서비스 기관과 같은 공식적 또는 비공식적 자원뿐만 아니라 지역사회 자원의 부적합성이나 장애 요소도 기록되어야 한다.

(5) 사정

클라이언트 상황과 서비스 과정 및 진행에 관한 기술이 이루어진 다음에 클라이언트에 대한 사정이 이루어진다. 사회복지사는 구체적인 준거 틀이나 기준에 따라서 클라이언트 상황이나 서비스 교류에서의 중요한 요인들을 분석한다. 클라이언트 상황에 대한 사정은 클라이언트의 욕구와 제약뿐만 아니라 강점과 자원도 평가한다.

2) 서비스 형성단계

(1) 서비스에 영향을 미치는 결정

클라이언트에게 전달되는 서비스의 종류나 양에 영향을 미치는 중요한 결정의 본질과 정당성을 기록하는 것이 중요하다. 사회복지사와 클라이언트 간의 상호 결정은 계약을 통해 이루어지는데, 계약에는 서비스의 목적과 방법에 관한 전반적 합의를 기복으로 하여 면담시간, 비용, 과제 등과 같은 구체적인 것들에 대한 합의도 포함된다.

(2) 서비스 목적

서비스 목적을 기록한다는 것은 서비스를 통해 무엇을 달성할 것인지를 결정하는 것이다. 서비스의 목적은 모호하거나 추상적인 용어를 피하고 구체적으로 기록해야 한다. 예를 들어 '자아존중감 및 자기효능감을 증진시킨다.' '대인관계 능력을 증진시킨다.'와 같이 구체적으로 기록하는 것이 좋다.

(3) 서비스 계획

서비스 계획은 서비스 목적을 달성하기 위하여 구체적으로 행해질 내용을 기술하는 것이다. 계획을 자세하게 기록해 놓으면 담당 사회복지사의 부재 시 서비스의 지속성을 유지하는 데 도움을 줄 뿐만 아니라 서비스의 실행을 평가하는 데에도 유용하다.

(4) 서비스 특성

서비스의 특성은 '클라이언트의 특성'과 마찬가지로 행정적 처리나 조사 연구를 위해 구조화된 기록을 말한다. 특히 공공부조나 아동학대와 같이 서비스가 클라이언트의 자유재량이 아니라 자격권이나 법적 의무로 주어지는 공적 기관에서는 전형적으로 이런 표준화된 서비스 특성에 대한 기록 양식을 사용한다.

3) 서비스 실행단계

(1) 중간 노트

일단 서비스 계획이 시작되면 중간 노트(midterm notes)에 클라이언트 상황과 서비스 교류를 정규적으로 기술하고 사정한다. 이를 과정 노트(process notes)라 부르기도 하는데 이는 중간 노트에 어떤 정보를 포함시키느냐 하는 선택의 기준이 클라이언트의 변화와 향상의 과정을 보여줄 수 있어야 한다는 의미이다. 중간노트는 다음의 내용을 포함한다.

- 지난번 기록 이후의 클라이언트 상황의 상태와 변화에 대한 사정
- 마지막 기록 이후의 서비스 활동과 서비스 과정에 관한 기술
- 중요한 사건의 보고
- 서비스의 목적, 계획, 과정, 진행에 대한 사정
- 서비스의 목적 또는 계획의 변화

(2) 서비스 재검토

중간 노트가 주어진 사례에 대한 사회복지사의 지속적 관찰과 사정을 기록한다면 서비스 재검토는 서비스 결정과 서비스 활동에 대한 공식적 재평가를 기록하는 것이다. 서비스 재검토는 많은 경우 사례회의를 통해 이루어지며, 이는 책무성의 목적을 위해 기록된다. 일반적으로 서비스 재검토의 내용은 날짜, 참여자, 제안점 그리고 결정내용을 포함해야 한다. 재검토 후 사회복지사는 서비스의 목적과 계획에 새로운 제안과 결정을 반영할 수 있도록 수정을 가할 수도 있다.

4) 서비스 종결단계

서비스 종결단계에서의 기록은 서비스 종결의 방법과 사유, 서비스 활동과 결과 요약, 변화의 유지 및 지속성을 위한 추수지도에 관한 기록 등이다.

3. 과정기록

과정기록은 면접동안 사회복지사와 클라이언트의 의사소통을 있는 그대로 기록하는 방식으로, 클라이언트와 사회복지사 간의 역동적인 상호작용과 반응, 사실과 클라이언트의 언어적 · 비언어적 행위에 대한 관찰 내용, 감정 등을 기술한다. 과정기록의 목적은 서비스 전달에 대한 수퍼비전을 위한 것과 또 하나는 임상실무이론의 발전을 위해 정보를 수집하기 위함이다. 다른 기록방법에 비해 클라이언트와의 상호작용을 있는 그대로 기술하고 있기 때문에 무엇보다도 사회사업임상교육이나 현장실습교육에서 유용하게 활용된다.

그러나 과정기록에도 몇 가지 한계가 존재한다. 서비스 과정에서 실제로 일어났던 일을 잘못 기록하거나 불완전하게 기록함으로써 왜곡된 정보를 제공할 수도 있다. 또한 시간 소모적이며 요약기술을 습득할 기회를 제공하지 않는다. 따라서 실제로 사회복지실습의 교육방법으로 활용하기 위해서는 다른 방법들과 함께 사용하는 것이 바람직하다. 예를 들어,

테이프(오디오, 비디오 등)를 활용하여 녹음할 수 있다. 과정기록은 시간이 지나치게 많이 소요되는 단점이 있기 때문에 기관의 실무에서 활용하기에는 비효율적일 수 있다.

1) 과정기록의 형식

사회복지실습에서 주로 활용되는 과정기록의 형식은 대화 형식, 평서문체 기술, 요약기록 등으로 그 종류는 다음과 같다.

(1) TL기록(Teacing/Learning Record)

TL기록은 실무기술을 발달시키기 위해 고안된 기록양식으로 인지적, 대인적, 이야기체 형식으로 서술된다. 실습생은 TL기록은 통해 클라이언트 환경, 서비스의 제공, 자신의 실무기술을 확인할 수 있는 기회를 갖게 된다. TL기록은 기복적으로 이야기체 형식을 따른다. 이야기체 형식의 기록은 모든 실무영역에서 기복적으로 활용되기 때문에 TL기록을 함으로서 실습생들은 다양한 실무역할에 요구되는 기록과 글쓰기 능력을 항상 시킬 수 있다.

(2) 요점기록(Essential Recording)

요점기록은 클라이언트와의 상담 내용을 녹음한 후, 이를 토대로 녹음 내용의 중요내용만을 요약하여 기록하는 방법이다. 따라서 실습생은 녹음 내용을 들으면서 사례에 대해 주의 깊게 분석한 후 이야기체 형식으로 내용을 요약하게 된다. 이러한 과정을 통해 실습생은 서비스 제공과정에 대해 분석적으로 사고할 수 있게 됨으로써 인지적이고 대인적인 기술을 발전시키는 장점을 갖는다. 그러나 요점기록을 모든 사례에 적용하는 것은 불가능하며, 테이프로 녹음할 내용의 비밀을 보장하는 데에도 주의를 기울일 필요가 있다.

2) 과정기록의 내용

과정기록의 내용은 다음과 같다.

① 참석자 이름
② 날짜, 장소, 회기 진행시간
③ 목적
④ 계획
⑤ 상호작용 내용: 회상할 수 있는 모든 일에 대한 자세한 기술
⑥ 사회복지사의 역할과 활동
⑦ 클라이언트의 관심사, 상황 또는 문제, 클라이언트의 반응, 클라이언트 반응에 대한 사회복지사의 사정

⑧ 회기 내 사회복지사의 활동에 대한 자기분석 내용
⑨ 차기상담계획

다음은 과정기록의 예이다.

① **대화형식**: 클라이언트와 실습생 간의 상호작용을 그대로 기록하고 비언어적 행동은 ( ) 안에 적는다. 일반적으로 다음과 같이 기록한다.

지도내용	면접내용	실습생의 느낌	실습생의 분석
• 실습지도자의 면접 내용 혹은 실습생의 느낌이나 분석에 대한 피드백	• 클라이언트와의 상호작용 내용을 대화형식으로 기술 • 언어적 · 비언어적 의사소통 내용이 무두 기록됨	• 대화가 진행됨에 따라 실습생의 느낌을 기록 • 클라이언트의 반응에 대한 실습생의 코멘트 기록	• 클라이언트의 반응에 대한 분석 • 느낌과 분석을 분리하여 기록하여 객관적이고 전문가적 입장을 유지할 것

② **서술적 기술형식**: 클라이언트와 실습생 간의 상호작용 및 비언어적 행동을 서술적으로 기술한다. 객관적 사실이나 사건 그대로를 기록하는 것이다.

예) 클라이언트는 계속 창문 밖을 바라보며 앉아 있었다. 실습생이 '지금 기분이 어떠시냐'고 묻자 벌떡 일어나 방안을 서성거렸다.

③ **요약 기록형식**: 요약기록은 클라이언트의 문제, 제공된 서비스, 클라이언트 상황의 진전과정에 대한 요약이다. 서비스 과정에서 일정 기간마다, 중반ㅂ부나 종결 시 사용될 수 있다.

3) 과정기록 시 주의점

① 과정기록은 서비스 수행과정에서 일어나는 모든 것을 기록해야 하므로 빠른 시간 내에 작성하도록 한다.

② 면접의 목적을 고려하여 중요한 내용과 활동을 중심으로 기록한다.

③ 자신의 면접장면에 대해 정직하게 기록한다. 자신이 잘했다고 생각하는 면만 기록할 경우, 실습지도자의 수퍼비전을 통해 성장할 수 있는 기회를 놓치게 되는 것이다.

④ 클라이언트의 비밀보장을 유지하도록 최선을 다한다. 가명을 사용하고 기록보관에 유의한다.

⑤ 과정기록을 위해 면접 시 필기를 할 경우, 클라이언트가 불편해할 수 있으므로 면접 시 필기를 최소한으로 줄인다.

4. 컴퓨터의 사용과 기록의 표준화

최근 컴퓨터 사용이 보편화되면서 사회복지현장에서도 자료를 정리하고 보관하는데 컴퓨터를 활용하기 시작하였다. 컴퓨터의 사용(자동화)은 기록의 내용이나 기능은 변화시키지 않았지만, 문서화 과정이나 정보의 사용에는 실질적인 변화를 가져왔다. 모든 기록 내용은 오류 없이 빠르게 분석, 사용할 수 있게 되었고 보다 효율적으로 축적하고 정정할 수 있게 되었다. 컴퓨터의 사용과 함께 표준화된 형식에 따라 기록하는 방법도 대부분의 기관에서 기관의 필요에 따라 일정 형식을 만들어 사용하게 되었는데, 이러한 표준화된 형식은 기록의 보관을 보다 간편하게 하고 정보에 보다 용이하게 접근할 수 있게 한다. 그러나 기록의 질적인 내용(클라이언트와 사례의 독특성 등)을 담을 수 없는 단점이 있다.

5. 좋은 기록과 잘못된 기록의 특징

1) 좋은 기록

좋은 기록은 간결, 구체적, 타당, 명확, 논리적, 시기적절, 의미 있고, 유용하며 사실에 근거, 전문가적 윤리를 바탕으로 하며,수용된 이론에 기초한다. 무엇보다도 클라이언트의 관점을 존중한다.

- 서비스 결정과 행도에 초점을 둔다.
- 사정, 개입, 평가의 기초가 되는 내담자의 상황에 대한 정보가 들어 있다.
- 각 단계의 목적, 목표, 계획, 과정과 진행을 포함한 서비스 전달에 대한 정보가 들어 있다.
- 상황묘사와 사회복지사의 견해가 명확하게 분리되어 있어 읽는 사람들이 사회복지사의 관찰사항과 해석을 이해할 수 있다.
- 구조화되어 있어 정보를 효과적으로 문서화할 수 있고, 쉽게 색출해낼 수 있다.

2) 잘못된 기록

잘못된 기록의 특징은 초점이 없고, 모호, 편견, 추리에 의존, 정확치 않고, 정보의 양이 너무 많거나 너무 적고, 조직화되어 있지 못하고, 부정확한 사정, 잘못된 판단, 부적절한 개입, 내담자에 대한 무례 등을 담고 있다.

- 철자가 틀리고 잘 끊어지지 않은 문장을 사용한다.
- 반복되고 장황스런 문장을 사용한다.
- 행위자가 식별되지 않는 문장이 있다.

예) ...에 대한 염려가 제기되었다. (누가?)→사회복지사는 ...에 대해 염려했다.(○)

- 의미 없고 과장되고 비판적 표현을 사용한다.
- 근거(관찰과 평가) 없는 결론을 내린다.
- 상황에 대해 독단적인 견해를 표현하고 있으며, 특히 클라이언트를 무조건 비난하거나 부정적으로 표현한다.

예) 순이는 편집증이 강하고 고립되어 있으며 조작적이고 자기애 적이다.

참고문헌

서홍란 · 이경아. (2008). 『사회복지현장실습』. 공동체.

윤현숙 외. (2002). 『사회복지실천기술론』. 서울: 동인.

이윤로. (2006). 『인간행동과 사회환경』. 창지사.

이필환 외. (1999). 『사회복지실천이론의 토대』. 나눔의 집.

Brill, N. (1985). Working with people : *The helping process*(3rd ed.). White Plains. NY: Longman.

Germain, C. B. (1973). "An ecological perspective in casework". *Social Casework*, 54323-330.

Germain, C. B. & Gitterman, A. (1997). *The life model of social work practice*(2nd ed.). New York:Columbia University Press.

Germain, C. B. & Gitterman, A. (1997). *Ecological Perspective. In National Association of Social Worker's Encyclopedia of social work*(19th ed.). Washington DC:NASW Press.

Haynes, K. S & Holmes, K. A. (1994). *Invitation to social work*. New York: Longman.

Kagle, J. (1991). Social Work Record.(2nd Ed.). Prospect Heights: Waveland Press.

Karls, J. M. & Wandrei, K. E. (1994). *PIE manual: Person-in-environment system: The PIE classification system for social functioning problems*. Washington DC:NASW Press.

Miley, K. K., O'Melia, M. & DuBois, B. (2001). *Generalist social work practice: An empowering approach*. Boston, MA:Allyn & Bacon.

Minahan, A.(1981). "Purpose and objectives of social work revisited". *Social Work*, 26, 5-6.

Saleebey, D. (1992). "Conclusions: Possibilities of problems with the strengths perspective". In D. Saleebey(ED.), *The strengths perspective in social work practice*(pp. 169-179), New York: Longman Press.

Saleebey, D. (2001). *Practicing the strengths perspective: Everyday tools and resources. Families in Society*, 82(3), 221-222.

Teare, R. J, & Sheafor, B. W. (1995). *Practice-sensitive social work education : An Empirical Analysis of Social Work Practice and Practitioners*. Arlington, VA : Council on Social Work Education.

Turner, F. (1997). "Social workpractice: Theoretical base". *In National Association of Social Worker's Encyclopedia of social work*(19th ed.). Washington DC:NASW Press.

Zastrow, C. (2003). *The practice of social work*. Pacific Grove, CA: Brooks/Cole Publishing Company.

_________. (2004). *Social work and social welfare*.

제 4 장

지역사회복지관

제 1 절 사회복지관 운영

1. 사회복지관의 개념

사회복지관은 지역사회 내에서 일정한 시설과 전문인력을 갖추고 지역사회의 인적・물적 자원을 동원하여 지역사회복지를 중심으로 종합적인 사회복지 사업을 수행하는 사회복지시설이다(보건복지부, 2006).

2. 사회복지관의 목표

사회복지관은 사회복지서비스 욕구를 가지고 있는 모든 지역사회주민을 대상으로 보호서비스, 재가복지서비스, 자립능력 배양을 위한 교육훈련 등 그들이 필요로 하는 복지서비스를 제공하고, 가족기능 강화 및 주민상호간 연대감 조성을 통한 각종 지역사회문제를 예방・치료하는 종합적인 복지서비스 전달기구로서 지역사회 주민의 복지증진을 위한 중심적 역할을 수행하여야 한다(보건복지부, 2006).

3. 사회복지관의 연혁

1906년 : 원산 인보관운동에서 사회복지관사업 태동
1921년 : 서울에 최초로 태화여자관 설립
1926년 : 원산에 보혜여자관 설립
1930년 : 서울에 인보관 설치
1975년 : 국제사회복지관연합회 회원국 가입
1976년 : 한국사회복지관연합회 설립(22개 사회복지관)
1983년 : 사회복지사업법 개정으로 사회복지관 운영 국고보조
1988년 : 사회복지관 운영 · 국고보조사업지침 수립
1989년 : 주택건설촉진법 등에 의해 저소득층 영구임대아파트 건립시 일정규모의 사회복지관 건립을 의무화
1989년 : 사회복지법인 한국사회복지관협회 설립
2001년 : 전국 350개소 설치 운영
2003년 : 전국 360개소 설치 운영
2005년 : 전국 391개소 설치 운영

4. 사회복지관의 기능 및 역할(보건복지백서, 2004)

1) 지역사회 주민의 욕구 파악 및 평가

지역사회의 인적 · 물적 환경의 특성과 주민들의 당면한 사회복지 욕구를 합리적으로 조사 · 평가하는 것은 사회복지관의 지역사회복지사업 개발에 주민의 참여를 활성화하기 위한 동기 조성의 기초가 된다.

2) 주민의 성장과 자립을 위한 종합사회복지서비스 제공

사회복지관은 사회복지생활의 현장에서 주민들의 성장과 발전 그리고 사회적인 자립을 직접 · 간접으로 돕는 종합복지센터의 역할을 수행한다.

3) 지역사회 통합의 매개 역할

지역사회 주민 및 유관기관 · 단체 상호간의 지역공동체 의식을 고취하고 주민의 자발적인 참여로 지역사회 발전을 도모한다.

4) 지역사회 민간자원의 발굴 및 활용

사회복지에 대한 지역주민의 자발적인 참여를 통한 자원봉사자와 후원자를 적극적으로 개발 및 활용하여 지역사회복지에 관한 연대의식을 고취한다.

5) 주민을 위한 사회교육의 매체

저소득층 주민들의 생활향상과 자기실현을 위하여 새로운 생활정보의 보급, 지식 · 교양의 증대, 자립의욕의 활성화를 위한 동기 조성, 지역사회 소속감의 부여를 위한 사회교육의 모체기능 등을 수행한다.

5. 사회복지관 운영의 기본원칙

사회복지관이 행하는 사회복지사업은 인도주의와 서비스를 필요로 하는 자의 존엄유지를 전제로 다음 각 호의 기본원칙에 따라 수행되어야 한다.

1) 지역성의 원칙

사회복지관은 지역사회의 특성과 지역주민의 문제나 욕구를 신속하게 파악한 후 사업계획 수립시 반영하여 지역사회의 문제를 해결하고 이에 따른 서비스를 제공하여야 하며, 지역주민의 적극적 참여를 유도하여 주민의 능동적 역할과 책임의식을 조장하여야 한다.

2) 전문성의 원칙

사회복지관은 다양한 지역사회문제에 대처하기 위해 일반적 프로그램과 특정한 문제를 해결할 수 있는 전문적 프로그램이 병행될 수 있도록 지식과 기술을 보유한 전문인력이 사업을 수행하도록 하고, 이들 인력에 대한 지속적인 재교육 등을 통해 전문성을 증진토록 하여야 한다.

3) 책임성의 원칙

사회복지관은 서비스 이용자의 욕구를 충족하고 지역사회문제를 해결함에 있어서 효과성을 극대화하기 위하여 최선의 노력을 기울여야 한다.

4) 자율성의 원칙

사회복지관은 다양한 복지서비스를 효율적으로 제공하기 위하여 사회복지관의 능력과 전문성이 최대한 발휘될 수 있도록 자율적으로 운영하여야 한다.

5) 통합성의 원칙

사회복지관은 사업을 수행함에 있어 지역내 공공 및 민간복지기관 간에 연계성과 통합성을 강화시켜 지역사회복지 체계를 효율적이고 효과적으로 운영되도록 하여야 한다.

6) 자원활용의 원칙

사회복지관은 주민욕구의 다양성에 따라 다양한 기능인력과 재원을 필요로 하므로 지역사회내의 복지자원을 최대한 동원·활용하여야 한다.

7) 중립성의 원칙

사회복지관은 정치활동, 영리활동, 특정 종교활동 등에 이용되지 않게 중립성이 유지되어야 한다.

8) 투명성의 원칙

사회복지관은 자원을 효율적으로 이용하고 운영과정의 투명성을 유지하여야 한다.

6. 사회복지사의 역할

지역사회복지관에서 요구되는 사회복지사의 역할을 김종일(2003)을 토대로 정리하면 다음과 같다.

첫째, 다른 사람을 격려하여 변화를 추구하는 행동에 참여하도록 이끈다. 사람들이 문제와 관심을 공유할 수 있는 회의를 열거나 의견을 두루 청취하는 등 촉매자의 역할을 해야 한다. 사회복지사의 촉매활동은 지역리더의 잠재력이 발휘될 수 있는 여건을 마련해 주는 것이다.

둘째, 사회복지사는 사람들에게 다양한 과업을 어떻게 수행할 것인가를 가르치는 교사의 역할을 해야 한다. 효과적인 교수법은 실천을 통한 학습과 불과분의 관계를 이룬다. 숙련된 교사는 학생의 실패를 두려워하지 않는다.

셋째, 만사가 원활히 진행되도록 돕는 '과정기술'을 소유한 촉진자가 되어야 한다. 그것이 회의이든 캠페인이든 상관없이 누군가는 이 과정에 제대로 진행되도록 책임을 지고 이끌어야 한다.

넷째, 사회복지사는 조직 외부 및 미디어와 연결활동으로 요약되는 연결자의 역할을 해야 한다. 각종 회의 참석과 타 조직과의 연대활동을 통해서 새로운 아이디어와 프로그램을 개발하는 기회로 삼는다.

다섯째, 사회복지사는 클라이언트와 지역사회의 자원을 연결하는 중개자의 역할을 한다. 자원의 공정한 배분이 이루어지도록 하는 동시에 이 과정에서 클라이언트가 인간으로서 존엄성을 유지할 수 있도록 돕는다.

여섯째, 사회복지사는 클라이언트의 권리와 존엄성을 위해 싸우는 옹호자의 역할을 해야 한다. 이러한 옹호활동은 개인, 집단, 지역사회 수준에서 다양하게 이루어진다.

일곱째, 사회복지사는 클라이언트를 위한 옹호 활동에서 협상자로 변신하기도 한다. 협상자는 특정인이나 집단의 편에 서서 관계당사자 사이의 이견과 논란을 해결하는 사람이다.

여덟째, 사회복지사는 지역사회실천과정에서 단순히 사람을 모으는 것이 아니라 그 모임에 조직의 틀을 만들어 주는 조직가의 역할을 수행한다.

제 2 절 사회복지관 사업

사회복지관의 제반 사업은 저소득 취약계층과 지역주민에 대한 실질적인 사회복지서비스가 이루어질 수 있도록 각 사업을 유기적으로 연계하여 실시하여야 한다.

1. 사회복지관 사업의 대상

사회복지관 사업의 대상은 사회복지서비스 욕구를 가지고 있는 모든 지역주민으로 한다. 다만, 다음 각호의 주민을 우선적인 사업대상으로 하여야 한다.

1) 국민기초생활보장 수급자 또는 차상위계층 등 저소득 주민
2) 장애인, 노인 등 취약계층 주민
3) 직업 · 부업훈련 및 취업알선이 필요한 주민
4) 유아보호 및 교육이 필요한 주민

2. 사회복지관 사업의 내용

사회복지관은 지역사회의 특성과 지역주민의 복지욕구에 대한 조사결과를 바탕으로 사업내용을 자율적으로 결정하되, 〈표 4-1〉의 분야별 단위사업 중에서 해당 사회복지관의 실정에 적합한 프로그램을 선정하여 수행한다.

다만, 우선사업대상자들을 위해 우선사업으로 지정된 〈표 4-1〉의 프로그램 중에서 분야별로 각 1개 이상을 포함한 8개 이상을 선정하여 수행하여야 한다. 이 경우 관할 시장 · 군수 · 구청장이 지역적 특성을 감안하여 특히 필요하다고 인정한 때에는 사업분야 및 단위사업을 조정하거나 별도의 사업을 개발 · 추진할 수 있다.

〈표 4-1〉 사회복지관 사업내용

분 야	단 위 사 업	우선사업 대상 프로그램
가족복지 사업	- 가족관계증진 - 가족기능 보완 - 가정문제 해결 · 치료 - 부양가족지원	- 개인 및 가정문제 등 상담 - 방과후 아동보호 프로그램
지역사회보호 사업	- 급식서비스 - 보건의료서비스 - 경제적 지원 - 일상생활 지원 - 정서서비스 - 일시보호서비스	- 급식서비스(식사배달, 밑반찬배달, 무료급식 등) - 주간보호소 · 단기보호소 운영
지역사회조직 사업	- 주민조직화 및 교육 - 복지네트워크 구축 - 주민복지 증진 - 자원봉사자 양성 및 후원자개발 · 조직	- 주민조직체 형성 및 운영

교육·문화 사업	- 아동·청소년 평생교육 - 성인기능교실 - 어르신·여가문화 - 문화복지	- 어르신 여가·문화 프로그램 - 아동·청소년 사회교육 프로그램
자활 사업	- 직업기능 훈련 - 취업알선 - 직업능력 개발 - 자활공동체 육성	- 취업·부업 안내 및 알선 - 취업·부업 기능훈련 및 공동 작업장 운영

1) 가족복지사업

가족복지사업은 가족관계 증진사업, 가족기능 보완사업, 가족문제 해결·치료사업, 부양가족 지원 등의 사업이다. 이에 대하여 김영호 외(2004)를 토대로 정리하면 다음과 같다.

(1) 가족관계증진사업

가족원 간의 의사소통을 원활히 하고 기대되는 역할을 수행함으로써 이상적인 가족관계를 유지함과 동시에 가족의 능력을 개발·강화하는 사업(가족문제 예방적 프로그램을 포함)

- 교육 및 훈련 프로그램 : 가족교육, 부모교육, 가족역할훈련, 대인관계훈련, 의사소통 향상 교육 등
- 상담 및 검사 : 부부상담, 부모상담, 가족상담 등(법률·의료상담, 심리검사 등 포함)

(2) 가족기능 보완사업

사회구조 변화로 부족한 가족기능, 특히 부모역할을 보완하기 위하여 주로 아동·청소년을 대상으로 실시되는 서비스

- 아동 대상 프로그램 : 방과후 아동보호 및 보육
- 청소년 대상 프로그램 : 공부방 및 도서관 운영(학습 및 독서지도 등 포함), 사회성 향상, 감성교육, 심성발달 프로그램, 진로탐색 및 지도, 학교사회사업

(3) 가정문제 해결·치료사업

가족단위 또는 문제가 발생한 가족에 대한 진단·치료·사회복귀 지원서비스

- 신체장애 관련 프로그램 : 특수아동 조기교육, 음악·놀이·미술 등 특수치료, 중도장

애인 집단프로그램, 장애인 사회적응 프로그램 등
- 정신장애 관련 프로그램 : 정신보건서비스, 알코올 및 약물치료, 정신장애인 서비스 등
- 청소년프로그램 : 청소년 범죄예방 사업, 학교부적응 학생지도, 징계청소년 프로그램 등
- 위기가정 문제 : 이혼, 해체위기가정, 재혼가정 등
- 폭력·학대 : 아동학대 및 방임·노인학대·성폭력·가정폭력

(4) 부양가족 지원

요보호 가족원을 돌보는 가족원의 부양부담을 줄여주고 관련 정보를 공유하는 등 부양가족 대상 지원서비스

- 치매노인 가족지원, 장애인 가정지원, 만성질환자 부양가족모임, 장애아동 부모상담, 기타 부양가족 지원사업

2) 지역사회보호사업

지역사회보호사업은 급식서비스, 보건의료서비스, 경제적 지원, 일상생활지원, 정서서비스, 일시보호 서비스 등이다.

(1) 급식서비스

지역사회에 거주하는 요보호 노인이나 결식아동 등을 위한 식사제공 서비스

- 식사배달, 밑반찬 배달, 경로식당, 무료급식

(2) 보건의료서비스

노인, 장애인, 저소득층 등 재가복지사업 대상자들을 위한 보건·의료관련 서비스

- 의료서비스(통원 및 방문진료), 간병서비스, 물리치료, 재활치료, 보건교육, 방문 간호(보건기관 연계), 영양서비스(영양지도 및 상담)

(3) 경제적 지원

경제적으로 어려운 지역사회 주민들을 대상으로 생활에 필요한 현금 및 물품 등을 지원하는 물질적인 지원사업

- 의료비·교육비·생활비 등 지원, 후원품 제공, 생활용품 지원 등

(4) 일상생활 지원

독립적인 생활능력이 떨어지는 요보호 대상자들이 시설이 아닌 지역사회에 거주하기 위해서 필요한 기초적인 일상생활 지원서비스

· 청소 · 세탁 · 장보기 · 취사 등 가사서비스, 가정봉사원, 이동목욕, 이 · 미용, 심부름, 차량 지원, 주거환경개선 등

(5) 정서 서비스

지역사회에 거주하는 독거노인이나 소년소녀가정 등 부양가족이 없는 요보호 대상자들을 위한 비물질적인 지원 서비스

· 말벗, 안부전화 등 노인 정서지원, 의형제 · 의부모 관계 맺기

(6) 일시보호 서비스

독립적인 생활이 불가능한 노인이나 장애인 또는 일시적인 보호가 필요한 실직자 노숙자 등을 위한 보호서비스

· 노인 주간 · 단기보호, 치매노인센터, 장애인 주간 · 단기보호, 실직자 쉼터, 희망의 집, 그룹홈

3) 지역사회조직사업

지역사회조직사업은 주민조직화 및 교육, 복지네트워크 구축, 주민복지 증진사업, 자원봉사자 양성 및 후원자 개발 · 조직 등이다.

(1) 주민조직화 및 교육

주민이 지역사회 문제에 스스로 참여하고 공동체 의식을 갖도록 주민조직 육성을 지원하고, 이러한 주민조직화에 필요한 시민의식을 높이기 위한 각종 교육을 하는 사업

· 주민조직체 형성 · 운영: 주민조직, 성인동아리 등
· 지역주민이 주체가 되어 지역문제를 해결하는 사업 : 녹색가게, 소비자 이동고발, 쓰레기 재활용운동 등
· 주민의식교육 : 주민지도자 교육, 사회복지교육 등 의식교육, 환경교육, 소비자 교육 등

(2) 복지네트워크 구축

지역내 복지주체들과 네트워크를 구축함으로써 복지서비스 공급의 효과성과 효율성을

제고하고, 사회복지관이 지역복지의 중심으로서의 역할을 강화하는 사업

- 네트워크 구축: 지역복지협의회 활동, 연계사업 등
- 지역복지 중심기관 역할: 지역복지 대변자로서의 활동, 지역문제의 발굴 등

(3) 주민복지 증진사업

지역단위 행사 또는 주민편의시설 운영을 통해 주민복지를 증진하고 공동체 의식을 높이는 사업

- 지역행사: 경로잔치, 절기행사, 마을잔치 등 지역주민행사
- 시설개방: 시설대여, 경로당 운영, 주민사랑방 운영
- 정보제공: 일상생활 및 복지관련 정보제공

(4) 자원봉사자 양성 및 후원자 개발 · 조직

지역사회 주민 또는 기업체 직원 등 취약계층을 돕고자 하는 자를 자원봉사자로 모집 · 양성

- 자원봉사자가 희망하는 복지사업분야에서 활동할 수 있도록 연계 · 관리, 지역사회에서 복지사업에 관심이 있는 주민 또는 기업 등을 후원자로 개발 · 조직
- 정기적 또는 비정기적으로 제공하는 후원금품을 노인, 장애인, 청소년 등 취약계층에게 직접 전달하거나 관련 복지사업비 등으로 사용

〈표 4-2〉 지역사회조직사업의 주요기능

지역사회조직사업의 주요 기능		프로그램군	단위 프로그램
지역자원 개발	지역사회의 인적 · 물적 자원을 개발하는 사업	인적자원개발 및 관리	자원봉사자 개발 및 교육, 청소년 자원봉사지도 등
		물적자원개발 및 관리	후원자 개발 및 관리, 푸드뱅크 개발 및 관리 등
주민 조직화	주민이 지역사회 문제에 스스로 참여하고 공동체의식을 갖도록 주민조직을 육성 · 지원하는 사업	주민조직체 형성 · 운영	주민조직주민조직(지역지도자모임,통반장모임 등) 및 각종 성인동아리(장애인모임 등) 조직운영 등
		주민공동체 형성	살기좋은 지역만들기, 녹색가게, 푸드마켓, 주민복지학교, 소비자 이동고발 등
		지역주민 교육 및 주민통합화	주민 지도자 교육, 사회복지 교육, 환경교육, 소비자 교육, 시민교육 을 통한 지역주민 임파워먼트 및 주민통합화를 위한 각종 프로그램 등
복지 네트워크	지역내 복지주체들과 네트워크를 구축함으로써 복지서비스 공급의	네트워크 구축	지역사회복지협의회 및 지역사회복지협의체 활동, 운영위원회, 지역실무자

지역사회조직사업의 주요 기능		프로그램군	단위 프로그램
	효과성과 효율성을 제고하고, 사회복지관이 지역복지의 중심으로서의 역할을 강화하는 사업		모임 등 지역연계사업
		지역복지 중심기관 역할	지역복지 대변자로서의 활동, 지역문제의 발굴 등
주민복지 증진	지역단위 행사 또는 주민편의 시설운영을 통해 주민복지를 증진하고 공동체 의식을 높이는 사업	주민문화 행사	경로잔치, 절기행사, 마을잔치, 바자회 등
		시설개방	시설대여, 경로당 운영·지원, 주민사랑방 등
지역조사 및 연구	지역특성과 주민의 복지욕구에 적합한 프로그램을 개발, 운영하기 위하여 지역사회의 실태나 문제를 파악하고 지역주민의 사회서비스에 관한 요구를 수렴하기 위해 행해지는 조사와 이와 관련된 연구사업	지역조사	지역자원조사, 지역문제실태조사, 주민욕구조사, 주민만족도조사 등
		지역복지연구	지역복지관련 연구 활동 및 각종 연구보고서 발간 등
정보화 지원 및 지역사회홍보	정보화 사회에 따른 각종 전산정보에 대한 접근성을 높임으로써 문화적 격차를 해소하고 주민의 삶의 질을 향상시키며, 지역사회 문제개선 및 주민복지 향상을 위한 각종 대외 홍보 사업	정보화 지원	지역정보실, 정보화쉼터, 인터넷까페, 주민PC방, 컴퓨터교실 등 운영
		지역사회 홍보	홈페이지 운영, 지역신문 발행, 기관소식지 발행, 지역 언론과의 연계사업 등
지역사회 환경개선을 위한 사회행동	불리한 처우를 받거나 상대적으로 혜택이 주어지지 않는 사회계층을 대변하여 취약계층을 옹호하며, 지역사회발전을 저해하는 사회적·물리적 환경개선을 위해 정책과 제도의 변화를 도모하기 위한 사업	취약계층 옹호사업	마을신문고, 주민 민원방, 주민고충상담센터, 주민권익옹호센터, 외국인·탈북자지원사업 등
		지역사회 문제해결 및 물리적 환경 개선사업	생활협동조합, 쓰레기재활용사업, 마을환경가꾸기, 지역환경운동, 청소년유해환경개선운동, 청소년폭력예방운동 , 지역사회정책개선 등

* 출처: 동신대학교종합사회복지관(2006). 사회복지현장실습 일지

4) 교육·문화사업

교육·문화 사업은 아동·청소년 기능교육, 성인기능 교육, 어르신 여가·문화사업, 문화복지사업 등이 있다.

(1) 아동·청소년 기능교육

아동 및 청소년을 대상으로 하는 공부방 및 기능교실

·주거환경이 열악하여 가정에서 학습하기 곤란하거나 경제적 이유 등으로 학원 등 타

기관의 활용이 어려운 아동·청소년에게 필요한 경우 학습내용 등에 대하여 지도하거나 각종 기능(컴퓨터, 피아노, 미술, 태권도, 서예 등)을 배우고 익힐 수 있도록 함

(2) 성인기능 교육

기능습득을 목적으로 하는 성인사회교육(저소득층을 위한 직업훈련 및 일반주민을 위한 단순기능교육을 모두 포함)

· 조리사, 이미용, 양재, 포장, 제과제빵, 도배사, 에어로빅강사 등 기능교육 및 자격증 취득을 위한 교육
· 교양강좌: 꽃꽂이, 서예, 독서지도, 종이접기 등

(3) 어르신 여가·문화사업

어르신을 대상으로 제공되는 각종 사회교육 및 취미교실

· 건강운동교실: 체조교실, 생활체육, 단전호흡, 수영교실 등
· 여가프로그램: 노래교실, 댄스교실 등
· 교양교육 프로그램: 노인대학, 컴퓨터, 한글교육 등
· 경로당 지원사업

(4) 문화복지사업

일반주민을 위한 여가·오락 프로그램, 문화 소외집단을 위한 문화 프로그램, 기타 각종 지역문화행사

· 일반주민 여가 프로그램
· 소외집단 대상 프로그램: 청소년 캠프, 청소년 동아리, 장애인 문화체험 등
· 주민 문화행사: 영화상영, 댄스 페스티벌, 음악회 등

5) 자활사업

복지관의 자활사업에는 직업기능훈련, 취업알선, 직업능력 개발, 자활공동체 육성 등이 있다.

(1) 직업기능훈련

저소득층의 자립능력배양과 가계소득에 기여할 수 있는 기능훈련을 실시하여 창업 또는 취업을 하도록 지원함.

· 봉제, 이미용, 조리, 컴퓨터 훈련, 공예작품제작, 영업교육, 창업교실, 건축관련 세부기술, 서비스교육

(2) 취업알선

직업훈련 이수자 기타 취업희망자들을 대상으로 건전한 일터에 관한 정보제공 및 알선을 하여줌

· 가사관리인 알선, 산모관리인 알선, 간병인 알선, 경비직 알선, 조리원 알선, 기타 일용직 노동직 알선, 경리 등 사무직 알선

· 취업·부업안내센터, 창업정보센터, 창업지도, 고령자 취업은행

(3) 직업능력 개발

근로의욕, 동기가 낮은 층의 취업욕구 증대와 재취업을 위한 심리·사회적인 지원프로그램 실시

· 지역봉사자를 위한 전문지도, 재활프로그램, 근로의욕 고취프로그램

(4) 자활공동체 육성

비슷한 경험과 능력을 소지한 저소득층이 공동창업방식을 통해 서비스 또는 제품의 생산으로 자립할 수 있도록 지원함.

· 업그레이드 자활근로 실시, 자활공동체 창업, 공동작업장, 노인 부업실, 장애인자립작업장

〈참고자료-1〉

복지관 실습사례

목포대학교 사회복지학부 실습사례 연구(2002)를 사례로 제시하면 다음과 같다.

실습목표 : 학교교육의 이론적 한계와 사회복지현장의 분위기를 익히기 위한 준비관정으로 사회복지관에서 실시되는 서비스와 사회복지정책의 기초단위인 사회복지관의 현실을 파악하는데 목표를 둔다.

1. 기관의 소개

1) 기관의 개요

소재지	서울특별시 강남구 수서동 74번지		
연락처	02-3411-6470	홈페이지	www.taiwha.or.kr
운영법인	감리회 사회복지관 재단	시설장	○ ○ ○
개관일	1921년 4월 4일	운영형태	법인직영('가'형)
대지	1,323평	건물규모	3,744평(지하2층, 지상5층)

2) 사업 목적

태화의 설립이념(복음전도, 여성교육, 사회사업)을 바탕으로 지역사회복지 욕구에 부합하는 사회복지사업을 개발·실시하고, 지역 내 타 사회복지관과의 협조체계를 통하여 지역사회 발전을 도모하며, 욕구가 있는 지역주민 누구나 다양한 예방 및 치료 서비스를 활용할 수 있도록 한다.

2. 주요프로그램 및 이용자 현황

1) 가족복지사업
   (1) 아동복지사업: 어린이센터, 초록교실, 꿈동산, 열린학교, 우리들 세상, 학교사회사업, 특별프로그램
   (2) 청소년복지사업: 학교사회사업프로그램, 특별프로그램, 청소년자원봉사 프로그램, 청소년 전용공간
   (3) 여성복지사업: 태화여성합창단, 무료법률상담 프로그램
2) 재가복지사업: 재가대상자 지원사업, 탈북가정 지원사업, 자원개발, 지역 사회욕구조사
3) 지역상담사업: 정신건강 상담, 가정폭력 상담, 약물 상담사업
4) 지역협의회 사업: 정신장애인 자조지원사업, 약물남용청소년을 위한 강남구 지역협의회, 수서지역재활사업
5) 일시보호사업: 실직 노숙자 쉼터, 강남구 청소년 쉼터, 여성쉼터
6) 기획 · 후원 · 홍보 사업: 직원교육, 기관사업 평가 및 각종 기획업무, 각종 후원행사 및 모금행사
7) 문화교육 사업: 사회교육사업, 사회체육사업
8) 기타사업: 기관운영 행정업무, 사회복지 행정업무, 대직원 프로그램
9) 청소년 쉼터: 보호사업, 상담사업, 사례관리, 교육사업, 집단활동, 거리이동 상담, 가출예방프로그램, 취미·기능프로그램, 사후관리, 자원봉사자 운영, 후원·홍보, 연구조사
10) 태화 샘솟는 집: 취미·여가 및 특별프로그램, 취업 프로그램, 클럽하우스 연계활동, 교육훈련 프로그램.

3. 실습일정

월	화	수	목	금	토
		12-20	12-21		
		· 오리엔테이션(강의)	오리엔테이션(산하기관 견학)		
	1-2	1-3	1-4	1-5	1-6
	· 시무예배참석 · 회원과 상견례 · 가출청소년의 이해 교육 · 쉼터프로그램 교육	· 회원일과준비회의 참관 · 통합적 접근방법 교육 · 실습관련 문서양식 교육 · 퇴소자 송별회 참여	· 회원일과준비회의 참관 · 들꽃피는 학교 방문견학 · 집단프로그램 준비회의 · 수퍼비젼	· 심림청소년 쉼터 방문견학 · 서울YMCA 청소년 쉼터 방문견학 · 집단프로그램 준비회의	· 회원일과준비회의 참관 · 회원외출여가활동프로그램 보조 · 수퍼비젼
1-8	1-9	1-10	1-11	1-12	1-13
· 시무예배 참석 · 집단프로그램 준비회의 · 수퍼비젼 · 집단프로그램 소품제작	· 은행골 우리집 방문견학 · 집단프로그램 진행(그림맞추기) · 사례관리 교육	· 회원일과준비회의 참관 · 사무보조(라벨부착) · 회원외출여가활동 프로그램 보조	· 회원일과준비회의 참관 · 약물교육 참관 · 집단프로그램(볼링을 배워라)	· 회원일과준비회의 참관 · 사무보조(출퇴근카드함 제작) · 회원외출 여가 활동프로그램 보조	· 회원일과준비회의 참관 · 집단프로그램 소품제작
1-15	1-16	1-17	1-18	1-19	1-20
· 시무예배참석 · 중간평가회의 · 수퍼비젼	· 집단프로그램 진행(이야기 꾸미기) · 엘림직업전문학교방문 견학 · 수퍼비젼	· 집단프로그램 진행(마니또 시상식) · 사회체육프로그램 참관(수영) · 수퍼비젼 · 개별상담	· 회원일과준비회의 참관 · 집단프로그램 진행(나도 십자수 한다) · 수퍼비젼 · 개별상담	· 퇴소자 송별회 준비 및 참여 · 사무보조(자료정리) · 수퍼비젼 · 개별상담	· 회원일과 준비회의 진행 · 수퍼비젼 · 갈리리 마을 방문
1-22	1-23	1-24	1-25	1-26	1-27
· 시무예배참석 · 회원일과준비회의 참관 · 한사랑 마을 봉사활동 · 수퍼비젼 · 개별상담	설연휴	설연휴(당직) · 회원식사준비 · 회원과 민속놀이(윷놀이)	설연휴	· 종합평가회 · 수퍼비젼 · 야간길거리 상담	· 과제 제출
				2-2	
				실습보고회	

4. 실습활동 구성

1) 오리엔테이션/회의/실습생 간담회/실습평가회
2) 교육 및 학습 :
· 오리엔테이션 기간 내: 프로그램 계획과 평가, 실습생의 자세와 역할, 사회복지관의 기능과 역할, 사회복지관에서의 전략적 자원개발, 태화조직과 운영/태화역사/사업소개, 레코딩 교육
· 실습초기: 가출 청소년의 이해, 청소년 쉼터 프로그램, 케이스매니지먼트, 청소년 쉼터의 현황과 과제, 통합적 접근방법
3) 관찰 및 견학: 태화 샘솟는집, 들꽃 피는 학교, 은행골 우리집, 신림청소년 쉼터 '우리세상', 서울YMCA청소년 쉼터, 한사랑 마을, 갈리리 마을, 엘림 직업전문학교, 서울지역 가출청소년 밀집대
4) 프로그램 참여: 집단프로그램 기획 및 진행, 쉼터 입소회원 외출여가 활동 프로그램 보조, 쉼터 입소회원 사례관리 및 개별상담, 야간 길거리 청소년 상담

5. 주요 실습 내용:

1) 집단활동프로그램 기획 및 진행
2) 사례관리
3) 야간 길거리 청소년 상담

〈참고자료-2〉

광주 · 전남 사회복지관 현황

시 설 명	주 소	전화번호	인터넷홈페이지
첨단종합사회복지관	광주광역시 광산구 쌍암동 656-2	062-971-9500	http://www.gjw.or.kr/cswc/
하남종합사회복지관	광주광역시 광산구 우산동 1571-1	062-951-0701	http://www.gjw.or.kr/hswc/
송광종합사회복지관	광주광역시 광산구 우산동 1603-1	062-941-8248	http://www.gjw.or.kr/songgwang/
우산종합사회복지관	광주광역시 광산구 우산동 633-1	062-266-3853	http://www.gjw.or.kr/woosanwelfare/
인애종합사회복지관	광주광역시 남구 봉선2동 145-1	062-676-5087	http://www.inaebokji.or.kr/
양지종합사회복지관	광주광역시 남구 양림동 293-4	062-673-1919	http://www.yangjibokji.or.kr/
동신대종합사회복지관	광주광역시 남구 월산동 389	062-369-1323	http://dsugwc.dsu.ac.kr/
빛고을종합사회복지관	광주광역시 동구 용산동 산3	062-234-4563	http://www.gjw.or.kr/bg/
각화종합사회복지관	광주광역시 북구 각화동 202	062-265-1052	http://www.kakhwa.or.kr/
무등종합사회복지관	광주광역시 북구 두암3동 969-6	062-268-0093	http://mudeung.or.kr/
두암종합사회복지관	광주광역시 북구 두암동 968-1	062-266-8183	http://www.gjw.or.kr/duam/
시민종합사회복지관	광주광역시 북구 양산동 657-2	062-571-4100	http://www.gjw.or.kr/simin/
오치종합사회복지관	광주광역시 북구 오치2동 1003	062-267-3700	http://www.ochibok.or.kr/
광주종합사회복지관	광주광역시 북구 오치동 912-1	062-264-4370	http://kwf-kwangju.or.kr/
무진종합사회복지관	광주광역시 서구 광천동 655-9	062-372-2600	http://www.gjw.or.kr/moojin/
금호종합사회복지관	광주광역시 서구 금호동 743-3	062-376-3017	http://www.okbokji.or.kr/
호남종합사회복지관	광주광역시 서구 상무2동 887-5	062-371-8467	http://www.gjw.or.kr/honam/
쌍촌종합사회복지관	광주광역시 서구 쌍촌동 1229	062-375-0035	http://ssangchon.wo.ro/
영산포종합사회복지관	전라남도 나주시 용산동 64-1	061-334-5111	http://www.yspwc.or.kr/
나주종합사회복지관	전라남도 나주시 죽림동 88	061-332-8991	http://www.jncsw.org/kwfnaju/
목포종합사회복지관	전라남도 목포시 산정동 1749	061-272-2395	http://www.mpcaritas.or.kr/
상동종합사회복지관	전라남도 목포시 상동 739	061-273-1142	http://www.sdcaritas.or.kr/
목포상리사회복지관	전라남도 목포시 상동 740	061-274-0068	http://www.jncsw.org/sangri/
무안군종합사회복지관	전라남도 무안군 일로읍 월암리 214-2	061-283-1888	http://www.jncsw.org/illo/
보성종합사회복지관	전라남도 보성군 보성읍 보성리 229	061-852-9845	
순천종합사회복지관	전라남도 순천시 인제동 121	061-741-3062	http://www.scswc.org/
순천조례종합사회복지관	전라남도 순천시 조례동 1666	061-722-2304	http://www.jncsw.org/cholye/
문수종합사회복지관	전라남도 여수시 문수동 797	061-652-4242	http://www.mswel.wo.to/
여수종합사회복지관	전라남도 여수시 미평동 183-1	061-690-7291	
여수미평사회복지관	전라남도 여수시 미평동 284	061-652-3457	
소라종합사회복지관	전라남도 여수시 소라면 덕양리 1230	061-685-9775	
쌍봉종합사회복지관	전라남도 여수시 학동 65-나	061-681-7179	http://www.ssangbong.org/
장흥종합사회복지관	전라남도 장흥군 장흥읍 건산리	061-864-4804	http://www.jncsw.org/jhsb/
해남종합사회복지관	전라남도 해남군 해남읍 해리 451-1	061-534-6777	http://www.hnswc.com/

참고문헌

김영호・오정옥・이은경. (2004). 『사회복지 현장실습의 이해』. 양서원.
김종일. (2003). 『지역사회복지론』. 현학사.
동신대학교종합사회복지관. (2005). 『사회복지현장 실습 일지』.
보건복지부. (2005). 『보건복지백서 2004』.
보건복지부. (2006). 『2006년도 사회복지관 및 재가복지센터 운영안내』.
한국사회복지관협회. (2004). 『2004년 사회복지관백서』.
호남대학교사회복지학과. (2005). 『사회복지현장실습 워크북』.

제 5 장

사례관리

제 1 절 사례관리의 개요

1. 사례관리 개념

다양하고 복합적인 욕구를 가진 클라이언트를 대상으로 그들의 욕구를 충족시키고 사회적 기능을 향상시키기 위하여 고안된 사회복지의 통합적이고 체계적인 접근방법이 사례관리이다. 특히 사례관리는 사례관리자와 클라이언트의 협력을 통하여 수립한 보호계획을 바탕으로 클라이언트의 장기적 보호 욕구를 충족시키고, 클라이언트를 위한 지원망의 능력을 향상시키고자 한다. 또한 연속적이고 포괄적인 서비스 제공과 조정을 통하여 효과적이고 효율적인 서비스 전달을 촉진하고 보장하는 전문적 원조 과정이다. 사례관리에 대한 정의에는 국내외의 여러 학자의 정의가 있지만, 우리나라 사회복지지협의회(1994)에서는 사례관리 실천을 "복합적인 원인으로 요보호 상태에 있는 클라이언트에게 효과적이고 다양한 지역사회 자원을 연결시켜 관리하는 원조대책으로 복지, 의료, 보건 간의 독립된 체계를 없애고 클라이언트가 가지고 있는 다양한 욕구들을 조기에 적절하게 내응하는 지역보호체계라고 정의하였다. 사례관리는 계획부터 실천 · 피드백에 걸친 과정 속에서 다음의 여섯 가지 측면에 초점을 두고 진행된다. 첫째는 용이한 접근성, 보호의 연속성, 서비스 제공의 포괄성, 독립성 및 책임성을 보장한다. 둘째는 클라이언트의 잠재능력을 최대한 발휘할 수 있도록 조장한다. 셋째는 클라이언트가 사회 환경과의 효과적인 상호작용을 할 수 있도록 촉진한다. 넷째는 가족을 포함한 비공식 자원체계의 보호능력을 향상시킨다. 다섯째는 공식 자원체계의 지원망을 개발하고 강화한다. 여섯째는 비공식 자원체계와 공식 자원체계를 통합하고 조정하는 것이다(이근홍, 1998).

2. 사례관리의 특성

전통적인 사회사업이 기관의 서비스와 프로그램에 기초한 서비스인 반면, 사례관리는 클라이언트의 욕구에 초점을 두고 지역사회 차원에서 적극적 서비스를 제공하고 점검한다는 측면에서 서로 차이가 있다. 다시 말하면, 사례관리는 클라이언트 중심의 서비스이기 때문에 클라이언트를 기존의 프로그램에 맞추기보다는 클라이언트의 욕구에 기초한 서비스 개발과 제공을 강조한다는 의미이며, 적극적 지역사회 보호는 단편화되고 분산된 지역사회 서비스를 조정하고 통합한다는 의미이다. 가장 중요한 요소는 클라이언트의 욕구를 충족시킬 수 있는 적절한 자원의 존재 여부이고, 이미 존재하는 공식적 · 비공식적 자원간의 연계 · 상호작용 · 조정에 관심을 집중시키고 있다. 이런 내용을 바탕으로 사례관리의 특성을 열거하면 다음과 같다(이근홍, 1998).

① 다양하고 복합적인 욕구를 가진 클라이언트를 대상으로 한다.

② 클라이언트의 문제해결과 치료보다는 욕구충족과 보호에 더 중점을 둔다.

③ 클라이언트의 사회적 기능과 독립을 극대화하기 위해서 보호의 연속성과 책임감을 보장한다.

④ 서비스의 효과성과 효율성을 높이기 위해 포괄적인 서비스를 제공하고 서비스의 조정과 점검을 실시한다.

⑤ 클라이언트와 그들의 사회 환경과의 상호작용에 관심을 집중시키며, 다양한 지원체계의 광범위한 서비스를 활용한다.

⑥ 출장원조, 안내와 의뢰 등과 같은 적극적인 접근을 강조한다.

⑦ 클라이언트 수준에서 욕구를 개별화하며, 개입과정에서 클라이언트의 참여와 자기결정을 촉진시킨다.

⑧ 개별적인 실천기술(개별상담, 집단상담, 가족상담)과 지역사회 실천기술(의뢰, 연계, 조정과 통합, 조율 등과 각종 행정업무 능력)을 통합한 형태이다.

3. 사례관리의 필요성

과거 서비스를 필요로 하는 이들에 대한 접근은 단절된 의료 · 사회 · 심리서비스와 비체계적 조정, 서비스 접근 가능성 제한, 욕구와 서비스 간의 격차와 같은 제반 문제를 안고 있었다. 따라서 클라이언트에게 포괄적이고 장기적인 서비스를 제공하기 위해 서비스의 통합 · 조정을 위한 새로운 서비스 전달방식이 필요해졌다. 특히 탈시설화와 지방분권화로 인해 지역사회 기반 서비스가 필요해졌으며, 1970년 중반 이후 지역사회를 중심으로 서비스 체계를 통합 · 조정하는 사례관리가 등장하였다. Moxley(1989)는 휴먼서비스(광의의 사회복지서비스) 중에 사례관리가 필요하게 된 이유로서 다음의 여섯 가지를 들고 있다.

① 휴먼 서비스의 배분상에 있어 탈시설화의 동향
② 각종 의료 및 사회서비스가 지역사회 내에 흩어져 존재하고 있다는 것
③ 지역사회에서 중증의 장애를 가졌거나 생활기능상에 문제로 여러 가지 욕구를 가진 클라이언트가 증가하고 있다는 것
④ 휴먼 서비스가 횡적 체계보다는 종적체계를 가지고 있다는 것
⑤ 클라이언트의 실제 생활에서 의료서비스만큼이나 사회적 지원이나 도움이 중요하다는 것을 인식했다는 것
⑥ 휴먼 서비스 자원의 효율성 제고에 대한 관심 증가

4. 사회복지현장 실습과정에서의 사례관리

기관에 따라서 실습생에게 사례관리를 경험해 보도록 하는 경우가 있는데, 이는 매우 신중하게 계획되어야 한다. 그 이유는 대개의 사례관리가 장기간에 걸친 과정이고, 사례관리자와 클라이언트 간에 혹은 기관과 클라이언트 간에 긴밀한 원조 관계가 이미 견고하게 성립되어 있는 경우가 많기 때문이다. 간혹 실습생에게 초기인터뷰를 통한 사례적격성 판정을 실습하도록 하는 경우도 있는데, 이는 매우 조심스럽게 이루어져야 하고, 수퍼바이저의 확고부동한 수퍼비전 하에 실시되어야 한다. 사례관리를 받게 되는 클라이언트들은 대개 다차원적이고 복합적인 욕구가 있고, 여러 기관을 통해서 서비스를 받는 경우가 많기 때문에 서비스나 프로그램간의 조율이 가장 크게 문제가 되기 때문에 역시 그 점에 대해서도 주의를 기울여야 한다. 수퍼바이저가 실습 과정 중에 실습생들로 하여금 사례관리를

경험해 보도록 하려면, 반드시 클라이언트에게 양해를 구해야 하고, 관련된 기관의 실무자들에게도 양해를 구하고 사례관리 일정을 자세히 설명해야 한다. 사례관리에 대한 '관찰'만 하는 경우에도 실습생에게 관찰을 시켜도 좋겠냐는 허락을 사전에 미리 받아야만 한다. 다시 말하면 실습생이 사례관리를 언제부터 언제까지 할 것인지(혹은 관찰을 언제부터 언제까지 할 것인지?)를 먼저 동의를 받은 후에 실시를 해야 하는 것이다.

사회복지현장 실습 중 사례관리와 관련해서 수퍼바이져는 반드시 다음과 같은 사항을 주의해야 한다. 첫 번째는 대상이 되는 클라이언트에게 구두나 서면으로 동의를 받아야만 한다. 특히, 그 대상이 아동이나 청소년, 노인, 정신장애인인 경우에는 반드시 가족들에게도 동의를 구해야 한다. 두 번째는 실습생의 소속과 실습 일정을 정확하게 알려야 한다. 예를 들면 '어느 대학교 몇 학년 무슨 학과 학생이고, 언제부터 언제까지 사례관리자의 역할(혹은 보조역할)을 담당하게 된다'고 알려야 한다. 세 번째로, 주(main)사례관리자가 별도로 있고, 실습생이 보조사례관리자의 역할을 할 경우에는 실습생이 보조사례관리자로서 어떤 역할을 하게 되는지도 명시하고 동의를 받아야 한다. 네 번째, 사례관리를 실습생이 담당한다고 하더라도 궁극적인 책임은 원래 사례관리자와 수퍼바이져에게 있음을 명시하고, 사소한 일이라도 궁금하거나 의심스럽거나 못미더운 점은 언제든지 문의를 할 수 있음을 알려야 한다. 다섯 번째는 누구의 실수 때문이든지 사례관리에 차질이 생길 경우에는 실습생이 하는 사례관자 역할이나 보조 역할을 그 즉시에 중단시키겠다는 공지도 명시해야 한다. 여섯 번째는 실습생이 사례관리자의 역할을 하는 경우에는 그 날 그 날 즉각적인 보고와 면밀한 수퍼비젼이 이루어지도록 해야 한다. 그리고, 통상적인 실습일지 이외에도 사례관리 관련 기록과 개별상담일지를 구체적으로 면밀하게 작성하도록 교육하고 진행시켜야 할 것이다.

제 2 절 사례관리 과정

사례관리의 과정에 대해서는 사례관리 모델에 따라 그리고 실천가와 학자들에 따라 설명을 달리하고 있다. 예를 들어 Moxley는 사례관리를 사정, 계획, 개입, 점검, 평가의 5단계로 제시하고 있는가 하면, Ballew와 Mink(1996)는 개입, 사정, 계획, 자원사정 및 접근, 조정, 철수의 6단계로 제시하고 있으며, Raymond(1983)는 사례관리의 과정을 대상자 발굴, 예비심사, 대상자 등록, 사정, 목표설정, 개입계획 수립, 개입계획 실행, 종료, 사후관리의 9단계로 보다 자세히 제시하고 있다. 아울러 미국 사회복지사협회(1992)는 사례관리 관련 지침을 통해서 클라이언트의 발견과 접수, 계약 단계, 사정단계, 개입계획 수립, 계획 실행, 서비스 전달과정의 모니터링 및 조정, 자원연결 및 옹호, 재사정, 종결의 8단계로 제시하고 있다. 본서에서는 다음과 같이 크게 4단계로 구분하여 살펴보고자 한다.

1. 접수단계

1) 사례발견

접수단계에서는 주로 사례의 발견, 심사, 접수가 이루어진다. 사례발견은 어떤 프로그램을 통해서 제공되는 서비스를 누가 필요로 하며, 그러한 서비스를 제공하기에 적합한 기관이나 사람들을 확인하고 그들과 접촉하는 과정이다. 사례발견은 대부분의 경우에 조기 발견이 관건이다. 클라이언트가 스스로 사례관리 기관을 찾아오는 경우는 매우 드물고, 많은 클라이언트는 문제나 욕구를 가지고 있으면서도 해결책을 찾아 나서지 않고, 체념하거나 우왕좌왕하는 일이 발생한다. 일반적으로 사례관리를 받으러 찾아오지 않는 클라이언트일수록 문제가 심각하며, 또한 기존에 받고 있던 서비스가 중복되는 경우가 많다고 한다. 또한 사례관리자가 직접 모든 클라이언트를 자력으로 발견한다는 것은 매우 어려운 일이다. 이러한 경우는 그 지역에 상주하는 지역사회복지자원들과 유관 기관들로부터 클라이언트 발견 즉시 사례관리 기관에 연락할 수 있는 체계를 구축해 두어야 한다. 동시에 병원이나 단기보호 및 장기보호 시설과의 연계체계를 확립하는 것이 필요하다(조추용 외, 2003).

클라이언트가 자진해서 방문해 오는 경우와 방문하여 클라이언트를 발견하는 경우가 있는데, 전자의 상담은 주민자치센터(읍 · 면 · 동 사무소)와 같은 기관에서 이전부터 실시해 왔다. 이른바 신청주의 원칙에 바탕을 두는 경우에 많이 볼 수 있는데, 적극적으로 클라이언트를 찾아내어 조기에 대응해 가는 자세가 점차로 더 많이 요구된다. 후자의 상담은 이전부터 방문간호, 가사도우미, 요양보호사 파견 등으로 파악하게 되는 사례인데, 이들로부터 발견되는 사례가 의뢰되거나, 사례관리자가 직접 방문함으로써 사례를 발견해 나가는 것이다.

※ 사례발견단계에서 사례관리자가 점검해야 할 사항
- 효과적인 사례발견 전략을 세웠는가?
- 사례관리가 정말 필요한 대상자인지?

2) 스크리닝(Screening)

심사는 사례관리자가 클라이언트의 상황을 신속하게 사정하여 가장 효과적인 서비스 경로를 선택하는 과정이다. 긴급한 욕구를 가지고 있는 사람에 대한 위기개입이나, 단순 정보제공 사례 등을 제외하는 것이다. 이때에도 적격심사 문항을 활용하고 그러한 대상자의 필요성을 보다 정확하게 구분하는 것이 요구된다.

※ 초기면접 스크리닝에서 사례관리자가 점검해야 할 사항
- 클라이언트와 가족의 상황에 대해 신속하고 정확하게 사정하였는가?
- 클라이언트와 가족의 상황에 적합한 서비스 유형을 구상하였는가?
- 서비스 유형에 따라 적합한 기관을 탐색하고 의뢰하였는가?

3) 접수

접수에서는 사례관리 원조가 필요한 클라이언트에 대해 생활상에서의 문제점이나 욕구를 개략적으로 파악한 다음, 클라이언트에게 사례관리의 내용을 알기 쉽게 설명하여, 클라이언트가 이러한 사례관리를 받을 것인가의 여부를 승낙하고 계약하는 것이다. 접수에서는 먼저 클라이언트의 주요 증상을 중심으로 원조가 필요한 내용을 듣고 문제점이나 욕구를 대략적으로 파악한다. 이것으로 사례관리의 필요성이 명백해지면 사례관리자는 아래의 네 가지를 실시해야 한다.

① 원조의 목적이나 내용에 대한 설명
② 사례관리가 이루어지는 과정 중에 클라이언트와 사례관리자의 역할이나 책임의 설명
③ ①이나 ②에 대한 클라이언트의 반응확인
④ 클라이언트와 사례관리자가 사례관리 개시에 대한 승낙

※ 접수단계에서 사례관리자가 점검해야 할 사항
- 클라이언트가 서비스를 이용할 수 있도록 충분한 정보를 제공하였는가?
- 클라이언트에게 정말 적합한 원조인지?

2. 사정(Assessment)

이 단계에서는 클라이언트의 생활을 전체적인 관점에서 파악하여, 현 시점에서의 각종 문제점이나 욕구를 평가·사정한다. 구체적으로는 아래와 같은 네 가지 내용을 달성하는 것이 사정의 기본적인 목표이다(Moxley, 1989)

① 클라이언트의 욕구와 정도를 파악한다.

② 그러한 욕구를 충족시킬 수 있는 클라이언트의 능력을 파악한다.

③ 그러한 욕구에 대응하는 비공식적 자원의 역량을 파악한다.

④ 그러한 욕구에 대응하는 공식적 서비스의 역량을 파악한다.

사정은 주로 한 사람의 사례관리자에 의해서 이루어지지만, 사정의 적절성과 합리성은 그 사례관리자의 수퍼바이져나 사례관리팀에서 사례회의나 수퍼비젼을 통해서 검증하고 시정해야 한다. 때로는 사회복지사, 방문간호사, 그리고 의사나 물리치료사, 작업치료사가 함께 팀으로써 사례관리를 하는 경우도 있기 때문이다. 이러한 경우는 각각 전문적인 입장에서 다면적이고도 정밀한 사정이 가능해진다.

사정의 내용은 대상이 되는 클라이언트에 따라 달라진다. 다만 어느 클라이언트이든 주로 현재의 문제 상황, 신체적·정신적인 건강 상황, 일상생활 동작능력, 심리사회적 기능, 경제상황, 클라이언트의 사기, 가치관 및 대인관계의 양상, 가족·이웃·친구에 관한 정보, 세대구성, 거주상황, 클라이언트의 자조능력, 프로그램에 대한 적극성, 지금 이용하고 있는 서비스나 지원, 서비스의 자격요건과 관련되는 경제상황이나 거주 장소 등의 내용이 사정에 포함된다. 이러한 사정을 통하여 사회생활 기능상에서 어떤 문제가 있는가를 주로 이해할 수 있는데, 단순히 클라이언트의 문제파악뿐만 아니라 그것이 사회생활을 하는데 어느 정도 지장이 있는가, 또한 어느 정도의 원조가 있어야 하는가를 파악하지 않으면 안 된다. 그래야만 다음의 사례관리 개입 계획을 구체화할 수 있기 때문이다.

사정은 다음의 일곱 가지 특징을 가지는 것으로 정리할 수 있다(Moxley, 1989).

① 사정은 개개인의 개별화된 욕구를 바탕으로 한 것이다.

② 사정은 신체적·심리적·사회적인 여러 영역을 포함하는 전인적인 영역에 걸쳐있다.

③ 사정은 다학제적인 것이며, 때로는 팀으로써 수행하는 경우도 있다.

④ 사정은 클라이언트와의 협력을 통해서 진행되어야 한다.

⑤ 사정은 하나의 과정이기 때문에, 클라이언트의 욕구와 상황에 따라 변화해 간다.

⑥ 사정에서는 표준화된 스케일을 측정도구로 도입하여 사용해야 하며, 체계적 개입이 되도록 해야 한다.

⑦ 사정은 문서화되어 있고 그 자체가 하나의 작품이다.

※ 사정단계에서 사례관리자가 점검해야 할 사항(김지혜, 2001)
- 클라이언트의 문제와 욕구를 세심하게 사정하였는가?
- 자원을 발견하고 활용방안을 모색하였는가?
- 장애요인을 발견하고 대처방안을 탐색하였는가?
- 서비스를 계획하기 전에 서비스가 필요한 주요한 영역을 탐색하였는가?

3. 목표설정과 보호계획

1) 목표설정

목표설정은 클라이언트의 욕구 및 프로그램의 수용능력과 일치하는 사례관리 서비스를 통하여 성취할 수 있는 기대들을 구체화하는 과정이다. 이론적으로 보호계획은 각각의 클라이언트의 목표 또는 목적을 공식화하고 협상하는 것에서부터 시작한다. 실천에서는 클라이언트의 목표가 퇴색되는 경우가 많기 때문에, 명백한 목표 진술을 기록하도록 하고 있다. 그러나 많은 프로그램에서 목표 진술을 작성하는 것이 클라이언트 또는 사례관리자에게 불편감을 자아내고 있다. 다시 말하면, 클라이언트는 궁극적인 목적보다는 당장 해결되어야 할 문제에 더 관심이 많고, 사례관리자는 예상되는 결과보다는 클라이언트에게 제공할 할 수 있는 서비스에 관심이 더 많다는 것이다(권진숙, 2004). 클라이언트의 욕구를 목표로 설정할 때의 원칙은 다음과 같다(조추용 외, 2003).

① 클라이언트 스스로 선택할 수 있도록 해야 하고, 정서적으로도 동의하는 목표를 설정한다.

② 가능한 구체적이고 가시적이며, 측정 가능한 목표를 설정한다.

③ 실현 가능한 범위와 목표를 설정한다.

④ 될 수 있는 한 긍정적인 표현으로 목표를 설정한다.

⑤ 목표는 사례관리 기관의 기능과 일치해야 한다.

2) 보호계획

보호계획은 클라이언트의 보호와 관련된 모든 활동에 대한 것들이다. 대부분의 사례관리 프로그램에서는 각각의 클라이언트에 대하여 여러 기관들이 공유하는 표준화된 서면의 서비스 계획을 활용한다. 보호계획의 작성은 각 클라이언트에게 대응하는 개별화된 서비스와 지원의 패키지를 준비 · 계획하는 것이며, 처우계획의 작성이라고도 바꾸어 말할 수 있다. 이 보호계획 작성의 기본원칙으로는 다음과 같은 것을 들 수 있다(Schneider, 1986).

① 보호계획은 전 단계에서 실시한 클라이언트의 포괄적인 기능적 사정에 바탕을 둔다.
② 보호계획 작성 시는 클라이언트 내지는 가족구성원 등의 대리인이 그 과정에 참가한다.
③ 보호계획은 미리 결정된 사례목표로 향하게 한다.
④ 보호계획은 영속적인 것이 아니라 특정기간의 계획이다.
⑤ 보호계획에는 공식적 서비스와 비공식적 자원 등 모두가 포함된다.
⑥ 보호계획은 클라이언트 내지는 가족의 부담액을 고려해서 작성한다.
⑦ 보호계획의 내용은 정형화된 계획용지로 문서화한다.

이러한 원칙을 바탕으로 사례관리자는 클라이언트와 함께 아래와 같은 7단계의 순서로 보호계획을 작성한다(Schneider, 1986).

① 클라이언트의 문제나 욕구가 일목요연하게 나타나도록 한다.
② 각각의 문제나 욕구에 대해 바람직한 목표나 결과가 일목요연하게 나타난다. 단 문제나 욕구가 많이 있을 경우에는 어떤 문제나 욕구에 먼저 대응해야 할 것인지 우선순위를 정한다.
③ 각각의 바람직한 목표나 결과를 위해 필요한 원조의 종류가 일목요연하게 나타나도록 한다. 때로는 사회자원 이외에도 내적자원으로써 클라이언트 본인도 원조의 종류에 포함시킨다.
④ 이러한 원조를 제공해 주는 제공 주체가 일목요연하게 나타나도록 한다.
⑤ 이러한 원조에 대해 필요한 경우에는 시간 수나 회수를 구체적으로 정한다.
⑥ 클라이언트나 가족의 자기 부담부분이 어느 정도인가를 계산한다.
⑦ 최종적으로 작성된 보호계획에 대해 클라이언트나 가족의 허락 · 양해를 얻는다.

※ 보호계획 수립에서 사례관리자가 점검해야 할 사항
- 친척, 친구, 동료, 이웃, 자원봉자자로부터 무엇을 얻을 수 있는가?
- 사례관리자로부터 무엇을 얻을 수 있는가?
- 사례관리자가 속해 있는 기관에서 무엇을 얻을 수 있는가?
- 공적·민간기관, 그리고 사회적 기업과 같은 곳으로부터 어떤 서비스를 제공받을 수 있는가?
- 이러한 원조를 얻은 결과, 클라이언트는 어떤 구체적인 상황으로 변화된다고 예상할 수 있는가?

3) 보호계획의 실시

보호계획 실시는 양질의 서비스를 신속하고 순조롭게 클라이언트에게 제공하며, 그들이 이용 가능한 서비스를 적절하게 활용하는 과정이다. 훌륭한 프로그램과 평범한 프로그램을 구별하는 두드러진 특징은 계획 수행의 폭, 강도 및 후속조치에 대한 임상 기술에 있다. 일반적으로 사례관리자들은 계획 실천에서 그들의 능력을 최대한 발휘하지 못하고 대개 시간과 예산에 의해 구속받는다. 보호계획을 수행하는데 있어 사례관리자는 항상 서비스제공 기관과 접촉을 가지고 좋은 관계를 형성해야 할 필요가 있다. 그러나 계획하고 있었던 서비스나 지원이 도저히 불가능한 경우가 발생한다. 그러한 경우 사례관리자는 클라이언트 입장을 대변하고 옹호하려고 노력하지만, 그래도 불가능한 경우에는 클라이언트와 함께 보호계획을 일부 수정하게 된다(조추용 외, 2003).

보호계획을 실천하는 경우 때로는 위태로운 갈등을 불러일으킬 수 있으며, 실수가 유발될 수 있는 위험을 안고 있다. 동시에 보호계획의 수행 중에 분쟁을 조정하고, 문제를 해결하며, 과업을 성취하는 것은 사례관리자의 직무 중 힘들고도 가장 의미있는 부분이다. 즉 보호계획의 수행은 클라이언트의 만족과 이익의 핵심적인 요소인 것이다.

※ 보호계획을 수행할 때 사례관리자가 점검해야 사항(김지혜, 2001)
- 클라이언트는 서비스의 목표와 과정에 대해 분명하게 알고 있는가?
- 클라이언트의 적극적이고 자발적인 의사에 기초하여 서비스를 계획하였는가?
- 서비스 계획은 일정과 행위가 분명하고 평가 가능한 것인가?
- 지역사회 내에서 자원을 충분하게 발굴하고 활용하여 서비스를 실행하고 있는가?
- 서비스 실행 과정 속에서 클라이언트의 자원 활용 역량이 강화되고 있는가?
- 관련 체계들은 각자의 책임과 역할에 대하여 분명하게 알고 실행하고 있는가?

4. 재사정 및 종결

1) 재사정

재사정은 클라이언트의 상태와 현재 진행 중인 개입 계획의 흐름을 보존하기 위한 것이며, 반드시 최신자료에 기반해야 한다. 고도의 임상지향적인 프로그램에서는 사정을 축적되고 점증적인 과정으로 보며, 재사정은 사례관리자 또는 상담자에 의해 진행된다. 구조화된 사례관리에서는 보호책임을 지속적으로 수행하기 위해서 공식적이고 정기적인 재사정이 이루어진다. 재사정의 목적은 서비스가 어떤 방식으로 변화될 필요가 있는가를 결정하는 것이다. 변화는 다른 서비스로의 대체, 서비스의 강도와 수정 및 서비스의 종결을 포함한다. 이러한 사항은 사례관리를 통해서 획득된 서비스뿐만 아니라 사례관리 서비스에도 적용한다(권진숙, 2004).

※ 재사정을 할 때, 사례관리자가 점검해야 할 사항
- 서비스 진행상황을 정기적으로 점검하고 있는가?
- 서비스가 원활하게 진행되도록 조정하고 있는가?
- 중요한 사항을 제 시간 안에 기록하고 있는가?
- 사례관리자는 전문가로서 자기 관리에 최선을 다하고 있는가?

2) 종결

종결은 사례관리 서비스가 클라이언트의 복지를 위해 더 이상 필요하지 않을 때 서비스 제공을 중단하는 것이다. 사례관리 대상이 되는 클라이언트들은 대부분은 장기간 동안 대상이 된다. 일선 사례관리자들은 부담을 덜기 위해서 상태가 호전되었을 때 사례를 종결하기도 한다. 사례관리자들은 종결이 과도한 사례담당건수를 줄이는데 도움을 줄 뿐만 아니라 클라이언트로 하여금 새로운 독립을 시작할 수 있는 계기가 될 수도 있다고 말한다(이근홍, 1998).

※ 종결 단계에서 사례관리자가 점검해야 할 사항(김지혜, 2001)
- 클라이언트와 함께 종결을 계획하고 준비하였는가?
- 종결 후에 제공될 서비스가 적절하게 연결되었는가?
- 사후관리가 구체적으로 계획되었는가?

〈그림 5-1〉 사례관리 과정

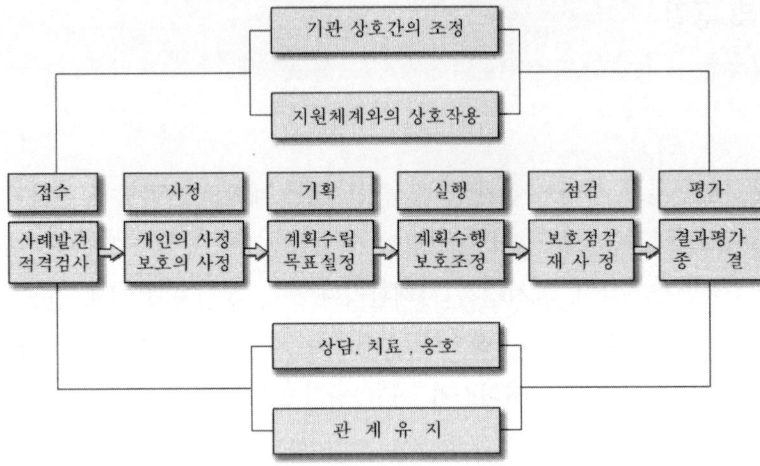

출처: 이근홍. 1996.

〈표 5-1〉 사례관리의 과정 및 지침(Steinberg & Carter, 1983)

과 정	목 적	지 침
접수	기관 · 프로그램의 목적과 기능에 적합한 클라이언트를 확인하고 등록하도록 한다.	1) 사례를 발견하는 방법을 선택한다. 2) 잠재적 클라이언트에 대한 사전 적격심사를 실시한다. 3) 클라이언트를 접수과정에 참여시킨다. 4) 필요한 경우에는 클라이언트를 적절한 자원에 의뢰한다. 5) 필요한 경우 즉시 응급조치를 취한다. 6) 기관의 서비스를 설명한다. 7) 신청자를 기관의 클라이언트로 등록한다. 8) 클라이언트로부터 동의서를 받는다. 9) 다음 단계로의 진행을 준비한다.
사정	클라이언트를 전인적 인간으로 이해하고 클라이언트의 현재의 상태에서 강점과 욕구를 파악한다.	1) 포괄적이고 표준화된 기관의 사정을 행한다. 2) 표준화된 사정이 필요하지 않다면 사정의 범위를 선택하고, 클라이언트 또는 상황에 따라 클라이언트에 대한 사정을 행한다. *사정 시 고려사항: ① 진술한 문제, ② 신체적 건강문제, ③ 심리사회적기능, ④ 가치 · 선호도 · 인간관계의 양식, ⑤ 비공식적 지원체계, ⑥ 적격요소를 포함한 경제적 · 지리적 요소, ⑦ 다른 기관과 중요한 인물로부터의 진단적 정보, ⑧ 의학적 또는 사회적인 자문전문가의 활용 등이다. 3) 다음 단계를 결정한다. 즉 그것은 긴급우선순위, 필요한 보충적 정도, 예정표 등이다.

과 정	목 적	지 침
목표설정과 보호계획	기대를 명백히 하고 개별화된 서비스계획과 다른 문제해결 활동에 동의한다.	1) 기관의 필요조건에 따라 목표와 계획을 공식화한다. 2) 클라이언트 또는 상황에 따라 목표와 계획을 공식화한다. 이러한 목표와 계획에 고려할 사항은 ① 사례의 목표 또는 초점의 진술, ② 임의적인 해결방안과 대안의 구체화, ③ 클라이언트와 시험적인 보호계획의 협의 ④ 클라이언트, 사례관리자 및 비공식 지원망의 구성원들과 과업을 명확화 하는 것 등이다. 3) 의도적인 개입의 초점을 명확하게 하기 위해서 목표와 필요한 서비스를 검토한다. 이러한 개입의 초점은 ① 수단적 · 환경적인 원조의 제공, ② 약간의 감정적인 지지의 제공, ③ 클라이언트, 자연적인 지원망 또는 서비스 지원체계의 능력조성의 목적을 향한 노력 등이다. 4) 서비스 전달의 순서와 우선순위를 결정한다.
보호계획의 수행	서비스와 기타 다른 원조가 효과적으로 제공되고 활용될 수 있도록 배열하고 보장한다.	1) 활용 가능한 자원목록과 클라이언트 자신의 경험에서 서비스를 탐색하며, 탐색한 내용을 확인한다. 2) 요청사항을 분명히 하고, 필요한 서비스를 교섭 · 옹호 · 조달한다. 3) 서비스의 개시 및 클라이언트의 활용을 확인한다. 4) 서비스 전달을 점검한다. 5) 서비스 제공자와 클라이언트를 격려한다. 6) 갈등이나 오해를 조정한다. 7) 바람직하게 변화시키고 적응시킨다. 8) 새로운 자원을 창출한다. 즉 새로운 자원을 찾아낸다. 9) 서비스의 결함을 확인하고 기록한다. 10) 기관의 정책 범위 안에서 직접적인 서비스를 제공한다. 11) 클라이언트의 참여와 자기기록을 발전시킨다.
재사정과 종결	재사정 또는 기관자원의 관리를 통해서 클라이언트의 지식과 상태를 새롭게 한다.	1) 클라이언트의 욕구를 재사정한다. 2) 필요하다면 보호계획을 수정한다. 3) 담당하는 사례들을 관리하기 위해 사례들의 우선순위를 정한다. 4) 적극적인 조정서비스가 필요치 않은 사례를 종결한다. 5) 클라이언트가 다시 원조를 필요로 할 때 재개하도록 격려한다. 6) 과거의 클라이언트와 기관과의 관계를 유지한다. 7) 클라이언트의 욕구를 충족시킬 수 있는 프로그램의 능력을 평가한다. 8) 정책, 조직, 절차 및 기관자원의 분배에서 필요한 변화를 검토한다. 9) 신속하고 질적인 프로그램 수행의 장애물을 확인한다.

제 3 절 사례관리의 기술

1. 대인관계, 연결, 자료수집 기술

클라이언트와 사례관리자와의 라포형성도 중요하고, 그의 인간관계 속에 들어 있는 사람들과도 좋은 관계를 형성하는 것이 사례관리 과정에서 매우 중요하다. 또한 사례관리를 위해서 필요한 유관 기관의 실무자들과의 라포 형성도 중요하게 작용한다. 따라서 라포를 형성하기 위한 대인관계 기술은 사례관리에서 가장 기본적인 초석인 것이다. 특히 실습생들에게는 클라이언트나 그의 가족들과의 라포형성은 어렵고 떨리며 긴장의 연속된 순간이면서도 매우 중요한 것이다.

1) 긍정적인 첫인상을 형성할 수 있도록 노력하기

대개의 클라이언트는 사례관리자의 사무실 내부 장식과 청결상태 그리고 직원들이나 실습생이 입고 있는 복장이나 머리모양, 신고 있는 구두 모양 등을 보게 된다. 대개의 사회복지기관이 사무실은 어떻게 장식하고 복장은 어떻게 하자는 것에 대한 규칙이 있을 수도, 없을 수도 있다. 크게 상관은 없으나, 사례관리자가 일하는 환경과 사례관리자가 어떤 모습을 하고 있는가는 자신이 입을 열기도 전에 클라이언트가 갖게 되는 첫인상에 영향을 준다는 것을 깨달아야 한다. 또한 사례관리자가 다양성에 민감하지 않는 한 좋은 관계를 형성할 수 있는 방법은 없다. 다시 말하면, 사례관리자는 매우 다양한 클라이언트들을 만날 준비가 되어 있어야 한다는 것이다. 이 기술의 기초는 얼굴에 친절한 미소와 따뜻하고 정다운 눈맞춤에서부터 시작된다. 특히, 실습생의 경우는 실습을 하고 있는 기관 자체도 아직 익숙하지 않은 상태이기 때문에, 클라이언트가 자신보다 기관의 분위기에 대해서 더 익숙할 수도 있으며, 자신처럼 아직은 낯설어 할 수도 있기 때문에 어느 경우라도 첫인상을 부드럽고, 따뜻하게 가질 수 있도록 노력해야 한다.

2) 기초적인 면접은 기술(질문기술)을 숙련하기

초기 사례관리 면접 동안 사례관리자는 자신의 목표는 물론 클라이언트로부터 필요한 정보를 얻고, 좋은 전문적 관계를 형성하는 과정을 시작한다. 우리는 몇 가지 아주 기본적인 기술에 주의를 기울여야 한다.

첫째, 초기면접에서 획득해야 할 정보에 대해 좋은 감각을 가지고 있어야 한다.

둘째, 수집한 정보들을 어떻게 기록할 것인가에 대해 분명하게 알고 있어야 한다.

셋째, 기초 면접 기술은 질문의 예술이다. 똑같은 질문도 어떻게 하는가가에 따라 매우 다르게 좌우된다는 것을 알고 질문의 기술을 익혀야 한다. 실습생들은 초기 면접을 수행할 만한 질문 능력이 없는 것이 사실이지만, 초기 면접에서 클라이언트를 상대로 질문할 수 있는 기회가 주어진다면, 가능한 한 녹음을 하고 축어록으로 풀어서 각 상황에서 적당한 질문을 했는가에 대한 점검을 수퍼바이저로부터 세심하게 지도받는 것이 가장 좋은 방법이다.

3) 개인적인 문제와 일반적인 문제에 대해서 구별하여 주의 집중하기

사례관리 과정에서 클라이언트와 사례관리자가 처음 접촉할 때 두 사람은 모두 다루어야 할 과제가 있다는 것을 알고 있다. 사례관리자가 클라이언트를 알기 위해 친절하게 대한다면 클라이언트가 편안해지는 것을 도울 수 있지만, 둘 사이의 개인적인 문제에는 주의를 기울여서 사적인 접촉점을 갖지 않도록 하는 것이 중요하다.

또 다른 원칙은 클라이언트가 보여주는 각종 신호를 아무리 사소한 것이라도 그냥 넘기지 말라는 것이다. 한 여성이 분명히 안절부절 하면서 눈물을 흘리고 있다면 왜 안절부절하고 눈물을 흘리는가에 관심을 기울여야 한다. 사회복지현장의 실습생은 대개 순수한 열정이 넘치는 반면에 객관적이고 냉정한 사리판단은 부족한 경우가 있어서 자신이 클라이언트와 개별적인 만남이나 접촉을 가져서는 안된다는 것을 깨닫지 못하는 경우가 있다. 수퍼바이저가 사전에 주의를 주었음에도 불구하고 그런 개별적인 만남이나 접촉을 하게 되는 실습생이 종종 등장하기 마련이다. 중요한 것은 그 클라이언트는 전문적인 도움을 받아야 할 사람이지, 개인적인 자선이나 위로를 받으려고 그 기관을 찾아온 것이 아니라는 것이다.

4) 적극적 경청을 위한 재진술과 재구성 능력을 증가시키기 위해서 구체적 노력하기

사례관리자로서 가장 중요한 기술 중의 하나는 적극적으로 경청하는 것이다. 이 기술은 클라이언트가 말한 것과 보여주는 태도나 행동들이 의미하는 바가 무엇인지를 더 구체적으로 파악하려고 노력하는 것이며, 당신이 이해한 어떤 것이 그들에게 중요한 것인지를 추적하는 능력이다. 적극적 경청의 두 가지 기본적 기술은 재진술과 재구성이다. 재진술은 클라이언트가 방금 말한 것을 반복하거나 바꾸어 말하는 것이다. 이 기술은 클라이언트에게 당신이 '제대로 듣고' 있는지의 여부를 확인하는 것이고, 재구성은 클라이언트가 말한 것과 거의 흡사하지만 다른 수준으로 변화시키거나 재정의하는 것이다. 실습생은 역시 재진술과 재구성의 능력이 부족하기 마련인데, 이런 임상기술을 향상시키는 가장 좋은 방법은 어떤 질문을 재진술 혹은 재구성하는 것을 글로 써서 연습을 해보는 것이다. 특히, 같은 실습생들끼리 역할극처럼 연습을 해보는 것도 좋은 방법일 것이다.

5) 초점 맞추기와 진행하기

사례관리 면접과정의 특성은 사람들이 그들의 이야기를 하도록 만드는 것이다. 각각의 클라이언트가 요청하는 것과 그에 알맞는 원조 방법이 무엇인지를 파악하려면, 효과적인 정보들을 알고 있어야 한다. 그러나 한 사람은 말하고 한 사람은 사정을 해야 하는 상황이 때로는 두 사람을 어색하게 만들 수도 있다. 클라이언트가 사정에 필요한 정보들을 중요시하지 않고, 주변의 이야기만을 계속하려고 한다면, 사례관리자는 초점 맞추기를 사용해야 할 것이다. 이 기술은 클라이언트가 실제 과업으로 돌아오게 하는 진술이다. 대개의 클라이언트들은 심리적인 지지를 갈구해 온 경우가 많아서 누군가 자신의 이야기를 경청해주고 있다는 느낌이 들면, 끝도 없이 자신의 이야기를 쏟아내는 경향이 나타나기도 한다. 실습생들은 초기면접에 응해준 것만으로도 클라이언트에게 매우 큰 고마움을 느끼기 때문에 사정에 필요한 정보를 얻기보다는 클라이언트의 이야기를 일방적으로 들어주는 상대가 되어주곤 한다. 물론 사정을 위한 정보 수집 차원의 면접기술이 익숙해지기 전에는 유용한 정보를 얻는데, 많은 시간을 들여야 하는 것도 사실이고, 이런 과정을 거치지 않고서는 능력있는 사회복지사가 배출되기 어려운 것도 사실이다. 그러나, 자신의 면접내용을 녹음해서 들어보면, 어디서 초점을 더 맞추고 방향을 전환했어야 하는지에 대한 직관이 증가되고 면접의 흐름을 파악하는 임상기술도 발전하게 될 것이다.

6) 요약하기

요약하기란 많은 정보를 듣고 나서, 몇 가지 이해할 만한 용어로 통합하는 기술이다. 클라이언트가 장황하게 혹은 미약하게 말한 것들 속에서 하나의 주제나 개념으로 그 면접의 내용을 압축하는 것이다. 사례관리자는 면접하는 동안 주기적으로 요약을 할 필요가 있다. 면접을 종료할 때는 반드시 요약을 해주어야 한다. 요약하기는 클라이언트가 말한 내용과 그 동안 완수한 것과 앞으로 도전할 것들에 대해서 확실히 해 주기 때문에 반드시 숙달되어야 할 중요한 기술이다.

7) 사례관리 과정의 촉진제인 감정이입과 칭찬하기, 지지하기를 익히기

감정이입은 첫째, 클라이언트의 상황을 당신이 처해 있는 상황으로 상상할 수 있는 능력에서 비롯된다. 둘째, 그와 같은 혹은 유사한 수준으로 그의 상황을 느낄 수 있는 능력이다. 셋째, 감정이입된 사례관리자 자신의 심리적인 상태를 말로 표현하는 능력이다.

칭찬 혹은 긍정적 지지도 사례관리 과정에서 매우 중요한 부분이 된다. 칭찬하는 것은 과학인 동시에 예술이기도 하다. 사례관리에서 긍정적 지지는 두 가지 다른 목적으로 작용하는데, 하나는, 클라이언트가 완수한 어떤 것에 대한 자연스럽고, 시기적절한 반응이 된다. 다른 한 가지는 부정적인 것을 어떻게 긍정적인 것으로 바꾸는지를 아는 것이다. 클라이언트가 자신에 대한 부정적인 어떤 면을 말할 때마나 사례관리자는 그것의 긍정적인 면으로 재구성해 줄 수 있다.

8) 경계를 설정할 줄 알아야 사례관리자가 될 수 있다.

상대방의 행동을 인내할 수 있는지 없는지 혹은 두 사람이 어떻게 같고, 어떻게 다른 지를 상대방에게 알려줄 때 당신은 '경계를 설정하고 있다'고 표현한다. 이러한 경계설정은 클라이언트, 슈퍼바이저, 행정가, 지역사회 인물들과의 관계에서도 역시 중요한 기술이 된다. '당신의 행동이 용납될 수 없다'는 말을 좋아할 사람은 아무도 없지만, 전문적 관계를 포함한 모든 관계에서 이 기술은 의사소통의 중요한 부분이 된다. 클라이언트에게 교정적 피드백을 줄 때 다음의 세 가지 원칙을 지키는 것이 매우 필요하다. 첫째, 그 사람의 성품이 아닌 구체적인 행동에 초점을 맞추어야 한다. 둘째, 용납될 수 없는 행동은 어디에서 인가(sanctions)를 받은 것인지에 대해 분명히 해야 한다. 셋째, 용납되지 않는 계속적인 행동의 결과를 클라이언트에게 알려 주어야 한다. 특히, 용납되지 않는 행동의 책임은 클라이언트 본인에게 있음을 주지시킬 필요가 있다. 개인적인 실망감, 기관에서의 결과, 지역사회 내에서의 결과가 어떻게 나타날 것인가를 강조할 필요가 있다. 경계를 설정하기는 클라이언트, 동료, 슈퍼바이저 그리고 다른 전문직들에게 필요한 경우에 '아니오'라고 말할 수 있는 능력이며, 요청하고 요구하는 능력이고, 감정을 표현할 수 있는 능력이다.

제 4 절 사례관리자의 역할

사례관리자는 인테이크부터 사후관리까지 사례관리 과정 동안 매우 다양한 역할을 수행하게 되는데, 가장 중요한 것은 클라이언트에게 아직 충족되지 못한 욕구들을 충족시키기 위한 자원을 발굴하고 연계하는 것이다. 학자에 따라서 사례관리자의 역할을 5가지에서 10여 가지로 규정하고 있는데, 대표적인 학자인 White의 이론을 정리한 것은 〈표 5-1〉와 같다.

〈표 5-1〉 사례관리자의 역할, 기능, 지식과 기술(White, 1986; 이근홍, 1998, 재인용)

역 할	기 능	지식과 기술
중재자	갈등의 해결	인간행동과 가족역학에 대한 이해, 의사소통의 기술
자원배당자	계획, 예산, 관리, 점검	기획기술, 유용한 자원과 비용에 대한 인식
목표유지자	클라이언트와 프로그램 목표의 조화	목표와 결과의 공식적인 점검
자료수집가	프로그램과 행정상의 목적을 위한 정보의 수집	정보를 체계화하고, 획득하며, 제공하는 능력
프로그램 변화자	개선을 위한 권고	지역사회 및 서비스체계의 결함에 대한 이해
서비스관리자	서비스의 전달, 분량 및 품질의 관리	법규, 규칙 및 절차의 인식
교섭자	계약 및 다른 협정에 대한 교섭	조직상호 간의 의사소통, 조직의 내외정책과 의례에 대한 인식
상담자	클라이언트, 가족, 서비스제공자 및 직원에 대한 지지의 제공	임상적 기술
문제해결자	문제의 확인, 의사결정	최상의 대안에 대한 분석과 선택, 다른 학문분야와의 공동연구
자문가	클라이언트, 가족, 서비스제공자 및 직원에 대한 원조와 교육의 제공	교육·훈련의 기술
기록자	기록의 유지	적시에 정확하고 상세한 사항에 대한 취급
옹호자	클라이언트, 서비스, 프로그램 및 기관을 위한 옹호	욕구에 대한 인식, 훌륭한 판단, 그 외의 설득력

사례관리자는 대개 동시에 몇 가지 역할을 하는 경우가 많으며, 한 가지 역할에 주력하는 경우는 드물고, 그로인한 소진도 많은 편이다. 한 사람의 사례관리자가 팔방미인과 같은 역할을 해야 한다는 것은 실천가인 사례관리자에게는 부담스러운 일이기 때문에 사전

에 업무의 한계와 자원발굴과 연계 혹은 의뢰관계를 조화롭게 이루어 갈 수 있는 업무지침과 직무분석을 정확하게 해두는 것이 필요하다. 사례관리자가 항상 명심해야 할 것은 자기 혼자서 클라이언트의 욕구를 다 충족시킬 수는 없으며, 돕는 팀을 구축하고 발굴하는 것이 더 중요한 업무임을 알아야 한다.

제 5 절 사례관리에 관한 실습사례

실습생: ○○대학교 사회복지학과 3학년 김◇◇, 박△△
기록: 상동
실습기관: 광주광역시 소재 종합사회복지관
실습기간: 2009년 7월 1일~7월 28일

복지관에서 매년 실시하는 재가현황 파악조사 도중에 발굴된 사례인데, 꾸준한 사례관리가 필요하다는 판단 하에 수퍼바이저로부터 초기면접부터 실시해 보라는 지시를 받고 실습생에 의해서 사례관리가 시작된 사례이다. 본 클라이언트는 독거노인으로, 실습 기간 동안 사례관리가 이루어졌으며, 심리 · 정서적인 지지를 위한 말벗 서비스와 거동이 불편하신 할머니를 위한 가사지원 서비스를 제공했다.

1) 클라이언트의 인적사항

성명	박 00 할머니	성별	여	나이	81세
학력	무학	결혼상태	사별	분류	의료보호 1종
성격	조용하고 정이 많으심	경제상태	국민기초수급대상자	건강상태	노환, 관절염
종교	무교	주소	□□ 4동	전화	364-****

2) 클라이언트의 사회적 상황조사

(1) 가족사항

성명	관계	나이	학력	직업	동거여부
양○○	손자	14살	중학교 재학 중	학생	동거

(2) 개인사 및 가족사

남편은 한국전쟁에 참전하여 돌아가셨고, 할머니께서 조강지처인데, 아이를 낳지 못해 남편이 새로 얻은 두 번째 부인이 2남 4녀를 낳았다. 두 번째 부인 역시 돌아가셔서 할머님이 그 자식들을 보살폈는데 아들들은 모두 부양이 불가능한 상황이다. 교도소에 다녀오고, 빚도 많이 져서 할머님께서는 오히려 없는 편이 마음이 편하다고 하신다. 며느리는 아들이 교도소에 가자, 백일이 갓 지난 핏덩이를 두고 가출한 탓에 그 손자를 데려다 지금까지 키우고 계신 관계로 올해 중학교에 입학한 손자가 유일한 동거인이다. 노환과 예전에 했던 장 수술로 인해 많은 양의 약을 복용하셔야 하고 얼마 전에 다치신 허리 때문에 거동이 많이 불편하신 할머니를 곁에서 수발해 줄 사람이 없는 상태이다.

3) 문제에 대한 사정

(1) 신체적 문제

할머님께서는 연로하신 나이 탓에 여러 가지 병치레가 많으시다. 제일 큰 문제는 작년 추석 무렵 마당에서 넘어져 다치신 허리인데, 치료를 제대로 못해서 거동이 불편해 누워만 계시다 보니까 몸이 많이 굳어 있다는 점이다. 할머님께서 누워계신 모습을 보면 허리는 옆으로 휘고 다리를 쭉 펴지 못하시는, 자세를 자주 바꿔주지 못해 엉덩이 부분에 욕창이 생기기도 하였다. 그리고 예전에 장 수술을 받으신 적이 있어 소화기능이 다소 좋지 않으셔서 꾸준히 소화제도 드셔야 하고, 관절염 약과 허리 진통제까지 드셔야 하는 상황이다.

(2) 경제적 문제

정부로부터 받는 생계비 급여가 유일한 수입인데, 할머니 약값과 손자가 학교 다니는 데 드는 돈으로도 빠듯하다. 손자가 학교에서 수급권자 대상이 되어 급식비와 학자금이 면제되고 있긴 하지만 양아들이 빚을 떠넘겨서 그마저도 할머니에게는 짐이 되 버린 상태이다. 사채업자가 수시로 드나들며 아들이 어디 있는지 물어보고, 돈을 받기 위해 할머니의 1,500만원짜리 전세를 더 싼 곳으로 옮기라고 협박하다시피 한다고 한다.

(3) 심리 · 정서적 문제

처음에 방문했을 때는 눈도 안마주치시고, 말씀도 안해 주시고, 벽을 쌓은 듯한 느낌을 받았지만, 조금 시간이 지나자 의지하시는 모습이셨다. 정이 참 많으시고 울기도 많이 하셨는데, 참 많이 외로우신듯했다. 우리의 방문이 정서적인 지지가 되는 것처럼 보였고, 삶에 대해 자포자기하셨다고 했지만, 혼자 남을 손자를 생각하면 가슴이 답답하다고 하신다.

(4) 사회적 문제

곁에서 부양해줄 가족이 없기 때문에 다른 복지관이나 동사무소 등에서 파견되는 봉사자(가정봉사원)에게 의지하는 편이다. 목욕봉사자와 방문간호사, 가정봉사원 등이 파견되고 있는 상황이지만 꾸준한 말벗을 해줄 봉사자는 없는 상황이다. 일주일에 한 번 정도 집에 와서 둘러보고 가는 정도라 실질적으로 도움이 되지 못한다며 푸념을 하셨고, 혼자서는 거동이 매우 불편하시기 때문에 사회적으로 거의 단절되어 있는 상태이다.

4) 개입 목표 및 계획

(1) 개입목표

① 클라이언트에게 실제적이고 정신적인 건강도모를 위한 외출 도움
② 가사 일을 할 수 없는 할머니를 위한 편의 제공
③ 결여된 사회적, 정서적 고립을 위한 말벗 서비스
④ 식생활 개선을 위한 반찬지원

(2) 계획

① 지속적이고 꾸준한 방문과 상담을 통한 클라이언트와의 라포 형성
② 혼자 지내는 시간이 많은 클라이언트에게 정서적 지지를 위한 말벗 서비스 제공
③ 봉사자가 안 오는 날인 경우 청소, 빨래, 설거지 등의 가사지원 서비스
④ 클라이언트가 제일 걱정을 많이 하는 손자와의 고민 상담과 정서적지지
⑤ 안부전화 서비스
⑥ 거동이 불편한 할머니의 외출 동행을 위한 차량봉사자 발굴
⑦ 올바른 영양섭취와 식생활 개선을 위한 반찬지원 서비스 제공

5) 개입과정

(1) 1회 : 2009년 7월 8일

기초생활보장 수급권자이신 할머니의 꾸준한 사례관리를 위해 수퍼바이져로부터 지시를 받아서 전화를 걸어 가정방문 하는 목적을 말씀드린 후 방문약속을 미리 했다. 주소를 들고 찾아가 할머니를 첫 대면한 후 우리는 어디서 나왔으며, 할머니에게 이런저런 도움을 드리기 위해 앞으로도 자주 찾아뵐 거라는 이야기를 했다. 그리고 나서 현황 파악을 위해 클라이언트와 이야기를 나누었다. 인적 사항과 현재 상태, 가족상황과 경제문제, 가계도,

생태도 등을 대충이나마 파악할 수 있었는데 당시의 클라이언트는 정부로부터 이미 받았어야 할 생계비를 아직 못 받고 있는 상황이라 걱정하고 있는 상태였다.

(2) 2회 : 2009년 7월 13일

할머니와 아직 충분한 라포가 형성되지 않았다는 생각이 들어 정보수집차원의 대화보다는 할머니의 일상적인 이야기나 고민을 듣기 위해 자연스럽게 대화를 하도록 노력하였다. 주로 할머니가 하고 싶으신 이야기를 하시고, 우리들은 듣는 입장이었다. 그러자, 가족사에 대한 이야기를 하셨고, 다른 복지관에서 받는 서비스에 대해서도 말씀해주셨다.

(3) 3회 : 2009년 7월 16일

이제는 우리 실습생들의 방문을 반갑게 맞아주셔서 보람을 느꼈다. 가정봉사원이 안와서 밀렸던 설거지와 음식물 쓰레기통을 비워드리고, 할머니 식사와 약을 챙겨드렸다. 욕창 난 곳에 연고를 발라드리고 할머니의 건강상태에 대해서 이야기를 나누었다. 손자가 학교에서 일찍 돌아와 있어서 손자와도 이야기를 나눌 수 있었는데, 할머니께서 아프셔서 밤에 잠을 못주무신다고 했다.

(4) 4회 : 2009년 7월 20일

할머니는 조강지처이고, 두 번째 부인으로 들어온 분이 낳은 딸을 만날 수 있어서 할머니의 가족사에 대해서 자세한 이야기를 들었다. 아이를 못 낳은 할머니를 대신해 두 번째 부인이 들어와 아이를 낳았는데, 이 분은 그 할머니의 따님이라고 했다. 자신도 살기 힘든데, 매일 전화해서 밥도 못 드실 정도로 아프다고 하소연을 하신다며 우리에게 푸념을 늘어놓았다. 그 날 목욕봉사를 받으신 할머니께서 목욕을 대충 시켜서 개운치가 않으시다고 불만을 털어놓으셨고, 그런 할머니께 욕창 난 곳에 연고를 발라드리고 귀청소를 해 드리면서, 말벗 서비스를 해드렸다. 그런데 ☆☆구청에서 나왔어야 할 보조금이 나오지 않았다며 한번 알아봐주라는 부탁을 하셨다.

(5) 5회 : 2009년 7월 23일

우리가 점심을 한참 넘긴 시간에 방문했음에도 불구하고 할머니께서 아직 점심식사를 못 하고 계셔서 식사와 잉어즙(따님이 가져오신 것)을 챙겨드리고 빨래와 할머니의 대변을 치워드렸다. 마침 방문간호사가 와서 할머니 진찰하는 것을 지켜보고 할머니의 건강상태에 대한 정보를 얻을 수 있었다. 그나마 당뇨와 혈압이 없으셔서 다행이라고 하셨다. 그런데 이전에 할머니께서 말씀하신 양아들이 저지른 문제(돈문제) 때문인 듯한 사람들이 와서 한 번 둘러보고 우리에게도 '누구냐?'고 묻고 서둘러서 가버렸다. 할머니께서 더 이상

자세한 이야기를 안해 주셔서 어떤 내용인지는 몰랐지만, 할머니의 기분이 매우 안 좋아지셔서 다음에 와서 여쭈어 보기로 하고 할머니 댁을 나왔다.

(6) 6회 : 2009년 7월 27일

할머니께서 그 전날 통증 때문에 잠을 못 주무셨다고 했다. 더욱 몸이 안 좋아 보이셨고 그래서 말벗 서비스를 계속 해드리다가 지난번에 왔던 그 사람에 대해서 넌지시 물어보았다. 같이 살고 있는 손자의 아버지(둘째 부인의 아들)가 빚을 지는 바람에 빚쟁이가 자주 찾아온다고 한다. 그리고 할머니의 따님(둘째 부인의 딸)이 이제는 구박을 한다면서 무척이나 서러워 하셨다. 빨리 죽어야 한다고 하셨고, 그런 말씀하지 말라고 했더니 자기가 죽으면 손자를 잘 부탁하신다는 이야기를 하면서 눈물을 흘리셨다. 실습생인 우리들로서는 무엇을 어떻게 도와드려야 할지 몰라서, 할머니의 얘기를 들어드리고, 손을 꼭 붙잡아 드렸고, 할머니의 기분이 가라앉으시는 기미가 보이자 할머니 댁을 나왔다.

(7) 7회 : 2009년 7월 29일

실습 종료가 다가오는 것을 드릴 겸해서 오전에 할머니댁에 가서 밑반찬을 준비해 드리고, 준비한 작은 화분에 헌 접시를 받쳐서 안방에 놓아드렸다. 전과 다름없이 반갑게 맞아주셔서 너무 고마웠고 다른 때보다 건강이 괜찮아 보이셔서 다행이라고 생각했다. 실습 기간이 끝나서 지금처럼 할머니께 정기적으로 올 순 없고 대신 틈나는 대로 찾아뵙겠다는 말씀을 드렸다. 복지관선생님께서 우리들과 나눈 이야기들을 다 보고 드렸고, 이후에는 복지관선생님께서 정기적인 방문하실 것 같다고 말씀드렸다. 할머니께서 서운해 하셨지만 고맙다는 말씀을 잊지 않으셨고, 우리가 안부전화도 하겠다고 말씀드렸다.

6) 평가

손자 외에는 아무 가족이 없는 것과 같은(두번째 부인이 낳은 아들들과 딸들이 있긴 하지만) 할머니께서는 외롭고, 두렵고(아들의 돈문제로 시달림을 당함), 절망적인 정서문제가 표출되고 있었다. 가정봉사원의 가사지원서비스, 목욕봉사, 방문간호사의 의료서비스 등 다른 독거노인 분들보다 많은 서비스를 받고 있는 듯 했지만 정작 할머니께 심리적인 만족감은 그다지 많이 주고 있지는 못하는 것 같았다. 넘어져서 다친 허리를 제때 치료하지 못해 거동이 매우 불편하고 등뼈가 휘는 등 잠을 이루지 못할 정도로 통증이 있으시지만 방문간호사가 왔을 때는 혈압과 당뇨를 체크하는 게 고작이었다. 움직이는 데 있어 불편함이 많아 손자가 오기 전까지는 제대로 된 식사를 제때 챙겨 드시기 힘든 할머니를 위해 밑반찬지원서비스가 필요할 것 같았고 거동이 불편해 가사일에 대한 부담이 큰데, 다행히 가정봉사원이 도움을 주는 관계로 가사일에 따른 부담은 경감되었으나, 손자이외의 사람들과의 사회적 접촉의 기회가 드문 할머니는 인간관계 부재에 따른 문제점이 있었다. 요양등급을 3등급으로 받아서, 요양보호서비스도 원하는 만큼은 받을 수 없는 실정이었다. 따라서 그런 문제를 보완하기 위한 통합적인 사례관리가 체계적으로 이루어져야 할 사례이다. 다시 말하면, 이 클라이언트의 욕구를 충족시키기 위한 서비스를 총괄하고, 조정하고, 부족한 서비스는 더 많을 수 있는 자원과 요구를 해 줄 사례관리자가 반드시 필요하다고 본다. 아울러 차량자원봉사자와 연계하여 외출할 수 있는 기회를 마련하여 사회적인 고립에서 탈피할 수 있도록 지역사회 내의 종교단체들과의 연계도 필요할 것이다.

〈그림 5-2〉 가계도

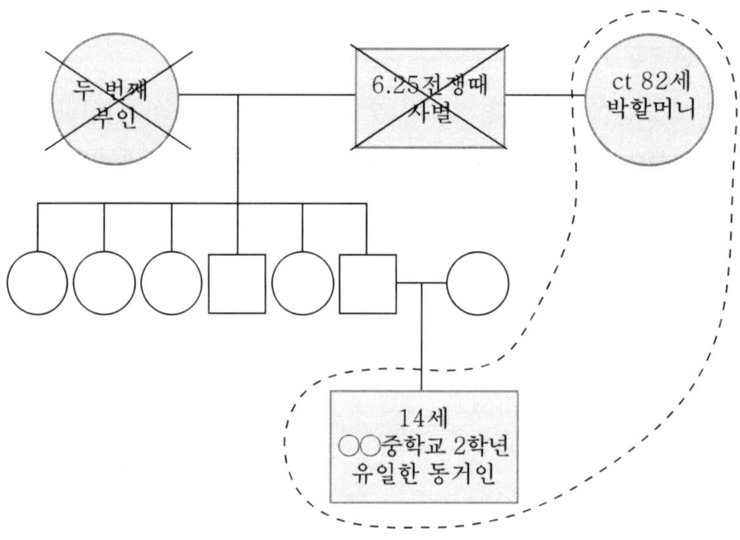

〈그림 5-3〉 생태도

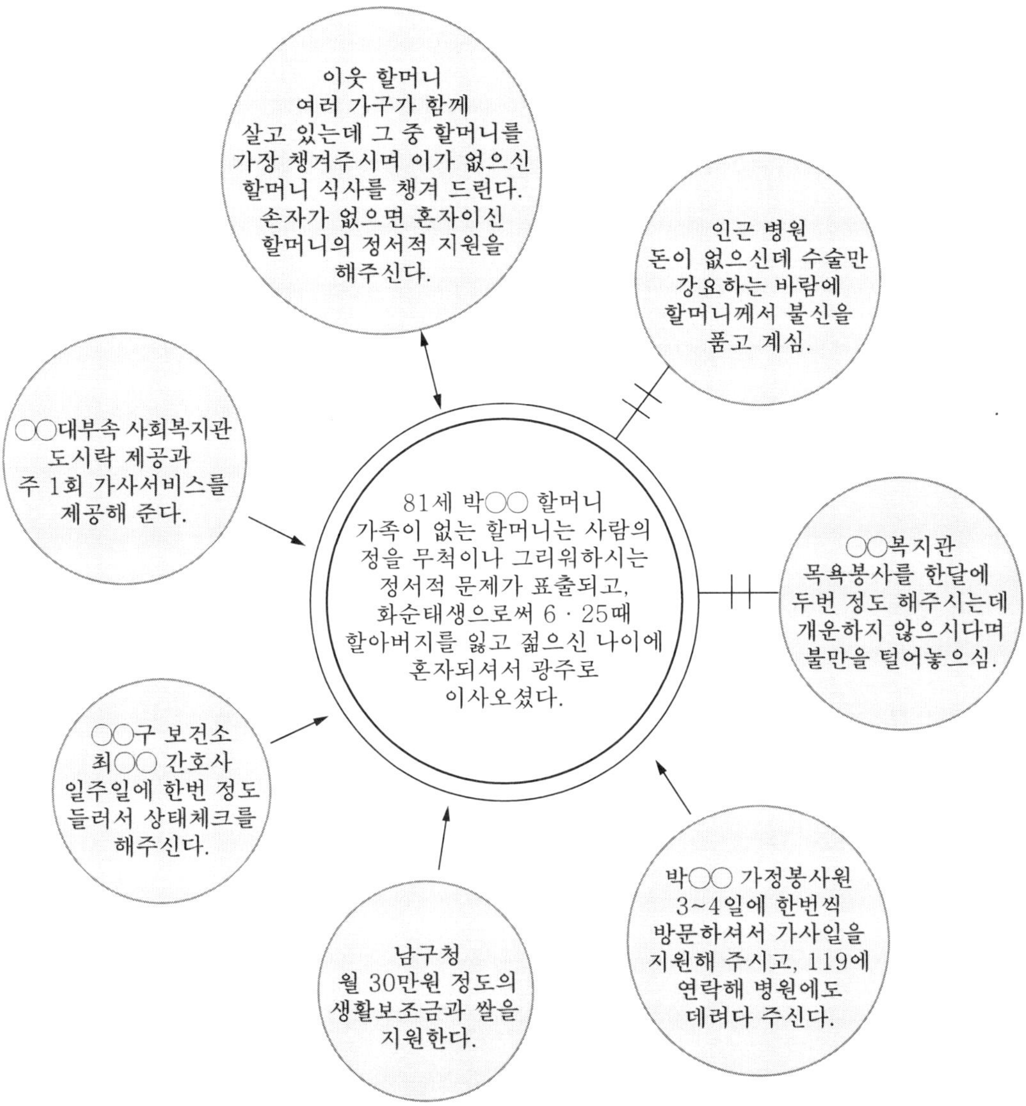
이웃 할머니
여러 가구가 함께
살고 있는데 그 중 할머니를
가장 챙겨주시며 이가 없으신
할머니 식사를 챙겨 드린다.
손자가 없으면 혼자이신
할머니의 정서적 지원을
해주신다.
인근 병원
돈이 없으신데 수술만
강요하는 바람에
할머니께서 불신을
품고 계심.
○○대부속 사회복지관
도시락 제공과
주 1회 가사서비스를
제공해 준다.
81세 박○○ 할머니
가족이 없는 할머니는 사람의
정을 무척이나 그리워하시는
정서적 문제가 표출되고,
화순태생으로써 6 · 25때
할아버지를 잃고 젊으신 나이에
혼자되셔서 광주로
이사오셨다.
○○복지관
목욕봉사를 한달에
두번 정도 해주시는데
개운하지 않으시다며
불만을 털어놓으심.
○○구 보건소
최○○ 간호사
일주일에 한번 정도
들러서 상태체크를
해주신다.
박○○ 가정봉사원
3~4일에 한번씩
방문하셔서 가사일을
지원해 주시고, 119에
연락해 병원에도
데려다 주신다.
남구청
월 30만원 정도의
생활보조금과 쌀을
지원한다.

참고문헌

권진숙 (2004). 『사례관리』. 학지사.

권진숙 · 전석균 공역 (1999). 『사례관리』. 하나의학사.

김지혜 (2001). 『가출청소년 사례관리 지침서』. 나눔의 집.

이근홍 (1996). "한국 재가노인의 사례관리 실천모형에 관한 연구". 중앙대학교대학원 박사학위논문.

_____ (1998). 『케이스 매니지먼트』. 대학출판사.

조추용 · 권현주 (2003). 『사례관리의 이론과 실제』. 유풍출판사.

한국사회복지협의회(1994). 『사회복지사전』.

Ballew, J. R. and Mink, G. (1996). *Case Management in Social Work*(2nd ed.). Chales C. Thomas Publisher.

Case Management Standards Group. (1992). *NASW Standards for Social Work Case Management*. Washington, DC : NASW.

Intagliata, J. (1992). "Improving the Quality of Community Care for the Chronically Mentally Disabled : The Role of Case Management", in Rose, Stephen M. (Ed.). *Case Management and Social Work Practice*. New York : Longman Publishing Group.

Moore, S. T. (1990). "A Social Work Practice Model of Case Management : The Case Management Grid". *Social Work,* Silver Spring, MD : National Association of Social Worker. Inc.

Moxley, D. (1989). *The Practice of Case Management*. Sage Publications.

Raymond, M. S. (1983). *Case Management and the elderly*. Lexington Books.

Schneider, B. (1986). "Care Planning : The Core of Case Management". *Generations*, Vol. 12, No.5.

Steinberg, R. M. and Carter, G. W. (1983). *Case Management and the Elderly*. Laxington, MA : Laxington Books.

제 6 장

사회복지 프로포절 작성

제 1 절 프로포절 준비하기

사회복지실천 현장의 책무성(accountability)에 대한 주제가 이슈가 되고, 사회복지 실무자들이 책무성의 실천이 중요한 핵심가치임을 수용한 후로는 프로포절의 중요성은 더욱더 중요해지고 있다. 처음으로 프로포절을 작성하는 많은 사회복지사들은 좋은 의도를 가지고 기금제공자의 신뢰를 획득하기를 희망하면서 문서를 작성한다. **다음의 여러 조건들이 충족된다면 프로포절의 성공 가능성을 향상시킬 수 있을 것이다**(Rodney A. Ellis 외, 2006).

1. 성공적인 프로포절의 작성자처럼 작성하는 법을 배우기

창의적인 프로포절 작성자는 언론인이나 과학자들과 같이 스스로를 표현하는 특별한 방법을 가지고 있다. 만약 이러한 그룹 중 어느 하나가 다른 그룹을 위해서 글을 쓴다면(예를 들어서 과학자가 신문에 기고할 글을 쓴다면), 저자는 청중이 받아들이기 쉬운 글의 형태로 바꾸어야 한다. 사회복지 기금(기금제공자)자도 특정한 방식으로 표현된 프포포절을 받기를 기대한다. 프로포잘 작성을 배우는 사회복지사들은 구조화된 틀로 표현된 방식을 배워야 한다. 프로포절을 쓰는 방법을 배우는 방법은 다양하다. 유용한 힌트를 주는 책을 이용할 수노 있고, 경험 있는 프로포잘 작성자의 교수나 조언을 이용할 수도 있다.

2. 영역 조사하기

프로포절을 작성할 때 가장 조심해야 할 사항은 이미 실패한 아이디어에 대해서 프로포절을 작성하거나, 이미 진실하지 않다고 검증된 문제와 관련된 프로포절을 작성하는 것이다. 따라서 프로포절을 작성하기 전에 광범위한 관련 문헌의 검토, 정부의 지원 가능부분 보고서, 인터넷 검색을 통한 프로포절에 관한 최신 정보를 포함하고 있어야 한다.

3. 가능한 기금 자원을 조사하기

다양한 정보를 통해 가능한 지원 경로(source)를 확인해야 한다. 각 기금기관의 요구사항과 마감일을 포함한 잠재적인 기금기관 및 단체의 종합 목록(master list)을 작성해야 한다. 프로포절을 쓸 목표가 달성될 수 있는 현실적인 가능성을 가지고 있는 기금기관 및 단체를 조사해야 한다.

4. 지역사회의 네트워크

사회복지기금지원 기관 및 단체들은 사회복지와 지역사회에 대한 여러 가지 것들에 대한 정보를 원한다. 그들은 사회복지사가 절실하게 추천하는 서비스가 지역사회에 얼마나 필요하고 중요한지를 알고 싶어 한다. 사회복지기금기관 및 단체들은 자신의 지원한 사회복지기관이 그 지역 사회의 신임을 얻고 있는지의 정보를 필요로 한다. 따라서 사회복지사가 지역사회의 주민들에 대한 여러 가지 정확한 정보를 충분히 갖고 있을 때 그들이 작성하는 프로포절은 사회복지기금 지원 기관 및 단체의 지원을 얻을 수 있기에 충분하다.

5. 협력 파트너를 확인하기

사회복지사는 자신의 지역 내에서 기금 사업에 함께 참여할 기관들을 확인할 필요가 있다. 이러한 기관들은 실제로 서비스 수행과 기금을 분배하고, 부수적인 서비스를 제공하는데 있어서 파트너가 될 수도 있기 때문이다. 자신의 기관이 지역사회의 기관이라면 파트너십에 의존하도록 하고, 처음단계에서부터 새로운 힘을 줄 수 있는 다른 사람들을 찾아야 한다.

6. 프로포절 아이디어를 개발하고 작성을 실행하기

사회복지사의 기금 프로포절은 명확하고, 간단명료하게 작성되는 것이 중요할 것이다. 사회복지사는 연습을 통해서 이 과정을 용이하게 할 수 있다. 사회복지사의 아이디어가 명백해질 때까지 반복해서 기술해야 한다. 다른 사람에게 도움을 청하는데 있어서도 주저하지 말아야 한다.

프로포절은 전문적이고 문제 영역에 대한 과학적 기여를 이해했다는 것을 보여주는 것이 중요하다. 또한 사회복지사의 프로포절은 이해하기가 쉽고 간결해야 하며, 부분 부분마다 보기 좋도록 편집해 작성하고 적절한 곳에 라벨을 붙여서 분리해야 한다.

제 2 절 프로포절 작성원칙

프로포절이란 사회복지기관들이 수행하고자 하는 프로그램의 내용을 설명하는 사업제안서를 의미한다. 사회복지 기관의 경쟁력을 높여 서비스의 질을 개선하고 기금 배분의 투명성을 확보하기 위해 대부분의 기금주들이 기본적으로 요구하는 서류이다.

프로포절을 어떻게 작성하는가에 따라서 프로그램의 예산 확보에 크게 영향을 미치며, 추후 프로그램의 평가에도 근거 자료로서 활용된다.

사회복지기관의 입장에서 프로포절 제출의 일차적인 목적은 사업 수행에 필요한 재원을 확보하는 것이다. 따라서 호소력 있게 작성된 프로포절은 기관의 프로그램 활성화를 위한 재원 마련에 커다란 도움을 준다.

기금 제공자가 프로포절을 심사할 때 고려사항으로는 문제의 심각성, 프로그램의 참신성과 효과성, 프로그램 운영의 비용효율성, 기관의 능력과 직원들의 전문성 등이 있다. 또한 프로포절에는 기본적으로 사회복지의 가치가 반영되어 있어야 하며, 실현 가능성, 기관의 준비성, 기록의 신뢰성 등을 제시할 수 있어야 한다.

프로포절의 내용 구성은 표지, 문제분석, 대상자선정, 사업의 목적 및 목표 설정, 활동내용, 예산 수립, 평가계획으로 나눌 수 있다(정무성, 2006).

1. 표지

프로포절의 표지는 대개 정해진 양식이 제공되는데, 대부분 사업개요로서 전형적인 한 장의 기획서(one paper)이다. 사업결정자들은 표지 한 장에 함축된 사업개요를 보고 프로그램의 중요성과 지원 여부를 결정하게 되며, 이는 프로그램의 확정에 매우 중요한 역할을 한다.

표지는 크게 기관에 관한 부분과 프로그램에 관한 부분으로 구성되어 있다. 기관에 관한 부분은 법인의 특성, 연혁, 조직표 등으로 구성된다. 이는 이미 정해져 있는 내용이기 때문에 프로포절 작성자들이 소홀히 하기 쉬운 부분인데, 경쟁력 있는 프로포절은 남들이 소홀히 하는 부분에서도 차별화된 무엇인가를 제시할 수 있어야 한다. 여기서는 특히 연혁에 주목해야 한다. 연혁을 작성할 때 신청하는 프로그램과 관련된 실적을 강조해서 제시할 필요가 있다.

표지의 프로그램에 관한 사항은 프로포절 전체의 내용을 함축적으로 담고 있는 매우 중요한 부분이다. 이 부분을 통해 프로포절의 핵심적인 메시지를 전달할 수 있어야 한다. 특히, 사업명의 중요성은 아무리 강조해도 지나치지 않는다. 사업명에는 프로그램의 대상, 목적, 방법이 제시되어야 한다.

실제로 많은 심사위원들이 사업명을 통해 전체 프로포절에 대한 감을 잡는 만큼, 작성자들은 사업명을 어떻게 제시할 것인가를 심사숙고해야 한다. 따라서 사업명은 사업의 정당성과 의미, 그리고 그 효과성이나 의도가 충분하게 반영되도록 한두 줄로 집약시키며, 이와 동시에 설득시킬 수 있는 쉬우면서도 의미있는 형태로 구성되어야 한다. 희망적이고, 시대적 이슈를 반영하는 톡톡 튀는 아이디어들로부터 나올 때 정책결정자는 관심을 더 가지게 된다. 또한 표지에는 대개 프로포절에 대한 전체 요약 부분이 들어가 있다. 여기서는 문제의 심각성, 프로그램의 필요성 및 기대효과에 대한 내용이 함축적으로 제시되어야 한다.

2. 문제 분석

사회복지 프로그램은 사회문제로부터 출발한다. 문제가 심각할수록 프로그램의 지원 당위성이 높아지는 것이다. 따라서 프로포절 작성자들은 사회현상을 사회문제로 파악할 수 있는 통찰력을 지녀야 한다. 현상을 문제로 제시하기 위해서는 기준이 있어야 하며, 이를 위해서는 기존에 검증된 이론을 활용하여 사회문제의 심각성을 거론하고, 보다 체계적인 욕구조사와 사회적으로 인정된 통계자료, 경험적 연구를 통한 객관화된 자료들을 활용해야 한다. 즉, 문제 분석에서는 인간의 이상적인 삶의 질에 대비해 볼 때, 대상자들의 문제가 얼마나 심각한지를 객관적인 자료와 함께 제시하여야 하며, 이는 논리적으로 전개되어야 한다. 또한 대상자들이 다른 지역 혹은 다른 집단에 비해 상대적으로 얼마나 박탈되어 있는지를 제시할 수 있다면, 제출하는 프로포절의 지원 필요성은 더욱 높아지게 된다.

문제의 원인과 실태가 제대로 파악되어야만 다음 단계인 프로그램의 목표와 대상이 구체화될 수 있다. 문제 분석과 함께 제시할 수 있는 것은 프로그램의 효과성과 관련된 내용이다. 이 프로포절이 지원되었을 때 대상자와 지역사회에 어떠한 변화가 일어날 것이고, 그것의 사회적 비용효과는 얼마나 될 것인지를 제시하는 것이 바람직하다.

3. 대상자 선정

프로그램의 대상은 일반대상(general population)으로부터 위기대상(at-risk population), 표적대상(target population), 클라이언트의 순으로 좁혀가는 위계적인 특성을 갖는다.

일반대상은 대상집단이 속한 모집단으로 기관이 서비스를 제공하는 행정 관할구역 내의 일반 사람들을 포함한다. 이는 모집단과 유사한 개념으로 인구주택센서스나 각 관할지역의 사이트에 들어가 통계연보를 통하여 해당집단의 규모를 제시해 줄 수 있다.

위기대상은 일반집단 중에서 문제에 노출되었거나 문제를 겪는 경험이 있는 사람들 혹은 어떤 욕구를 가지고 있거나 이러한 욕구가 잠재된 사람들로 구성된다.

표적대상은 프로그램 제공을 통해 문제해결의 대상으로 삼는 인구집단을 의미한다. 즉, 기관에서 반드시 서비스를 줘야 하는 대상이거나, 프로그램을 실시할 경우 직접적으로 프로그램에 참여할 자격을 가진 대상이다. 위기집단으로부터 표적 집단을 추출할 때는 기준을 정하여 문제의 심각성이 높은 집단을 선정하되, 기관이 접근할 수 있는 지리적 경계 내에 있는 사람들로 한정하여야 한다.

마지막으로 **클라이언트**는 제출하는 프로포절에서 제공될 프로그램에 직접 참여하게 되는 사람들을 의미한다. 이들은 진행되는 프로그램의 실직적인 대상자로서 표적 집단 중에서 선정된다. 사회복지 프로그램에의 참여는 가능한 클라이언트는 기획과 예산, 자원 정도, 기관의 특성과 이념 및 미션에 부합하는 사람들로 결정되며, 무엇보다 클라이언트의 자발성이 강조되어야 한다.

4. 사업의 목적 및 목표 설정

프로그램의 대상이 명료화되었으면, 다음 단계는 목표를 설정하는 과제가 남아 있다. 이 부분은 주로 목적, 목표, 세부목표로 구성된다. **목적(purpose)**이란 프로그램을 통해 궁극적으로 달성하고자 하는 포괄적이고 추상적인 지향점이다. 사업의 목적은 무엇을 위해 이 사업을 수행해야 하는가를 3~4줄 정도로 제시한다.

목표(goal)는 목적을 보다 구체화하여 방향성을 제시하는 것이지만 여전히 추상적인 용어로 표현된다.

프로포절에서 가장 중요한 것은 **세부목표(objectives)**이다. 세부목표는 프로그램을 통해 달성하고자 하는 구체적인 목표로 효과성 평가의 기준이 되며, 실현되어야 할 내용과 구체적인 방법, 달성될 계량화된 목표수치 등을 포함해야 한다. 프로그램의 성공 여부는 결국 세부목표의 달성 여부와 관련이 있다. 따라서 세부목표는 실현 가능하도록 구체적이고 현실적인 언어로 표현되어야 하며, 또한 프로그램 시행 후 목표 달성 여부를 평가할 수 있도록 측정 가능한 언어나 계량화된 수치로 표현되어야 한다.

5. 활동내용

프로그램의 활동내용은 프로그램의 **구조, 담당인력, 일정표** 등으로 구성된다. **프로그램의 구조**는 설정된 목표를 달성하기 위한 프로그램의 수행방법을 설명한 것이다. 따라서 세부목표를 중심으로 프로그램의 내용과 수행을 위한 방법 및 매개물, 스태프와 클라이언트의 역할을 구체적으로 명시하면 된다. **프로그램의 담당인력**은 수퍼바이저, 스태프, 자원봉사자들을 모두 포함시키되, 실명으로 기재하는 것이 원칙이다. 특히 담당인력의 경력이나 학력은 프로그램의 수행능력을 평가하는 매우 중요한 기준이기 때문에 구체적으로 명시할 필요가 있다. **일정표**는 프로그램의 내용과 수행방법을 진행일정에 따라 재구성한 것으로, 프로그램의 기간, 간격, 소요시간 등을 포함한다.

6. 예산 수립

프로그램을 운영하는 데 드는 비용은 **예산**으로 표현된다. 예산계획은 신청 프로그램의 총예산을 인건비, 관리비, 기자재 및 집기 구입비, 수용비, 사업비 등의 항목으로 나누어 각 항목의 산출근거를 구체적으로 제시한 것이다. 원칙적으로 프로그램 예산은 직접 경비와 간접 경비를 구분해서 제시해야 한다.

직접 경비는 신청 프로그램을 위해서만 직접 현금으로 새롭게 지출되는 경비를 의미하며, **간접 경비**는 기관의 기존시설이나 인원 중 신청 프로그램에 활용될 부분의 비용을 의미한다. 기존인력 및 시설을 활용하는 경우는 이들이 신청 프로그램에 할당되는 비율을 근거로 간접 경비를 계산한다. 대부분의 기금들은 직접 경비만을 지원하는 것을 원칙으로 하고 있으나 공동모금회의 경우는 신청금액의 20%까지 인건비를 신청할 수 있도록 하고 있어 간접 경비 중 인건비의 일부를 지원받는 것이 가능하다. 나머지 간접 경비는 자부담으로 처리하면 된다. 그러나 자부담을 높이 책정할 경우 프로그램의 총경비가 늘어나 효율성 평가에서 불이익을 받을 수 있음을 유의해야 한다.

7. 평가계획

프로포절의 마지막 부분은 평가계획이다. 과정평가계획은 프로그램 일정표에 설정된 진행과업의 시기별 공정표를 작성하는 것으로 대신할 수 있고, 성과평가계획에는 평가지표,

측정도구, 평가방법 등이 구체적으로 제시되어야 한다. 전문적인 프로그램에 대한 지원을 하는 기금일수록 보다 구체적인 평가계획안을 요구한다.

결론적으로 말하면, 프로포절을 통해서 기금을 지원받는 것은 선의의 경쟁이다. 따라서 프로포절을 통해 기관에서 제안하는 프로그램이 문제해결을 위한 최선의 대안임을 증명할 수 있어야 한다. 이를 위해 프로그램 참여예정자 혹은 지역사회 주민들의 추천서를 첨부하는 것도 도움이 될 수 있다.

사회복지공동모금회 배분신청서 작성가이드(출처: http://www.chest.or.kr)

※ 표지를 포함하여 총 20매를 넘지 않도록 작성하여 주십시오.

〈2010년도 배분신청서〉 (프로그램사업 신청용)

<table>
<tr><td rowspan="7">신청 기관 정보</td><td>1) 기 관 명</td><td>열매종합사회복지관</td><td>2) 대 표 자</td><td colspan="4">김 열 매</td></tr>
<tr><td rowspan="2">3)고유번호(사업자등록번호)</td><td rowspan="2">100-82-00007</td><td>전화번호</td><td colspan="4">02-6262-3000</td></tr>
<tr><td>fax 번호</td><td colspan="4">02-6262-3100</td></tr>
<tr><td>홈페이지</td><td>www.fruit.or.kr</td><td rowspan="2">설립년월일</td><td rowspan="2" colspan="4">2002년 11월 13일</td></tr>
<tr><td>E-mail</td><td>fruit@fruit.or.kr</td></tr>
<tr><td>주 소</td><td colspan="6">100-120 서울시 △△구 ☆동 0-00 사랑의 열매 회관 1층</td></tr>
<tr><td>4) 기관특성</td><td colspan="6">_V① 지역복지시설 __② 노인복지시설 __③ 장애인시설
__④ 아동시설 __⑤ 청소년시설 __⑥ 모부자시설
__⑦ 여성관련기관 및 시설 __⑧ 기타</td></tr>
<tr><td rowspan="7">운영법인 또는 단체정보</td><td>법인(단체)명</td><td>사랑의 열매</td><td>대 표 자</td><td colspan="4">이 사랑</td></tr>
<tr><td rowspan="2">고유번호(사업자등록번호)</td><td rowspan="2">100-82-10000</td><td>전화번호</td><td colspan="4">02-6262-3100</td></tr>
<tr><td>fax번호</td><td colspan="4">02-6262-3200</td></tr>
<tr><td>홈페이지</td><td>www.chest.or.kr</td><td rowspan="2">설립년월일</td><td rowspan="2" colspan="4">2001년 5월 6일</td></tr>
<tr><td>E-mail</td><td>chest@chest.or.kr</td></tr>
<tr><td>주 소</td><td colspan="6">100-120 서울시 △△구 ☆동 0-00 사랑의 열매 회관 6층</td></tr>
<tr><td>5) 운영주체/ 단체 특성</td><td colspan="6">_V① 사회복지법인 __② 사단법인 __③ 종교법인
__④ 학교법인 __⑤ 재단법인 __⑥ 국가지방자치단체
__⑦ 임의단체 __⑧ 개인(신고) __⑩ 기타(법인)
__⑪ 기타(단체) __⑫ 기타(개인)</td></tr>
<tr><td rowspan="12">사업 기본 정보</td><td>6) 사업구분</td><td colspan="6">_V① 신청사업 __② 제안기획사업(전국사업)
__③ 제안기획사업(지역사업) __④ 테마기획사업
__⑤ 지정기탁사업 __⑥ 긴급지원사업</td></tr>
<tr><td>7) 신청구분</td><td colspan="6">_V① 1차년(신규)사업 __② 2차년사업 __③ 3차년사업</td></tr>
<tr><td>8) 사 업 명</td><td colspan="6">저소득층 방임아동의 보호·학습지원을 위한 야간보호사업</td></tr>
<tr><td>9) 사업기간</td><td>2010.1.1~
2010.12.31</td><td>10) 서비스 지역</td><td>종로구</td><td>11)실인원수</td><td>50명</td><td>12)서비스 단가 300,000원</td></tr>
<tr><td>13) 사업대상</td><td colspan="6">_V ① 아동/청소년 __② 노인 __③ 여성
__④ 장애인 __⑤ 가족 __⑥ 실직/구직자
__⑦ 노숙인 __⑧ 지역사회 __⑨ 국내거주외국인
__⑩ 해외동포/외국인 __⑪ 기타</td></tr>
<tr><td>14) 서비스내용</td><td colspan="6">프로그램 - (보호) - (주간보호/방과후 보호)
※ 뒷부분의 '별첨1'을 참조하여 해당 내용을 기입해 주십시오.</td></tr>
<tr><td>15) 예 산</td><td>총사업비</td><td>20,000,000원</td><td>신청금액</td><td colspan="3">15,000,000원</td></tr>
<tr><td rowspan="2">16) 담당자명</td><td rowspan="2">홍길동</td><td rowspan="2">17) 직위</td><td rowspan="2">대리</td><td>직통전화</td><td rowspan="2">FAX</td><td rowspan="2"></td></tr>
<tr><td>핸드폰</td></tr>
<tr><td>18) 담당자경력</td><td colspan="2">2년 6개월</td><td>19) e-mali</td><td colspan="3"></td></tr>
</table>

위와 같이 2010년도 사업을 신청합니다.

2010 년 월 일

기관대표자 : (인)

사회복지공동모금회장 귀하

※ 사업개요 작성 시 1쪽을 넘기지 마십시오.

사 업 개 요

<table>
<tr><td>1) 기관명
(신청기관명)</td><td colspan="6">열매종합사회복지관</td></tr>
<tr><td>2) 사업명</td><td colspan="6">저소득층 방임아동의 보호 · 학습지원을 위한 야간보호사업</td></tr>
<tr><td>3) 사업기간</td><td colspan="3">2010. 1. 1 ~ 2010. 12. 31(1년)</td><td colspan="2">서비스지역</td><td>서울 마포구</td></tr>
<tr><td>4)서비스대상</td><td colspan="3">저녁 10시까지 보호자가 가정에 없는 아동</td><td colspan="2">실인원수</td><td>20명</td></tr>
<tr><td>5) 서비스 단가</td><td colspan="3">800,000원(산출식 = 총사업비 ÷ 실인원수)</td><td colspan="2">투입인력</td><td>2 명</td></tr>
<tr><td>6)사업목적</td><td colspan="6">1. 저소득층 야간방임 아동의 안전증대 및 정상적인 성장 지원
2. 저소득층 야간방임 아동 가정의 가족 관계강화를 통한 가족유대감 증대</td></tr>
<tr><td>7)성과목표</td><td colspan="6">① 야간 방임 저소득 아동에 대한 야간 돌봄 서비스 강화
② 야간 방임 저소득 아동에 대한 기초학습능력 향상
③ 야간 방임 저소득 아동 가족에 대한 가족관계 강화</td></tr>
<tr><td rowspan="4">8)주요 사업 내용 요약
(프로그램명 및 주요 시행내용)

※성과목표별 주요한 프로그램 1개씩 기재</td><td>세부
프로그램명</td><td colspan="5">주요내용</td></tr>
<tr><td>야간아동
보호 및 안전귀가
동행서비스</td><td colspan="5">복지관 방과후 교실 운영, 아동보호자 귀가 시간 따라 귀가일정 조정 보호자가 동행귀가를 하지 못하는 경우, 복지관 차량을 통한 귀가서비스 제공</td></tr>
<tr><td>기초학습
지도</td><td colspan="5">자체 자원봉사대학생을 활용한 기초학습(국어, 영어, 수학)지도, 자체 자원봉사대학생을 활용한 숙제지도,
매일 숙제 알림장 점검</td></tr>
<tr><td>가족관계개선
프로그램</td><td colspan="5">가족관계개선프로그램시행(가족음식 만들기, 가족나들이, 가족 체육대회, 영화보기 등)</td></tr>
<tr><td>9) 예산</td><td>총사업비</td><td colspan="2">16,000,000원</td><td colspan="2">신청금액</td><td>13,100,000원</td></tr>
<tr><td rowspan="2">10)신청금액의
세부내역</td><td rowspan="2">인건비</td><td>4,800,000원</td><td rowspan="2">사업비</td><td>7,400,000원</td><td rowspan="2">관리
운영비</td><td>900,000원</td></tr>
<tr><td>36.6%</td><td>56.5%</td><td>6.9%</td></tr>
</table>

Ⅰ. 기관현황

1. 신청기관

1) 설립목적 및 주요연혁

작성 방법	기관의 설립목적을 기입하고, 주요 연혁을 간략하게 기입 ※ 조직 vision 및 mission 있는 경우 기입

2) 조직 및 직원체계

작성 방법	• 조직은 각 직위별, 부서별 구성형태를 조직표로 작성하여 기입 • 직원현황은 직위, 인원 현황을 중심으로 현황표로 작성하여 기입 • 직원현황의 경우, 상근자의 수 기입

◉ 조직구성(예)

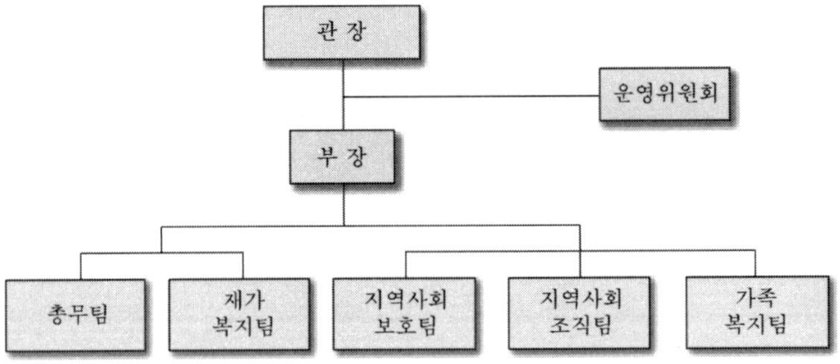

◉ 직원현황(예)

구분	계	관장	부장	과장	선임사회 복지사	사회 복지사	서무 경리	간호사	안전 관리인
계	15	1	1	3	2	5	1	1	1
상근자 수	12	1	1	3	2	3	1	-	1

3) 주요사업 내용

① 주요사업 내용

작성 방법	신청 기관의 특화사업 등 주요사업 중심으로 간략하게 제시

② 지역사회조직 활동내역

○ 아동지킴이 운동을 A, B종합사회복지관 및 3개의 지역아동센터, ○○구청과 연계하여 2008년부터 진행하고 있음(2010년까지 예정)

○ 2009년 초부터 지역복지협의체의 간사기관으로 소속 되어 월 1회 사례 공유, 연계사업 진행 중임

작성 방법	• 지역사회 문제 해결을 위해 지역 민간기관 혹은 지방정부와의 네트워크를 통해 현재까지 지역 내에서 기관이 시행한 사업을 중심으로 지역 내 기관의 연계자원, 공동 사업을 기획한 실적, 지역주민 조직화, 지역사회집단과의 네트워크 여부 등의 활동 내용 기입

4) 연간예산

세 입				세 출		
구 분		내 역		구 분	내 역	
		2008년(결산)	2009년(예산)		2008년(결산)	2009년(예산)
합 계		558,001,105	704,592,880	합 계	558,001,105	704,592,880
사업수입		103,948,500	97,760,000	사 무 비	369,520,868	455,695,230
이용자 부담금수입		0	6,000,000	재산조성비	7,573,420	15,480,000
보조금 수입	국고보조금	162,628,100	236,708,000	사 업 비	102,934,778	225,174,250
	법인보조금	0	241,000,000			
	기타후원금	238,235,150	13,600,000			
차 입 금		0		상 환 금	0	0
기 타 수 입		53,189,355	109,524,880	기 타 지 출	77,972,039	8,243,400

<table><tr><td>작성 방법</td><td>② 세출의 경우 아래를 참고하여 기입

○ 사무비
: 인건비,업무추진비,운영비(여비/수용비 및 수수료/제세공과금/차량비 등) 등
○ 재산조성비 : 시설신증축비 및 부대경비, 자산취득비, 시설장비유지비 등
○ 사업비
: 법인의 경우 법인시설 운영외의 지원 사업을 하는 경우의 각종 사업비 및 수익을 위한 사업비.
: 시설의 경우 시설이용자, 입소자들에게 지원되는 직접적 운영비. 즉, 생계비, 수용비, 피복비, 의료비, 장의비, 교육비, 급식비, 기타 프로그램 사업비 등
○ 상환금 : 차입금 원금 상환금, 부채상환금 등
○ 기타지출 : 전출금, 과년도지출, 잡지출 등</td></tr></table>

5) 외부 지원금 현황(2007년부터 ~ 2009년 현재까지)

연도	수행기간 (월-월)	사업명	지원금액	지원주체 (정부/민간)	평가결과
2009	3월~12월	저소득층 아동 주말프로그램	20,000,000	☆☆재단	현재 진행 중
2008	1월~12월	주거환경 개선사업	13,500,000	◇◇시	보통
2007	5월~12월	저소득층 아동 부모교육사업	5,000,000	OO재단	우수

작성 방법	• 사업 신청 기관의 외부 지원금 현황 기입 (정부, 지자체로부터 받는 관리운영비는 외부지원금에서 제외) • 평가결과는 지원사업과 관련한 평가결과(등급, 점수 등)가 있을 경우 기입 • 진행 중인 사업은 '사업 진행 중'으로 표시 • 모금회 지원사업의 경우는 평가결과를 기입하지 않음 • 외부 지원을 받은 사업 중 신청하는 사업과 유사/동일 사업 수행경험은 6)에 기입

6) 신청 사업과 유사/동일 사업 수행경험(2005년부터 ~ 2009년 현재까지)

연도	수행기간 (월-월)	사업명	예산	지원주체 (정부/민간/ 자체사업)	평가결과
2008	11월-현재	저소득층 아동을 위한 방과 후 프로그램 운영	20,000,000원	자체사업	사업 진행 중
2006	1월-12월	저소득층 아동을 위한 나이트 케어 프로그램	5,000,000원	OO재단	우수

작성 방법	• 최근 5년 간 신청 사업과 유사/동일 사업 수행경험 기입 • 해당 사항이 없는 경우 작성하지 않음 • 모금회 지원사업의 경우는 평가결과를 기입하지 않음

7) 이사회/운영위원회 명단

순번	성명	소속기관 · 단체/직위	비고
1	김○○	◇◇종합사회복지관/관장	운영위원
2	이◎◎	○○○어린이집/원장	운영위원
3	박□□	☆☆대학교 사회복지학과/교수	운영위원
4	최△△	◎◎회계법인/회계사	운영위원

작성 방법	• 기관의 이사회/운영위원회 명단 첨부 • 명단은 사업신청일 현재를 기준으로 제출

8) 신청기관 약도

작성 방법	• 주변의 찾기 쉬운 표식을 중심, 교통편과 함께 작성 기입

2. 운영법인

작성 방법	• 신청기관과 운영법인이 다른 경우에만 간략히 작성. • 신청기관과 운영법인이 동일한 경우 작성하지 않음 • 기관현황 작성 예시를 참고하여 작성 기입

Ⅱ. 사업계획

1. 사업명 : 저소득층 방임아동의 보호 · 학습지원을 위한 야간보호사업

작성 방법	• 서비스 대상, 목적, 사업내용을 포함 할 수 있는 내용으로 구성하여 기입 • 부제 사용도 가능

2. 사업의 필요성

1) 대상자 욕구 및 문제점

① 저소득 야간 방임아동

본 사업의 주대상자인 저소득층 아동, 그 중에서도 조손가족 아동, 편부모가족 아동의경우 방과 후에도 보호자가 정상적으로 보호할 수 없는 경우가 많다. 조손가족 아동의 경우 조부모가 생업으로 인해 밤늦게 귀가 하거나, 조부모 자체가 건강상태가 좋지 않은 경우, 방과 후에 아동이 방임되는 경우가 많다. 편부모가정의 경우도 마찬가지로 편부, 편모가 생업에 종사하여 밤늦게 귀가 하는 경우가 많으며, 이들 가정 아동의 경우, 복지관의 방과 후 프로그램을 이용한다고 해도, 보통 7시 전후면 귀가하게 되는데 7시 이후에도 보호자가 집에 있지 않아 아동 홀로 방임되는 경우가 많다.

② 저소득 가정의 부모

본 사업의 주 대상자인 저소득 야간 방임 아동의 부모들도, 자녀에 대해 부모로써의 역할을 하고 싶어 하나 경제 · 심리적 여건상 자녀들과의 관계를 어려워하는 경우가 많다. 특히 부모 자체에 문제가 있는 경우 자녀들에 대한 방임이나 학대의 정도가 심해 이에 대한 개입이 필요하다.

작성 방법	• 대상자의 욕구와 문제점을 중심으로 구체적인 숫자, 객관적 자료를 중심으로 기입

2) 지역 환경적 특성

△△구의 경우 전체 1만5천 가구 중 2천 가구가 기초생활보호대상자 가정으로 수급자 가정의 비율이 높고, 이중 편부, 편모, 조손가정의 초등학교 아동은 1천 7백명 가량으로 집계되고 있다. (△△구, 2008년 통계자료 근거)

저소득 가정의 가장들은 주로 인근 재래시장에서 영세 상인으로 상업에 종사하거나, 인근 □□공단의 소규모 공장 근로자로 일하는 경우가 많아 귀가 시간은 보통 10~11시로 늦는 경우가 많다. 부모의 늦은 귀가는 자녀의 방임으로 연결되어, 2008년 12월 현재 집안에 방임되어 있는 아동 수는 △△구 전체 아동의 20% 가량으로 집계되고 있다.

작성 방법	• 서비스를 제공하고자 하는 대상자들의 지역 환경적 특성을 객관적 자료로 기입

3) 경험적 근거

열매종합사회복지관은 2002년 11월 복지관을 개소한 이래 방과 후 프로그램을 통해 1일 평균 20여명의 저소득층 아동을 돌보고 있으며, 이들 아동 90% 이상이 편부, 편모, 조손가정의 아이들이고, 80%이상이 저녁 10시까지 보호자가 없는 상태이다.

본 복지관은 2008년에 ○○재단의 지원으로 야간에 방치된 아동을 보호하는 사업을 시행한 적이 있으며, 시행 결과 서비스에 대한 욕구와 호응이 높았으나, 예산의 문제로 기존 방과 후 서비스시간을 넘어서는 야간보호 사업을 지속하기는 어려운 상황에 있다. 또한 단순한 보호 서비스뿐만 아니라, 교육 지원, 영양지원, 부모교육 등의 복합적 서비스의 제공이 필요함을 인식하게 되어 본 사업을 기획하였다.

작성 방법	• 사업을 시행하기 위한 경험을 객관적 자료 제시하여 기입

4) 본 사업과 관련된 지역 복지자원 현황

현재 △△구 내에는 2개의 종합사회복지관이 있고, 3개의 지역아동센터가 있다. 이 중 1개 기관이 △△구의 시범사업으로 15명의 저소득층 야간방임 아동에 대한 보호사업을 진행하고 있다. 그러나 해당 기관의 아동들에 대한 서비스도 부족한 상황이고, 본 복지관의 2008년 자체조사 결과 야간보호에 대한 서비스 욕구가 가장 높은 것으로 나타나 추가적인 야간보호사업에 대한 지원이 필요한 상황이다.

작성 방법	• 사업과 관련된 지역복지 자원 현황 제시

3. 서비스 지역, 서비스 대상 및 실인원 수

1) 서비스 지역: 서울시 △△구

작성 방법	• 시군구 단위로 주요 서비스 지역 기입

2) 서비스 대상 : 서울시 △△구 ☆동 아동 중 저소득층 가정 아동

작성 방법	• 구체적인 서비스 대상을 기입

3) 서비스 대상 선정기준 및 방법 :

○ ☆동 저소득층 아동 중 저녁 10까지 보호자가 집에 없는 아동

○ 프로그램 참여 의사확인 및 보호자 동의

○ 대상자가 초과될 경우, 저연령순으로 선발

작성 방법	• 선정기준 및 방법은 구체적으로 기입

4) 실인원수

대상구분	서비스대상자 산출근거	단위수(명)
① 일반대상	☆동의 저소득층 아동	000명
② 위기대상	☆동의 초등학교 재학 중인 아동	00명
③ 표적대상	☆동의 초등학교 재학 중인 아동 중 저녁10시까지 보호자가 가정에 없는 아동	00명
④ 실인원수	표적대상 중 본 복지관이 보호할 수 있는 적정인원	20명

작성 방법	실인원수가 정해져 있는 경우 위의 4)실인원수 란에만 기입하고, 실인원수가 명확하지 않은 경우 1)~4)의 대상구분을 통해 실인원수를 추정하여 기입

4. 사업 목적 및 목표

목 적	산출목표	성과목표
1. 저소득층 야간 방임 아동의 안전증대 및 정상적인 성장 지원	1-1. 저소득층 야간 방임아동 20명 안전보호	보호 아동의 야간 안전사고율 감소
	1-2. 20명 아동에 대한 무료석식 ·간식제공 건강 체조프로그램시행	평균 신체발달지수 향상
	1-3. 주 5회 숙제지도 및 주 2회 기초학습지도	기초학습능력 향상
2. 저소득층 야간 방임 아동 가정의 가족 관계강화를 통한 가족유대감증대	2-1. 월1회 보호자와 함께하는 프로그램 시행	보호아동의 가족 유대감 증대
	2-2. 월1회 보호자/자녀 상담을 통한 심리적 유대감 형성	

작성 방법	• 산출목표: 사업시행을 통해 발생하는 산출물 (예: OO지역 비행청소년 20명에 상담서비스 월 3회, 총 18회 시행) • 성과목표: 사업의 결과로 나타나는 효과 또는 변화 (예: 프로그램 대상 청소년 20명의 비행행동의 감소) • 산출목표와 성과목표를 분리하여 작성. 프로그램의 내용에 따라 산출목표와 성과목표가 동일할 경우 산출목표에만 작성 기입

5. 사업내용

1) 세부사업내용

성과목표	프로그램	활동 (수행방법)	시행 시기	수행 인력	참여 인원	시행횟수 시간
보호 아동의 야간 안전 사고율 감소	야간아동 보호 및 안전귀가 동행서비스	- 복지관 방과후 교실 PM 1시~10시까지 운영(야간시간대 PM6시~10시) - 아동보호자 귀가 시간에 따라 귀가일정 조정 - 보호자가 동행귀가를 하지 못하는 경우, 복지관 차량을 통한 귀가 서비스 제공(운전자, 귀가지도교사 동승)	연간	복지사 1명 봉사자 1명 운전자 1명	20명	보호-1일 4시간 주5회 • 귀가-1일 1시간 주5회
평균 신체발달 지수 향상	무료석식 간식제공 및 건강체조	- 야간보호아동에 대한 무료급식 제공(자체 급식시설 운영) - 야간보호아동에 대한 무료 저녁 간식제공 (비타민공급을 위한 과일위주의 간식제공) - 매일 1시간 스트레칭과 근육이완 체조진행	연간	복지사 1명 봉사자 2명	20명	1일 1시간 주5회
기초학습 능력 향상	기초학습 지도	- 자체 자원봉사대학생을 활용한 기초학습(국어, 영어, 수학) 지도 - 자체 자원봉사대학생을 활용한 숙제지도, 매일 숙제 알림장 점검	연간	복지사 1명 봉사자 2명	20명	1일 1시간 주5회
보호아동의 가족 유대감 증대	가족관계 개선 프로그램	- 월1회 가족관계개선프로그램시행(가족음식 만들기, 가족나들이, 가족체육대회, 영화보기 등) - 상담전공자를 통한 가족상담 시행(해결중심기법 활용)	연간	복지사 2명 봉사자 2명	40명	월1회 4시간/ 월20회 회당 30분

작성 방법	• 제시된 내용 이외 추가사항 있을 경우 추가 작성 가능 • 성과목표 : p. 33의 4. 사업목적 및 목표에서 제시한 성과목표 기입 • 프로그램명 : 성과목표에 따른 프로그램명 기입, 성과목표별 다수의 프로그램 가능 • 시행시기 : 매일, 매월, 분기별, 상/하반기, 연간, 3월, 3~7월 등의 형태로 구체적 기입(시행 시기는 중간, 결과 보고 시 검토 기준이 됨) • 수행인력 : 해당 프로그램을 실제로 수행하는 인원을 기입 • 참여인원 : 프로그램 참여하는 실인원수를 기입 • 시행횟수 · 시간 : 프로그램 시행 횟수와 시간 기술(1회당)

2) 목표에 대한 평가방법

성과목표	목표에 대한 평가방법			
	성과지표	자료원	자료수집방법	자료수집시기
보호 아동의 야간 안전사고율 감소	• 야간 안전 사고 발생건수/비율 ※ *수 혹은 %*	복지관 자체조사	아동상태관찰 보호자수시연락 안전사고일지	분기별
평균 신체발달지수 향상	• 동일연령 아동의 소아발육표준치 기준에서의 향상률 ※ *변화량*	복지관 자체조사	실제 신체지수측정 / 학교 건강발달사항 정보협조 / 질병관리본부 자료 참조	상/하반기
기초학습능력 향상	• 학교 숙제 완성한 빈도의 증가량 ※ *빈도* • 프로그램 개입 후 학교 성적이 좋아진 아동의 수/비율 ※ *수 혹은 %*	학교 담임교사 알림장, 성적점수	알림장 매일 점검, 학교 담임 교사와 연락,성적점수 점검	학기 초(3월) 학기 말(11월)
보호아동의 가족 유대감 증대	• 가족들의 놀이 모임 수 증가량 ※ *빈도* • 보호자/자녀 관계척도점수의 유의미한 차이 정도 ※ *변화량* • 가족과의 1주 평균 대화횟수의 변화 ※ *변화량*	프로그램 참여자 (아동, 가족)	참여자가 제출한 과제물	과제제출시기

작성 방법	• 성과지표 : 성과목표가 결정되면 성과를 측정할 수 있는 지표, 측정 가능하도록 해주는 증거 혹은 측정도구가 필요 함. - 성과지표는 '※'에 표기된 것처럼 변화량, 빈도, 수 혹은 % 등으로 제시함. - 제시된 지표를 통해 변화의 정도(증가, 감소)를 확인할 수 있어야 함. • 자료원 : 해당 자료를 누가 가지고 있는가에 관한 항목으로, 자료원은 사람이 될 수도 있고, 기록물이 될 수도 있음 • 자료수집 방법: 해당 자료를 어떻게 수집할 수 있는가에 관한 항목 • 자료수집 시기: 해당 자료를 언제 수집(설문지의 경우 측정시기)하는가에 관한 항목 (월, 분기, 상/하반기, 사전-사후 등)

3) 담당인력 구성

이름 (역할)	담당부서 /직위	투입시간 (단위:1주일)	경력(년)/주요업무	자격증 (신청사업 관련)
김희망 (주담당)	생활복지팀사 회복지사	12시간	- ☆☆종합복지관 1년/아동복지담당 - 열매종합사회복지관 2년 1개월	사회복지사 1급 보육교사 1급
이사랑 (부담당)	생활복지팀 사회복지사	8시간	- ◇◇어린이집 2년/교사 - 열매종합사회복지관 1년	사회복지사 1급 보육교사 1급
박복지 (수퍼 바이저)	생활복지팀 부장	3시간	- ○○아동보호전문기관 1년/상담원 - △△복지관 2년/가족복지담당 - 열매종합사회복지관 4년	사회복지사1급

작성 방법	• 이름(역할) : 사업에 직접 투입되는 인력(사업 주담당자, 부담당자, 수퍼바이져로 구분하여 기입)의 이름과 해당 사업에서의 역할 기입 • 경력(년)/주요업무 : 경력은 구체적으로 기입 • 담당자가 미정인 경우 '담당자 미정'기입 후 채용 자격기준을 기입

4) 사업 진행 일정

기간 내용	09. 12월	10. 1월	2월	3월	4월	5월	6월	7월	8월	9월	10월	11월	12월	11. 1월
사업 세부계획 수립	■													
대상자 선정/ 보호자 동의		■												
야간아동보호		■	■	■	■	■	■	■	■	■	■	■	■	
안전귀가동행서비스		■	■	■	■	■	■	■	■	■	■	■	■	
기초학습지원/숙제지도		■	■	■	■	■	■	■	■	■	■	■	■	
가족관계 개선프로그램		■	■	■	■	■	■	■	■	■	■	■	■	
사업평가, 보고서작성														■

작성 방법	• 프로그램별 과업에 따른 일정 표기

5) 홍보 계획

대상	홍보방법 및 횟수	활용매체	비 고
지역사회 주민	리플렛 등의 홍보물 제작, 12개동 반상회 참석 사업 소개, 사업설명회 1회 실시 케이블 TV 연계 사례 소개	리플렛, 홍보지, 케이블TV	
타복지 기관	홈페이지 게시판, 이메일로 사업소개	인터넷	
지자체	주민생활지원센터 생활지원과 분기별 방문, 리플렛 수시 제공	리플렛	

작성 방법	• 본 사업을 홍보하기 위한 계획으로 아래와 같은 다양한 목적과 대상을 고려하여 홍보방법, 횟수, 매체활용 정도 등을 구체적으로 홍보 계획을 기입 - 기관이 속해 있는 지역의 지역주민, 지자체, 타복지기관 등에게 기관의 사업홍보 및 사랑의 열매 지원 사업 홍보 • 홍보물, 홍보지, 인터넷홍보, 언론 및 방송 매체활용 등을 홍보하기 위한 수단으로 활용될 수 있음

6) 지역자원 활용계획

자원명	활용계획	비고
A, B종합사회복지관 및 C가정폭력상담소	서비스 발굴 및 공유, 아동사례 연계(3case)	
OO 대학교 사회복지학과	대학생 자원봉사자 연계(4명)	
D자원봉사센터	차량 지원 자원봉사자 추천 및 확보(4명)	
E주민자치센터 및 F구청	본 사업에 대한 홍보 및 실인원 추천 통로로 이용	

작성 방법	• 본 사업의 성공적인 성과를 도출을 위해 현재 유지하고 있는 지역자원을 어떻게 활용할 수 있는지를 구체적으로 기입, 칸을 늘려 사용 가능 • 활용계획: 해당 기관과의 연계계획과 예상실적(추정치)을 기입

6. 예산계획

(단위: 원)

관	사업비							
항	공동모금회 "저소득층 아동 야간보호" 사업비[1]							
목[2]	세목[3]	계	산출근거[4]	예산조달 계획5)				
				신청금액	비율(%)[6]	자부담	비율(%)[6]	자부담 재원[7]
총 계		16,000,000		13,100,000	100	2,900,000	100	
인건비	담당인력 야근수당	4,800,000	담당인력 2명×1시간 5,000원×1일 4시간×월 10일×12개월	4,800,000				
	소 계	4,800,000		4,800,000	36.6			
사업비	야간귀가 차량운행	2,000,000	주5회 × 10,000원 × 40주			2,000,000		자체 예산
	기초 학습지도 프로그램	2,600,000	학습교재비 국/영/수×연간6권×5,000원×20명	600,000				
			자원봉사자 교통비 대학생 2인×주5회×5,000원×40주	2,000,000				
	가족관계 개선 프로그램	4,800,000	상담 및 특별활동 프로그램 (나들이, 체육대회, 요리, 영화보기) 20가족×가족당 20,000원×12개월	4,800,000				
	소 계	9,400,000		7,400,000	56.5	2,000,000		
관리운영비	야간난방비	900,000	월150,000원×6개월(1~3월, 10~12월)			900,000		자체 예산
	전기료	900,000	야간전기 사용료 월평균 50,000원×12개월 냉방비(에어컨) 월평균 100,000원×3개월	900,000				
	소 계	1,800,000		900,000	6.9	900,000		

작성방법

※ 사업에 직접 투입되는 비용만 예산계획에 기입
※ 예산 수립시 41p 별첨2의 단가표 활용하여 기입

1) " " 부분에 사업명 요약하여 작성
2) 목은 인건비, 사업비, 관리운영비로만 구분. 해당 목이 없을 경우 삭제 후 작성
3) 세목에는 해당 사업에 필요한 프로그램 편성. 각각의 세목에 포함되는 항목은 내용을 참고하여 작성

목	설명	해당항목
인건비	해당 사업을 직접적으로 수행하는 인력에 투입되는 비용	프로그램담당자/보조담당자 인건비
사업비	프로그램의 수행에 필요한 직접비용 (실인원수에게 제공되는 서비스에 필요한 비용)	강사비, 자원봉사자 관리비, 자문비, 회의비, 행사진행비, 홍보물품 구입, 프로그램 준비물 구입 사업결과보고서/결과물 제작 등
관리운영비	프로그램의 수행에 필요한 간접비용 (사업관리에 필요한 비용)	사무용품, 냉난방비, 우편료, 사업담당자 교통비 등

※ 비품/장비 구입 시 예산 편성 방법
- 프로그램 수행을 위해 직접적으로 필요한 비품/장비, 서비스 대상이 실인원수인 경우(장애인작업장 생산 장비 구입, 컴퓨터 교실 운영을 위한 컴퓨터 구입 등) 사업비에 편성.
- 프로그램 사업에서는 간접적으로 필요한 비품/장비 지원은 지양. 그럼에도 불구하고 간접적으로 사업 운영에 도움이 되는 비품/장비는 관리운영비에 편성 가능
- 단, 비품/장비 구입비의 신청금액의 50%를 초과 할 경우에는 프로그램 사업으로 신청할 수 없고, 신청사업의 기능보강사업으로 신청하여야 함

※ 세목은 너무 구체적으로 작성하거나 포괄적으로 작성하기보다는 프로그램 단위별로 작성하는 것이 추후 예산변경 등의 업무 처리에 있어 효율적임

예시)

〈정사례〉

프로그램 단위로 세목을 설정한 경우		
세목	계	산출근거
나들이 프로그램	300,000	버스 1대 대여 (25인승)
	165,000	도시락 5,500원× 30개
	60,000	입장료 2,000원× 30명
계	525,000	·

〈오사례〉

개별 활동별로 세목을 설정한 경우		
세목	계	산출근거
나들이 버스대여	300,000	버스대여비 (25인승)
도시락/다과	165,000	5,500원× 30개
입장료	60,000	2,000원× 30명
계	525,000	

4) 산출근거는 구체적으로 어떠한 내역으로 예산이 지출되었는지 실제 단가, 수량, 인원수, 건수, 횟수 등을 구체적으로 기록
5) 예산조달계획에는 신청금액 및 자부담 금액을 기입. 프로그램 사업의 경우 자부담이 없어도 신청가능함
6) 신청금액에 대한 비율은 신청금액 대비 각 항목이 차지하는 비율을, 자부담의 경우, 전체 자부담 대비 해당 자부담의 비율을 산출하여 기입
7) 자부담 재원은 자체예산/외부지원(지원처)/수익금(참가비 등) 등으로 구분하여 기입

7. 향후 운영계획

○ 사업종료시점에서 서비스 욕구 재조사 후 지속, 확대 여부 검토

○ 차년도에도 사업 지속가능성 큰 상태로 인력의 정규직화 노력 및 모금회 및 타 재단을 통해 예산을 확보하고자 함

○ 아동 사례 홍보를 통해 개인(기업) 기부자 발굴을 통해 후원금 확보하여 부족한 사업비를 충당하고자 함

작성 방법	• 지원 종료 시 사업 지속성에 따른 자구방안 노력 및 계획 정도, 차년도 주요 사업 계획 및 이에 따른 예산, 인력 확보 계획 등을 기입

[별첨 1]

서비스 내용 코드표

※ 아래의 구분 및 시설종류를 참고하여 신청기관의 사업내용과 일치하는 주요서비스 내용을 한 가지 선택한 후 **대분류-중분류-소분류별로 배분신청서에 기입**

예) 프로그램 - (심리/정서) - 정서결연/멘토링)

대분류	중분류	소분류
프로그램	1. 생계지원	1) 생계비 지원, 2) 식사/영양지원, 3) 무료급식
	2. 주거	1) 주거비지원, 2) 주거환경 개선
	3. 교육	1) 교육비지원, 2) 일반정규교육, 3) 특수정규교육 4) 비정규교육, 5) 연수/직능계발
	4. 의료/건강	1) 의료비지원, 2) 의료서비스지원, 3) 건강관리/증진, 4) 간병/호스피스, 5) 약물/알코올
	5. 보호	1) 시설보호, 2) 재가보호, 3) 일시보호, 4) 장단기보호, 5) 주간/방과후 보호, 6) 그룹홈, 7) 위탁보호
	6. 학대/폭력/비행	1) 위기상담/개입, 2) 교정/갱생, 3) 법률지원
	7. 심리정서	1) 심리정서상담, 2) 심리정서훈련, 3) 정서결연/멘토링
	8. 자활	1) 진로탐색/취업상담, 2) 직업훈련, 3) 취업알선/사후관리 4) 자활사업장
	9. 여가/문화	1) 여가, 2) 문화(음악/독서/영화), 3) 스포츠
	10. 인식개선/예방	1) 인식개선/교육, 2) 문제예방/교육, 3) 정보제공/연계
	11. 지역사회개발	1) 주민조직화, 2) 자원봉사, 3) 지역복지기반구축
	12. 기타	직접 기재

참고문헌

우수명. (2004a). 『TP사회복지조사(제2판)』. 인간과 복지.

______. (2004b). 『TP사회복지 Program 개발과 평가』. 인간과 복지.

정무성. (2006), 『사회복지프로그램개발론』. 학현사.

Ellis, R. A., Mallory, K. C., Gould, M. Y., and Shatila, S. L. (2006). *The Macro Practitioner's Workbook*, Thomson Brooks/Cole.

Riley., P. G. (2002). *The one-page proposal: how to get your business pitch onto one persuasive page*. New York : Regan Books.

사회복지공동모금회 배분신청서 가이드(http://www.chest.or.kr)

제 7 장

재가복지

제 1 절 재가복지의 개요

1. 재가복지의 개념

재가복지란 자신이 살아온 자기 집에서 생활을 유지하기를 원하면서 자립조건의 결여, 타인의 원조를 필요로 하는 사람에 대하여 가능한 한 주택에서 생활을 유지할 수 있도록 제공되는 각종의 복지형태를 말한다. 재가복지는 복지시설에서의 보호와 더불어 지역복지 체계를 구성하는 복지활동의 한 형태로서 지역주민이 지닌 복지욕구를 그 주민이 거주하는 지역사회에 있어서의 가정에서 충족하기 위하여 행하는 공적 또는 민간 그리고 양자의 협력에 의한 사회복지활동의 계획, 이념 및 실천의 총체를 일컫는다(강철희, 2006; 김범수, 2006; 김현수, 2002; 손홍숙, 2006).

재가복지의 개념은 광의와 협의로 나누어서 정의될 수 있다. 광의의 재가복지 개념은 시설보호와 대칭 되는 지역사회보호(Community Care)를 위한 다양한 서비스를 제공하는 것을 의미하며, 자신의 집에서 서비스를 받는 것과 다양한 복지시설이나 기관을 이용하는 것이 모두 포함된다. 반면 협의의 재가복지 개념은 자신의 집에서 필요한 전문적 혹은 준 전문적 서비스를 제공받는 것으로서 서비스의 내용으로는 주로 보건의료서비스와 가정봉사서비스가 포함된다.

2. 재가복지서비스의 등장배경

재가복지서비스가 중시되는 것은 현대사회의 특성과 밀접하게 관련되어 있다. 급격한 도시화나 산업화의 과정에서 핵가족화, 가족규모의 축소 등에서 볼 수 있는 가족구조의 변화나 여성 취업증가 등과 같은 취업구조 변화에 의하여 보호를 필요로 하는 아동 · 노인 · 장애인 등을 가정에서 보호하기가 어려워지게 되고 전통적인 지역사회의 해체로 상호부조적인 복지기능이 약화되고 있다. 또한 인구의 고령화에 따라 요보호 노인층이 증가하고 있어 와상노인이나 치매성 노인의 증가와 뇌졸중의 후유증으로 신체장애를 가진 성인이 늘어나고 있고, 자동차사고나 각종 산업재해로 인한 후천성 장애인의 증가로 지역사회의 보호를 필요로 하는 요보호계층이 확대되고 있다. 이러한 사회적 배경을 구체적으로 살펴보면 다음과 같다(김범수, 1999; 김현수, 2002; 서상철, 2002; 이수경, 2005).

1) 가족과 친족집단의 복지기능 변화

가족은 그 시대 그 사회 속에서 생활을 영위하고 생존을 보장하기 위한 집단이다. 즉 가족은 일종의 생활방위조직이라 할 수 있을 것이다. 이와 같이 가족이 생산력의 발달과 취업의 자유, 여성의 고학력화 등이 진행되는 과정에서 대가족이나 세대가족으로부터 핵가족, 부부가족, 독신가구로 변해가고 있다. 더욱이 가족의식도 풍요로운 소비생활을 추구하는 사회풍조와 결합되어 개인주의적이고 이기적인 문화가 확산됨에 따라 친족 간의 원조가 약화되었다.

2) 지역해체에 따른 복지욕구의 변화

산업화로 인한 인구의 도시집중과 이로 인한 도시화의 진행은 혈연이나 지연의 유대를 약화시키고 인간관계를 표면적이고 간접적인 것으로 만들었으며 자기가 살고 있는 지역에 대한 애착심을 잃게 하였다. 이로 인해 지역사회는 지연관계에 기초를 둔 전통적 연대감이나 상호부조 의식이 약화되고 공동보호 기능이 줄어들고 있다. 최근에는 기혼여성의 급격한 사회진출이나 경제적 자립이 촉진됨으로써 아동 · 노인 · 장애인 등을 가족이나 지역사회의 힘만으로 보호하기가 어려워지고 있다. 특히 노인 가족, 난치병 환자가족은 사회인이나 가족으로서 역할수행이 어려워 보호나 서비스가 필요한 상태에 있기 때문에 생활문제가 심각하다.

3) 성인병의 증가와 만성질환의 확대

오늘날 사망순위의 상위를 차지하고 있는 것은 악성종양, 뇌혈관질환, 심장질환 등과 같은 성인병이고, 교통사고, 노동재해, 직업병, 자살 등과 같은 예기치 않던 사고가 늘어나 현대사회의 질병구조에 커다란 변화를 일으키고 있다. 이와 같은 질병구조 변화추세는 우리나라뿐만 아니라 선진국에서도 공통된 현상으로 성인병, 암, 난치병, 공해병, 교통사고 후유증, 정신장애, 선천성 이상 등과 같은 만성질환이나 장애가 증가하고 있다. 특히 노인들의 90%는 2가지 이상의 만성질환을 앓고 있는데 이러한 만성질환 환자의 증가는 재가복지서비스의 복지욕구를 증가시키고 있는 실정이다.

4) 노년인구의 증가

우리나라의 노인인구는 2009년 말 현재 490여만명으로 전체 인구의 10.3%를 차지하고 있다. 이러한 노인인구의 증가는 노인세대에 대한 사회적 부양의 필요성을 가져오고 있으며, 특히 우리나라 노인인구의 증가와 관련하여 중요한 것은 고령사회로의 진입속도가 매우 빠르다는 것이다. 인구고령화 지수를 볼 때 한국은 2000년에 7%에 달하였고, 2020년에는 14%로 될 예정이다. 세계 최고 고령화 진입국가라 할 수 있는 일본조차도 1970년에서 7%에 달하였다가 1994년에 14%가 되어 24년이 걸렸고, 프랑스는 115년, 스웨덴이 85년, 미국이 71년이 소요될 예정이다(보건복지부 자료 참고, 2008). 이러한 인구의 고령화는 우리나라의 저출산화와 맞물려 심각한 사회문제로 부각되고 있다.

아울러 노인의 주거 형태를 볼 때 1981년의 노인 단독세대 혹은 부부단독세대가 전체노인의 19.8%이었으나 1990년에는 23.8%, 1998년에는 41.7%, 2005년에는 54%로 증가하고 있다. 이러한 가족세대와의 고립화, 분리화 현상은 재가복지서비스의 필요성을 더욱 증대시키고 있다.

3. 재가복지봉사서비스의 발전과정

우리나라에서 재가복지서비스는 노인복지분야에서 먼저 시작되었는데, 한국노인복지회가 노인결연사업, 상담사업, 전화말벗사업 등을 추진해 오다가 1987년도에는 가정봉사원 파견으로 확대 발전시켰다. 정부는 재가복지사업의 중요성을 감안하여 1992년에 62억 6천만원의 예산을 들여 거동이 불편한 노인과 장애인은 물론 소년소녀가장 등 불우한 소외계층의 가정을 직접 방문하여 이들이 필요로 하는 서비스를 제공하는 재가복지봉사센터를 사회복지관 부설로 설치하기에 이르렀다. 이로써 우리나라 재가복지사업이 본격적으로 시작되었다. 그리고 1996년도에는 서울시 가정복지국 노인복지계에서 신규사업으로 정부가 주관하는 서울가정도우미(유급가정봉사원) 파견사업을 시작하였다(김범수, 1999; 오정수 외, 2006; 강철희, 2006).

현재 우리나라의 재가복지기관은 사회복지관 부설로 설립되어 있는 재가복지봉사센터, 노인을 대상으로 하는 방문목욕시설, 방문요양시설, 방문간호시설, 주·야간보호시설, 단기보호시설, 복지용구시설 등과 장애인종합복지관 부설로 설립되어 있는 장애인 재가복지봉사센터, 한국사회복지협의회 부설로 설립되어 있는 자원봉사정보안내 센터, 주간보호소, 단기보호소, 서울가정도우미센터 등의 형태로 분류할 수 있다.

4. 재가복지서비스의 특성

재가복지서비스는 종래의 시설보호서비스와 구분되는 다음과 같은 몇 가지 특성을 가지고 있다(김현수, 2002; 오정수 외, 2006; 손홍숙, 2006; 임정현, 2004).

첫째, 종래의 생활시설 중심의 서비스와는 달리 서비스제공자가 대상자의 가정을 방문하거나 혹은 대상자를 이용시설에 통원하게 하는 방식의 서비스가 이루어진다.

둘째, 하루 종일 집중적인 보호를 필요로 하는 심각한 장애를 가진 노인이나 장애인은 전문병원이나 생활시설에 보호하는 것이 더 바람직하며, 이들을 제외한 대상자 중 생활상의 장애를 가진 노인이나 장애인이 재가복지의 주요한 대상자가 된다.

셋째, 서비스 대상자의 특성상 하루 종일, 혹은 집중적인 보호를 제공하기보다는 서비스 시간 및 내용에 있어서 부분적인 보호를 제공한다.

넷째, 방문이나 통원서비스를 받는 시간을 제외하고는 가족원이나 가까운 이웃의 사적인 혹은 비공식적인 보호를 받을 수 있다는 것을 전제로 한다.

다섯째, 대상자가 가정에서 보호를 받을 수 있기 위해서는 보호대상자의 가정과 가까운 지역에 서비스를 제공하는 인력이나 시설에 배치되어야 하므로 가까운 지역사회 내에서 서비스가 이루어지지 않으면 안 된다.

위에서 제시한 재가복지서비스의 특성을 전제로 재가복지서비스의 장점을 살펴보면 다음과 같다(서상철, 2002; 임정현, 2004).

첫째, 일정한 지역을 중심으로 요보호대상자들에게 집중적인 서비스를 제공하기 때문에 문제의 인식과 해결과정에서 지역주민의 관심과 참여를 유발할 수 있으며, 시설의 수용한계를 초과하여 급속히 증가하는 요보호대상자들에게 효율적으로 대처하여 시설수용보다는 저렴한 비용으로 보다 나은 복지서비스를 제공할 수 있다.

둘째, 가정이라는 익숙한 환경에서 서비스를 제공받기 때문에 수혜자들의 불안감이나 어색감이 감소되어 편안한 마음으로 서비스를 받을 수 있으며, 자원봉사자나 결연자를 통한 서비스의 제공은 지역사회의 따뜻함을 느낄 수 있는 계기가 되어 사회에 대해 가질 수 있는 부정적 시각을 변화시킬 수 있다.

셋째, 서비스대상자들의 욕구에 신속하고 밀접하게 적응할 수 있어 가장 필요한 서비스를 가장 적절한 시기에 제공할 수 있으며, 욕구에 변화에 대해서도 빠르게 대처할 수 있다.

넷째, 다양한 서비스를 다양한 대상자들에게 제공할 수 있다. 그리고 재가복지서비스에 필요한 인적, 물적 자원을 지역사회에서 동원하는 과정을 통하여 지역사회의 통합을 가져올 수도 있다.

제 2 절 재가복지봉사센터

재가복지봉사센터는 지역사회에 소재하고 있는 사회복지관부설사업으로 진행되어지고 있는 것으로, 지역사회에서 일정한 시설과 전문인력 및 자원봉사자를 갖추고 필요한 재가복지서비스를 제공하는 사회복지시설을 재가복지봉사센터라 한다(손홍숙, 2006).

1. 재가복지봉사센터의 역할

재가복지봉사센터의 역할은 다음의 여섯 가지로 나눌 수 있다(강철희, 2006; 김범수, 1999; 오정수 외, 2006).

1) 조사 진단의 역할

재가복지서비스 대상자 및 가정의 욕구조사와 문제의 진단 등을 통해 필요한 서비스의 종류를 선정하는 일이다.

2) 서비스 제공의 역할

재가복지서비스 대상별 측정된 욕구와 문제의 진단내용에 따라 직·간접적 서비스를 제공한다.

3) 지역사회 자원동원 및 활용의 역할

재가복지서비스의 내실화와 대상자 및 가정의 욕구와 문제해결을 위해 지역사회 인적·물적 자원을 동원, 활용한다.

4) 사업평가의 역할

재가복지서비스사업을 평가하기 위하여 서비스기능, 분야별 효과, 자원동원 및 활용효과 등에 관하여 자체 평가하고 그 결과가 사업에 활용되도록 한다.

5) 교육기관의 역할

자원봉사자 및 지역사회 주민들에게 재가복지서비스사업, 사회복지사업 및 취미·교양 등에 관한 교육을 제공한다.

6) 지역사회 연대의식 고취의 역할

지역사회 내 인적·물적 자원 연계를 통한 계층 간의 연대감을 고취시킨다.

2. 재가복지봉사센터의 원칙

재가복지센터가 그 역할을 수행하기 위해서는 지켜야 할 몇 가지 기본 원칙이 있다(강철희, 2006; 김범수, 1999; 손홍숙, 2006; 오정수 외, 2006).

첫째, 서비스 대상자의 요청을 기다리지 말고 적극적으로 서비스 요구를 발굴하여 필요한 서비스를 제공해야 한다는 '적극성의 원칙', 둘째, 최소의 비용으로 최대의 효과를 거두기 위하여 인적·물적 자원을 효율적으로 운영하여야 하는 능률성의 원칙도 따라야 한다는 '능률성의 원칙', 셋째, 다양한 서비스 욕구를 적절히 충족시키기 위하여 행정기관, 사회봉사단체 등 관련기관과 수시 연계체제를 갖추고 알선, 의뢰, 자원봉사 등을 수행하여야 한다는 '연계성의 원칙', 마지막으로 그리고 요보호대상자에 대한 서비스는 본인의 신체적·정신적·사회적 자립 및 자활을 조성하는 데 주안점을 두어야 한다는 '자립성의 원칙'

이 그것이다.

3. 재가복지 대상자

1) 대상자 범위

재가복지봉사 대상자는 지역사회 내 저소득 계층을 우선으로 하되, 그 범위는 다음과 같다.

① 국민기초생활보장 수급권자
② 기타 저소득층 가정으로서 재가복지서비스가 필요하다고 인정되는 자(무의탁 국가유공자 및 유족 등)
③ 미신고시설 생활자(장애인, 여성, 아동, 노인 등)
④ 재가복지서비스를 필요로 하는 지역주민

2) 대상자의 선정 요령

① 지역 내 요보호대상 후보자 명단을 행정기관 등과 협조하여 확보한다.
② 각종 상담활동 및 가정방문조사 등을 통하여 욕구내용을 파악한 다음 이를 분류하여 "요보호대상자 관리카드"에 기록, 유지한다.
③ 기록·유지된 사항은 전산화하여 계속 관리토록 한다.
④ 요보호대상자를 선정함에 있어 지역 내 공공부조 대상자를 전체 수혜대상자의 70% 이상으로 하며, 지역주민의 특성 등을 고려하여 봉사센터에서 결정한 별도의 자체 선정기준에 의거 나머지 대상자를 결정토록 한다.
⑤ 제4항의 경우 공공부조 대상자는 거주지 읍·면·동사무소의 요보호증명서를 첨부토록 하고, 자체선정 대상자는 "봉사센터의 선정기준"과 상담기록서를 각각 첨부하여야 한다.
⑥ 동일 행정구역내에 봉사센터가 둘 이상이 있을 경우 봉사센터 간 사전 협의를 통하여 관할지역범위를 조정하여 대상자의 중복을 방지토록 한다.
⑦ 해당 연도 서비스 대상인원을 확정한 이후에도 서비스대상자를 지역여건에 따라 계속 확대할 수 있다.

3) 대상자의 관리

대상자 관리카드를 전산에 입력하여 자원봉사자 관리카드와 연계하여 활용토록 하며 전담인력 및 자원봉사자가 실시한 일정별 상담내용 및 복지서비스 내용 등을 기록, 유지토록 한다.

4. 재가복지사업 내용

재가복지봉사센터의 주요 사업내용은 자원봉사자를 모집, 교육, 배치하여 가정에서 보호를 요하는 장애인, 노인, 불우아동 및 저소득층의 가정을 직접 방문하여 간병, 진료, 급식, 정서적 지원 및 가사보조 등 일상생활에 필요한 각종 서비스를 제공하거나 지역사회 내의 후원자를 개발하여 생활용품 등 경제적인 지원을 하는 데 있다(보건복지부, 2007).

요보호대상자의 인구학적 특성과 욕구유형에 따라 필요하다고 판단되는 서비스를 제공하되 그 주요내용을 예시하면 다음과 같다.

(1) 가사서비스로는 집안청소, 식사준비 및 취사, 세탁, 청소 등이 있다.

(2) 간병서비스는 안마, 병간호 수발, 병원안내 및 동행, 통원시 차량지원, 병원수속대행, 보건소 안내, 약품구입, 체온측정, 신체운동, 집안소독 등이 있다.

(3) 정서적서비스는 말벗, 상담, 학업지도, 책 읽어주기, 여가지도, 취미활동 제공, 행정업무가 있다.

(4) 결연서비스로서는 서비스 대상자에 대한 생활용품 및 용돈 등의 재정적 지원 알선, 의부모, 의형제 맺어주기 등의 서비스가 있다.

(5) 의료서비스는 지역의료기관, 보건기관과의 연계 및 결연을 통한 정기 또는 수시방문진료(링겔투약, 혈압체크, 질병상담 및 치료 등)가 있다.

(6) 자립지원서비스로서는 탁아, 직업보도, 기능훈련, 취업알선 등 자립능력을 배양할 수 있는 내용의 서비스 등이 있다.

(7) 주민교육서비스로서는 보호대상자의 가족, 이웃, 친지 등을 포함한 지역주민을 위한 재가보호 서비스요령 및 방법교육 등이 있다.

(8) 기타 사회복지관 내 시설을 활용한 서비스 등이 있다.

제 3 절 재가노인복지사업

1. 재가노인복지사업의 정의

서비스 제공과 관련하여 일반적으로 재가노인이라 함은 병원이나 양로·요양시설에 장기간 수용되어 있는 노인을 제외한 모든 노인을 지칭한다. 이들은 현재 살고 있는 곳에서 가족이나 이웃의 보호·부양을 받으며 지역사회의 서비스 기관으로부터 제반서비스를 제공받는다(이정서 외, 2005).

원래 재가노인이란 자녀와 떨어져 시설에 수용되어 있는 노인이 많은 서구사회에서 탈시설화 운동과 더불어 지역사회보호를 받는 노인이란 의미로 사용되었다. 지역사회보호의 근본목적은 노인이 고령, 허약, 질병 등의 이유로 타인의 보호가 필요하게 되는 경우 곧 시설로 이주하여 보호를 받는 것이 아니라 자기가 현재 살고 있는 곳에서 가급적 오래 살면서 필요한 서비스를 가정과 지역사회로부터 제공받는 것이다. 더 포괄적으로는 시설서비스를 제외한 모든 종류의 노인복지서비스를 말한다.

2. 재가노인복지사업의 필요성

핵가족의 증가, 가치관 및 생활양식의 변화에 따라 노인단독세대가 증가하고 있으며, 부양의무자가 있는 상태에서 생활하는 노인들도 여성의 사회참여 등으로 일상생활의 지원이나 부조를 필요로 하는 경우가 많게 된다. 서구 사회는 노인의료비의 증가에 대비하고 생활여건의 변화에 따른 노인들의 정서적 안정과 독립성을 보장하기 위하여 낮은 비용으로 노인복지를 실현하고자 재가노인복지사업을 강화하는 방향으로 추진하고 있다. 재가노인복지사업의 필요성은 이렇듯 노인의 산업화에 따른 생활환경의 변화, 독거노인이나 거동이 불편한 노인들에 대한 서비스 방안이 요구되고 있는데 기인되고 있다(이정서 외, 2005).

3. 재가노인복지사업의 원칙

재가노인복지사업을 시행함에 있어 기본원칙이 필요하다. 일반적으로 재가복지서비스를 전개하고 조직화하는데 다음과 같은 원칙이 있다(김범수, 1999; 이정서 외, 2005).

① 서비스 대상자의 요청을 기다리지 않고 필요한 서비스를 찾아 제공하는 적극성의 원칙이 있다.

② 예산과 모든 자원을 효율적으로 동원, 집행하는 능률성의 원칙이 있다.

③ 다양한 욕구를 충족시킬 수 있는 복지행정기관, 사회봉사단체 등과의 연계성의 원칙이 있다.

④ 서비스 대상자에게 신체적, 정신적 사회적으로 자립·자활할 수 있도록 자립성의 원칙이 있다.

4. 재가노인복지사업의 주요 내용

노인장기요양보험제도의 실시 전 재가노인복지의 3대 핵심 사업은 주간보호사업, 단기보호사업, 가정봉사원 파견사업으로 분류되어 있었으나, 노인장기요양보험제도의 실시로 방문목욕시설, 방문요양시설, 방문간호시설, 주·야간보호시설, 단기보호시설, 복지용구시설 등으로 확대되었다. 재가복지 사업의 주요내용을 간략히 살펴보면 다음과 같다(보건복지부, 2009).

1) 방문요양서비스

가정에서 일상생활을 영위하고 있는 노인(이하 '재가노인'이라 한다)으로서 신체적·정신적 장애로 어려움을 겪고 있는 노인에게 필요한 각종 편의를 제공하여 지역사회 안에서 건전하고 안정된 노후를 영위하도록 하는 서비스

2) 주·야간보호서비스

부득이한 사유로 가족의 보호를 받을 수 없는 심신이 허약한 노인과 장애노인을 주간 또는 야간 동안 보호시설에 입소시켜 필요한 각종 편의를 제공하여 이들의 생활안정과 심신기능의 유지·향상을 도모하고, 그 가족의 신체적·정신적 부담을 덜어 주기 위한 서비스

3) 단기보호서비스 : 부득이한 사유로 가족의 보호를 받을 수 없어 일시적으로 보호가 필요한 심신이 허약한 노인과 장애노인을 보호시설에 단기간 입소시켜 보호함으로써 노인 및 노인가정의 복지증진을 도모하기 위한 서비스

4) **방문목욕서비스** : 목욕장비를 갖추고 재가노인을 방문하여 목욕을 제공하는 서비스

제 4 절 재가장애인복지사업

1. 지역사회 중심의 재가 장애인 재활사업

최근 장애인재활사업의 세계적 흐름은 지역사회 중심 재활사업이다. 장애인재활은 지역사회중심재활을 목표로 하여야 한다는 점에서는 모두 동의하고 있다. 지역사회중심재활이란 지역사회의 자원인 장애인 자신, 그 가족 및 지역사회 내 전 인력을 이용하고 조직화하기 위하여 지역사회 수준에서 채택된 모든 방법들을 포함하는 것이다. 그 개념을 요약하면 다음과 같다(손홍숙, 2006).

① 지역사회 주민들에게 재활에 대한 이해와 책임의식을 고취시키고 자조・자립의 의지를 강화시킨다.

② 치료・교육 및 직업훈련과 관련된 기술이나 방법 중 가르쳐 주기 쉽고, 쉽게 받아들일 수 있으면서도 효과 있는 영역을 전수시켜 스스로 문제를 해결하는 기회를 제공한다.

③ 지역사회가 갖고 있는 인적 자원(장애인, 그 가족, 지역 내 인력자원 등)을 자원화시켜 재활에 참여시키고, 각종 기관・단체의 하위체계(교육, 사회, 심리, 직업재활 등과 관련된)를 프로그램에 연계・활용한다.

④ 사장된 자원을 자원화하고 유휴자원을 총동원하여 실제적 서비스의 능력과 영역을 확대함으로써 나라 전체 자원의 효율성을 높인다.

2. 재가장애인복지사업 주요 내용

재가 장애인을 위한 복지사업의 주된 내용은 재활서비스라 할 수 있다. 주된 사업내용을 정리하면 다음과 같이 나누어 볼 수 있다(김범수, 2006; 김현수, 2002; 손홍숙, 2006).

1) 의료재활서비스

장애인복지서비스 중에서 의료재활서비스는 다른 부문의 재활, 즉 직업재활, 사회심리재

활을 원활히 하기 위해서 여러 가지 사업을 하고 있다. 특히 재활 전문의, 물리치료사, 작업치료사 등 전문인력을 양성하고, 재활의료기관을 확대하는 한편, 생활이 곤란한 빈곤한 장애인에게는 의료비를 지원하는 등 의료재활 서비스를 확대, 실시하고 있다.

2) 직업재활서비스

장애인복지의 궁극적인 목표는 모든 장애인이 자기능력을 최대 개발하여 적성에 알맞은 직업을 가지고 사회적, 경제적 활동에 참여하여 자립, 자활을 도모하는 것이라 할 수 있다. 이를 위하여 재가장애인의 근로시설과 보호작업장을 증설하여 근로기회를 확대하고, 취업에 필요한 기능을 습득하도록 직업훈련을 실시하는 한편, 취업알선과 의무고용제도를 실시하여 장애인의 직업재활을 도모하고 있다.

3) 소득보장과 생활안정자금 지원

장애인들이 일상생활을 영위함에 있어서 필요한 소득을 보충시켜 주거나 금전적으로 지출을 감소시켜 줌으로써 장애인의 생활안정을 도모하기 위하여 '심신장애자복지법령'을 '장애인 복지법령'으로 전면 개정하여 자녀학비지원, 생업자금대부, 생계보조수당 지급, 공공요금 감면 등 장애인의 소득보장을 위한 생업자금 지원을 제도화하였다.

4) 재가장애인 이용시설의 확충

장애인들이 가정에서 생활하면서 치료와 교육 및 직업훈련서비스를 받을 수 있도록 시설을 보다 다양하게 설치하여 이들의 이용기회를 확대하고 있다.

5) 시각장애인 심부름 센터 설치, 운영

1985년부터 한국시각장애인복지협회에 시각장애인 심부름센터를 부설, 운영하도록 하여 직장 출・퇴근, 민원업무대행, 일상생활을 위한 출타, 귀가 등을 저렴한 비용으로 신속하게 대행하기 위하여 1995년도에는 동 센터를 전국 15개 시・도 단위에 각 1개소씩 설치하여 운영하고 있다.

6) 중증장애인생활보조인제도 실시

2007년부터 몇 년 동안 시범사업으로 진행되어오던 중증장애인 활동보조인제도를 실시하였다. 중증장애인생활보조인제도는 식사, 배변 등 기초적인 생활지원보조뿐만 아니라 교육, 문화적인 생활영역까지 지원을 확대시킨 것으로 재가장애인복지 부분의 질적확대에 중요한 전기가 되었다.

3. 재가장애인복지사업의 과제

우리 정부는 열악했던 재가장애인 복지수준을 높이기 위하여 재활서비스 확대 등 양적으로 많은 서비스를 제공하고 있으나 아직도 만족할 만한 수준에 이르지 못하고 있다. 이에 재가장애인 복지사업에 있어서 몇 가지 과제를 제시해 본다(손홍숙, 2006).

1) 장애발생 예방에 중점을 두어야 한다.

선천적 장애 및 후천적 장애의 발생을 예방하기 위하여 모자보건대책을 강화해야 한다. 즉, 임산부, 영·유아기의 정기검진 및 예방접종, 고위험 임산부에 대한 정밀검사 및 유전상담이 이루어져야 한다. 그 외 실명예방사업, 산업안정대책의 강화, 교통안전대책의 확립 등 종합적 차원의 대책 수립이 필요하다.

2) 의료의 보장이 필요하다.

재가장애인의 보다 나은 사회생활의 적응을 위하여 무엇보다 조기발견과 조기치료는 중요하다. 재가장애인이 의료서비스를 제공받고 안정된 생활을 할 수 있도록 의료비를 보조하고 재활치료를 용이하게 받을 수 있도록 재활의료기관을 증설하며 재가장애인의 방문진료, 상담 등의 사업도 확충시켜 나가야 한다. 또한 지원이 필요한 모든 장애인에게 골고루 적절하고 효과적인 의료혜택이 돌아갈 수 있도록 장치의 보완과 탄력적 운영이 필요하다.

3) 교육기회의 확대 및 교육방법이 강구되어야 한다.

특수교육대상자 중 약 80%는 통합교육이 가능한 장애아인데 이들이 모두 일반학급에서 소외당하지 않고 능력에 따라 교육받을 수 있도록 일반학교의 교육환경을 개선해야 한다. 나머지 20%에 해당하는 중도 장애아 중 65% 정도가 특수학교나 특수학급의 교육을 받지 못하고 있으므로 특수교육기관의 증설이 필요하다. 장애인의 능력과 자격 향상을 위해 직업교육 및 고등교육 기회의 확대 제공이 이루어져야 한다. 발달기 이후의 질병, 교통사고, 산업재해 등으로 인해 장애를 입은 중도 장애인에 대한 교육적 조치도 실시하도록 해야 한다.

4) 취업이 보장되어야 한다.

장애인 할당고용제 실시 강화, 장애인 적합 직종에서의 장애인 우선 고용, 장애인 고용사업장 지원금 지급 및 세제혜택, 그리고 의무고용제에 따른 부담금 부과 등의 실시로 장애인 취업에 대한 대책을 마련한다.

5) 장애인 복지시설의 확충이 필요하다.

재가장애인에 대한 복지서비스 확대, 취업 또는 자립이 불가능한 중도 장애인을 위한 보호작업장 설치, 유료복지시설 운영, 전문인력 및 보조요원 등 필요인력 확보 등 장애인들의 시설이용에 불편이 없도록 하는 조치가 취해져야 한다.

6) 생활환경이 조성되어야 한다.

장애인들의 주택 구입 및 주택 내 편의시설 설치를 위해 자금을 융자하거나 문화생활의 증진을 위해 문화환경 및 시설을 확충해야 한다. 여가선용을 위해 레크리에이션과 체육활동을 할 수 있는 여건을 마련하는 것도 중요하다. 장애인이 생활하기에 용이한 생활환경을 만들어 사회적응을 도모하는 데 도움이 되도록 한다.

7) 전문가의 양성과 연구의 활성화가 요구된다.

재가장애인 복지의 질에 영향을 주는 전문가의 수준 향상을 꾀하고 양성된 전문가에 적절한 자격제도를 마련한다. 이를 위해서 관련학과의 교육과정을 개설하고 연수기회를 확대하며 관련연구소의 설립과 연구비의 지원 등이 필요하다.

8) 전달체계의 개선이 시급하다.

재가장애인 복지 관련부처간의 협조와 조정이 이루어지고 장애인 복지정책의 수정, 보완, 건의가 적절하게 이루어지도록 전달체계를 정비해야 한다.

제 5 절 재가복지분야 실습

1. 사회복지전문가의 역할

재가복지 일선에서 실제적으로 일하고 있는 사회복지사의 역할은 매우 중요하다. 사회복지사의 역할에 관하여 Germain은 동원하는 역할, 촉진하는 역할, 조정하는 역할, 변호·지지하는 역할, 조직하는 역할, 가능케 하는 역할, 변화·혁신하는 역할, 그리고 지도·코치하는 역할 등의 8가지를 제시하고 있다(손홍숙, 2006).

김범수(1999)는 재가복지사업을 담당할 사회복지사의 역할을 다음과 같이 제시하고 있다.

① 예방적 재가복지서비스 프로그램을 개발한다.

② 적극적 재가복지서비스 추진이다. 적극적 재가복지서비스란 이용자들을 재가복지봉사센터로 끌어내어 프로그램을 전개하는 방안을 말한다. 가정봉사원들이 가정을 방문하여 서비스를 제공하여 주는 것은 소극적 재가복지 프로그램이라고 할 수 있다.

③ 재가복지봉사센터의 자원봉사 인력을 개발, 훈련, 업무 배정, 사후 관리한다.

④ 지역사회 내에서 후원자를 개발·관리하여 재가복지서비스 대상자에게 연결시켜 준다.

⑤ 재가복지봉사센터의 업무내용을 지역사회 내에 홍보한다.

⑥ 재가복지서비스 대상자들의 자립을 위한 훈련과 자조그룹을 조직한다.

⑦ 재가복지봉사센터의 업무의 비용편익, 비용효과를 분석하는 역할이다.

2. 재가복지기관 사회복지전문가의 업무 내용

재가복지기관에서 근무하는 업무내용은 다음과 같이 구분하여 볼 수 있다(보건복지부, 2006).

① 프로그램 개발 및 수립에 관한 사항

② 자원봉사자 재교육 계획 수립에 관한 사항

③ 지역사회 자원 발굴 및 활용에 관한 사항

④ 지역사회 유지 및 지도자 조직화에 관한 사항
⑤ 봉사센터 사업홍보에 관한 사항
⑥ 봉사센터 전담인력 관리에 관한 사항
⑦ 지역사회조사에 관한 사항
⑧ 요보호대상자 가정방문 및 욕구조사에 관한 사항
⑨ 봉사원 관리 및 상담에 관한 사항
⑩ 봉사원 파견 및 배치에 관한 사항
⑪ 기타 재가복지봉사사업에 관한 사항

3. 가정방문 시 유의사항

1) 먼저 전화를 드리고 약속을 정해서 방문한다.
2) 가정방문 시 클라이언트에게 먼저 인사를 하고 자기소개를 한다.
3) 클라이언트와 친밀감 형성을 위해 노력한다.
4) 대화 중 기관에 바라는 사항에 대해서는 지나친 기대를 심어주거나 지키지 못할 약속은 하지 않는다.
5) 옷차림은 단정하고, 활동하기 위한 복장이 좋다.
6) 자연스런 대화를 하면서 그 대화 속에서 클라이언트의 심리상태, 생활환경, 건강상태 등 클라이언트가 갖고 있는 현재의 가장 큰 욕구, 문제점, 자원봉사자의 관계 등에 대해 자연스럽게 질문한다.

4. 재가복지관 실습사례

각화종합사회복지관

실습생 : ○○○, ○○○

Ⅰ. 기관소개

1. 운영주체 : 사회복지법인 인애동산

2. 설립목적

지역사회 내 사회복지서비스 욕구를 가진 주민들에게 삶의 질 향상과 자립능력을 배양하여 주민 상호간 연대감 조성을 통하여 각종 지역사회 문제를 예방 치료하는 매체로서 지역주민들의 복지증진을 위한 종합사회복지센터로서 역할을 수행하는 데 있다.

3. 기관연혁

- 1992. 02. 광주광역시와 학교법인 전라기독학원 위탁운영 체결
- 1993. 02. 각화 청소년 공부방 설치 운영
- 1993. 09. 각화어린이집 개원
- 1995. 01. 각화종합사회복지관 부설 재가복지봉사센터 설치 운영
- 1995. 05. 전라기독학원과 위탁 해지 후 인애동산과 위탁운영 협약 체결
- 1996. 05. 사랑의 식당 위탁 운영
- 1999. 01. 광주 북구 기초 푸드뱅크 사업 실시
- 2002. 08. CAN DO 자활공동체 출범
- 2003. 01. 해오름 자활공동체 출범
- 2004. 03. 사회복지공동모금회 지원, 사랑의 情 나눔 네트워크 사업 실시
- 2004. 03. 여성부 지원 희망도움 지원센터 운영
- 2004. 07. 마사회 지원 달리는 孝사랑 나눔 사업 실시
- 2005. 03. 사회복지공동모금회 지원 푸드네트워크 사업 실시

4. 시설현황

- 위치 : 광주광역시 북구 각화동 202번지
- 개관일 : 1992년 2월 21일
- 규모 : 종합사회복지관 “나 형”

구분	시설물 용도
3층	강의실, 재활용리사이클링 사업장, 푸드네트워크실, 프로그램 1, 2실, 종합상담실
2층	복지관 사무실, 각화주간보호센터, 청소년 공부방, 프로그램 1, 2, 3실, 자원봉사실, 지역주민 쉼터, 푸드뱅크실, 화장실
1층	각화어린이집, 강당, 노인정, 사랑의 식당, 관리실, 화장실

5. 직원현황

1) 직원구성

계	관장	부 관장	복지부						재가복지봉사센터		어린이집	
			복지 부장	팀장	사회 복지 사	기능 교사	공익 요원	상근 자원 봉사자	과장	사회 복지 사	원장	교사
39	1	1	1	1	2	6	2	16	1	2	1	5

2) 직원조직

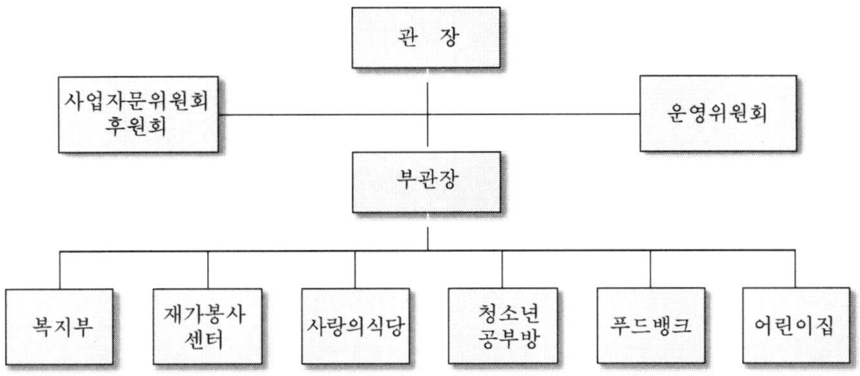

6. 복지관 사업

1) 지역보호사업

프로그램	내용	세부내용
도시락 배달서비스	관내 독거어르신들 대상으로 1차적 생계망 지원 활동	- 도시락 배달서비스
사랑의 식당운영	지역재가노인들 대상으로 사랑의 경로식당 운영	- 경로식당 운영
사랑의 음식 나누기	잉여식품 나누기를 통한 더불어 함께하는 지역사회 분위기 조성	- 지역주민대상 음식 나누기 - 미신고시설 음식 나누기 - 사랑의 빵 나눔
사랑의 선물전달	지역사회 불우계층에 대한 사랑의 선물 나누기	- 위기가정 및 저소득층 가정을 대상으로 한 생필품 지원
효 나눔 네트워크	지역 효 나눔 행사를 통하여 경로 효친 사상고양	- 경로잔치 - 노인나들이 - 절기행사
사랑의 정 나눔 네트워크	지역 내 소외대상에게 지역사회 내 주민, 조직체들이 참여하여 이웃의 따뜻한 정을 나누어 주는 네트워크망 형성	- 지역현안 문제 해결을 위한 네트워크 행사 - 응급구호 네트워크 행사
작은나눔 큰사랑 축제	지역주민을 위한 하나됨 행사 진행	- 지역문화축제 및 이벤트 행사 전개

2) 자활사업

프로그램	내용	세부내용
자활참여자 및 지역자원봉사자 교육	근로의욕, 동기가 낮은 층의 대상자들을 중심으로 근로의욕 고취 및 자아 존중감 향상을 위한 교육	- 지역 자원봉사자 간담회 - 조건부 수급자 근로의욕 고취프로그램
자활공동작업장운영	주민 스스로 주체가 될 수 있는 활동양식과 조직형태로서, 단순히 지역 활동을 넘어 자본의 신 경영 전략에 대한 인간적이고 민주적인 대안적 생산양식에 대한 모색과 도전	- 재활용 리사이클링 사업
장애인 자립작업장 운영	소외계층에 대한 공동작업장 운영	- 공동작업장 운영 - 소외계층 상담 - 개별사례관리 - 대상가정의 가사지원

3) 재가복지 봉사센터

프로그램	내용	세부내용
가사지원 서비스	독거노인·장애인 등 거동 불편 및 불능으로 가사일을 할 수 없는 대상자를 자원봉사자가 방문하여, 대상자의 삶의 질을 향상시키는 사업	- 가사보조 - 밑반찬지원 - 이·미용 서비스 - 생필품 지원
정서지원 서비스	독거노인이나 혹은 정서적으로 소외감을 느끼고 있는 편부모 가정의 세대 등 정서적으로 소외된 대상자들에게 정서 서비스를 제공함으로써 정서적 지지와 소외감 감소	- 말벗 서비스 - 안부전화 - 외출동행 서비스
결연 서비스	재가대상자들에게 경제적 도움을 주어 대상자의 삶의 질을 향상시키는 동시에 자립 여건을 조성하고 지역사회 자원의 재분배 효과 도모	- 결연사업 - 긴급지원 - 천고리 사업

Ⅱ. 주요실습내용

1. 푸드뱅크

푸드네트워크를 통한 결식빈곤층 보호연속체적 영양사례관리 지원시스템 구축사업

1) 정의: 식품제조기업 또는 개인에게 식품을 기탁 받아 소년소녀가정, 독거노인, 무료급식소, 사회복지시설 등 소외계층에 전달하는 “식품은행”

2) 목적: 지역사회 내 결식빈곤층에 대한 보호연속체적 영양지원 사례관리 서비스를 진행하여 복지 사각지대 없는 지역사회 안전망 구축에 기여함을 목적.

3) 목표

(1) 지역사회 내 푸드 네트워크망 구축.

(2) 지역사회 내 결식빈곤층에 대한 보호, 연속체적 영양지원 사례관리 서비스 진행.

(3) 지역사회 내 결식빈곤층 영양지원 사례관리 시스템을 통한 지역사회 안전망 구축 사업 전개.

4) 푸드뱅크 네트워크

2006년 1월 현재 우리나라에는 푸드뱅크 중앙 조직인 전국 푸드뱅크와 전국의 16개 시・도에 광역푸드뱅크가 있으며, 시・군・구 단위에 196개의 기초 푸드뱅크가 조직되어 있다. 푸드뱅크는 네트워크를 통해 전국적으로 신속하게 소외된 이웃에게 식품을 배분하고 있다.

5) 푸드뱅크 사업체계

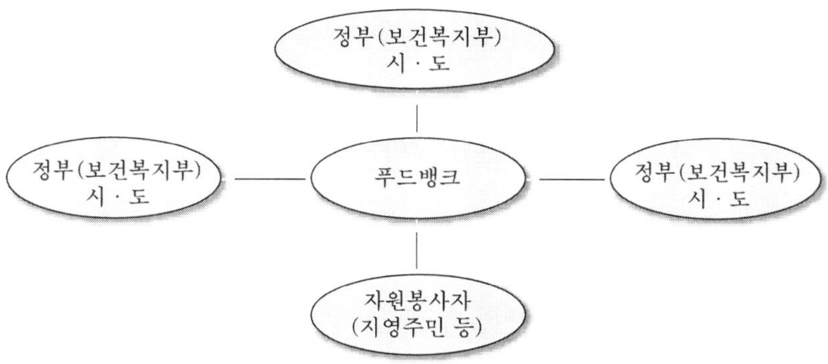

2. 재가치매노인들을 위한 재활주간보호 프로그램

1) 목적: 치매 노인의 사회생활에 필요한 상황을 기관에서 실습해 봄으로써 노인들이 원만한 인간관계 및 사회생활에 대한 자신감을 얻고 치매 악화를 방지함과 동시 자립기능을 높이는 데 목적이 있다.

2) 목표

(1) 노인의 독립생활 능력유지 및 강화.

(2) 치매현상 심화를 억제시키고 지역사회에서 보호 받으며 생활 유지.

(3) 재활서비스 제공하여 노인의 신체적, 정신적, 사회적 기능 회복.

(4) 각종 전문 프로그램 경험과 상호교류 통해 삶의 기쁨 증진.

3) 세부프로그램

- 사회적응 프로그램: 생일잔치, 나들이 등의 프로그램으로 심리적 측면강화.
- 간호서비스, 재활서비스: 내방, 방문상담 서비스, 건강체크, 의료진료 서비스 프로그램 실시. 중식 지원 및 간식 제공
- 건강지원서비스

프로그램	내용	세부내용
기계체조 교실	매주 월, 목(10:30~11:30)	주간보호센터
춤체조 교실	매주 화(10:30~11:30)	주간보호센터
노래 교실	매주 금(10:30~11:30)	주간보호센터
한방 건강교실	매월 둘째, 넷째(수요일)	2층 한방건강교실
이·미용서비스	매월 셋째(화요일)	주간보호센터

3. Case Conference 발표

- 발표자: ○○○
- 일시: 12월 25일~1월 6일(1, 2, 3, 4차 방문)
- 장소: 각화종합 사회복지관

1) 사례의 개요 : 재가대상자가 올바른 서비스를 받고 있는지 그리고 더 지원해 줘야 할 서비스가 있는지 없는지를 판단하고 현 상태가 어느 정도인지를 알기 위한 사례이다.

2) intake 및 assessment

① 일반적 사항

구 분	내 용
대상자명	김순애
성 별	여자
나 이	만 70세
학 력	초등학교(중퇴)
종 교	불교
현재직업	무직
공적부조	수급권자(월 520,000원)
장애유형	장루장애 5급
주거형태	임대아파트
난방상태	전기장판, 가스보일러사용

② 클라이언트의 건강상태

- 장루장애(5급), 허리디스크(어린시절 남편에게 맞아서 생김), 심장, 몸떨림(지금현재 병원에서 약을 처방받아 드시고 있는 상태), 대인기피증, 우울증(병원 약을 복용중이시고 집에 염산을 사두신 상태)

③ 클라이언트의 생활사

- 김순애 어르신께서는 지금현재 장루장애를 가지고 계시며 그것으로 인해서 다른 곳에 가면 주변사람들에게 본인의 장애로 인하여 피해를 줄까봐서 사람이 있는 곳에 가지 못하시고 그로 인해서 대인기피증에 시달리고 계시며 친구 분들 에게 조차도 어르신의 현재 모습을 창피해 하시면서 같이 돌아다니시는 것을 꺼려 하시며 대부분 혼자서 돌아다니시거나 아니면 집에서만 생활을 하고 계시고 청소도 아주 가끔 몸 상태가 괜찮아지시는 날에만 청소를 하시며, 지금 손녀와 함께 살고 계시기는 하지만 손녀가 수발자 역할을 제대로 수행을 하지 못하고 있는 상태입니다.

④ 클라이언트의 외양, 인지, 정서, 행동 등

- 어르신은 키도 크시고 체구도 좋은 편이시지만 결혼시절 허리를 다치셔서 지금은 척추가 휘어서 허리가 굽으신 상태이시며 신장과 대장이 좋지 못하고 팔이 아무 이유도 없이 심하게 떨리시며 무거운 물건을 들지 못함. 언어능력은 양호한 편이시고 이웃과의 교류가 있기는 하지만 친밀하지 못한 편이며 혼자 저수지 부근에서 걷기 운동을

하시면서 혼자서 활동하는 경향이 많으십니다.

제 6 절 재가복지분야 프로그램 사례

1. 재가복지봉사센터와 프로그램

1) 방문간호

방문간호는 보건 · 의료 분야에서 행해지고 있는 재가간호서비스와 같은 방법이다. 방문간호는 가능하면 자격증을 가지고 있는 간호사에 의해 서비스가 이루어지면 좋겠으나 자격증 소지자가 절대적으로 부족하기 때문에 문제점으로 제기되기도 한다. 미국에서도 이러한 문제점을 보완하기 위하여 무자격자라 하더라도 홈 헬스 에이드(home health aid)라는 명칭으로 방문간호를 실시하고 있다. 그러나 의료보험 급부 대상자들에게만 적용이 되는 단점도 있다.

일본에서는 1989년 3월부터 개호복지사(介護福祉士: care worker)라는 자격을 일정한 훈련과 국가시험을 통해 부여하여 방문간호에 대처하고 있다. 우리나라에서도 태화기독교 사회복지관이나 YWCA 등에서 실시하고 있는 간병인 프로그램도 재가노인이나 환자들을 위한 방문간호에 일익을 담당하고 있다. 현재에도 기관마다 일정한 훈련을 거쳐 가정에 파견하고 있으나 가정봉사원제도와 함께 자격제도를 강화할 필요가 있다.

2) 가사원조

가사원조는 가정봉사원들에 의해 실시되는 사업으로 노인과 장애인의 가정, 소년 · 소녀 가정 등의 가사를 돌보아 주는 것을 말한다. 재가복지서비스 분야에서 가장 큰 비중을 차지하고 있으며 구미에서는 가정봉사원(home helper)사업에는 대부분 공무원들이 그 업무를 수행하고 있으며 일부는 민간복지 분야의 가정봉사원들이 참여하고 있다. 물론 자원봉사자들에 의한 가사원조 활동도 많이 있다. 우리나라에서도 가사를 돌보아 주는 가사원조서비스가 재가복지사업의 큰 비중을 차지하고 있다.

3) 식사제공서비스

식사서비스(meals on wheels)는 거동이 불편한 노인을 우선으로 매일 1회에서부터 주 1

회까지 대상자의 자립 능력에 따라 식사서비스를 제공하는 프로그램이다. 자택으로 방문하여 식사를 직접 만들어 제공하는 방법과 자동차를 이용하여 도시락을 배달하기도 한다. 식사서비스는 영국에서 처음으로 시작되었으나 지금은 많은 나라에서 활용하고 있다. 식사를 준비하거나 배달을 하면서 노인들의 건강 상태나 상담도 할 수 있기 때문에 좋은 프로그램으로 활용되고 있다. 우리나라에서도 현재 밑반찬배달서비스, 도시락배달서비스 등으로 사업을 시작하고 있는데 반응이 매우 좋은 편이다.

4) 목욕서비스

가정에 욕실이 있는 경우에는 주 1~2회 가정봉사원이 방문하여 목욕서비스를 제공한다. 그러나 욕실이 없을 경우에는 목욕차(목욕이 가능한 트럭)를 집 근처까지 이동해 목욕을 시키는 프로그램이다. 우리나라에도 현재 목욕서비스를 실시하고 있는 기관이 있어 반응은 매우 좋으나 비용과 인력이 많이 소모되는 단점이 있다.

5) 세탁서비스

고령자이면서 허약하거나 장애가 있는 노인들에게 많이 활용되고 있다. 최근에는 가정봉사원이 세탁물을 집으로 가져가서 세탁 후 다음 방문 기회에 가져다주는 방법이 늘고 있다. 세탁서비스와 병행하여 대상자와의 상담 활동이 전개됨은 물론이다. 또한 이 밖에도 이불건조서비스, 주택 개량 및 개선 서비스, 재활과 보호기구의 제공 및 대여, 복지전화서비스 등이 있으며, 정기적으로 전화를 통하여 노인수당의 심부름, 교통안내 및 외출서비스, 보행원조서비스, 기타 서비스 등을 통하여 대상자들의 건강 상태를 수시로 파악하고 있다.

이상에서 제시한 것 이외에도 대상자들을 가정봉사원의 집에 초대한다거나 기타 취미활동으로 우표 모으기, 음악감상, 레크리에이션 활동도 포함된다.

2. 재가복지 프로그램 실제 사례(목포시 소재 노인복지관 부설 재가복지센터 프로그램)

1) 프로그램명 : "저소득 조손가정 힘 키우기 프로그램"

조손가정이란 외지거주 및 사망 등의 이유로 부모가 부재한 가운데 조부모에 의해 손자녀가 양육되는 가정을 의미함

2) 프로그램의 필요성

최근 경제위기와 결혼에 대한 가치관의 변화로 인하여 2001년 혼인건수가 30만 6,600건, 이혼건수는 14만 5,300건으로 집계되어, 2쌍 중 1쌍이 이혼하고 있는 실정이며, 이로 인하여 다양한 가족형태가 나타나고 있다(통계청, 2003). 특히 이혼이나, 경제적인 여건으로 부모가 외지에 거주하는 경우, 조부모가 손자녀를 양육하는 경향이 늘어나고 있는 추세이다.

저소득의 조손가정 어르신의 경우 경제적인 문제, 손자녀와의 세대차이로 인한 의사소통의 단절, 건강의 약화와 같은 복합적인 어려움을 겪고 있고, 이러한 저소득 조손가정의 특성으로 인하여 손자녀 역시 건전하게 성장하기 어려운 실정이다.

이에 본 프로그램에서는 경제적, 정서적, 사회적 어려움을 겪고 있는 조손가정 세대에 통합적인 서비스를 제공하여 경제적, 정서적, 사회적 어려움을 해소하여 사회통합을 이루고자 한다.

3) 목표

목표 1. 조손가정 어르신들의 손자녀부양의 역할을 보조해 줌으로써 일상생활과 정서적 안정을 도모한다.

하위목표 1) 돌보미 파견하여 어르신의 가사부담을 경감시킨다.
- 돌보미 파견 (매주 1회 × 4주 × 12달 = 48회)

하위목표 2) 대학생 "Big brother Big sister"를 통하여 손자녀에게 정서적 안정과 학습 능력을 향상시킨다.
- 숙제점검 및 학습지도(매주 1회 × 4주 × 12달 = 48회)

목표 2. 조손가정 어르신과 손자녀가 직면하고 있는 경제, 의료, 주거 등의 문제들을 경감시키기 위하여, 지역사회 지원과 연계망을 통합한 ONE-STOP서비스를 제공한다.

하위목표 1) 물품지원을 통해 상대적 빈곤감 해소와 생활만족도 향상시킨다.
- 생필품 및 학용품 지원 연 2회, 쌀 지원 연 4회, 밑반찬 연 12회

하위목표 2) 질병의 예방, 조기발견 및 치료로 건강에 대한 불안감을 해소하고, 효과적인 건강관리를 유지한다.
- 연 12회 간호사 파견 및 건강관리 일지 작성, 연 3회 정기검진

하위목표 3) 비위생적인 생활환경을 개선하여 심리적 안정과 건강한 생활을 보장한다.
- 10세대 도배 및 장판 교체

목표 3. 어르신과 손자녀의 관계향상과 사회적 기능회복을 향상시킨다.

하위목표 1) 일일나들이를 통하여 가족관계 기능을 회복시킨다.
- 연 1회 나들이

하위목표 2) 문화체험프로그램을 통하여 사회성을 증진시킨다.
- 연 1회 문화체험

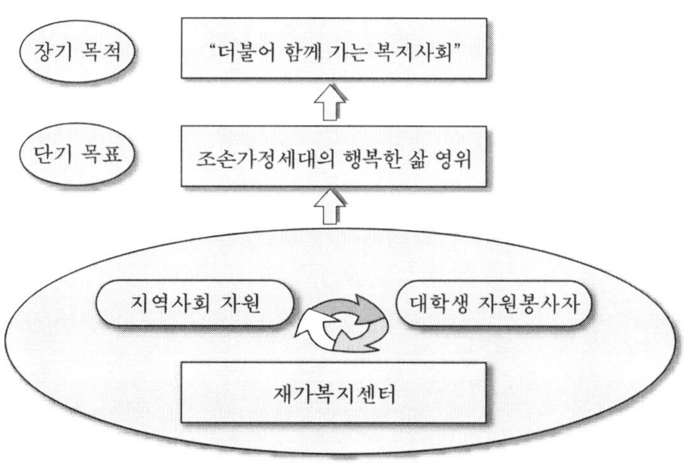

3. 서비스대상 선정기준 및 인원수

대상구분	서비스대상자 산출근거	단위수
일반대상	목포시에 거주하는 65세 이상 어르신	16,353명
위기대상	일반대상 중 저소득 어르신	9,268명
표적대상	위기대상 중 조손가정 (결손가정 내 조손가정 세대 포함됨)	2364명(788세대)
클라이언트 수	표적대상 중 프로그램 참여를 동의한 조손가정	10세대(30명)

4. 신청사업의 기대효과

1) 조손가정 세대

① 정기적인 방문을 통하여 노후생활에 대한 불안, 긴장, 압박감 등을 해소하여, 독거 어르신의 안정된 노후생활 영위 및 가족기능 보완

② 비위생적 생활환경을 개선하여 심리적 안정과 건강한 생활 보장

③ 음식 제공을 통하여 조손가정의 빈곤감 해소 및 균형적인 영양 보장

④ 정기적인 학습 실시를 통하여 학습동기를 형성하고, 자율적인 학습수행능력 고취

⑤ 지속적인 지원을 통해 가족기능 보완 및 손자녀의 건전한 사회 성원으로 성장케 하는데 기여

⑥ 자원봉사자와의 지속적인 만남을 통하여 대인적응능력 향상을 도모

2) 대학생 자원봉사자

① 체계적인 자원봉사 경험을 통해 통합적인 사회복지 경험을 가질 수 있는 기회 부여

② 자원봉사활동을 통해 더불어 사는 삶에 대한 이해 증진

③ 지역사회의 중요한 인적자원임을 인식

3) 지역사회

① 취약계층에 대한 지역의 자원봉사 활성화

② 홍보를 통해 지역사회 취약계층에 대한 관심유발

5. 신청사업/ 세부사항

1) 경험적 근거

조손가정을 대상으로 하거나 조손가정에 대해서 통합적으로 접근하는 프로그램의 경우는 거의 전무한 실정이며, 조손가정의 어르신을 대상으로 한 프로그램의 경우에는, 2001년 삼성복지재단의 지원을 받아 시립마포노인종합복지관에서 "사례관리를 통한 손자녀 부양 어르신 가족기능회복프로그램"으로 대상 집단에 심리적인 접근을 하였으며, 이 프로그램을 통해서 "첫째, 안정적 case 확보 및 전문적 인력배치로 안정적 서비스 제공, 둘째, 가족 내 의사소통 기술 향상 및 가족 유대감 형성 및 강화, 셋째, 어르신간의 자조집단 형성 및 건강증진프로그램 통한 손자녀부양의 심리적 부담 경감, 넷째, 손자녀들을 위한 프로그램 실시로 자존감 향상 및 사회적응기술 향상"을 이루었다고 평가되었다.

따라서 본 프로그램의 경우 심리적인 부분뿐만 아니라 경제적, 의료적 접근으로 인하여 대상 집단의 만족도 및 프로그램 효과성이 높아질 것으로 사료된다.

2) 세부프로그램

구분	세부프로그램	일정	사업목표	사업진행내용
사전준비단계	대상자 접수/발굴	1월	- 대상자 발굴	목포시청 사회복지과를 통하여 조손가정 현황을 접수하고 전화 인테이크 실시 및 접수
	자원봉사자 모집	1월	- 지역사회자원 구축	일반자원봉사 : 목포대학교 봉사동아리 회원 32명"과 자원봉사 협약체결, 각 대학 봉사동아리에 공문발송 및 전화
				전문자원봉사 : 시보건소, 녹십자, 강남한의원
	자원봉사자 교육	1월		조손가정의 기초지식 교육 및 자원봉사교육
	오리엔테이션	1월		담당자와 자원봉사자가 해당 조손가정을 방문하여 상견례
진행과정	상담	월 2회	-심리적 안정감 제공	상담을 통하여 어르신과 손자녀간의 신뢰성 및 긍정적인 가족관계 변화 유도(나-전달법, 긍정적 표현법, 세대별 특징)
	가정도우미 파견 (대학생 자원봉사자가 두 가지 역할 병행)	매주 1회	-가사부담경감	세탁서비스, 청소서비스, 말벗서비스
	Big borther Big sister 파견 (대학생 자원봉사자가 두 가지 역할 병행)	매주 1회	-학습능력고취 -정서적 안정	숙제점검 : 학교에서 부과된 숙제를 스스로 해결할 수 있도록 돕는다.
				학습지도 : 영어, 수학을 중심으로 학습능력을 증진시킨다.
	생필품 및 학용품 지원	연 2회	-민곤감 해소 - 생활만족도 향상	생필품지원 : 화장지, 비누, 치약, 칫솔 (쌀 = 연 4회, 밑반찬 연 12회)
				학용품지원 : 필기구
	의료서비스	월 1회	-효과적인 건강 관리	월 1회 간호사를 파견하여 건강관리(건강일지 작성), 필수의약품 지급
		연 3회		시보건소, 녹십자, 강남한의원 : 연 3회 정기검진 및 진료
	환경개선서비스	연 1회	-건강한 생활 보장	5곳을 선정하여 장판 및 도배서비스를 실시하고, 나머지는 노인의 전화, 목포시 사회복지과와 연계하여 환경개선
	일일나들이	연 1회	-가족관계 기능향상	일일 나들이를 통해서 손자녀와 어르신이 함께 할 수 있는 장을 마련한다.
	문화체험	연 1회	- 문화적욕구 충족 -사회성향상	대학생 자원봉사자와 함께 다양한 문화체험(극장, 수영장, 목욕탕 함께가기, 볼링장가기)함으로써 문화적 욕구 및 사회성 향상.
	Case Conference	월 1회	- 효율적인 프로그램 운영	월 1회 평가회를 통하여 프로그램의 적절성과 대상자의 욕구를 토의 및 파악한다.
종결	종결평가	12월		전문자원봉사자, 일반자원봉사자, 사회복지사가 조손가정의 긍정적인 면을 평가한 후 그 내용을 편지에 적어 대상자의 가정을 방문하여 전달해 준다.

3) 사업기간 : 2007년 1월 ~ 12월(12개월)

6. 신청사업 예산

<table>
<tr><th colspan="2" rowspan="2">항목</th><th colspan="2">산출근거</th><th colspan="2">예산조달</th></tr>
<tr><th>직접비</th><th>간접비</th><th>신청금액</th><th>자부담</th></tr>
<tr><td rowspan="2">인
건
비</td><td>자원봉사자 활동비</td><td>40명×20,000원×12달=960,000원</td><td></td><td>500,000원</td><td>460,000원</td></tr>
<tr><td>소계</td><td>960,000원</td><td></td><td>500,000원</td><td>460,000원</td></tr>
<tr><td rowspan="13">사
업
비</td><td>오리엔테이션
다과비</td><td>- 과일, 음료, 과자
30,000원×1회 = 30,000원</td><td></td><td>30,000원</td><td></td></tr>
<tr><td>자원봉사자 교육
자료집</td><td>- 자료집
30부 × 2000원 = 60,000원</td><td></td><td>60,000원</td><td></td></tr>
<tr><td>Big borthe
Big sister 구입 물품</td><td>- 영어・수학교재
5000원×2권×10세대=100,000원</td><td></td><td>100,000원</td><td></td></tr>
<tr><td>생필품 구입 물품</td><td>- 화장지, 비누, 치약, 칫솔,
5,000×2회×10가정=100,000원
- 쌀
50,000×4회×10가정=2,000,000원
- 밑반찬
10,000×12회×10가정=1,200,000원</td><td></td><td>3,300,000원</td><td></td></tr>
<tr><td>학용품 구입 물품</td><td>- 필기구
10,000×2회×10가정=200,000원</td><td></td><td>200,000원</td><td></td></tr>
<tr><td>필수의약품 구입
물품</td><td>- 파스, 소화제, 소독약 등
10,000×2회×10가정=200,000원</td><td></td><td>200,000원</td><td></td></tr>
<tr><td>환경개선 구입
물품</td><td>- 장판, 도배지
200,000×10가정=2,000,000원
- 자원봉사자 식사비
3,000×4명×10가정×1일=120,000원</td><td></td><td>1,060,000원</td><td>1,060,000원</td></tr>
<tr><td>일일나들이</td><td>- 대중교통비(왕복)
어른신2명×720원×20×=28,800원
손자녀2명×600원×20=2,4000원
자원봉자사4명×720원×20=57,600원
- 간식(김밥, 음료등)
5,000원×8명×10세대 = 400,000원</td><td></td><td>510,400원</td><td></td></tr>
<tr><td>문화체험</td><td>- 극장, 목욕탕 함께 가기 볼링장 가기
50,000원×10가구×1회=500,000원</td><td></td><td>500,000원</td><td></td></tr>
<tr><td>설문지 및 보고서
작성</td><td>- 설문지복사 : 50,000원
- 보고서인쇄 : 100,000원</td><td></td><td>150,000원</td><td></td></tr>
<tr><td>Case Conference
다과비</td><td>- 다과회비
5,000원×12회=60,000원</td><td></td><td>60,000원</td><td></td></tr>
<tr><td>필름 및 사진 인화</td><td>- 필름, 인화료 50,000원</td><td></td><td>50,000원</td><td></td></tr>
<tr><td>소계</td><td>7,280,400원</td><td></td><td>6,220,400원</td><td>1,060,000원</td></tr>
<tr><td rowspan="2">기타</td><td>전화비</td><td></td><td>5,000원×12개월
=60,000원</td><td></td><td></td></tr>
<tr><td>소계</td><td></td><td>60,000원</td><td></td><td>60,000원</td></tr>
<tr><td></td><td>총계</td><td>8,240,400원</td><td>60,000원</td><td>6,720,400원</td><td>1,580,000원</td></tr>
</table>

7. 사업의 평가방법

구분	평가지표	측정도구
목표 1	- 조손가정 어르신들의 손자녀부양의 역할을 보조해 줌으로써 일상생활과 정서적 안정을 도모한다. ◦ 돌보미 파견하여 어르신의 가사부담 경감 ◦ 대학생 "Big brother Big sister"를 통하여 손자녀에게 정서적 안정과 학습능력 향상	- 자원봉사자 참석률 - 설문지를 통한 만족도 조사 (자원봉사자 및 프로그램)
목표 2	- 조손가정 어르신과 손자녀가 직면하고 있는 경제, 의료, 주거 등의 문제들을 경감시키기 위하여, 지역사회 지원과 연계망을 통합한 ONE-STOP서비스 제공 ◦ 물품지원을 통해 상대적 빈곤감의 해소와 생활만족도 향상 ◦ 질병의 예방, 조기발견 및 치료로 건강에 대한 불안감을 해소하고, 효과적인 건강관리를 유지 ◦ 비위생적인 생활환경을 개선하여 심리적 안정과 건강한 생활보장	- 자원봉사자 참석률 - 설문지를 통한 만족도 조사 - 상담과정 기록 평가 - 전문자원봉사자 협조 및 연계 사례 건수 - 건강일지 작성 내용
목표 3	- 어르신과 손자녀의 관계향상과 사회적 기능회복을 향상시킨다. ◦ 일일나들이를 통하여 가족관계 기능회복 ◦ 문화체험프로그램을 통하여 사회성 증진.	- 자원봉사자 참석률 - 대상자 참석률(일일나들이, 문화체험 - 만족도 조사

참고문헌

강철희(2006). 『지역사회복지실천론』, 나남출판.
김범수(1999). 『재가복지론』, 홍익재.
김범수(2004). 『지역복지의 이해』, 현학사.
김범수(2006). 『지역사회복지론』, 공동체.
김현수(2002). 『재가복지서비스』, 홍익출판사.
류상렬(2000). 『재가복지와 사례관리』, 학문사.
보건복지부. 2006년도 사회복지관 및 재가복지센터의 운영안내.
보건복지부(2008). 내부자료.
서상철(2002). 『현대재가복지론』, 학현사.
손홍숙(2001). 『재가복지의 이론과 실제』, 양서원.
손홍숙(2006). 『재가복지』, 양서원.
오정수 외(2006). 『지역사회복지론』, 학지사.
이수경(2005). "재가복지서비스의 문제점과 개선방안 연구". 서울시립대 도시과학대학원 석사학위논문.
이정서 · 서상철 · 류종훈(2005). 『재가노인복지론』, 유풍출판사.
임정현(2004). "재기복지서비스 네트워크의 구조와 영향요인 연구". 가톨릭대학교 대학원 석사학위논문.
최용민 · 차지원 · 조선화 · 김만수 · 조원탁 · 조준(2008). 『여가복지 신체활동의 실제』, 젊은 느티나무.
한국노인복지회(2000). 『현대재기복지사업』, 홍익재.

인터넷 사이트

보건복지부	http://www.mohw.go.kr
한국사회복지사협회	http://www.welfare.net
대한노인회	www.koreapeople.co.kr
사회복지공동모금회	www.chest.or.kr
노인장애인관련포탈사이트	www.abledate.co.kr
한국노인의 전화	www.kisca.or.kr
한국노인종합복지관협회	www.kaswcs.or.kr/
한국보건사회연구원	www.kihasa.re.kr
한국재가노인복지협회	www.kacold.or.kr

제 8 장

노인복지

제 1 절 노인복지의 개요

노인복지분야는 고령화시대를 맞이하여 급속히 확대되고 있는 사회복지분야이다. 노인복지관의 확대, 경로당의 활성화, 장기요양보험제도의 도입으로 인한 노인복지시설의 증가 등과 같은 요인들이 최근 흐름이며, 이러한 흐름에 맞추어 전문적인 노인복지 인력을 필요로 하고 있다. 현대의 노인복지는 클라이언트를 단순히 안전하게 돌보는 것뿐만 아니라 심리적인 지지, 여가프로그램의 기획 및 운영, 사회적인 관계망 구축이라는 다양한 역할을 할 수 있는 전문가를 원하고 있다. 그리고 자원봉사와 실습을 통해 노인복지현장을 이해하는 전문가를 원한다.

이러한 맥락에서 이 장에서는 급속히 팽창하고 있는 노인복지분야에 대한 개괄적인 이해와 시설현황, 실제 실습사례, 프로그램사례 등을 살펴봄으로써 사회복지를 전공하는 학생들에게 노인복지분야에 대한 선험적인 이해를 돕고자 한다.

1. 노인복지의 개념

사회복지의 개념정의가 그렇듯 노인복지의 개념 역시 명확하게 정의 내리는데 어려움이 있다. 넓은 뜻으로는 노인생활의 전면 보장을 말하기도 하고, 좁은 뜻으로는 양로원 등에서 하는 최소한의 생활유지를 의미하는 복지서비스를 말하는 경우도 있다. 그러나 어떤 경우에든 노인복지는 독립된 인간으로서의 노인의 기본적 욕구충족과 문화적 생활유지를 국가나 사회가 보장함을 뜻한다고 할 수 있다. 노인도 기본적 욕구에서는 일반 성인과 동일하다. 그러므로 노인은 여가생활을 즐기거나 소일거리가 없더라도 다만 세 끼의 맛있고 영양가 있는 식사를 할 수 있고, 겨울에 따뜻하고 여름에는 시원한 곳에서 기거할 수 있기만 하면 노인복지가 충족된다고 단순하게 생각하는 것은 노인복지를 지나치게 협소하게 해석하는 것으로 올바른 견해라 할 수 없다.

노인도 사회적 존재이므로 사회적 활동과 욕구충족을 가능하게 함으로써 가정이나 지역사회에서 정상적인 대인관계를 유지하게 하여야 한다. 그들도 일정한 사회적 역할을 수행함으로써 만족감과 인생영위의 의의를 가질 수 있으며, 개인으로서나 가정에서나 사회의 일원으로서 떳떳한 역할을 담당하여야 할 권리와 의무를 지니고 있다. 이와 같은 의미에서 노인생활은 경제적 측면, 육체적 측면, 정신적·사회적 측면 등의 다양한 측면을 내포하고 있기 때문에 이를 감안하여 노인생활 일부만의 충족을 위한 것이 아니라 전(全)생활적 측면에서의 욕구를 충족할 수 있도록 노인복지 서비스와 그 시책이 계획되고 종합적인 것으로 파악·이해되어야 한다.

이러한 맥락에서 볼 때 노인복지란 모든 노인의 경제적 안정, 직업, 주택, 가족생활, 의료 위생, 교육, 문화, 오락 등 사회적 대책 또는 노인을 위한 사회적 정책이라고 볼 수 있으며, 노인이 인간다운 생활을 영위하면서 자기가 속한 가족과 사회에 적응하고 통합될 수 있도록 필요한 자원과 서비스를 제공하는데 관련된 공적 및 사적 차원에서의 조직적 제반 활동이라 할 수 있다(권중돈, 2005; 이혜원, 2000; 장인협·최성재, 2003).

2. 노인문제 현황과 노인복지정책

우리나라는 2000년 7월로 65세 이상의 노인인구가 7%를 넘어서 고령화사회에 진입하게 되었다. 인구구조의 급속한 고령화와 함께 1960년대 초기부터 본격화되기 시작한 산업화가 가져온 가족구조의 변화, 여성의 사회참여 증가, 전통적 노인부양의식의 약화 등 사회구조적 변화는 노인문제를 심각한 사회문제로 부상시키고 있다. 특히 의학의 발전에 따른 평균수명의 연장은 한편으로 상대적으로 병약한 사람들이 장애와 만성질환을 지닌 채 노년까지 생존하는 경우가 더 많아졌으며, 다른 한편으로는 노인들을 과거보다 훨씬 신체적으로 활력있게 만들고 있어 노후의 생산활동의 가능성을 확대시키고 있다. 그런데 노인은 과거 가족과 사회에서 존경과 대우를 받으며 안정된 역할과 지위를 보낼 수 있었던 반면 오늘날 사회변화에 따른 역할상실, 빈곤문제, 의료 및 주택문제, 고독과 소외문제를 안겨주고 있다. 그러나 노인은 이러한 어려움을 변화시킬 수 있는 상황을 만들기에는 개인적으로 무력하며 사회적 차원에서의 대책이 요구된다.

사회가 발전하면서 보다 행복하고 나은 생활을 영위하고자 하는 욕망은 점차 증대되고 있으며 산업화의 진전에 따라 사회복지 욕구가 다양하게 급증되고 사회복지 대상자도 다계층화, 다연령화, 다지역화됨으로써 사회복지 실천분야도 다양화되고는 있으나, 특히 급속한 고령화현상과 관련하여 노인복지는 앞으로도 중요한 실천분야로 간주되는 분야로 볼 수 있다. 노인복지는 노인 개인과 집단으로서의 문제를 해결하기 위한 사회복지의 한 분야이며, 여러 가지 사회문제들 중 특히 노인에게 발생하는 문제를 해결하고 예방하여 노인복지를 이룩하려는 사회적 노력이라고 할 수 있다(장인협 · 최성재, 2003).

우리나라에서는 1981년 노인복지법 제정을 통해 기존의 가난한 노인들에 대한 복지에서 벗어나 전체 노인들에 대한 복지 체계를 수립하였으며, 그 후 노인의 생계보장 뿐만 아니라 의료서비스의 확대, 여가생활 지원, 일자리 제공, 장기요양노인에 대한 사회적 보호망 도입 등 포괄적이고 다양한 노인복지정책들을 확대 실시해 오고 있다.

제 2 절 노인복지분야의 발달과정

1. 개요

노인복지법이 제정되기 한해 전인 1980년의 65세 이상 노인인구는 전체 인구의 3.8%인 145만 명이었으나, 2009년 노인인구는 519만 명으로 전체 인구의 10.7%를 차지하고 있다. 즉, 지난 30년 동안 노인인구는 3.6배에 달하는 374만 명이 증가하였으며, 노인인구의 비율은 7% 포인트 정도 증가하였다(통계청, 2009. 12.). 이와 같은 노인인구의 증가와 함께 노인복지 욕구와 노인문제는 더욱 다양화되고 심화되는 경향을 보이고 있다.

이와 같은 노인인구 증가, 노인문제와 복지 욕구의 다양화에 대응하기 위하여 1981년 노인복지제도가 공식화된 이후 노인복지 서비스와 급여는 매우 빠르게 확대되었다. 특히 2008년에는 기초노령연금제도와 노인장기요양보험제도가 시행되는 등 2000년대 이후 매우 빠르게 확대되고 있다(보건복지가족부, 2008-2009). 그리고 노인복지 예산은 1982년 7억 원에 불과하였지만, 2009년에는 2008년에 비해 51.6%가 증액되어 3조 1,258억 원에 이르러, 지난 30년 동안 노인복지예산 또한 급격히 증가하였다(보건복지가족부, 2009. 1.). 이처럼 노인복지 서비스와 급여가 확대됨에 따라 노인복지 서비스 제공기관과 서비스 제공인력 또한 다양화되고 그 수가 급격히 확대되는 등 노인복지 전달체계 역시 매우 큰 변화를 겪고 있다.

2. 연혁

◎ 1950년대 이전 : 무료양로원 운영

◎ 1956 5. 8 : 어머니날 제정

◎ 1973. 3. 20 : 어머니날을 어버이날로 명칭 변경

◎ 1980. 5. 8 : 경로우대제도 실시

(철도, 지하철, 고궁, 목욕, 이발 등 8개 업종, 70세 이상 노인대상)

◎ 1981. 6 : 노인복지법 제정(법률 제3453호)

◎ 1982. 2. 10: 경로우대제도 확대 실시

- 13종 〔기존 8개 업종에 5개 업종(시내버스 시외버스, 사찰, 극장, 여객선) 추가〕
- 대상확대 : 65세 이상 노인

◎ 1982. 5. 8 : 경로헌장 제정

◎ 1983. 1. : 무료노인건강진단제도 실시

◎ 1986. 3. : 노인공동작업장 설치・운영

◎ 1987. 3. : 재가노인복지사업 시범 실시(2개소)

◎ 1988. 5. 18 : 유료양로시설 설치 및 관리운영규정 제정

◎ 1988. 9. 5: 실비노인요양시설 설치 및 관리운영규정 제정

◎ 1990. 1. : 노인승차권 지급제도 실시

◎ 1991. 1. : 노령수당지급제도 실시(70세 이상 거택보호자중 가구주 및 시설보호자 76천명, 월 1만원 지급)

◎ 1991. 3. : 경로식당 설치・운영

◎ 1991. 7. : 주간보호 및 단기보호사업 실시

◎ 1993. 12. 27 : 재가 및 유료노인복지사업 실시근거 마련

◎ 1995. 9. : 치매전문요양시설 최초 개원(중계노인복지관)

◎ 1996. 1. : 가정봉사원양성사업 실시

◎ 1997. 8. 22 : 노인복지법 3차 개정(법률 제5359호)

- 경로연금제도 및 구상권제도 도입, 시설 운영 및 이용체계 개선, 치매, 중풍 등 중증 및 만성퇴행성 질환노인 관리체계 구축, 노인지역봉사지도원제 도입, 가정봉사원 교육훈련 등의 근거 마련

◎ 1998. 7. 1 : 경로연금제도 실시(65세 이상 저소득노인), 노령수당 폐지

◎ 1998. 9. 4 : 노인복지법시행규칙 제2차(전문) 개정(보건복지부령 제714호)

- 무료시설에 생보노인이 아닌 저소득노인을 정원의 20% 범위내에서 실비입소 허용
- 치매상담신고센터 보건소 설치 의무

◎ 2000. 4. 8 : 거동불편 저소득재가노인 식사배달사업 실시

◎ 2004. 1. 29 : 노인복지법 개정(법률 제7152호)

- 긴급전화 및 노인보호전문기관의 설치 운영 등 노인학대 예방을 위한 관련법적 근거 마련(시행 : 2004. 7. 29부터)

◎ 2004. 7. 27 : 실비노인전문요양시설 시범 건립(15개소)

◎ 2004. 9. 13 : 노인학대예방센터 및 노인학대신고전화 운영

- 시 · 도별 1개소씩 16개소의 노인학대예방센터를 설치 · 운영하고 긴급전화(국번없이 1389)를 설치 24시간 운영

◎ 2004.12. 31 : 노인복지사업 지방이양(13사업)

- 노인생활시설운영지원
- 재가노인복지시설운영지원
- 노인복지회관운영지원
- 경로당운영지원
- 경로식당무료급식
- 저소득재가노인식사배달
- 노인복지회관신축
- 치매상담센터운영 및 등록환자지원
- 경로당활성화사업
- 노인건강진단
- 노인인력지원기관 운영지원
- 노인자원봉사활동지원
- 재가노인복지시설개보수

◎ 2005. 2. 25 : 노인수발보험제도 1차시범사업 기본계획 수립

◎ 2005. 5. 18 : 저출산 · 고령사회기본법 제정(법률 제7496호)
◎ 2005. 7. 13 : 노인복지법 개정(법률 제7585호)
- 노인일자리 전담기관 설치 · 운영 및 위탁비용의 부담에 관한 근거규정 마련
◎ 2005. 12. 27 : (재)한국노인인력개발원 설립
◎ 2006. 1 : 소규모 요양시설 신규지원(77개소), 가정형 노인공동시설 신규지원(83개소)
◎ 2008 : 노인장기요양보험제도 실시, 기초노령연금제도 실시

제 3 절 노인복지사업의 주요 내용

1. 노인복지시설의 설치

노인복지시설은 국가가 추진하는 노인의 주거보장, 의료보장, 여가생활지원 등 다양한 노인복지정책에 필요한 서비스 및 프로그램을 제공하는 것이라고 할 수 있다. 현대사회에서 노인복지시설이 필요하게 된 배경을 다음과 같이 설명할 수 있다.

첫째로, 노인 인구가 급속히 증가하고 있으며 고령층 인구의 고령화로 인하여 노인에 대한 다양한 복지서비스에 대한 요구도가 높아지고 있다는 사실이다. 우리나라는 2000년도에 65세 이상의 노인 인구가 7%를 넘어서면서 고령화 사회에 접어들었으며, 저출산 또한 가속화되면서 급속히 저출산 고령사회로 진입하고 있다. 2009년 12월 현재 총인구 중 65세 이상 인구가 전체 인구의 10.3%를 차지하고 있으며, 이들 노인 인구의 증가속도는 고연령으로 갈수록 빨라져서 80세 이상의 초고령 노인들의 경우 2005년 678,000명에서 2050년에는 거의 9배에 달하는 5,859,000명으로 증가할 것으로 추정되고 있다. 이와 같은 고령노인들의 증가는 소득의 사회의존도가 높고 치매나 중풍 등의 만성퇴행성질환의 발생가능성이 높은 요보호 노인들의 증가와 직결되어 장기요양서비스가 필요한 노인들의 수를 급증하게 하는 요인이다

둘째로 가족의 부양가용능력은 눈에 띄게 저하되고 있다. 저출산과 고령화로 인한 노령화지수와 부양비가 높아지면서 사회의 노인 부양가용능력이 적어짐과 동시에, 소가족화, 기혼여성의 취업률의 증가와 같은 가족환경의 변화로 가족 내 부양체계의 불안정성이 증가되고 있다(김태현 · 전길양, 1997). 특히 노인 단독가구가 증가하면서 독거노인수가 늘어

나고 있다. 2000년 전국의 독거노인은 717,000명으로 총 인구대비 14%에 달하였으며, 2005년에는 830,000명으로 증가하여 총인구의 18%에 이르도록 급속히 증가하였고, 2008년에는 931,000으로 증가하였다.(통계청, 2009). 이들 독거노인들은 여성의 비율이 높고 농촌으로 갈수록, 연령이 높아질수록 그 비율이 더 증가하고 있어서 이들에 대한 사회적 복지지원 서비스에 대한 요구가 높아질 것으로 예상된다.

더욱이 노부모 부양에 대한 가치관이 변화하여 노인부양의 책임이 개인과 가족에게만 있지 않고 사회와 국가가 책임을 공유해야 한다는 의식이 자녀세대나 노인세대 모두에게 확산되고 있다. 이러한 가치관의 변화는 독거노인의 증가와 맞물려서 결과적으로 가족 외에 타인의 도움을 필요로 하는 노인 가구의 증가를 초래하고 있다.

결론적으로 고령화와 더불어 노인의 절대적 인구의 증가, 길어진 노년기와 더불어 장기간의 간병과 보호를 필요로 하는 노인의 증가, 노인 단독가구의 증가와 핵가족화, 부양의식의 변화 등으로 인한 가정의 부양 기능의 약화 등의 요인은 가정에서 적절한 보호를 받을 수 있는 기회를 감소시키고 사회적 지원의 필요성과 중요성을 더해 주고 있다고 하겠다. 특히 장기간의 간병과 집중적 케어를 필요로 하는 노인을 가정에서 부양해야 하는 가족은 경제적·신체적·심리적 부양 부담으로 인하여 가족원 간 갈등이 생기고 이는 결국 가족해체로 이어지기도 하여 가족과 가정의 대체 기능으로서의 노인복지시설의 필요성과 중요성이 커지고 있다(모선희 외, 2006; 박석돈, 2006; 박차상 외, 2005).

이처럼 노인복지시설에 대한 필요성이 증가하고 인식이 새로워지면서 노인복지시설에 대한 국가의 시각도 적극적이고 긍정적으로 변화하고 있다. 정부는 각종 노인복지시설 요구조사를 통하여 노인복지시설을 연차적으로 확충할 계획을 세우고 있다.

2. 노인복지시설의 실천 이념 및 실천 방향

노인복지시설의 이념은 인간 존중의 원리, 가정보호 중심의 원리, 전문적 보호전개의 원리로 나누어 볼 수 있다(양옥남 외, 2006).

첫째로 인간존중의 원리는 노인에 대한 기본적 인권에 대한 보장을 말한다. 여기서 기본적 인권은 생존권, 발달권, 가족권, 교육권, 근로권, 보건권, 주거권, 휴양권, 환경권 등 한 인간으로서 삶을 보장하는 권리를 말한다. 특히 생활시설에서의 인권존중은 시설의 주인공이 시설 입소자임을 인식하고 시설보호의 방침과 운영을 이루어 나가야 한다.

둘째로 가정보호 중심의 원리는 인간은 가정을 가질 권리가 있다는 전제하에 가정보호의 보완적 기능으로서 시설보호가 이루어져야 한다는 원리이다. 시설보호에서 가정보호 중심을 실천하기 위하여 조기 가정복귀를 위한 다양한 노력과 시설에서 행할 수 있는 가정의 대체 기능을 충분히 활용해야 하며 이는 정서의 안정과 발달을 꾀하는 것이다.

셋째로 전문적 보호 전개의 원리란 다음의 내용을 포함한다. 즉, ① 사회복지에 열의를 갖고 전문교육을 받고, ② 집단생활 속에서 상호 역동성의 이점을 활용하여야 하며, ③ 의식주, 여가 등의 일상생활이 중시되고 이러한 평범한 일상생활 안에서 교육적, 치료적 가치가 생성되어야 하며, ④ 시설 입소 중 혹은 입소 이전부터 시설 이후에 이르기까지 사후 보호가 계속되어야 하며, ⑤ 시설 입소자만이 아니라 그들의 가족에 대한 전문적 서비스가 병행되어야 하며, ⑥ 시설이 위치한 지역에 잠재 또는 현존하는 시설보호의 대상자와 그 가족을 조기발견, 조기대응하기 위하여 상담 혹은 일시적 보호 기능을 가져야 한다는 것이다.

3. 노인복지시설의 유형 및 현황

우리나라 노인복지법은 노인복지시설을 노인주거복지시설, 노인의료복지시설, 노인여가복지시설, 재가노인복지시설, 노인보호전문기관 등으로 구분하고 각 시설을 설치하여 운영하고 있다.

노인주거복지시설은 양로시설, 노인복지주택 등으로 노인을 입소시켜 보호하는 생활시설과 노인의 주거를 보장하는 노인복지주택을 말한다. 노인의료복지시설은 노인요양공동생활가정, 노인요양시설, 노인요양시설(개정법), 노인전문요양시설 등이 있다. 노인의료복지시설은 고령화에 따른 치매, 중풍 등 만성질환으로 장기요양을 필요로 하는 노인 중 식사하기, 세수하기, 화장실 이용하기 등 일상생활 기본동작에 장애가 있는 노인을 위한 시설이다.

노인여가복지시설은 노인복지관, 경로당, 노인교실, 노인휴양소 등 노인의 여가를 위한 시설을 말한다. 현재 노인여가복지시설을 대표하는 노인복지관은 2008년 말 현재 전국적으로 211개가 설립되어 운영되고 있으며, 다양한 여가프로그램을 제공하고 있다(보건복지부, 2008). 재가노인복지시설은 노인을 돌볼 수 없는 가정을 위한 노인복지서비스이다. 노인장기요양보험제도의 실시로 재가복지시설이 다양해졌는데, 재가노인복지시설로는 방문요양, 방문목욕, 방문간호, 주·야간보호, 단기보호, 복지용구 등이 있다. 노인보호전문기관은 갈수록 문제의 심각성이 더해가는 노인학대를 예방하고 대처하기 위해 설립된 기관으로 중앙노인보호전문기관 1개소와 지방노인보호전문기관 18개가 시도에 설치되어 노인학대를 예방하고 해결하기 위한 활발한 활동을 전개하고 있다.

〈표 8-1〉 노인복지시설 유형

구 분	시설종류	시설수(개소)	정원(명)
노인주거 복지시설	양로시설	386	13,014
	노인복지주택	14	3,565
노인여가복지시설	경로당	56,480	-
	노인교실(노인대학)	1,082	-
	노인복지관	211	-
	노인휴양소	4	-
노인보호전문기관	중앙노인보호전문기관	1	-
	지방노인보호전문기관	18	0
노인의료 복지시설	노인요양공동생활가정	236	2,061
	노인요양시설	561	22,819
	노인요양시설(개정법)	299	13,546
	노인전문요양시설	483	27,742
재가노인복지시설	방문요양	3,731	-
	방문목욕	2,497	-
	방문간호	592	-
	주·야간보호	753	12,192
	단기보호	571	5,672
	복지용구	643	-

자료 : 보건복지가족부, 2008

4. 노인장기요양보험제도

장기요양보호(long-term care)서비스는 자신을 스스로 케어할 수 있는 능력의 일부 또는 전부를 상실한 사람을 장기간 보호하기 위한 노인보건의료서비스를 말한다(Kirst-Ashman, 2003).

고령화로 신체적·정신적인 기능에 장애를 일으켜 일상적인 생활에 제한을 받음으로써 타인의 간병·수발을 필요로 하는 노인이 늘어나고 있는데, 이미 오래전에 고령사회에 돌입해 있는 선진국에서는 이들 계층에 대한 장기요양대책을 수립하고 시행하고 있다.

우리나라에서도 2007년 4월 2일 「노인장기요양보험법」이 국회 본회의를 통과하였고, 4월 13일 정부로 이송되어 4월 17일 국무회의 의결을 거쳐 4월 27일 공포됨으로써 2008년 7월 1일부터 노인장기요양보험제도가 시행되었다. 노인장기요양보험제도는 그간 가족의 영역에 맡겨져 왔던 치매, 중풍 등 노인에 대한 장기간에 걸친 간병, 장기요양 문제를 사회연대원리에 따라 국가와 사회가 분담한다는 취지이며, 노인뿐만 아니라 장기요양을 직접 담당하던 중장년층과 손자녀 등 모든 세대에게 혜택을 주는 제도이다.

노인요양보험제도는 핵가족화, 여성의 사회참여 증가로 인해 가족이 돌보는 노인요양이 이미 한계에 달해 있는 현실을 개선하기 위한 대안으로 제시되었으며, 실제로 한국보건사회연구원이 2004년도에 발표한 "노인생활실태 및 복지욕구조사"에 의하면 장기간의 요양을 필요로 하지만 요양을 받고 있지 못하는 노인이 63%에 이르는 것으로 나타났다.

이 제도의 시행으로 인해 노인들은 더 이상 자식들에게 부담을 주지 않고 계획적이고 전문적인 장기요양서비스를 받을 수 있어 보다 질 높은 노후를 보낼 수 있게 되고, 장기요양을 직접 담당하던 중장년층은 정신적 · 육체적 · 경제적 부담에서 벗어나 경제, 사회활동에 전념할 수 있게 될 것으로 전망되고 있다. 또한 손자녀들은 장기요양부담이 해소된 가정에서 더 나은 교육과 보살핌을 받을 수 있을 것으로 보인다.

1) 적용범위

(1) 장기요양수급 대상자

장기요양보험제도의 서비스를 받을 수 있는 대상은 치매나 중풍 등 노인성 질환으로 거동이 현저히 불편하여 장기요양이 필요한 65세 이상 노인 또는 65세 미만인 자로서, 장기요양등급위원회로부터 대상자로 인정을 받은 자이다. 등급판정위원회는 지역단위(시 · 군 · 구)에 설치되고, 15인 이내의 위원(시장 · 군수 · 구청장이 추천한 위원은 7인, 의사 또는 한의사가 각각 1인 포함)으로 구성되며, 위원의 구성은 의료법에 따른 의료인, 사회복지사업법에 따른 사회복지사, 시 · 군 · 구 소속 공무원, 법학 또는 장기요양에 관한 학식과 경험이 풍부한 자로 이루어진다. 등급판정위원회는 6월 이상의 기간 동안 일상생활을 혼자서 수행하기 어렵다고 인정되는 경우 장기요양을 받을 자(수급자)로 결정하고 심신상태 및 요양이 필요한 정도에 따라 등급을 판정한다. 장기요양인정자는 2008년 16만 명, 2015년 20만 명이 될 전망이다.

(2) 보험급여내용

치매, 중풍 등으로 장기요양인정판정을 받게 되는 노인 등은 재가급여(방문요양, 방문목욕, 방문간호, 주·야간보호, 단기보호 등), 시설급여 또는 특별현금급여를 받을 수 있다.

- 재가급여 : 가정에서 요양보호사와 간호사 등으로부터 식사 도움, 화장실 도움, 세면, 목욕, 말벗, 외출동행, 간호서비스 등을 받으며, 집안 청소 등 일상 가사지원서비스를 지원해 주는 것, 또한 하루 중 일정시간 동안 주·야간보호시설을 이용하여 기본적 요양서비스 외에도 신체 또는 정신기능유지 및 기능향상 프로그램 등에 참여할 수 있고, 가족 등이 불가피하게 일정기간 동안 집을 비워야 할 때 노인을 단기보호시설에 입소시켜 필요한 요양서비스를 제공받을 수도 있음
- 시설급여 : 요양에 필요한 시설과 설비 및 전문인력을 갖추고 있는 노인요양시설에 장기간 입소하여 받는 전문요양서비스
- 특별현금급여 : 요양보호서비스는 원칙적으로 현물급여를 제공하지만 예외적으로 다음과 같은 특별현금급여를 지급
  - 가족요양비
    · 공단은 다음 각 호의 어느 하나에 해당하는 수급자가 가족 등으로부터 제23조 1항 1호 가목에 따른 방문요양에 상당한 장기요양급여를 받은 때 대통령령으로 정하는 기준에 따라 당해 수급자에게 가족요양비를 지급할 수 있다.
    · 도서·벽지 등 장기요양기관이 현저히 부족한 지역으로서 보건복지가족부 장관이 정하여 고시하는 지역에 거주하는 자
    · 천재지변이나 그 밖에 이와 유사한 사유로 인하여 장기요양기관이 제공하는 장기요양급여를 이용하기가 어렵다고 보건복지가족부 장관이 인정하는 자
    · 신체·정신 또는 성격 등 대통령령으로 정하는 사유로 인하여 가족 등으로부터 장기요양을 받아야 하는 자
  - 특례요양비 : 공단은 수급자가 장기요양기관이 아닌 노인요양시설 등의 기관 또는 시설에서 재가급여 또는 시설급여에 상당한 장기요양급여를 받은 경우 대통령령으로 정하는 기준에 따라 당해 장기요양급여비용의 일부를 당해 수급자에게 특례요양비로 지급할 수 있다.
  - 요양병원간병비 : 공단은 수급자가 「노인복지법」 제34조 1항에 따른 노인전문병원 또는 「의료법」 제3조 5항에 따른 요양병원에 입원한 때 대통령령으로 정하는 기준에 따라 장기요양에 사용되는 비용의 일부를 요양병원간병비로 지급할 수 있다.

2) 재원조달

노인장기요양보험에 필요한 재원은 장기요양보험료와 국가지원, 그리고 본인일부부담으로 구성된다.

(1) 장기요양보험료

- 보험료 납부자는 건강보험료 납부자(직장가입자, 지역가입자)와 동일. 다만, 외국인 근로자의 경우 외국인이 신청할 경우 제외 가능(2009. 9. 19. 시행)
- 장기요양보험료는 건강보험료액에 장기요양보험료율[1]을 곱하여 산정
- 장기요양보험료는 건강보험료와 통합고지하고, 징수 후 장기요양보험료와 건강보험료는 각각의 독립회계로 관리
- 장기요양보험료율은 장기요양위원회의 심의를 거쳐 대통령령으로 정함. 장기요양위원회는 보건복지가족부 장관 소속 심의기구(위원장 : 보건복지가족부 차관)로 16~22인 이하 위원으로 구성되며, 구성위원은 적용대상자 대표(근로자단체, 사용자단체, 시민단체, 노인단체, 농어업인단체, 자영자단체), 장기요양기관 등 대표(장기요양기관 또는 의료계), 공익 대표(학계, 고위공무원단 소속 공무원, 공단 추천자 등) 등이 참여

(2) 국가지원

- 보험료 예상수입액의 20% 부담(국고)
- 의료급여수급권자 장기요양급여비용 부담(국가와 지자체가 각각 분담)

(3) 본인일부부담

- 시설급여는 20%, 재가급여는 15% 본인이 부담
- 소득 · 재산이 일정금액 이하인 저소득층은 각각 1/2로 경감(시설 : 10%, 재가 : 7.5%)
- 국민기초생활수급노인은 무료
- 도서 · 벽지 · 농어촌 등의 지역에 거주하는 자에 대하여 각각 1/2로 경감 가능(2009. 5. 21. 개정)

4. 노인일자리 창출

정부는 노인의 능력과 적성에 맞는 일자리를 창출 · 제공함으로써 노인의 삶의 질 향상과

1) 2008. 7. 1. 현재 장기요양보험료율은 4.05%이다.

사회적 부양 부담을 경감하고 국가경쟁력을 강화하기 위하여 2004년부터 노인일자리 사업을 시작하였다. 노인일자리 사업 및 사회참여 활동 지원은 보건복지부 및 지방자치단체와 사업수행기관인 시니어클럽, 노인복지회관, 대한 노인회 등을 중심으로 수행되고 있다.

5. 노인의 질병예방 및 건강증진

노인들은 자연적 노화 이외에 관절염, 중풍, 당뇨병 등 각종 만성질환과 치매, 정신질환에 의한 생활 장애를 겪고 있다. 이러한 노인질환의 문제는 비단 노인뿐만 아니라 가족과 사회 구성원 모두에게 중요한 문제가 아닐 수 없다. 따라서 질병예방 및 건강증진을 위하여 노인 건강검진, 노인 암 검진, 치매무료검사 지원 및 전국노인건강축제 등이 실시되고 있다.

제 5 절 노인복지분야의 실습

1. 노인복지현장에서 갖추어야 할 기본지식

1) 노인의 특성에 대한 이해

나이가 들면 시력, 청력이 떨어지고 감각이 무디어질 뿐만 아니라 기력이 쇠잔해져서 신체적, 생리적으로 매우 불편하고 불안전한 상태에서 살아가게 된다. 노인들의 사기를 더욱 저하시키는 것은 노인들의 '젊은 세대의 짐'으로 생각하는 사회의 부정적인 시각으로 인한 외로움과 소외감 그리고 경제적 빈곤과 같은 사회, 심리적인 요인들이다. 따라서 노년에 겪는 4가지 괴로움을 질병, 가난, 고독, 역할상실이라고 한다. 이러한 노인들은 다음과 같은 특성을 가지고 있다.

① 신체, 생리적 변화

나이가 들면서 미각, 후각, 소화기능이 감퇴하여 음식 맛이 예전과 같지 않고 음식 섭취량이 감소한다. 또한 골절상이나 관절염에 걸릴 위험이 높고 고혈압, 당뇨, 치매와 같은 질환에 걸릴 가능성이 높아진다.

② 감각과 지각 및 기억능력의 변화

노인들은 시간제한을 받거나 속도를 요하는 일, 또는 추상적이고 무의미한 과제를 학습하는데 어려움을 느끼며, 동기수준이 낮아서 긍정적으로 자존심과 의욕을 고취시킬 때 학습능률이 올라간다.

③ 성격이나 행동의 변화

조심성, 경직성, 의존성 또한 증가한다. 시간전망이 변화하고, 내향성·중심성 경향이 증가하기도 하며 노인성우울증을 보이기도 한다. 또한 성역할에 대한 지각이 달라지고 자신이 지금까지 지녀온 친근한 사물에 대한 애착심이 증가하고 후세에 유산을 남기려는 경향성이 증가한다.

2) 노인과 대화하는 방법

노인과 친밀감을 형성하는 방법 중 하나는 노인과 대화를 많이 하는 것으로, 대화 시 다음과 같은 점에 유의해야 한다.

① 노인의 이야기를 관심 있게 들음으로 본인의 의견이 수용되어지고 있음을 느끼게 한다.
② 노인에게 이야기를 할 경우 이해가 쉽도록 간결하게 천천히 말하며 노인이 이해하기 쉬운 어휘를 사용한다.
③ 노인과 함께 공감대를 형성할 수 있는 화제를 이야기한다.
④ 적당한 음량으로 천천히 정확히 말한다.
⑤ 노인을 이해하고 받아들일 수 있도록 한다.
⑥ 다른 사람에게 알리고 싶지 않은 일에 대해서 이야기할 경우 노인의 비밀을 지켜준다.
⑦ 노인이 가지고 있는 고정관념, 가치관 등으로 고집을 세우거나 강하게 주장을 할 경우 틀렸다거나 싫다는 직접적인 표현을 사용하기보다는 우선 노인을 이해하는 자세를 보이고 장기간의 계획을 가지고 천천히 문제를 바라볼 수 있도록 한다.

3) 노인 상담 시 유의사항

① 노인을 하나의 독립적인 인격체로 인식한다.
② 친밀감이 형성되었다고 반말, 지나친 농담 등을 사용하지 않도록 하며, 항상 존칭어를 사용한다.
③ 노인이 실수했을 때 웃지 말아야 한다.

④ 확고한 제한점을 정해주어야 한다. '~은 안 된다'는 범위를 정해준다.

⑤ 친밀한 신체적 접촉(예를 들어 손을 잡는다거나 만져주는 행위 등)을 한다.

⑥ 불평하는 것을 허용한다.

⑦ 과격한 인격개조보다는 현재의 삶을 의미 있고 즐겁게 생활할 수 있도록 한다.

⑧ 노인은 상담에 대해 회의적이고 저항을 많이 갖기 때문에 신뢰를 갖도록 하는 데 더 많은 시간을 보내야 한다. 상담의 진행속도는 느리게 해야 한다.

⑨ 대응보다는 지지와 격려를 많이 해주어야 한다. 그러나 전혀 대응하지 않으면 안 된다.

⑩ 과보호적이 되어서는 안 된다.

⑪ 무조건적이어서는 안 된다.

⑫ 노인의 언어를 이해해야 한다. 지나치게 사투리를 사용할 경우 잦은 정정보다는 차근하게 설명을 유도한다.

4) 재가노인 가정을 처음 방문할 때 태도

① 노인에게 (가족이 있을 때 가족을 포함하여) 인사하고 자신을 소개한다.

노인에게 봉사를 보내고 있는 ○○복지관의 실습을 하고 있는 학생 누구라는 신분을 명확히 밝히고 할머니(할아버지)의 안부와 최근 근황 등에 대해서 궁금하여 방문하게 되었다고 상냥하고 알아듣기 쉬운 말로 설명한다.

② 노인과 친밀감을 형성하기 위해 노력한다.

처음부터 공적인 질문공세를 하는 것은 노인으로 하여금 불안감을 갖게 하여 자연스런 대화에 지장을 주게 된다. 따라서 주변에서 일어나는 일상적인 대화, 최근의 사회문제, 건강에 대해서 대화를 편안하게 이끌어 가는 것이 중요하다. 또한 친밀감을 이끌어 내는 방법으로 손을 잡고 이야기를 한다거나 스킨십은 중요한 역할을 한다.

③ 대화중 노인이 기관에 바라는 사항 등에 대해서는 지나친 기대를 심어주거나 약속을 해서는 안되며, 노인에게는 복지관에 가서 전달한 후 연락을 드리는 방향으로 하겠다고 자세히 설명을 드리고 정확히 기록해 두었다가 복지관에 돌아와 담당 사회복지사에게 보고한다.

④ 옷차림은 학생답고 간편하고 단정한 복장과 활동하기 편한 복장이 좋다. 여학생의 경우 지나친 액세서리나 화려한 옷차림, 진한 화장과 향수의 사용 등은 위화감을 조성할 수 있으니 삼가는 것이 좋다.

⑤ 학생들은 노인과 자연스런 대화를 하면서 그 대화 속에서 노인의 심리상태, 생활환경, 건강상태 등 클라이언트가 갖고 있는 현재의 가장 큰 욕구, 문제점, 자원봉사자의 관계 등에 자연스럽게 질문한다.

2. 노인복지분야에서 사회복지전문가의 역할

1) 현장에서의 역할

(1) 양로원과 요양시설 : 노인과 가족의 문제 및 욕구조사, 서비스 계획, 상담, 집단지도, 입・퇴소계획, 가족상담, 병원이나 기타 기관과의 연계
(2) 재가복지 서비스 : 사례발굴(outreach), 사례관리, 자원봉사자 연결 및 교육, 관리
(3) 노인병원・재활센터 : 노인환자의 입원과 질병에 대한 적응지원, 퇴원계획, 직원 교육 및 지원업무
(4) 노인복지관 : 사업계획 수립, 기관운영, 프로그램 기획 및 운영, 상담, 집단지도, 가정봉사원 파견, 복리후생 서비스 등의 제공
(5) 특수 노인집단 대상 프로그램개발 및 운영
- 농촌노인, 장애노인, 약물남용노인 등에 대한 프로그램개발 및 운영
- 노인학대방지 프로그램 개발 및 운영
- 고령자취업알선센터 : 홍보, 구인처 개발, 고령자 적합 직종 개발, 구직・구인 상담 및 연결, 정보제공 및 서비스 의뢰 등
- 노인주택 : 입・퇴소 관리, 서비스 조정, 자원연결

2) 사회복지전문가의 역할 구분과 활동내용

노인복지분야에서 일하고 있는 사회복지사의 역할 유형은 다양하다. 그 다양한 역할들을 살펴보면 자원연결자(broker), 대변자(advocator), 교육자(educator), 조력자(enabler), 사례관리자(case manager), 상담가(counselor), 중재자(mediator), 자문가(counsultant), 연구자(resercher), 또는 평가자(evluator), 프로그램 개발자(program developer) 등으로 구분할 수 있다. 이 분류에 따라 노인복지분야에서의 사회복지사의 역할별 업무를 살펴보면 다음과 같다.

〈표 8-2〉 사회복지사의 역할별 업무

역 할	구체적인 활동 내용
자원연결자	지역사회자원에 대한 정보수집 및 제공 자원봉사자의 활용 및 지역사회자원동원 중풍, 치매 등 노인성 질환자의 재활을 위한 지역사회기관 연결 다양한 사회교육 기회 제공 무의탁 노인을 위한 후원자 연결 업무
대변자	무의탁 노인을 위한 사회제도 및 서비스 수혜를 위한 권익옹호활동 치매노인의 권익을 위한 대변활동 불우노인을 위한 후원개발 고령취업희망자를 위한 구인활동
교육자	취미, 여가를 위한 각종 사회교육 일상생활기술훈련 및 개인지도 여가활동지도 고령자 재취업을 위한 취업 교육 노인을 위한 자원봉사자 및 노인자원봉사단 교육
조력자	노인자아통합을 위한 동기부여 치매, 중풍 가족회 육성 및 운영 밑반찬배달, 봉사원 파견 등을 통해 독거노인의 일상생활 지원
사례관리자	노인자립생활지원, 재가서비스 및 방문상담 실시
상담가	노인의 심리사회적 사정 및 문제 상담
중재자	노인과 치료팀간의 중재 전문직 간의 팀 중재 가정, 지역사회 방문 등을 통한 환경조정
자문가	슈퍼비전 및 자문활동 관련분야 전문인과의 협의 자문
연구/평가자	노인관련 프로그램 평가 및 조사연구활동 각종회보, 정보지 발간
프로그램개발자	노인관련 프로그램의 기획, 노인의 날, 경로주간 등의 특별행사 및 수시 실시 가능한 노인프로그램 개발

3. 노인복지기관 현장실습 사례

광주 남구노인복지관

실습생 : ○○○, ○○○, ○○○

Ⅰ. 기관소개

1. 설립일자 : 1999. 12. 09
2. 주 소 : 광주광역시 남구 월산동 614-4
3. 전화번호 : (062) 366-3677
4. 홈페이지 : http://www.roin.org
5. 시설구분 : 노인여가시설
6. 설립취지 : 지역 어르신들의 풍요로운 노후생활을 위하여 다양한 프로그램 및 시설제공을 통해 노인복지 증진에 필요한 종합 서비스 제공
7. 기관연혁
   - 2000. 10. 보건복지부승인 광주광역시 아동학대 예방센터 시설인가 취득
   - 1999. 12. 남구노인복지회관 개관
   - 2000. 7. 남구노인복지회관 문화체육센터 확대 운영
   - 2000. 10. 남구노인복지회관 3층 증축
   - 2000. 10. 남구노인복지회관 게이트볼장 3면 개장
   - 2001. 5. 경로당활성화 사업 시범사업 실시
   - 2001. 8. 공동작업장 개소
   - 2002. 5. 시 노인복지기금사업 확정(경로당활성화, 시니어컴퓨터교실, 주간보호원예치료사업)
   - 2002. 9. 남구노인복지회관 별관 신축(24평)
   - 2002. 11. 2003년 공동모금회 시니어 컴팔 사업 확정
   - 2002. 11. 주간보호 원예치료 전시회
   - 2003. 9. 1.3세대 효사랑 큰잔치
   - 2003. 10. 공동모금회 사업 시니어컴팔 사업시행

- 2004. 3. 재단법인 기독교 한국 침례회 유지재단에서 위탁운영, 시 노인기금 어르신들에 의한 실버공동농장 사업 실시
- 2004. 9. 어르신들을 위한 공동작업장 확장
- 2005. 5. 공동모금회 원예치료 사업 실시
- 2005.10. 남구관할 대상 경로당 제1회 수박등 축제
- 2006. 3. 어르신일자리사업(노노케어, 교통봉사대, 동화구연강사파견사업) 실시
- 2006. 5. 남구청 지원 평생교육기관 지정 : 프로그램 실시(은빛봉사대, 교양교실, 다도교실, 한문학당, 체력단련실)
- 2006. 5. 공동모금회 향기치료 사업 실시
- 2006. 7. 문해교육기관 지정 문해교육 실시
- 2006. 11. KT&G 차량지원 대상 확정

8. 시설현황

대지규모	4747㎡(1438평)
건물규모	1215㎡(368.1평) - 지상 3층
부속건물	정자 2동, 노래방교실 1동

9. 직원 현황

(단위: 명)

구 분	인 원
관장	1
사무장	1
사회복지사	5
물리치료사	1
간호사	1
총무	1
조리사	1
강사	15
기타	2
계	28

10. 주요 사업 내용

- 노인 사회 교육 사업
- 노인 주간 보호 사업
- 사랑의 식당 사업
- 공동작업장 사업
- 경로당 활성화 사업
- 노인 일자리 사업

Ⅱ. 주요실습내용

1. 실습목적 : 사회복지학을 전공하는 학생들에게 사회복지실천 지식, 기술, 가치를 필드에 적용하는 임상경험을 제공한다.

2. 실습내용
- 지역노인복지관의 서비스 내용 및 현황 파악
- 클라이언트의 접근방법 및 문제해결 과정 습득
- 노인복지관에 대한 운영관리 및 사회사업복지론 인지
- 지역노인의 욕구조사를 통한 설문작성 및 조사방법, 레코딩 작업습득
- 프로그램 개발 훈련을 통한 능력 향상

3. 분야별 실습

주	실습분야	실습내용
1주	문화체육센터	사무실 업무
2주	일자리, 공동사업장	공동사업장
3주	주간보호	주간보호센터/송영서비스
4주	경로당활성화 사업	도시락배달/경로당설문

4. 과제물 실습 개요
- 도시락배달 독거노인 중 1인 선정 사례관리
- 분야별 실습 중에 각기 경로당 활성화 사업에

- 참가하는 주간에 개인별로 작성
- 노인복지 관련 사업 프로그램 작성(삼성재단 프로포잘 양식에 입각)

1) 사례관리
   - INTAKE에서 클라이언트의 기본사항, 가족사항, 경제상황, 주거상황, 건강상태 등을 고려하여 평가하여 서비스의 신청여부를 결정
   - 사정에서 세부내용 조사와 지역사회자원
   - 연계 현황, 가정봉사원 파견 우선순위결정, 서비스 지원계획 등을 작성
   - 서비스 지원 및 종결

2) 노인복지프로그램
   - 삼성재단의 프로그램 지원신청 프로포절의 형식에 입각하여 작성
   - 사회복지공동모금회 프로그램 분석
   - 기관현황, 프로그램의 현황, 대상과 문제정의, 대상의 목적, 세부 및 하위목표, 대상의 형성기반, 예산과 과정, 효과평가, 기관의 약도 등을 포함하여 작성

Ⅲ. 실습종결 평가

□ 역할에 대한 평가
- 1주째 사무실에서의 일은 공문 다루는 법, 문서형식에 의한 작성요령, 전화 받는 법, 문화프로그램 수강신청 받는 법 등 한번씩 해보고 조금이라도 경험을 할 수 있게 하였음
- 2주째 공동작업장에서는 같이 일을 하면서 어르신들의 욕구에 대해서 잘 알 수 있었음
- 3주째 송영 서비스 및 주간보호 서비스에서는 거동이 불편한 어르신들을 대상으로 하기에 힘든 점도 많았지만, 프로그램(월: 치료레크리에이션, 화: 목욕서비스 및 손발톱 정리, 수: 이·미용 서비스 및 양생체조, 목: 색종이접기 및 구연동화, 금: 미술치료)을 통해서 즐겁게 하였고, 저 자신한테도 유익했던 시간 있었던 것 같았음.
- 4주째 도시락배달은 경제적으로 그리고 情에 외로워하시는 분들에게 한 끼의 소중함을 알게 해 주었음.

□ 목표에 대한 평가

- 그 당시에서는 졸업 후 취업에 관한 어떤 특정한 분야를 세부적으로 생각하지 않았지만, 실습을 통하여 노인에 대한 관심을 가지게 되었고, 실습목표 또한 충분히 이해할 수 있었습니다.
- 분야별 실습 외에 과제물실습의 사례관리는 그 분들의 직접적인 욕구와 생각을 정리할 수 있었던 가장 뜻 깊었던 시간들이었습니다.

□ 최종 평가

- 다른 학교 실습생 2명과 더불어 했었는데, 그 때 각자 방향에 대한 그리고 실습내용에 대해서 서로 의견교환을 할 수 있어서 여러 가지 생각들을 나눌 수 있었고, 눈이 많이 오지는 않았지만 날씨가 춥고 그때가 송년기간이어서 큰 행사 준비도 있었고, 문화프로그램 홍보 등 여러 가지를 경험해 보았습니다.
- 그리고 신년이어서 그런지 일도 청소도 많았고 야외지원도 나가기도 하였습니다. 아무튼 기관의 거의 모든 일을 할 수 있게 되어 취업에 충분한 도움이 될 거라고 느꼈고, 어르신들과 함께 했던 시간들이 보람으로 기억될 수 있었던 소중했던 실습기간이었습니다.

제 6 절 노인복지분야 프로그램 사례

1. 노인 생활시설의 프로그램

노인복지생활시설에서 제공하는 서비스의 범주는 크게 기본 생활 케어, 보건의료서비스, 여가 및 사회활동 지원서비스로 구성되어 있다. 노인복지시설에서는 일반적으로 시설 생활 일과표에 의하여 공통된 케어 서비스를 제공하고 있으며, 이와 함께 개개인의 일상생활수행능력에 따라 개별화된 케어서비스를 제공하는 것이 중요하다. 시설 입소 시에 질병 정도, 인지 기능 수준, 일상생활수행능력 등에 대한 정확한 진단과 평가를 실시하고 이를 바탕으로 개인별 사례관리 계획을 수립하고 이에 따른 건강관리 및 재활서비스 프로그램(재활치료, 물리치료, 작업치료, 음악요법, 미술요법)이 실시되어야 한다. 또한 기본적 생활 케어와 보건의료서비스 프로그램과 더불어 여가 활동과 사회적 교류를 촉진하는 사회 프로그램을 개발, 실시할 필요가 있다(양옥남 외, 2006).

2000년과 2001년 실시된 전국 노인생활시설에 대한 평가 결과에 따르면 노인생활시설에서 제공하는 기본적 프로그램의 경우 대부분의 시설에서 일정 수준 이상의 서비스를 제공하는 것으로 나타났다. 그러나 여가 활동, 사회적 서비스, 와상 환자, 재활서비스, 치매서비스, 등의 전문적 서비스에 대해서는 서비스를 제공하지 않거나, 서비스 수준의 차별이 커서 시설별로 편차가 큰 것으로 나타났다(박석돈, 2006; 박차상 외, 2005). 전반적으로 기본적 서비스 제공은 이루어지고 있으나 전문성이 요구되는 서비스와 요보호노인 개개인의 욕구에 대한 배려와 서비스 제공은 다소 미흡한 것으로 나타났다. 한편 노인생활시설의 경우 지역사회와의 연계성은 시설에 대한 부정적 인식과 시설의 적극적 홍보 부족 등으로 인해 미흡한 것으로 나타났다. 그러나 일단 연계된 경우에는 생활시설의 특성상 지역사회의 의료기관, 행정기관과의 연계 정도가 높게 나타났다. 그러나 타 복지시설과의 연계성은 낮은 것으로 나타났다.

2. 노인여가시설 및 재가복지시설의 프로그램

노인여가시설인 노인복지회관은 다양한 복지 서비스를 제공하는 복지센터로서의 기능을 갖는 지역사회의 노인 복지시설이라고 볼 수 있다. 기본 사업으로는 상담 및 지도, 취업상담 및 알선, 기능 회복 훈련 실시, 교양 강좌, 각종 여가 및 오락 프로그램을 운영하고 있다. 추가 사업으로는 재가노인복지시설을 병설, 운영할 수 있도록 하여 전국적으로 볼 때 약 60% 이상의 노인복지회관에서 재가노인복지사업을 하고 있는 것으로 나타났다. 노인복지관의 경우 운영 면에 있어서 예산 부족을 가장 어려운 점으로 꼽고 있다. 다음으로 프로그램의 부적절성으로 전문 서비스를 제공하기 위해서는 이용 노인의 욕구에 상응하는 다양한 프로그램 개발이 요구되는데, 전문 복지사의 부족 및 업무 과다, 재정적 지원 부족 등으로 현실적 어려움을 가지고 있다. 이러한 원인으로 인하여 노인복지관의 전문성 저하가 초래된다. 동시에 부족한 자원 및 재원 확보 정도, 기관 간의 목적과 가치의 차이로 인한 접근 방식의 상이함, 해당 직원의 부족 등으로 인해 체계적이고 효과적인 기관 간 협조나 서비스 연계가 부족한 것이 현실이다(고수현, 2006; 권중돈, 2004; 박석돈, 2006).

3. 노인복지분야 여가복지프로그램 사례(이랜드 노인복지관 운영 프로그램사례)

1) 건강 증진 사업

노후의 건강한 신체유지 및 심신 단련을 통한 자신감, 자기실현의 기회를 제공한다.

번호	프로그램명	정원	횟 수	인 원
1	건강체조	100	주4회 * 48주 = 192회	100명 * 192회 = 19,200명
2	요 가	130	주2회 * 48주 = 96회	130명 * 96회 = 12,480명
3	에어로빅	120	주1회 * 48주 = 48회	120명 * 48회 = 5,760명
4	스포츠댄스	120	주2회 * 48주 = 96회	120명 * 96회 = 11,520명
5	덩더쿵 체조	120	주1회 * 48주 = 48회	120명 * 48회 = 5,760명
6	생활 체조	120	주1회 * 48주 = 48회	120명 * 48회 = 5,760명
7	수지침	40	주1회 * 48주 = 48회	40명 * 48회 = 1,920명
8	탁 구	50	주6회 * 48주 = 288회	50명 * 288회 = 14,400명
9	우리춤 체조	120	주2회 * 48주 = 96회	120명 * 96회 = 11,560명
10	살사 댄스	120	주1회 * 48주 = 48회	120명 * 48회 = 5,760명
11	맷돌 체조	120	주1회 * 48주 = 24회	120명 * 48회 = 5,760명
12	고무줄스트레칭체조	100	주1회 * 44주 = 24회	120명 * 44회 = 5,280명
총계			1,056회	105,160명

① 건강체조

- 목적 : 하루의 시작을 경쾌한 음악에 맞추어 운동을 함으로써 굳어진 심신의 생활의 활력과 리듬의 되찾아준다.
- 내용 : 스트레칭, 유연체조 등 가벼운 운동(월~금)
- 정원 : 100명
- 장소 : 열린마당 (강당)
- 협력인원 : 사회복지사 1인

② 요가

- 목적 : 호흡운동 및 신체요가운동을 통하여 신체 각 부분의 기능을 보강하고 불안, 공포를 해소시킴으로 너그러운 마음을 갖게 한다.
- 내용 : 다양한 요가 동작으로 심신의 안정을 준다.

- 정원 : 130명
- 장소 : 열린마당 (강당)
- 협력인원 : 강사 1인

③ 에어로빅
- 목적 : 유산소 운동을 통해 굳어진 신체를 유연하게 하며 신나는 리듬과 함께 하는 운동으로 건강을 유지한다.
- 내용 : 신체유연성을 증가시켜 주는 동작을 음악에 맞춰 함
- 정원 : 120명
- 협력인원 : 강사 1인

④ 스포츠댄스
- 목적 : 남녀가 2인 1조를 이루어 경쾌한 음악에 맞춰 신나게 추어보는 스포츠 댄스로서 활동성 있는 회원들에게 즐거움으로 여가활동에 도움을 주며 박자와 스텝, 유연성을 요하는 댄스활동으로 신체의 굳어짐과 노화를 막고 젊은 기분과 여유를 느끼게 하며 팀웍을 이루어 작품을 만들어 내는 과정에서 성취감과 만족을 드린다.
- 내용 : 자이브, 차차차, 왈츠, 탱고 등 다양한 댄스 위주의 수업
- 정원 : 120명
- 장소 : 열린마당 (강당)
- 협력인원 : 강사 2인

⑤ 덩더쿵 체조
- 목적 : 우리나라 춤사위를 체조로 응용한 덩더쿵 체조는 여러 동작들을 반복함으로 근육의 피로를 풀어주는 것은 물론 정신건강에도 큰 도움을 주는데 목적이 있다.
- 내용 : 꼭두각시 체조, 우리나라 춤사위를 변형한 다양한 체조
- 정원 : 120명
- 장소 : 열린마당 (강당)
- 협력인원 : 강사 1인

⑥ 생활체조
- 목적 : 다양한 활동으로 인한 근육의 피로를 풀어 이완시켜 다음 활동에 도움을 준다.
- 내용 : 현대적인 리듬을 가미한 체조

- 정원 : 120명
- 장소 : 열린마당 (강당)
- 협력인원 : 강사 1인

⑦ 수지침
- 목적 : 건강에 관심있는 회원들을 대상으로 수지침을 통해 오장육부에 대한 교육과 이해로 스스로 건강에 대한 체크와 처방을 배우고 가족 및 주의 사람들에게 활용한다.
- 내용 : 오장과 14개의 기맥을 통한 치료
- 정원 : 40명
- 장소 : 배움마당
- 협력인원 : 강사 1인

⑧ 탁구교실
- 목적 : 탁구경기를 통해 스포츠맨십을 배우고, 건강에 도움 및 생활에 재미와 활력소를 제공한다.
- 내용 : 자유로운 탁구장 이용을 통한 운동
- 정원 : 50명
- 장소 : 탁구실 (4층 옥상)
- 협력인원 : 자원봉사자 1인, 자체운영

⑨ 우리춤 체조
- 목적 : 우리나라 전통 가락과 아름다운 춤사위를 바탕으로 체조를 통해 정서적 안정감을 준다.
- 내용 : 해맞이, 아리랑 체조 등
- 정원 : 120명
- 장소 : 열린마당 (강당)
- 협력인원 : 강사 1인

⑩ 살사댄스
- 목적 : 경쾌한 라틴음악에 맞춰 춤으로서 신체를 유연하게 하며 스트레스를 해소 및 삶의 즐거움과 만족감을 준다.
- 내용 : 라틴계 음악리듬에 맞춘 살사의 기본 스텝
- 정원 : 120명

- 장소 : 열린마당 (강당)
- 협력인원 : 강사 1인

⑪ 맷돌체조
- 목적 : 맷돌을 돌리듯한 동작을 통해 허리 통증을 이완시키며 하리 근육을 강화하여 노후의 삶에 만족감을 주도록 한다.
- 내용 : 요통예방을 위한 다양한 스트레칭
- 정원 : 120명
- 장소 : 열린마당 (강당)
- 협력인원 : 강사 1인

⑫ 고무줄스트레칭 체조
- 목적 : 관절염 치료에 도움을 주는 다양한 동작을 고무줄을 통해 관절염을 예방/치료 한다.
- 내용 : 관절염 예방을 위한 다양한 고무줄스트레칭 동작
- 정원 : 100명
- 장소 : 열린마당 (강당)
- 협력인원 : 강사 1인

2) 취미여가 사업

개개인의 욕구에 맞는 다양한 취미 선택의 기회를 제공하고 다양한 프로그램 참여로 건전한 노후를 보내도록 한다.

번호	프로그램명	정원	횟 수	인 원
1	포크댄스	120명	주1회 * 48주 = 48회	120명 * 48회 = 5,760명
2	민요교실	130명	주1회 * 48주 = 48회	130명 * 48회 = 6,240명
3	가요교실	300명	주2회 * 48주 = 96회	300명 * 96회 = 28,800명
4	한국무용	120명	주1회 * 48주 = 48회	120명 * 48회 = 5,760명
5	악세사리공예	15명	주1회 * 48주 = 48회	15명 * 48회 = 720명
6	포켓볼	20명	주6회 * 48주 = 288회	20명 * 288회 = 5,760명
7	실버난타	20명	주1회 * 48주 = 48회	30명 * 48회 = 1,440명
8	손뜨개교실	15명	주1회 * 48주 = 48회	15명 * 48회 = 720명
9	오카리나	15명	주1회 * 24주 = 24회	15명 * 48회 = 720명
10	장기/바둑	30명	주6회 * 48주 = 288회	30명 * 288회 = 8,640명

11	연극반	20명	주1회 * 48주 = 48회	20명 * 48회 = 960명
12	풍물반	30명	주1회 * 48주 = 48회	30명 * 48회 = 1,440명
13	합창반	60명	주1회 * 48주 = 48회	60명 * 48회 = 2,880명
총계		895명	1,680회	70,040명

① 포크댄스

- 목적 : 남녀가 2인 1조를 이루어 각 나라의 민속춤을 경쾌한 음악에 맞추어 추는 포크댄스로 서로간의 친밀감 형성 및 스트레스 해소, 유대관계를 유지, 적당한 운동으로 건강을 유지한다.
- 내용 : 세계 여러 나라의 민속 무용 습득
- 정원 : 120명
- 장소 : 열린마당 (강당)
- 협력인원 : 강사 1인

② 민요교실

- 목적 : 우리나라 고유의 소리인 민요를 통하여 우리가락과 우리 음악에 대해 새로이 정립하고 보람 있는 여가활동을 하게 한다.
- 내용 : 우리나라 민요 중 경기 민요를 중심
- 정원 : 130명
- 장소 : 열린마당 (강당)
- 협력인원 : 강사 1인

③ 가요교실

- 목적 : 흘러간 우리의 가요 및 건전한 노래교육으로 지나간 세월을 돌아보며 추억할 수 있게 하며 반주에 맞춰 부르는 노래를 통해 노년의 스트레스를 풀게 한다.
- 내용 : 흘러간 옛 노래부터 최신 가요까지 배우고 함께 부름
- 정원 : 300명
- 장소 : 열린마당 (강당)
- 협력인원 : 강사 1인

④ 한국무용

- 목적 : 우리 고유의 정서를 그대로 나타내는 전통무용으로 노후를 보람된 여가활동으로 보낼 수 있도록 한다.
- 내용 : 한국무용 기초부터 살풀이, 승무 등 다양한 우리 나라 춤을 배움

- 정원 : 150명
- 장소 : 열린마당 (강당)
- 협력인원 : 강사 1인

⑤ 액세서리 공예

-목적 : 다양한 재료를 이용한 다양한 작품 만들기를 통해 성취감 및 두뇌 촉진을 향상케 한다.
- 내용 : 여러 가지 재료를 이용한 생활용품 구성
- 정원 : 15명 / 교육기간 6개월
- 장소 : 취미마당
- 협력인원 : 강사 1인

⑥ 포켓볼

- 목적 : 포켓볼(당구)을 통해 적절한 여가시간 활용과 게임을 통한 건강한 신체유지와 자기실현의 기회를 준다.
- 내용 : 팀별 자유게임 및 연습
- 정원 : 20명
- 장소 : 옥상
- 협력인원 : 자치운영, 사회복지사

⑦ 실버난타

- 목적 : 여러 가지 악기를 통해 새로운 취미활동의 기회를 제공하고 구성원간의 친목을 도모하는 데 목적이 있다.
- 내용 : 악기연주 및 악보보기
- 정원 : 20명
- 장소 : 열린마당
- 협력인원 : 강사 1인

⑧ 손뜨게 교실

- 목적 : 다양한 취미활동의 경험 제공 및 개인소질을 개발시키는 데 목적이 있다.
- 내용 : 털실을 이용한 다양한 실생활 용품을 제작(모자, 옷, 가방 등)
- 정원 : 15명
- 장소 : 취미마당
- 협력인원 : 강사 1인

⑨ 오카리나 교실

- 목적 : 개인의 소질을 개발하는 악기를 통한 취미활동을 제공함으로써 자아성취감을 배양한다.
- 내용 : 오카리나 악기연주, 호흡법, 악보 보는 방법 배우기
- 정원 : 15명
- 장소 : 동아리교실
- 협력인원 : 강사 1인

⑩ 장기/바둑

- 목적 : 장기, 바둑경기를 통해 인간관계 형성과 어르신들의 무료함을 덜어 주는 정서적 지지를 목적으로 한다.
- 내용 : 장기, 바둑을 이용한 자유게임
- 정원 : 30명
- 장소 : 1층 사랑방
- 협력인원 : 자치운영, 사회복지사

⑪ 연극반

- 목적 : 연극을 통해 각자의 특기를 개발하여 지적, 정서적 활동의 기회를 제공하고, 소그룹 활동을 통해 구성원간 친목을 도모한다. 작품을 연습하고 발표함으로써 대내외에 복지관을 홍보할 수도 있고 지역 사회에 봉사할 수 있도록 한다.
- 내용 : 여러 가지 연극 대본 연습
- 정원 : 20명
- 장소 : 취미마당
- 협력인원 : 강사 1인

⑫ 풍물반

- 목적 : 우리나라 고유의 악기인 장구, 징, 꽹과리, 북을 이용한 사물놀이를 배움으로 민족문화를 계승 발전시키고, 연주를 통한 신체활동을 촉진시키고 손놀림과 장단의 암기로 인해 두뇌활동을 증진시킨다.
- 내용 : 기초 장단 및 간단한 장단에서부터 각 지방의 다양한 풍물을 연주
- 정원 : 30명
- 장소 : 열린마당 (강당)
- 협력인원 : 강사 1인

⑬ 합창반

- 목적 : 합창과 노래에 관심 있는 회원들을 대상으로 합창단원을 구성하며 우리가곡 및 민요 등 다양한 곡을 배우고 익혀, 노래로써 노후에 느끼는 소외감이나 외로움을 극복하고 파트별로 화음을 이루어 배움으로써 음악에 의한 화합과 공동체모임으로 발전시켜 나가고 복지관을 대표할 수 있는 클럽으로 활성화시켜 지역사회에 봉사와 홍보를 할 수 있게 한다.
- 내용 : 우리나라 가곡과 가요위주의 합창 연습
- 정원 : 60명
- 장소 : 열린마당 (강당)
- 협력인원 : 강사 1인

참고문헌

고수현(2006). 『새로운 노인복지론』, 양서원.
권육상(2005). 『노인복지론』, 유풍출판사.
권중돈(2004). 『노인복지론』, 학지사.
김선희 외 2인(2001). 『사회복지실습 길라잡이』, 홍익재.
모선희 외(2006). 『현대노인복지론』, 학지사.
박석돈(2006). 『노인복지론』, 삼우사.
박차상 외 5인(2005). 『한국노인복지론』, 학지사.
보건복지부(2009). 『노인복지사업안내』.
보건복지부(2008). 『노인복지시설 현황』.
서상철(2004). 『노인복지론』, 홍익재.
서홍란 · 이경아(2001). 『사회복지 현장실습 핸드북』, 나눔의 집.
양옥남 외(2006). 『노인복지론』, 공동체.
이혜원(2000). 『노인복지론』, 유풍출판사.
장인협 · 최성재(2003). 『노인복지학』, 서울대학교 출판부.
통계청(2005). 「장래인구추계」.
Kirst-Ashman, K. K. 2003. *Introduction to Social Work and Soial Welfare : Critical Thinking Perspectives*. CA : Thomson.

인터넷 사이트

한국노인학대연구회	http://www.elderabuse.or.kr
한국노인복지시설협회	http://www.elder.or.kr
한국노인문제연구소	http://www.kig.or.kr/index.htm
대한노인회	http://www.koreapeople.co.kr
시니어저널	http://www.seniorj.com
서울시고령자취업알선센터	http://www.seniorwelfarejob.or.kr
한국치매협회	http://www.silverweb.or.kr
한국치매가족협회	http://www.alzza.or.kr
서울시치매노인종합상담센터	http://www.alz.or.kr
치매예방환자관리네트워크	http://www.DNSP.co.kr
중앙장례문화원	http://www.funera21.co.kr
노인장애인관련포탈사이트	http://www.abledate.co.kr

제 9 장

장애인복지

제 1 절 장애인 복지의 개요

1. 장애인 복지의 정의

장애인을 대상으로 장애 발생 예방과 장애인의 의료, 훈련, 보호, 교육, 고용의 증진 등 장애인의 자립보호와 생활안정에 기여하기 위한 공사 차원의 활동을 의미한다(김만두 · 한혜경, 2000). 미국의 국립재활전문위원회는 장애인복지를 장애인의 신체적 · 정신적 · 사회적 · 직업적 · 경제적 가용 능력을 최대한 회복시키는 것이라고 정의하고 있다.

현재 우리나라에서 통용되고 있는 장애인복지는 "장애인의 완전한 사회참여를 통한 사회통합"을 목적으로 심신의 결함으로 인하여 가정생활, 사회생활에 곤란을 가지게 되는 것을 국가나 민간사회복지기관이 그들이 모든 생활에서 곤란을 느끼지 않도록 의료적, 교육적, 직업적, 심리적, 사회적 제 문제에 걸쳐 원조하는 제도적, 정책적 서비스의 조직적 활동과 노력이라고 말할 수 있다(정무성 외, 2006).

2. 장애인 복지의 이념

국제사회에서 장애인 문제가 인권의 관점에서 조명되기 시작한 시기는 1970년대이며, 1971년 '정신지체인의 권리에 관한 선언'과 1975년 '장애인의 권리에 관한 선언'을 시작으로 국제적인 노력은 1980년대에 이르러 구체적인 모습을 갖추게 된다.

장애인복지에 있어서 기본이 되며, 영향을 미쳐 온 이념과 가치는 장애인복지 실천 현장의 요구와 세계대회에서 채택된 선언과 강령에서 살펴볼 수 있다. 즉, 1950년대 시설 중심의 장애인복지실천 접근에서 나타날 수밖에 없었던 비인간적인 처우에 대한 반성으로 정상화 이념이 출현되었고, UN 세계인권선언(1948), 장애인재활 10년 선언(1970), 10년 행동계획(1976) 등에 내포되어 있는 인권보장의 이념, 사회통합의 이념 등을 들 수 있다. 이렇게 제시된 이념을 인권보장, 정상화, 사회통합, 자립생활, 사회(국가)책임 등으로 나누어 볼 수 있다(정무성, 2006).

1) 인권보장의 이념

인간은 누구나 행복을 추구하고 그것을 누릴 평등한 권리를 가지고 있다. 그러므로 장애인복지에 있어서 가장 기본적으로 추구되어야 하는 것이 바로 인권(human rights)보장의 이념인 것이다. 이는 장애인복지의 가치인 존엄성 존중, 생명존중, 생존권보장을 실현하는 것으로도 설명할 수 있다.

2) 정상화 이념

정상화 이념은 장애인의 정상적이고 일상적인 생활의 리듬을 존중할 것과 장애인 개인의 성장과 발달에서 정상적인 발달 경험, 장애인 자신의 삶에 중요한 영향을 미치는 일상사건에의 참여와 선택의 중요성을 강조한다. 즉, 사회에서 가치가 박탈된 위기에 있는 사람들을 위해 가능한 한 내재화된 사회적 역할을 창조하고 지원하며, 방어해 주는 것이 가장 확실한 복지이념이다(정현숙 · 이현지, 2003). 결국 정상화 이념은 가치 있는 사회적 역할 강화로 이전에 가치를 박탈당하였던 사람들이 지역사회에서 가치 있는 역할을 할 수 있도록 교육, 훈련, 노동을 하며 완전한 사회참여를 하여야 함을 나타내는 이념이며, 이후 사회통합의 이념과 연계되는 이념이기도 하다.

3) 사회통합의 이념

사회통합의 이념은 장애인이 사회구성원으로서 성장과 발달을 할 수 있는 경험, 개인생활에 있어서 중요한 선택상황에서의 참여, 지역사회 내에서 생활 등이 실행될 때 이루어질 수 있는 것이다. 장애인이 사회에 완전하게 참여하기 위해서는 그 사회가 장애인의 참여에 부정적인 것, 예를 들어 물리적 · 심리적 · 문화적인 제약조건들을 없애는 것이 필요하다.

4) 자립생활 이념

자립생활(independent living)이념은 장애인 스스로가 자신의 삶을 선택하고 결정하며 자신의 생활전반에 대한 통제력을 가지고 있음을 나타내는 것이다. 즉, 장애인 스스로가 자신이 어디에서 살 것인지, 누구와 함께 살 것인지, 어떤 생활방식을 택할 것인지, 자신의 시간과 경제적 상황 등을 어떻게 활용하고 소비할 것인지를 결정한다는 것이다. 장애인복지 전문가의 선택과 결정에 따라 언제나 피교육자, 수혜자의 입장에서 벗어나 능동적이고 주체적인 삶의 양태를 가짐을 나타내는 이념이다. 이는 이러한 선택 또는 결정에 대한 책임까지도 장애인 스스로가 진다는 가정을 전제하고 있다.

5) 사회(국가) 책임의 이념

산업화과정과 현대화 과정을 거치면서 현대사회에 발생하는 문제들은 해결할 수 없기 때문에 국가(사회)가 개입하게 되는데, 이는 임금과 관련된 노동에 관련되어서 나타나기 시작하였고, 이러한 문제들은 교육의 부재, 제한과 고용기회, 부적절한 제반 환경들과 더불어 문제의 양상이 증폭되는 결과를 가져왔다. 특히 교육과 취업에 있어서 제한을 가질 수 밖에 없었던 장애인복지 분야에서는 이러한 문제양상이 더욱더 심각하게 나타났고, 결국은 인간의 존엄성과 생존권, 생명이 위협받기에 이르렀다. 결과적으로 이러한 문제를 해결 또는 극복하기 위하여서는 개인 또는 자선에 의한 서비스 접근과 더불어 국가(사회)가 이러한 문제를 해결하기 위하여 국가가 개입하여야 하는 책임의 이념이 제기되었다.

제 2 절 장애인 복지사업 발달과정

1. 우리나라 장애인 복지 발달과정

- 1977. 12. 31 : 특수교육진흥법 제정
- 1981. 6. 5 : 심신장애자복지법 제정
- 1984. 5. 7 : 장애인편의시설 의무화
- 1987. 10. 1 : 장애인등록 시범사업(서울 관악구, 충북 청원군)
- 1988. 8. 1 : 장애자복지대책위원회 규정(대통령령 12501호) 공포

- 1988. 10. 15~24 : 제8회 서울장애인올림픽대회
- 1988. 11. 1 : 장애인등록사업 전국 확대 실시
- 1989. 12. 30 : 심신장애자복지법 전문 개정, 장애인복지법으로 변경
  ※ 장애인의 날을 법정기념일로 규정
- 1990. 1. 13 : 장애인고용촉진등에관한법률 제정 · 공포(법률 제4219호)
- 1994. 12. 30 : 장애인편의시설 및 설비의설치기준에 관한 규칙 제정 · 공포
- 1996. 4. 20 : 「장애인 먼저」 운동 선포
- 1998. 2. 24 : 「장애인 · 노인 · 임산부등의편의증진보장에관한법률시행령」 제정 · 공포
- 1999. 2. 8 : 「장애인복지법」 전면 개정(2000. 1. 1부터 시행)
- 2000. 1. 1 : 장애범주 확대 : 지체, 시각, 청각, 언어, 정신지체 → 지체, 뇌병변, 시각, 청각, 언어, 자폐, 정신, 신장, 심장장애까지 확대 시행
- 2003. 7. 1 : 2차 장애범주 확대 - 「안면변형, 장루, 간, 간질, 호흡기장애」 5종 추가
- 2007. 4. 10: 장애인차별금지 및 권리구제 등에 관한 법률

2. 장애의 개념 및 변천

장애라는 용어는 다양한 의미로 사용하고 있어 한마디로 정의하기는 매우 어렵다. 사회사업사전에 의하면 장애(handicap)란 "다른 사람들이 보통 행하는 기능에 대한 개인의 능력을 방해하거나 제한하는 신체적 또는 정신적인 손상"이라고 정의하고 있다.

장애에 대한 표현은 세계보건기구의 용례를 기준으로 할 때 impairment, disability, handicap 등을 일반적으로 사용하고 있는데, 각각 손상, 기능상의 장애, 사회적 불리를 포함한 장애를 의미한다. 장애인은 'the disabled', 'people with disability', 'differently abled people' 등으로 사용되고 있다. 처음에는 주로 'the disabled'를 사용하였으나 학술적으로 중립적 표현을 선호할 경우에는 'people with disability'를 사용하는 경향이 생겨났으며, 장애인 인권운동에 가담하고 있는 경우에는 사회적 책임을 강조하는 의미에서 'the disabled'라는 표현을 즐겨 사용하고 있다(문선화 외, 2005). 외국에서는 '장애인'을 의미하는 용어에 대해 이처럼 나름대로 구분을 하고 중요한 의미를 부여하며 사용하고 있지만, 우리나라에서는 보통 일반적으로 '장애인'이라는 용어를 사용하고 있다.

1) ICIDH(장애분류모델) 개념

WHO에서는 1980년에 장애분류모델(ICIDH: International Classification of Impairment, Disabilities, and Handicaps)을 발표하였다. ICD(International Classification of Diseases)를 근간으로 장애를 개인적인 특성인 신체손상(impairment), 손상으로 인한 기능적 제한인 기능장애(disability), 그리고 장애의 사회적 결과인 불리(handicap)로 분류하고 있다. 〈그림 9-1〉은 ICIDH의 장애개념을 도표화한 것이다.

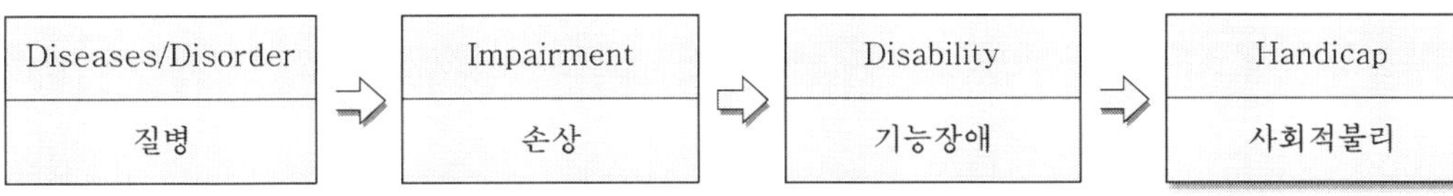

〈그림 9-1〉 ICIDH(1980)

2) ICIDH-2(장애분류모델-2) 개념

ICIDH-2는 장애의 개념이 근본적으로 크게 확대되는 것을 의미하며, 여기에서는 개인뿐만 아니라 사회 환경 맥락이 더욱 강조되고 있음을 보여준다.

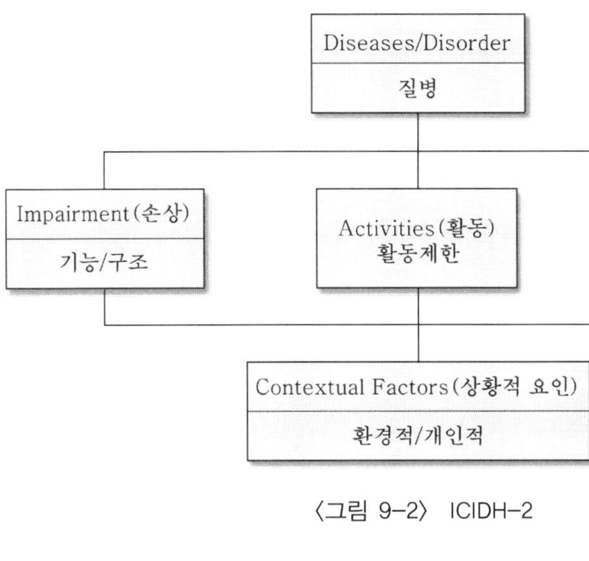

〈그림 9-2〉 ICIDH-2

ICIDH-2에서는 장애는 기본적으로 환경과 개인이라는 상황적 요인을 포함한 장애개념을 채택하고 있으며, 개인이 접하게 되는 장애를 손상(impairment), 활동(activities), 참여(participation)로 구분하고 있다. 새로운 분류의 주요한 특징은 환경과의 상호적인 관계성

속에서 보다 포괄적인 장애를 규정하는 것이라 할 수 있다. 〈그림 9-2〉는 ICIDH-2의 장애 개념을 도표화한 것이다.

3) ICIDH(장애분류모델)를 통한 장애개념 변화

인간의 전인적 존재형태를 근거로 개인적·사회 환경적인 장애요소들의 상호관계를 중심으로 장애와 장애인의 개념정의를 다음의 3가지로 체계화하였다.

첫째, 장애를 인간의 문제로 보고 인간의 유기적 존재형태와 사회적 존재형태를 근거로 체계화하였다.

둘째, 장애를 인간의 존재원인(구조)을 동시에 포함하는 살아있는 인간의 문제로 보고, 구조·기능주의적 고찰을 통해 체계화하였다.

셋째, 장애를 장애인복지의 대상(해결대상)으로 체계화하였다.

4) ICF(국제기능, 장애, 건강분류)

ICIDH-2와 큰 맥락은 동일하면서 장애에 대한 개인적인 특성과 사회 환경적인 특성을 통합한 것으로 이는 국제질병분류체계(ICD-10)와 상호 보완적으로 사용하도록 했으며, 2001년 5월 22일 제54차 WHO 총회에 의해 승인, 국제적으로 사용하게 되었다. ICD-10은 질병의 진단에 초점을 두고 있다면, ICF(International Classification of Functioning, disability and health)는 기능에 대한 풍부한 정보를 제공하도록 구성되어 있다.

ICF는 다양한 원칙과 여러 분야에서 적용될 수 있도록 고안된 '다목적'을 지닌 분류이며, 목적은 다음과 같이 요약될 수 있다.

첫째, 건강과 건강관련 상태, 결과, 그리고 결정요소를 이해하고 조사하는 과학적 기초를 제공한다.

둘째, 건강과 건강관련 상태를 설명하는 공용어를 제공함으로써, 건강관리 관계자, 연구원, 정책입안자, 대중, 그리고 장애인과 같은 상이한 사용자들 간에 원활한 커뮤니케이션이 이루어질 수 있도록 돕는다.

셋째, 국가별 자료, 건강관리 원칙, 서비스, 그리고 시간에 대한 비교를 가능케 한다.

넷째, 보건정보체계 구축을 위한 체계적으로 코드화된 분류기준을 제공함으로써 건강정보 시스템 구축에 기여한다(정무성, 2006).

제3절 장애유형별 정의 및 특성

장애의 유형은 장애를 어떻게 정의하느냐에 따라서 그리고 기준을 어디에 두느냐에 따라 분류를 달리할 수 있다. 우리나라의 장애인복지법 제2조를 보면 장애유형을 신체적 장애와 정신적 장애로 분류하고 있고, 이 법 시행령 제2조는 이를 세분하여 장애종류를 지체장애, 뇌병변장애, 시각장애, 청각장애, 언어장애, 정신지체, 발달장애, 정신장애, 신장장애, 심장장애, 등의 15가지로 분류하고 있다(문선화 외, 2005).

〈표 9-1〉 장애인복지법에 따른 장애유형 분류(2003. 7)

대분류	중분류	소분류	세분류	확대예상 장애범주
신체적 장애	외부 신체 기능의 장애	지체장애	절단장애, 관절장애, 지체기능장애, 변형 등의 장애	
		뇌병변장애	중추 신경의 손상으로 인한 복합적인 장애	
		시각장애	시력장애, 시야결손장애	
		청각장애	청력장애, 평형기능장애	
		언어장애	언어장애, 음성장애, 구어장애	
		안면장애	안면부의 추상, 함몰, 비후 등 변형으로 인한 장애	
	내부 기관의 장애	신장장애	투석치료 중이거나 신장을 이식받은 경우	
		심장장애	일상생활이 현저히 제한되는 심장기능 이상	
		간장애	일상생활이 현저히 제한되는 만성·중증의 간기능 이상	
		호흡기장애	일상생활이 현저히 제한되는 만성·중증의 호흡기기능 이상	
		장루·요루장애	일상생활이 현저히 제한되는 장루·요루	
		간질장애	일상생활이 현저히 제한되는 만성·중증의 간질	
정신적 장애	지적장애		지능지수가 70 이하인 경우	
	자폐성장애(자폐증)		소아자폐 등 자폐성 장애	기타 정신발달장애
	정신장애		정신분열병, 분열형 정동장애, 양극성 정동 장애, 반복성 우울장애	만성알코올·약물중독·기질성뇌증후군·치매

1. 신체적 장애

1) 외부 신체적 기능의 장애

(1) 지체장애

지체장애란 사지나 몸통의 운동기능장애를 말하는 것으로서, 사람의 몸 중 골격, 근육, 신경 중에서 어느 하나의 일부나 전체에 질병이나 외상으로 인한 기능장애가 발생하는 경우이다. 운동기능장애란 운동기관이 있는 중추신경계, 근육, 뼈, 관절 등의 부상이나 질병으로 인하여 장기간 일상생활이나 학교생활에서 곤란한 상태에 있는 것을 말하는데 이 곤란이 일시적이 아닌 영구적으로 장애가 남아있을 경우에 지체장애가 된다.

(2) 뇌병변장애

사람의 중추신경계는 뇌수(골)와 그 아래쪽에 이어진 척수로 구성되어 있다. 뇌병변장애란 중추신경의 손상으로 인한 복합적 장애를 말하는데, 뇌성마비, 외상성 뇌손상, 뇌졸중 등의 뇌의 기질적 병변으로 인해 보행이나 기타 일상생활동작에 제한을 받는 것이다.

(3) 시각장애

인간은 외부로부터 받아들이는 정보의 대부분은 시각에 의존한 것이다. 시각장애란 눈의 기능에 문제가 있는 경우인데, 일반적으로 시각장애는 맹(盲)과 약시로 구분한다.

맹은 좁은 의미로는 시력이 제로인 자를 말하나 넓은 의미로 보면 그 한계가 일정하지 못하여 나라마다 혹은 관점에 따라 다른 입장을 보인다. 우리나라는 일반적으로 교정시력 0.05 이하를 실명이라 하고 이 중 전혀 보이지 않을 뿐 아니라 빛조차 구별하지 못하는 경우를 전맹(0.02 미만), 밝고 어두운 구별은 가능하고 약간 볼 수 있지만 1m 앞의 손가락 수를 구별하지 못하는 경우를 준맹(0.02~0.04)이라 한다.

(4) 청각장애

지금까지 청각장애의 정의는 청력손실의 정도로만 판단하였으나, 최근에는 언어발달에 대한 청각장애의 영향을 강조하기 때문에 청각장애에 대한 정의는 언어정보를 이해하고 처리하는 능력이 어떠한가에 기초하여 정의한다. 이렇게 기능적인 측면을 강조하는 청각장애에 대한 정의는 다음과 같다.

청각장애란 기질적 혹은 기능적인 장애가 원인이 되어 듣는 기능이 일시적이거나 영구적으로 저하되거나 결여된 상태를 의미한다. 청각장애인을 농인과 난청인으로 구분하는데 농인은 보청기를 착용하거나 착용하지 않은 상태에서 청력으로 언어적 정보의 성공적 소통과정이 불가능한 자를 말하며 난청인은 청각을 통한 언어적 정보의 성공적인 소통과정이 충분히 가능한 잔존청력을 보유하여 일반적으로 보청기를 사용하는 자를 말한다.

(5) 언어장애

언어장애란 말이 다른 사람의 말과 달라서 말 자체에 주의를 끌게 하거나, 의사소통을 방해하거나, 말을 하는 사람이나 듣는 사람을 괴롭히는 원인이 될 때를 말한다. 즉, 언어장애는 음성 또는 언어장애로 의사소통이 어렵거나 이루어지지 않는 경우를 말한다. 이 정의를 세 개의 형용사로 압축할 수 있다. 말이 두드러지거나, 불명확하거나, 불쾌할 때 그 말은 장애가 있다.

첫 번째, 형용사인 '두드러진'의 의미는 비정상언어는 타인의 주의를 끌기에 충분할 정도로 상이하다는 사실을 말한다.

두 번째 형용사인 '불명확한'은 명료도를 말한다. 말을 하는 기본 목적은 메시지를 전달하는 것인데, 언어차이가 의사소통을 방해하여 그 메시지가 왜곡된다면 언어장애가 되는 것이다.

세 번째 형용사인 '불쾌한'이 의미하는 것은 언어의 편차로 화자 혹은 청자에게 일어나는 고통을 말한다. 심하게 장애된 언어를 듣는 청자는 우리가 너무 갈겨써서 알아보기 어려운 글씨를 판독해야 할 때처럼 쉽게 이해되지 않으며 좌절감을 느낄 수 있다.

(6) 안면장애

안면부위의 변형 또는 기형으로 인하여 사회생활을 하는데 있어 상당한 제한을 받는 상태를 말한다. 안면장애에는 면상반흔, 색소침착, 모발결손, 조직의 비후나 함몰, 결손이 포함된다. '함몰이나 비후'라 함은 연부조직, 골조직 등의 함몰이나 비후, 위축을 말한다. 안면장애의 원인은 크게 선천적인 원인과 후천적인 사고로 대별된다. 선천적 원인에는 혈관종이나 혈관기형, 신경섬유종증, 거대모반증이 대표적이며 후천적인 원인으로는 화상과 각종 사고로 인한 반흔을 들 수 있다. 가장 대표적인 예로 안면부의 화상은 치유 후에 다양한 정도의 반흔 및 구축을 초래하는데 심한 경우 안면구조물의 중요기능의 장애와 더불어 혐오감을 불러일으키는 비후성 반흔과 색소침착, 구조물의 변형이 발생하게 된다.

2) 내부기관의 장애

(1) 신장장애

신장장애는 통칭 만성신부전을 뜻하는 말로 신장의 기능단위인 네프론의 계속적인 손실에 의해 지속적으로 신장기능의 장애가 초래되어 사구체 여과율이 비가역적으로 감소되는 것으로 정의한다. 따라서 인체의 불순물을 제거하고 체내의 수준을 균형 있게 유지시켜 주는 정상적인 신장과 달리 만성신부전으로 인해 신장에 이상이 발생하게 되면 신장은 더 이상 정상적인 기능을 할 수 없게 된다.

(2) 심장장애

심장은 사람 및 동물의 혈액순환의 원동력이 되는 기관으로 심장의 좌우면은 폐면이라고 한다. 수축과 확장을 반복하여 혈액을 신체의 구석구석까지 보내는 펌프의 역할을 한다. 심장장애란 심장기능의 장애가 지속되며, 심부전증 또는 협심증의 증상 등으로 일상생활에 현저히 제한되는 심장기능의 이상이 있는 것을 말한다.

장애인복지법에서는 심장기능장애의 장애기준은 크게 ① 부정맥, ② 허혈성심질환(협심증, 심근경색), ③ 심근증으로 구분된다. 따라서 심장기능장애는 이와 같은 질병으로 인하여 일상생활에 있어서 활동이 제한되는 자를 말한다.

(3) 간장애

간장애는 간의 만성적 기능부전과 그에 따른 합병증 등으로 인한 간기능의 장애로 인하여 일상생활을 하는데 있어 상당한 제한을 받는 사람을 일컫는다. 주로 만성간질환(간경변증, 간세포암종 등)으로 간이식수술을 받은 경우나 잔여 간기능 평가등급이 C인 사람, 내과적 치료로 조절되지 않는 난치성 복수, 자발성 세균성 복막염 등이 해당된다.

(4) 호흡기장애

호흡기장애는 폐나 기관지 등 호흡기관의 만성적 기능부전으로 인한 호흡기능의 장애 즉, 만성적으로 호흡에 장애를 주는 폐질환을 총칭하는 것으로, 원인이 되는 폐질환이나 심장질환이 없이 기도폐쇄가 발생하여 기루의 속도가 감소하는 질환군으로서 일상생활을 하는데 있어 상당한 제한을 받는 사람을 일컫는다.

(5) 장루 · 요루장애

장루 · 요루장애인은 배변기능 또는 배뇨기능의 장애로 인하여 장루(인공항문) 또는 요루(인공방광)를 시술하여 일상생활을 하는데 상당한 제한을 받는 사람이다. 즉, 대장암이나 방광암 등으로 수술을 받았거나 각종 사고 등으로 인공배뇨관에 의존해 정상적인 배변 기능을 상실해서 발생된다. 장루·요루장애인은 대변이나 소변 조절 능력이 없어 수시로 배설하므로 신체에 부착하는 보조장치를 이용하여 관리하므로 일상생활에서 냄새 등 여러 가지 문제점으로 주변 사람과 당사자가 불편함을 겪을 수 있다. 이로 인해 대인관계에 어려움을 가질 수 있으며, 취업 등 사회적 활동에 어려움을 갖고 일상생활에 지장을 받는다.

(6) 간질장애

간질장애는 간질에 의한 뇌신경세포의 장애로 인하여 일상생활 또는 사회생활을 하는데 있어 상당한 제한을 받아 다른 사람의 도움이 필요한 사람이다. 간질은 간질발작이 언제든지 재발할 수 있는 만성적인 질병상태를 말한다. 만성적인 간질에 대한 적극적인 치료에도 불구하고 월1회인 간질중증발작 또는 2회인 간질경증 발작을 포함하여 연 6회인 간의 발작이 있고 이로 인해 협조적인 대인관계가 현저히 곤란한 사람이 해당된다. 직접적 원인으로는 간질발작, 뇌손상을 들 수 있으나 유전적 요인 등의 입증이 어려운 원인불명인 경우가 많다.

2. 정서적 장애

1) 지적장애

우리나라 장애인복지법 시행령에서 지적장애인이란 "정신발육이 항구적으로 지체되어 지적 능력의 발달이 불충분하거나 불완전하고 자신의 일을 처리하는 것과 사회생활에서의 적응이 현저히 곤란한 자"라고 정의되어 있다.

미국지적장애협회(AAMR)에서는 "적응행동에 결함이 있을 뿐만 아니라 이와 동시에 일반적 지적 능력이 평균수준에 상당히 못 미치는 상태로서 발달기 동안에 야기는 되는 것"으로 정의하고 있다. 지적능력과 적응행동 수준에 있어 두 가지 능력이 동시에 평균 이하인 상태가 발달기 즉, 18세 이전에 나타나야만 지적장애로 간주하며, 18세 이후에 나타나는 지적장애의 증상은 치매로 분류된다. 1992년부터는 현저하게 평균 이하인 지적기능과 동시에 의사소통, 자기관리, 가정생활, 사회성 기술, 지역사회 활동, 자기지시, 건강과 안전, 교과학습, 여가, 직업기술의 영역 가운데 두 가지 이상에서 평균 이하인 적응행동을 보이는 경우로 정의하고 있다.

2) 자폐성장애

자폐성장애는 1943년 존스홉킨스 대학의 Kanner에 의해 보고되었으며, 그는 자폐증을 가진 아동의 특성을 다음과 같이 지적하고 있다. 첫째, 대인관계 형성을 하지 못한다. 둘째, 언어 습득이 지연된다. 셋째, 언어발달상 대화할 수 없는 언어를 사용한다. 넷째, 반향어(echolalia), 즉 앵무새처럼 다른 사람의 말을 되풀이하는 경향이 있다. 다섯째, 대명사를 반전하여 사용한다. 여섯째, 틀에 박힌 놀이를 반복한다. 일곱째, 동일성 유지에 대한 강박적인 요구를 가지고 있다. 여덟째, 상상력의 결여를 보이고 있다. 아홉째, 기계적 암기력이 좋다. 열 번째, 외면상 정상적인 신체발달을 보인다.

미국지적장애협회(NSAC)의 정의에 의하면 자폐 아동은 기본 특성으로 첫째, 전형적으로 출생 후 30개월 이전에 나타나고, 둘째, 발달속도나 순서에서 장애가 있으며, 셋째, 감각자극에 대한 장애, 넷째, 언어, 인지에서의 장애, 다섯째, 사람, 사건, 사물에 반응하는 능력에서의 장애를 들고 있다.

3) 정신장애

정신장애는 생물학적, 심리적 병변으로 인하여 정신기능의 제 영역인 지능, 지각, 사고, 기억, 의식, 정동, 성격 등에서 병리학적 현상이 진행되는 것을 말한다. 장애인복지법 정의에 의하면 정신장애는 지속적인 정신분열병, 분열형 정동장애, 양극성 정동장애 및 반복성 우울장애에 의한 기능 및 능력장애로 인하여 일상생활 혹은 사회생활을 영위하기 위한 기능수행에 현저한 제한을 받아 도움이 필요한 사람이다.

제 4 절 장애인복지 시설

장애인복지시설은 장애인 생활시설, 장애인 지역사회재활시설, 장애인 직업재활시설 등 세 가지로 나눌 수 있다(보건복지부, 2004).

1. 장애인 생활시설

장애인이 필요한 기간 생활하면서 재활에 필요한 상담・치료・훈련 등의 서비스를 받아

사회복귀를 준비하거나 장애로 인하여 장기간 요양하는 시설이다.

2. 장애인 지역사회재활시설

장애인복지관, 의료재활시설, 체육시설, 수련시설, 공동생활가정 등 장애인에게 전문적인 상담·치료·훈련 등을 제공하거나 여가활동 및 사회참여활동 등에 필요한 편의를 제공하는 시설이다.

1) 장애인복지관

전국 130개 장애인복지관(2006. 3 현재)은 지역사회의 가정 내에서 생활하고 있는 장애인들을 대상으로 장애에 대한 사정과 평가, 사회심리와 직업재활, 특수교육 의료재활, 재가복지서비스 등의 종합적인 재활서비스를 제공하는 사회복지기관으로서 지역재활중심센터의 역할을 수행하고 있다.

(1) 장애인 복지관의 목적

재활서비스 제공을 통하여 장애인복지관 운영에 필요한 사항을 정하여 지역 장애인의 자활 자립과 복지증진을 도모하고자 '장애인복지법 제49조 50조 및 동법시행령 제33조 내지 제36조'에 근거하여 장애인복지관을 운영한다.

(2) 장애인복지관의 기능

운영목적을 달성하기 위하여 여러 가지 서비스를 동시에 필요로 하는 장애인에게 조정된 서비스를 제공하는 기능을 수행하고, 그 기능을 구체적으로 살펴보면 다음과 같은 기능들을 수행하고 있다.

① 장애인의 사회적응과 복귀를 위한 재활서비스센터의 기능이 있다.

② 장애예방과 대중 계몽을 위한 사회교육센터의 기능이 있다.

③ 지역사회내의 전반적인 서비스의 조정과 관련된 통제조정센터로서의 기능이 있다.

④ 프로그램 개발을 위한 종합센터로서의 기능이 있다.

⑤ 재활환경의 조성과 자원동원을 위한 지역사회조직과 자원동원센터 및 사회운동센터로서의 기능이 있다.

(3) 장애인복지관 기본방침

① 복지관의 수행사업은 어떠한 경우에도 정치활동, 영리활동 및 특정 종교활동 등으로

이용할 수 없으며, 인도주의적 원칙 하에 이를 이용하는 장애인의 인간적 존엄성과 기본적 권리가 유지되도록 조치한다.

② 복지관 종사자는 사회복지사업법 제5조에 의하여 그 복지업무를 행함에 있어서 장애인복지를 필요로 하는 사람을 위하여 차별없이 봉사한다.

③ 복지관 이용 장애인에 대한 서비스는 물론 장애발생 예방과 지역 장애인문제의 조사, 연구 등 장애인복지가 종합적으로 향상되도록 하여야 하며, 이를 위해 각 복지관에서는 장애인의 날(매년 4월 20일) 전·후 1주간을 '장애발생예방주간 및 인식개선 주간'으로 정하여 지역주민, 학생, 직장인 등을 대상으로 장애발생예방 및 인식개선 프로그램을 실시한다.

④ 복지관은 지역장애인 등의 다양한 복지욕구를 해소하기 위하여 자원봉사자 활용, 지역내 복지자원의 동원 등 당해 지역사회의 자원을 개발, 활용한다.

⑤ 복지관은 지역 장애인복지의 증진효과와 투입재원 및 수해사업의 적정성, 효율성 등을 지속적으로 평가하고 이를 활용, 발전적 운영 개선방안을 강구한다.

⑥ 복지관은 운영 및 사업수행에 있어 지역장애인의 의사와 선택권을 존중하고 이를 사업에 적극 반영한다.

⑦ 복지관은 장애인복지 관련분야의 전문적인 지식과 기술을 가지고 있는 전문인력에 의해 수행되도록 노력한다.

⑧ 복지관은 주말에 개방 또는 관련 프로그램을 운영하여 취업장애인 등 주말 이용자의 편의를 도모한다.

(4) 장애인복지관 운영

관할 지역내 장애인의 복지증진을 위해 종합적인 재활서비스를 제공하는 장애인복지센터로서의 기능과 역할을 충실히 수행할 수 있도록 필요한 사업을 선정 수행하며 관내 등록장애인 중 연령별 대비, 장애유형별 인원, 생활정도, 직업종사 유형, 관내 지역 경제기반, 관내 장애인복지에 대한 지역사회의 인식도, 장애인가족 및 자원봉사자의 참여도 등을 적극 참고하여 이에 부합하는 사업계획 수립을 추진하며, 또한 장애인 복지와 관련된 행정기관 및 시설·단체 등과 긴밀한 협력체계를 구축하여 사업수행의 효과성 극대화시킨다(보건복지부, 2004).

(5) 장애인복지관 사업

장애인복지관 사업은 다음과 같다.

번호	사업분류	주요내용	사업예시
1	상담지도사업	기초상담 및 각종 검사, 진단을 통한 판정, 장애등록 검진	자체진단 위원회 및 평가위원회 운영
2	의료재활사업	장애인의 신체기능 회복을 위한 의료재활서비스 제공	진료실 운영, 물리치료, 작업치료, 언어치료, 청능훈련, 재활보조기구 사용자 적응훈련 등
3	교육재활사업	장애인에 대한 각종 교육 재활서비스 제공	조기교육(영유아, 아동 등), 통합교육, 부모교육 학습지도(취학아동 교육, 문자교육, 검정고시 등) 컴퓨터교육, 각종교구대여시・청각장애인기초재활 등)
4	직업재활사업	장애인의 경제적 안정과 자립촉진을 도모하기 위한 직업재활서비스 제공	직업상담, 직업평가, 직업적응훈련, 직업훈련, 보호작업장, 운영 취업알선(지원고용 등), 현장훈련, 취업 후 지도
5	사회심리 재활사업	장애인의 사회참여 확대를 위한 각종 사회심리재활서비스 제공	재활상담(개별, 집단, 가족, 동료 등), 사회적응훈련(캠프, 방과후 활동, 사회기술훈련 등), 심리치료(놀이치료, 심리 운동치료, 음악치료, 미술치료, 치료레크리에이션 등), 성교육, 장애가족지원(자애형제 기능강화, 부모 스트레스대처훈련, 장애인의 자녀 지원 등), 자조집단(동아리활동, 부모회 육성), 결혼상담, 공동생활가정, 주간보호센터, 단기보호센터 등
6	재가장애인 복지사업	지역사회장애인의 재가복지서비스 제공	재가복지서비스(상담, 의료, 가사지원 등), 지역사회자원활용 및 연계망 구축, 이동목욕, 재가자립지원 등
7	스포츠 및 여가 활동사업	신체적, 정신적 건강증진을 위한 스포츠 및 여가활동 지원	내방장애인 체육대회 개최, 장애유형에 맞는 체육교실 운영, 취미・여가・오락프로그램 운영 등
8	정보제공사업	장애관련 정보제공	장애인정보화교육 등 정보화지원, 시각장애인도서(시청각 자료 등) 제작・출판・보급・대여, ARS운영, BBS 운영
9	수화관련사업	청각・언어장애인에 대한 수화서비스 제공	수화교실, 수화통역 봉사원 양성 및 파견, 수화자막 및 비디오 등 영상물 제작・보급・대여 등
10	여성장애인의 복지 증진사업	사회적 차별 및 부당한 대우를 받기 쉬운 여성장애인의 권익보호 및 임신・출산・양육, 가사지원 등 복지 증진	여성장애인 상담실 쉼터 운영, 여성장애인 임신・출산・양육・가사보조활동 지원, 여성장애인 결혼 주선 등
11	사회교육사업	비장애인의 장애인에 대한 인식개선 및 참여 조성	장애체험, 장애인부모교육, 장애인복지 전문요원교육(세미나, 워크샵 등), 지역사회 주민교육, 지역대학의 실습생 지도 등
12	지역사회 자원개발사업	지역사회에 대한 장애인의 이해 증진 및 자원개발・활용	자원봉사자(청소년, 대학생, 일반인 등) 발굴교육・활동 및 관리, 지역행정기관・일반 사회단체종사자・교육 및 언론기관 등과의 교류협력

			증진, 기타자원개발 · 활용(인적, 물적 자원 등)
13	홍보 · 계몽 사업	지역사회를 대상으로 한 장애인시개선 및 장애예방 등을 위한 활동	관보 발행, 장애발생예방 캠페인 매스컴을 활용한 장애인식개선 홍보, 견학 등
14	조사 · 연구 활동	장애인복지증진을 위한 조사연구 및 다양한 재활프로그램 개발 · 보급	지역장애인 욕구 및 실태 조사, 재활프로그램 개발, 이용자 만족도 조사, 지역장애인 복지정책 개발, 각종 자료제작(도서 · 시청각 자료 등) 등
15	기타 사업	기타 장애인 복지 증진을 위해 필요한 사업	지역특성에 맞는 재활프로그램 개발 · 시행

3. 장애인 직업재활시설

일반고용이 어려운 장애인이 특별히 준비된 작업환경에서 직업훈련을 받거나 직업생활을 영위할 수 있도록 하는 시설이다.

1) 목적

장애인이 자신의 능력과 적성에 맞는 직업생활을 통하여 인간다운 생활을 할 수 있도록 장애인직업재활과 관련된 제반 서비스(보호고용, 직업상담, 직업능력평가, 직업적응훈련, 직업훈련, 작업활동, 취업알선, 취업 후 지도, 장애인생산품 판매 및 판로 확대 등)를 제공하고 취업기회를 제공하는 장애인 직업재활시설의 설치 · 운영에 필요한 사항을 정하여 직업을 통한 장애인의 자활 · 자립을 도모하는 데 있다.

2) 장애인직업재활시설의 종류와 기능

장애인복지법시행규칙 제32조 별표 4의 규정에 의한 장애인직업재활시설의 종류와 기능은 다음과 같다.

① **장애인작업활동시설** : 작업능력이 극히 낮은 장애인에게 주기능으로 작업활동, 일상생활훈련 등을 제공하여 기초작업능력을 습득시키고, 부기능으로 작업능력평가 및 사회적응훈련 등을 실시하는 시설이다.

② **장애인보호작업시설** : 직업능력이 낮은 장애인에게 주기능으로 직업 훈련 및 일거리 등을 제공하여 보호적 조건에서 생산활동에 참여하게 함으로써 이에 상응하는 노동의 대가를 지급하고, 부기능으로 직업알선 등을 실시하는 시설이다.

③ **장애인근로작업시설** : 직업능력은 있으나 사회적 제약 등으로 취업이 어려운 장애인

에게 주기능으로 근로의 기회를 제공하여 생산활동에 참여하게 함으로써 최저임금 이상을 지급하고, 부기능으로 직업알선 등을 실시하는 시설이다.

④ **장애인직업훈련시설** : 직업훈련을 받고자 하는 장애인에게 주기능으로 직업능력평가, 사회적응훈련 및 직업훈련 등을 일정기간 실시하여 직업능력을 향상시키고, 부기능으로 직업알선 및 사후 지도 등을 실시하는 시설이다.

⑤ **장애인생산품판매시설** : 주기능으로 장애인생산품의 판매활동 및 유통을 대행하고, 부기능으로 장애인생산품에 관한 상담, 홍보, 판로개척 및 정보 제공 등을 실시하는 시설이다.

제 5 절　사회복지사의 역할

1. **상담가** : 클라이언트에 관한 직업, 경력, 교육배경 및 각종 경험 등과 같은 클라이언트 배경이라고 생각되는 구체적이고 실제적인 정보를 수집하고 파악한다.
2. **자원봉사 모집가 및 교육가** : 복지관 내·외에서 활동하고 있거나 활동할 자원봉사자를 모집, 교육, 배치, 관리하는 역할을 한다.
3. **후원자의 모집가 및 관리가** : 가정방문을 통하여 어려운 가정에 후원을 해주는 것과 후원자를 모집하는 역할을 한다.
4. **직업훈련가 및 취업알선가** : 복지관에서 직업훈련을 받은 정신지체인들을 일반 직장에 취업을 시켜주고 관리해 주는 역할을 한다.
5. **홍보가, 출판가** : 복지관에서 이루어지고 있는 사업을 장애관련신문이나 일간지, 매스컴 등에 홍보를 해 주거나, 복지관에서 나오는 모든 관보, 팜플렛, 교육용 책자를 제작하는 역할을 한다(서홍란·이경아, 2001).

제 6 절　장애인복지의 전망

참여복지 5개년(2004-2008) 계획은 장애인이 비장애인과 대등한 시민으로 참여하는 통합적 사회실현을 목표로 두고 있다. 그리고 과정 목표로 생애주기로 특화된 복지서비스를 개발하고 일반교육과 특수교육의 책무성 공유를 통한 통합교육을 확대하여, 복지와 성장의 조화를 통한 안정적 장애인고용을 실현하고, 신체적 여건에 구애됨 없이 정보화의 혜택을 누리는 디지털 복지사회를 구현하고 , 장애인에게 편리하고 안전한 이동편의체계를 구축하고자 한다.

그리고 이를 실현하기 위한 세부 활동 과제로 장애인의 소득보장체계 구축을 통한 생활안정 지원 강화, 장애인의 아동권 확보 및 장애인차별금지법 제정을 통한 장애인의 사회참여, 의료·교육·재활서비스 강화 및 장애인복지 전문인력의 공인자격제도 도입을 통한 장애인의 재활서비스 강화, 지역사회 재활시설 확충 및 장애인의 자립생활 패러디임 정착을 통한 지역사회 재활서비스 강화, 장애 범주의 단계적 확대, 장애인이 이용할 수 있는 문화 및 체육 활동 활성화, 여성 장애인의 인권과 폭력방지 등의 지원 대책 수립, 그리고 장애인 복지 전담기구 구성을 통한 장애인 서비스 전달책의 구축을 구체적 목표로 수립하고 있다(참여복지기획단, 2004 : 52-57).

장애인복지의 목표는 최근에 강조되고 있는 접근권, 노동권, 교육권, 차별금지, 그리고 장애인의 자기권리 찾기 등이 포함되어 있다는 점에서 그 전망은 희망적이다. 하지만 이러한 정책적 실천과제가 어느 정도 실현될 수 있을지의 여부는 정부의 의지에 달려있다.

최근에 사회복지환경의 변화는 장애인 복지의 전망을 분명하게 제시하기 어려운 상이다. 사회복지 관련 사업을 비롯한 중앙정부의 사업이 지방정부로 이양되고 있으며, 지방화와 분권화의 강화로 지방자치단체의 역할이 증대되고 있다. 지방정부는 단체장의 관심도와 업무 담당자의 역량에 따라 많은 차이를 보여줄 것으로 예상되고 있다. 더욱이 2008년도에 도입될 예정인 노인 장기요양보험도 장애인복지에 많은 영향을 미칠 것이다. 더불어 정보화의 가속화로 정보의 격차가 심화될 것이며, 빈부의 불평등이 심화되어 이러한 격차는 더욱 증가할 것이다.

한편 소화기장애, 중증 피부질환, 기질성 뇌증후군 등의 중증장애를 중심으로 장애 범주가 더욱 확대될 예정이며 장기적으로 장애 개념이 사회적 개념으로 확대될 것이다. 그래서 장애인의 수가 지속적으로 증가되므로 장애인 복지 수요가 증가될 것이다.

따라서 이러한 환경의 변화로 볼 때 지방정부의 역할이 강화되어 지역적 특성에 부합되는 프로그램을 실시할 가능성이 높다. 하지만 지방화의 촉진에도 불구하고 중앙정부의 적극적 역할이 강화되어야 하므로 지방정부와 중앙정부의 협력적 관계를 도모하여야 할 것이다. 더불어 중앙과 지방정부의 기능을 보완하기 위하여 지역사회의 자원을 적절하게 활용할 수 있는 네트워크를 구축하여야 한다.

또한 장애인의 자립생활을 촉진하기 위한 다양한 프로그램이 개발되고 장애인의 권리를 존중하며 장애인의 가치로운 생활을 보장하기 위한 다양한 운동이 활발히 전개될 것이다. 인간으로서의 장애인을 수용하고 그들의 능력에 부합되는 역할을 부여함으로써 장애인들이 완전하게 사회 권 되는 사회적 가치가 정립되어야 할 것이며 장애인들의 사회참여를 증진할 수 있도록 이동권과 접근권이 완전하게 보장되어야 할 것이다.

그러므로 장애인 복지의 발전에 있어서 가장 중요한 것은 장애인의 보살핌과 보호의 대상이 아니라 그들이 선택과 결정의 당사자이며 삶의 주체로서 능동적으로 사회참여할 수 있는 사회적 환경을 조성하는 것이며 그들을 차별하지 않는 사회문화적 여건을 조성하는 것이다.

제 7 절 장애인복지 실습사례

1. 실습기관의 현황

1) 기관연혁

연도/월	연혁내용
1981. 10	천노엘신부가 천주교 광주대교구 유지재단 하에 광주시 월산4동의 일반주택에서 정신지체인을 위한 '엠마우스그룹홈'과 직업훈련 시작
1983. 1	교육중심 그룹홈' 2곳 증설
1985. 10	현 '엠마우스복지관' 준공 및 장애인 복지 시설 인가
1988. 7	취학 이전의 발달장애 아동을 위한 '조기교육센터' 개관
1991. 1	장애인 이용시설로 정부 지원 시작
1991. 7	성인 정신지체인의 '보호작업장' 운영 (하남 제 3공단 소재)
1991. 9	거주 중심의 '그룹 홈(부모 운영)' 2곳 증설
1991. 11	캠프, 원예 실습을 위한 '엠마우스교육관' 운영(전남 담양군 소재)
1992. 1	중증 정신지체인을 위한 '활동센터(Activity center)' 운영
1993. 1	삼성복지재단 지원으로 '주간단기보호서비스(Respite Care Services)' 시작
1993. 3	사회복지법인 '무지개공동회'로 법인 형태 변경
1995. 1	자립 능력이 높은 정신지체인을 위한 자취형 그룹홈 운영
1996. 1	삼성복지재단 지원으로 수급권자 가정의 정신지체인 순회서비스 시작
1996. 3	근로시설 '엠마우스산업' 설치 인가
1997. 1	'재가복지봉사센터' 운영
1997. 1	'주간단기보호센터' 설치 인가
2000. 1	발달장애아동을 위한 '엠마우스어린이집' 설치 인가
2000. 9	직업재활시설 '엠마우스보호작업장' 설치 인가
2000. 10	직업재활센터 지원(장애인고용촉진공단)
2001. 9	장애인 정보화 교육센터 운영
2003. 6	엠마우스산업 '양초 KS인증마크' 획득
2004. 1	레져스포츠팀 신설: 수급권가정 및 일반가정의 정신지체 및 발달장애 학교 청소년을 대상으로 프로그램 운영
2004. 3	전환교육프로그램 신설: 일반학교(중,고)의 특수학급 정신지체 학생을 대상으로 한 직업훈련(전남공고, 자원과학고 특수학급 학생)
2004. 4	엠마우스활동센터 설치 인가 및 운영(서구 금호동 소재)
2004. 5	언어치료실 신설: 수급권가정 및 일반가정의 정신지체 및 발달장애를 가진 아동, 청소년 및 직업재활센터의 정신지체 성인

2) 시설현황

부서	프로그램
사회복지팀	진단 및 프로그램, IPP회의, 사례관리, 재활상담, 사회심리재활, 사회교육, 지역사회자원개발·활용, 만족조사
재가복지센터	방문상담, 가사지원, 정서지원, 일상생활지원, 교육지원, 의료지원, 사회생활서비스지원, 지역사회유대, 가정봉사원조직, 비장애자녀지원, 치과진료
기획홍보팀	연구자료집발간배포, 세미나, 직원교육, 홍보, 계몽, 대외행사, 실습지도, 지역사회조직
직업재활팀	현장직무지도, 사회적응훈련, 일상생활훈련, 지원고용, 취업알선적응지도, 만족도조사, 자문활용, 기관연계
주간보호센터	일일주간보호, 영유아를 위한 프로그램, 학령기 아동을 위한 프로그램, 방학중주간보호, 주말여가프로그램, 꾸러기캠프,
정보화센터	정보화교육
그룹홈	자립생활, 사회적응, 지역사회와 유대, 가족과의 유대, 여가생활지원, 직업생활지원, 정서안정, 학교생활지원, 외부종사자직무교육, 탈시설화간담회
원예치료	원예치료, 원예실습, 방문 및 견학, 원예교실
레져스포츠	진단·판정·상담, 사례관리, 청소년프로그램, 레포츠활동, 캠프, 스포츠행사, 이동서비스, 지역사회지원, 홍보, 조사
언어치료	개별 및 그룹치료, 호흡·발성·조음기관훈련, 수용 어휘 늘리기, 자발적 표현 언어 늘리기, 사회적 상호관계 형성하기, 인지능력 키우기

3) 주요사업내용

단위사업 프로그램	서비스 내용
개별화프로그램기획(IPP)	① 심리평가 및 직능평가: 지능검사, 사회성숙도검사, 적응행동성취도검사, 운동능력검사, 적성검사, 직업흥미도검사 등 ② 개인별 종합서비스 계획 및 진행 : 개인별 프로그램 작성, 중간 및 종합평가
직업재활사업	① 구인업체개발 및 취업알선 ② 현장적응훈련 및 사후지도: 현장지도, 여가지원 ③ 직업 전 훈련, 취업탐색훈련 ④ 작업기술훈련(대근육, 소근육을 이용한), 원예치료 ⑤ 지원고용지도
가족지원사업	① 부모상담 및 부모교육, 부모회지원 ② 가족상담 및 지원 프로그램: 비장애 형제 그룹상담, 가족야유회 ③ 단기보호(Respite Care): 가정의 위탁에 의해 부정기적, 일시적 단기보호
그룹홈사업	① 자립생활 및 사회교육: 신변처리, 요리, 집안관리, 의생활, 사회기술 ② 가족 및 지역사회와의 유대: 원가정과의 유대, 사회행사 참여, 봉사활동 ③ 전국 공동생활가정 직원세미나 및 신규직원교육
작업활동센터사업	① 일상생활훈련 및 사회적응력증진: 신변처리훈련, 이동훈련, 사회교육, 여가활동 ② 작업활동훈련 및 운동치료: 작업활동, 주의집중 및 태도훈련, 감각통합훈련

탈시설화사업	① 의·식·주 제공 및 생활훈련, 사회생활지원, 직업생활지원 ② 가족찾기 및 주권회복: 주민등록증 취득, 국민투표 참여 ③ 탈시설화 확장운동 및 세미나
재가복지사업 (수급권가정)	① 가정방문 ② 재활서비스: 의료재활, 사회, 교육재활, 수영교실, 재활캠프 ③ 가족지원: 비장애자녀 및 형제지원, 정신지체인 부모역할훈련, 장애자녀교육 ④ 가정봉사원 조직, 지역사회자원 연계 및 조직 ⑤ 장애등록현황조사 및 장애등록유도
주간보호사업	① 영·유아 특수교육 ②방과 후 지원 프로그램
연구사업	① 연구지 발간, 교육용 자료 및 프로그램 개발 -광주광역시 정신지체인 정책 백서발간(2002-2003년) 및 발표회 ② 정신지체인 복지기관 종사자 전문요원교육: PCP교육, 성교육, 장애인복지방향 ③ 자원봉사자 조직 및 관리 ④ 장애예방교육, 이미지개선운동: 장애체험, 청소년통합프로그램, 매스컴홍보 ⑤ 실습생지도: 간호학, 사회복지학, 유아교육학, 신학과
문화센터사업	① 취미생활 프로그램: 여가 및 특기 적성교육을 위한 다양한 프로그램을 시간제로 운영 ② 사회교육프로그램: 부모역할훈련 등의 다양한 대인관계 훈련, 성교육, 자기주장훈련 ③ 극기훈련 및 캠프 ④ 스포츠활동 프로그램 : 스포츠 댄스, 스포츠 게임, 치료레크레이션 등 ⑤ 문화행사 : 엠마우스 예술제
레저스포츠활동사업	① 청소년 방과 후 프로그램 ② 청소년 사회통합 프로그램 ③ 레포츠활동: 스포츠활동, 수영, 주말학교21, 국토순례 ④ 스포츠행사: 전국장애인체육대회, 전국정신지체인 축구대회, super11축구대회 ⑤ 방학 프로그램 ⑥ 캠프

2. 실습 일정 및 내용

1) 실습일정 (실습기간 2006. 1.9 ~ 2.3)

주	월/일	요일	실습예정
1주	1/9	월	기관소개 및 실습일정 안내
	1/10	화	레저스포츠방중프로그램
	1/11	수	재가복지방중프로그램
	1/12	목	재가복지방중프로그램
	1/13	금	재가복지방중프로그램/수퍼비전

2주	1/16	월	재가복지방중프로그램
	1/17	화	재가복지방중프로그램
	1/18	수	재가복지방중프로그램
	1/19	목	재가복지방중프로그램
	1/20	금	IPP참관/재가복지방중프로그램
3주	1/23	월	재가복지방중프로그램
	1/24	화	재가복지방중프로그램
	1/25	수	주간보호지도
	1/26	목	주간보호지도/직업재활작업지도/그룹홈방문
	1/27	금	사회복지지도/수퍼비전
4주	1/31	화	직업재활작업지도/사회적응훈련지도
	2/1	수	교육재활지도
	2/2	목	직업재활작업지도/수퍼비전
	2/3	금	직업재활작업지도/사회복지행정지도/후원관리지도/실습평가회

2) 실습내용

재가복지 방중프로그램	· 목적: 방학 중 자칫 고독감에 빠질 수 있는 장애 청소년을 위해 다양한 활동으로 신나고 즐거운 방학 만들기 위함 · 대상: 광주시내 중·고등학교에 재학중인 수급자 정신지체 및 발달장애 청소년 · 이용기간: 1월 11일~ 1월 24일(2주간) · 신청방법: 전화접수 후 이용 · 내용: 방학숙제지도 및 개별학습지도, 식사지도, 여가활동, 사회적응훈련 등
주간보호 방중프로그램	· 목적: 여름, 겨울방학 중에 가정에서의 보호부담을 덜어주고자 장애아동을 위한 다양한 활동으로 이루어짐 · 대상: 15세 이하의 정신지체 및 발달장애 아동 · 이용기간: 월~금요일, 오전 9:30~ 오후 4:00(식비 별도) · 신청방법: 전화접수 후 이용 · 내용: 체험학습 및 견학, 식사지도, 학습지도, 레크리에이션, 인라인스케이트 등
레져스포츠 방중프로그램	· 목적: 정신지체 및 발달장애 청소년을 위해 신나고 즐거운 방학을 만들기 위함 · 대상: 광주시내 중·고등학교에 재학중인 정신지체 및 발달장애 청소년 · 이용기간: 1월 9일~ 1월 26일 (3주간) · 신청방법: 전화접수 후 우선순위에 따라 이용 · 내용: 캠프, 나들이, 감각운동, 사회적응훈련, 특별활동 등

3) 프로그램의 필요성 및 목적

(1) 재가복지프로그램의 필요성

방문상담	· 광주광역시 내에 거주하는 수급자 정신지체인 가정방문 · 상담
가사지원	· 가사일 지도 및 지원: 깨끗하고 밝은 환경을 유지하고 자립생활의 기반 마련(집안청소, 빨래, 요리지도, 반찬지원 등)
정서지원	· 스스로의 고독감에서 탈피하고 이웃과 어울릴 수 있는 기회를 제공 -말벗, 간병, 운동, 종교생활지원 등
일상생활지원	· 자유로운 외출 지원: 사회와 접할 수 있는 기회를 확대 · 개인위생의 강화: 자신에게 내재된 멋을 발휘하고 청결한 몸 관리를 통하여 외모에 자신감을 갖게 함 · 복잡한 민원행정 사항에 쉽게 접근 할 수 있도록 도움
교육지원	· 기초적인 학습능력의 강화: 학교생활에 도움, 생활에 자신감 (방문학습지도, 놀이지원, 체육활동지원 등)
사회생활지원 서비스	· 여가활동: 영화관람, 나들이, 등산, 볼링, 자전거타기 · 사회적응훈련: 버스이용, 전화사용, 쇼핑, 시장보기, 사회편익 시설 이용 · 캠프: 나 홀로 캠프, 가족캠프, 가족나들이
의료지원	· 질병의 원인을 파악, 치료하여 2차적인 장애를 경감하며 건강하게 인간다운 삶을 살 수 있도록 도움 → 건강 상담, 건강검진, 치과진료 (치과상담, 스켈링, 치료, 보철지역사회내의 치과병원이용)
지역사회유대	· 후원, 지역사회관련 인사교류, 일반가정초대, 지역사회자원조사, 지역사회기관 연계, 사례관리, 사회복지네트워크형성 등
여성지원	· 주부부업지원, 부모역할훈련, 부모모임, 주간수다모임
가정봉사원 조직	· 자기가 거주하고 있는 지역 내의 정신지체인이 있는 가정을 1주일에 1-2회 방문하여 그들이 인간다운 삶을 살 수 있도록 지원하고 옹호해 주는 역할을 하는 가정봉사원 모집 · 교육 · 관리
비장애 자녀지원	· 정신지체인을 부모로 둔 비장애 자녀 초등학생 · 중학생을 대상으로 하여 캠프(꿈나무), 학습지원, 정서지원 등의 서비스를 제공

(2) 재가복지프로그램의 목적

- 정신지체인이 가정에서 일반인과 비슷한 삶의 질을 유지하면서 인간답게 살도록 지원한다.
- 지역사회의 자원을 개발, 조직하여 지역사회 구성원의 일원으로 살아갈 수 있도록 지원한다.
- 장애인에 대한 사회적 분위기 개선을 위해 노력한다.

(3) 재가복지프로그램의 대상

- 광주광역시에 거주하는 수급자정신지체인 및 발달장애인

- 정신지체인을 부모로 둔 비장애 자녀 초등학생 · 중학생
- 정신지체인을 자녀로 둔 부모님들

(4) 재가복지프로그램의 내용

- 여가활동: 영화관람, 나들이, 등산, 볼링, 자전거타기 등
- 사회적응훈련: 버스이용, 전화사용, 쇼핑, 시장보기, 사회편익시설이용, 산책, 요리활동
- 캠프: 나홀로 캠프, 가족캠프, 가족나들이, 눈썰매장 이용, 비장애 아동 캠프
- 학습: 방학숙제 및 개별학습

(5) 엠마우스 복지관의 평가방법

구분		내용
평가유형		사전 · 사후조사, 설문지조사, 프로그램일지 등
평가영역		사회진단, 의료진단, 교육진단, 언어진단, 청력진단, 심리진단, 작업진단
평가 도구	사회진단조사	생육사조사, 가족력조사, 사회력조사
	의료진단조사	의사의 임상적 문진, 사진과 청진, 기타 정밀의료검사
	지능검사	성인용 웩슬러 지능검사(KWIS), 라히터 동작성검사(LIPS)
	적응도검사	사회성숙도검사(VSMS), 적응행동척도(ABS)
	지각 및 운동검사	시지각 발달검사(DTVP), 운동능력검사(B-O 운동능숙도검사)
	작업평가 검사	직업적성검사(GATB), 직업흥미검사(RFBⅡ)
	성격검사	MMPI, Rorschach 검사, TAT
	기타검사	DAP검사, BGT

위 항의 평가가 사례관리상 프로그램을 도출하기 위한 사정과 관련된 평가였다면 이 항의 고객만족도 조사는 대상의 프로그램 성취도와 관련된다고 할 수 있다. 대상의 프로그램 성취도 평가는 프로그램 영역에 따라 IPP에서 중요하게 다루어지고 있는 부분이다. 대상의 프로그램 성취도는 일반적으로 과정평가와 성과평가로 분류되는데, 과정평가는 프로그램이 진행되는 과정에서의 대상의 만족도를 알아보는 것이고 성과평가는 프로그램이 종료된 후에 대상의 만족수준을 측정하는 것이라고 할 수 있다. 물론 이와 같은 평가를 IPP에서 중시하는 이유는 환류 피드백을 통해서 대상에 대한 재사정이 이루어지고 프로그램의 퀄리티를 계속적으로 향상시키기 위해서 라고 할 수 있다.

엠마우스의 경우도 대상과 가족의 프로그램 만족도를 과정평가와 성과평가를 통하여 다각적으로 측정하고 있다. 평가는 면접조사, 설문(전화, 우편)조사, 실태조사, IPP 프로그램

성취도 평가 등을 통하여 다면적으로 이루어지며, 평가대상은 프로그램 대상과 그 가족들이 된다.

제 8 절 장애인복지분야 사회복지프로그램사례

원예치료는 식물과 원예활동을 이용하여 장애인을 대상으로 직접적인 치료뿐만 아니라 회복 및 삶의 질 개선을 목적으로 한다. 즉 원예치료란 사회적, 교육적, 심리적 혹은 신체적 적응력을 기르고 이로 말미암아 육체적 재활과 정신적 회복을 추구하는 전반적인 활동을 의미한다. 따라서 원예치료는 정신적, 육체적 장애자뿐만 아니라 정상인이라 할지라도 정신적으로 스트레스를 받고 있는 사람, 정년퇴직자, 고령자 등 복잡한 사회구조 속에서 불안과 초조를 떨쳐버릴 수 없는 정상인들까지 폭넓게 적용되고 있다.

원예치료의 효과는 지적, 사회적, 정서적, 신체적 효과로 나누어 정리할 수 있다.

(1) **지적인 효과**: 원예활동을 통해서 새로운 지식을 배운다는 것은 큰 기쁨이고 그것에 대한 지식과 기술을 활용함으로써 다른 사람들과 없었던 대화가 오가고 의사소통도 쉬워진다. 즉 원예활동은 그 호기심을 야기하고, 관찰력이 예민해지며 관찰의 결과를 해석함으로써 판단력과 대처능력이 배양된다. 이와 같은 경험의 반복은 모든 일에 대해서 긍정적이고 자신감을 갖게 한다.

(2) **사회적인 효과**: 원예활동은 쉽게 혼자서 할 수 있는 것도 있지만 동일한 목적을 향해서 여러 명이 함께 해야만 하는 것도 있다. 그럴 경우 각자 자기가 맡은 역할이 무엇인가를 배우게 된다. 아울러 그 일을 하기 위해서는 서로의 권리를 존중해야 하고 협력해야 하며, 책임을 분담하는 것이 효과적이라는 것도 깨닫게 된다.

(3) **정서적인 효과**: 식물의 생장과정을 통해 자신감과 자부심을 증가시키며, 소홀히 관리하면 피해를 입기 쉬워 책임감을 느끼게 한다. 또한 사회적으로 허용될 수 있는 수단을 통해 부정적인 분노와 공격적인 감정을 완화시킴으로써 자신의 내부에서 일어나는 감정을 적절히 관리할 수 있는 능력을 더욱 증진시킬 수 있다. 세 번째로 장래에 대한 희망을 준다. 미래에 대한 흥미를 상실한 사람들에게는 뿌려놓은 종자는 언제 싹이 트고, 꽃은 언제 필까 하는 기대감과 다음 계절에는 더 아름다운 꽃을 피워야지, 내년 봄에는 정원에 무엇을 심을까 등 장래에 대한 관심을 불러일으켜 희망을 준다. 마지막으로 창의력과 자아표현을 개발시킨다. 꽃의 종류, 색, 배합, 배열 등 꽃꽂이나 모듬심기, 정원설계 등의 과정에서

창의력과 자아표현을 개발시킨다.

(4) **신체적인 효과**: 원예활동은 소근육과 대근육 운동에 도움이 되며, 손을 사용하는 것은 대뇌에 자극이 될 뿐만 아니라 손가락이나 손의 기능회복에 유효하고 꽃이 꽂아진 작품을 운반하는 것은 균형감각을 유지시켜 준다.

원예치료의 활용범위와 목적

활 용	목 적
직업	원예를 직업으로 활용할 수 있도록 함
교육, 트레이닝	취업을 위한 교육 또는 특별한 기술과 기능을 익히게 함
레크리에이션, 여가, 취미	원예를 취미생활의 일환으로 즐길 수 있게 함
회복	신체적, 지적, 심리적 기능의 향상 또는 회복
기능평가	능력 및 증상 정도를 평가
치료	치료프로그램으로 이용

대상자 적용 사례와 치료효과

가. 프로그램 명: 자연과 사람이 어우러지는 그루터기 공동체

나. 목적: 원예활동을 통해 개인에게 정서적인 안정감을 주고, 가족과는 유대감을 회복시키고, 즐거운 취미 및 직업을 갖게 하여 지역사회 내에서 자활의 기반을 이루도록 하는데 그 목적이 있다.

다. 목표:

1) 원예활동이 정서적인 안정을 준다.

2) 원예활동이 건전한 취미생활이 되도록 한다.

3) 원예활동이 가족의 긍정적인 관계에 도움이 된다.

라. 일정

월	날짜(요일)	회	강의내용	담당강사	강의방법
5월	30일(금)	1회	실내조경이란?	오○○	이론
6월	13일(금)	2회	실물에 대한 이해	나○○	이론
	20일(금)	3회	부재료 구하기	오○○	실습
	27일(금)	4회	바구니 정원	오○○	실습
7월	4일(금)	5회	접시조경	오○○	실습
	11일(금)	6회	크리스탈 가든	오○○	실습
	18일(금)	7회	석부작	오○○	실습
	25일(금)	8회	숯 부작	오○○	실습
8월	1일(금)	9회	허브랜드 방문	오○○	견학
	8일(금)	10회	전원주택 & SAY백화점 실내조경 견학	오○○	견학
	22일(금)	11회	KBS전시회 견학	오○○	견학
	29일(금)	12회	원예 전시회	오○○	견학
9월	5일(금)	13회	졸업여행/원예여행-광릉수목원	황○○	여행

출처: 한국음주문화연구센터, 2000.

실습생들이 알아야 할 장애인에 대한 에티켓

1. 장애를 가진 사람에 대한 용어는 장애인입니다. 불구자나 장애자라는 단어는 쓰지 않는 것이 옳습니다.
2. 뇌성마비로 언어장애가 있고 온몸을 흔든다고 지능이 낮은 것으로 생각해서는 안 됩니다. 뇌성마비의 지능지수는 정상입니다.
3. 장애인이 지나가면 발길을 멈추고 쳐다보는 사람들이 있습니다. 그 시선을 장애인들은 고통스러워합니다.
4. 엘리베이터 앞에 장애인이 있으면 장애인이 안전하게 엘리베이터를 이용할 수 있도록 열림 버튼을 열어줍시다.
5. 다운증후군이란 그 내용에 대해 모르면 누구랑 똑같이 생겼네 하면서 신기해합니다. 다운증후군은 생김새가 비슷하다는 것을 알아둡시다.
6. 휠체어는 장애인의 몸의 일부입니다. 갑자기 뒤에서 잡고 밀어주면 놀라고 불쾌해 합니다. "도와드릴까요?" 하고 묻는 것이 예의입니다.
7. 장애인 차량 주차공간에는 절대로 차를 세우지 맙시다. 위반차량을 제재하는 적극적인 자세를 가집시다.
8. 횡단보도를 건너는 장애인을 보면 자동차는 서행합시다.
9. 휠체어를 다루는 방법을 알아둡시다.
10. 계단 앞에서 곤란을 겪는 휠체어 장애인을 보면 지나가는 사람 2,3명을 모아 휠체어를 들어서 계단을 이용해 줍시다.
11. 정신지체인이 옆에 오면 피하는데 그런 일이 없도록 하고 무슨 도움이 필요한지 살피면서 보살펴줍시다.
12. 학교에 장애인이 다니면 관심을 갖고 친구하기를 주저하지 맙시다.
13. 장애인과 함께 음식점에 갈 때는 장애인에게 편한 장소를 찾도록 합시다.
14. 장애인의 마음을 상하게 하지 않으려고 지나치게 신경을 쓰는 것은 오히려 부담을 줍니다. 자연스러운 대화가 좋습니다.
15. 목발을 사용하는 장애인과 걸을 때 보조를 맞추려고 노력합시다.
16. 휠체어 사용자는 뒤에서 휠체어를 밀어주는 것보다 옆에서 함께 걷는 것을 더 좋아할 때가 있습니다. 휠체어를 혼자서 밀 수 있으면 도움을 주지 않는 것이 좋습니다.
17. 목발이나 휠체어를 갖고 장난을 치는 것은 예의가 아닙니다.
18. 빨리 뛰다가 장애인과 부딪치면 장애인은 여지없이 쓰러집니다. 부딪치지 않도록 주의를 해야 합니다.

19. 장애인에게 부탁을 받았을 때 망설이지 말고 응낙을 합시다. 머뭇거리면 장애인은 거절로 이해합니다.
20. 사람이 많이 모이는 장소에 가면 장애인들은 움직임이 불편해집니다. 길을 만들어주는 것이 예의입니다.
21. 바닥에 물이 있으면 미끄러지기 쉽습니다. 물이 있다고 알려주는 친절이 필요합니다.
22. 장애인은 자판기 커피를 뽑아 움직이는 것이 곤란합니다. 앉는 장소까지 배달을 해주는 것이 좋습니다.
23. 목발은 장애인 곁에 두어야지 먼 곳에 갖다놓는 것은 실례입니다.
24. 장애인에게 의자를 권할 때는 딱딱한 의자로 팔걸이가 있는 것이 좋습니다.
25. 장애인은 나와 다르다는 생각부터 버려야 합니다.

장애인인권헌장

장애인은 인간의 존엄과 가치를 가지며 행복을 추구할 권리를 가진다. 장애인은 건전한 사회구성원으로 책임 있는 삶을 살아가며 자신의 능력을 계발하여 자립하도록 노력하여야 한다. 국가와 사회는 헌법과 국제연합의 장애인권리선언의 정신에 따라 장애인의 인권을 보호하고 완전한 사회참여와 평등을 이루어 더불어 살아가는 사회를 만들기 위한 여건과 환경을 조성하여야 한다.

1. 장애인은 장애를 이유로 정치 · 경제 · 사회 · 교육 및 문화 생활의 모든 영역에서 차별을 받지 아니한다.
2. 장애인은 인간다운 삶을 영위할 수 있도록 소득 · 주거 · 의료 및 사회복지서비스 등을 보장받을 권리를 가진다.
3. 장애인은 다른 모든 사람과 동등한 시민권과 정치적 권리를 가진다.
4. 장애인은 자유로운 이동과 시설이용에 필요한 편의를 제공받아야 하며, 의사 표현과 정보 이용에 필요한 통신 · 수화통역 · 자막 · 점자 및 음성도서 등 모든 서비스를 제공받을 권리를 가진다.
5. 장애인은 자신의 능력을 계발하기 위하여 장애 유형과 정도에 따라 필요한 교육을 받을 권리를 가진다.
6. 장애인은 능력에 따라 직업을 선택하고 그에 따른 정당한 보수를 받을 권리를 가지며, 직업을 갖기 어려운 장애인은 국가의 특별한 지원을 받아 일하고 인간다운 생활을 보장받을 권리를 가진다.

7. 장애인은 문화, 예술, 체육 및 여가활동에 참여할 권리를 가진다.
8. 장애인은 가족과 함께 생활할 권리를 가진다. 장애인이 전문시설에서 생활하는 것이 필요한 경우에도 환경이나 생활조건은 같은 나이 사람의 생활과 가능한 한 같아야 한다.
9. 장애인은 사회로부터 분리, 학대 및 멸시받지 않을 권리를 가지며, 누구든지 장애인을 이용하여 부당한 이익을 취하여서는 안된다.
10. 장애인은 자신의 인격과 재산의 보호를 위하여 필요한 법률상의 도움을 받을 권리를 가진다.
11. 여성 장애인은 임신, 출산, 육아 및 가사 등에 있어서 생활에 필요한 보호와 지원을 받을 권리를 가진다.
12. 혼자 힘으로 의사결정을 하기 힘든 장애인과 그 가족은 인간다운 삶을 영위하기 위하여 필요한 지원을 받을 권리를 가진다.
13. 장애인의 특수한 욕구는 국가정책의 계획단계에서부터 우선 고려되어야 하며, 장애인과 가족은 복지증진을 위한 정책결정에 민주적 절차에 따라 참여할 권리를 가진다.

장애인복지관 접수면접지

신 상 기 록 부

사진

성명		성별		주민등록번호	-

주소		전화번호	집	) -
			휴대폰	- -

주장애		장애등급	등급	중복장애	
키	cm	몸무게	kg	생년월일	년 월 일( )
사회보장	수급권자 ( ) 내용:			종교	

보호자	이 름	관 계	긴급전화번호	주양육자	생활수준
					상 중 하

장애상태		장애부위 및 상태
장애원인		
발생시기		
진단시기		
진단기관		
보장구 유무		

가족 관계

1. 결혼사항 : 1) 미혼 2) 기혼(초혼, 재혼, 동거) 3) 이혼 4) 사별 5) 별거
2. 동 거 인 : 1) 독신 2) 가족 3) 친척 4) 시설보호 5) 기타

성 명	관계	연령	주민등록번호	학력	현재하시는 일	종교	동거여부

처리결과	

참고문헌

권선진(2005). 『장애인복지』, 청목출판사.
김만두 · 한혜경(2000). 『현대사회복지학개론』, 홍익제.
문선화 · 정민숙 · 김종윤 · 이상호 · 장수한 · 김현주(2005). 『장애인복지론』, 양서원.
정무성 외(2006). 『장애인복지』, 학현사.
오혜경(2005). 『장애인복지론』, 창지사.
로버트 L. 바커/중앙사회복지연구회(1997). 『사회사업 이론과 실천』.
보건복지부. 『2006년도 장애인복지사업안내』.
보건복지부. 『2004년도 장애인복지사업안내』.
서홍란 · 이경아(2001). 『사회복지 현장실습 핸드북』, 나눔의 집.
정일교 · 김만호(2007). 『장애인복지론』, 양서원.
한국음주문화연구센터(2000), 『알코올중독 치료재활프로그램 개발』.

인터넷 사이트

보건복지부	http://www.mohw.go.kr
장애인복지법	http://www.lawnb.com
한국장애인복지관협회	http://www.hinet.or.kr
에이블뉴스	http://www.ablenews.co.kr
장애인권익문제연구소	http://www.cowalk.or.kr
장애인고용촉진공단	http://www.kepad.or.kr
곰두리	http://www.gomdoori.or.kr
아이소리	http://isori.net
국립재활원	http://www.nrc.go.kr
사회복지공동모금회	http://www.chest.or.kr
한국사회복지사협회	http://www.welfare.net

제 10 장

청소년복지

제 1 절 청소년복지의 개요

1. 청소년복지 개념

청소년기본법에서는 청소년이 정상적인 삶을 영위할 수 있는 기본적인 여건을 조성하고 조화롭게 성장·발달할 수 있도록 제공되는 사회경제적 지원을 '청소년복지'라고 규정하고 있으며(청소년기본법 제3조 제4호), 사회복지 분야에서는 '청소년복지'를 청소년의 기본적인 욕구의 충족과 건강한 성장·발달은 물론 사회구성원으로서 주체적인 삶을 영위할 수 있도록 하고 더 나아가 청소년을 둘러싼 환경이 청소년의 성장을 돕기 위해 최적의 기능을 발휘할 수 있도록 청소년과 가정, 사회를 통해 직·간접적으로 제공되는 사회정책과 관련제도 및 전문적인 활동으로 정의하고 있다(홍봉선·남미애, 2005).

우리나라에서는 청소년복지에 대한 용어(아동·청소년복지, 청소년복지, 청소년정책, 청소년복지정책, 청소년육성정책, 청소년복지활동 등)를 혼재해서 쓰고 있는 경우가 많아서 청소년에 대한 '복지'측면이 광범위하게 해석되는 경우가 많다. 그러나, 특별히 아동복지와 청소년복지는 구별할 필요가 있으며, 청소년과 아동은 심리적·신체적 특징도 다르고 욕구나 필요로 하는 서비스도 다르며, 당면한 문제나 수행해야 할 과업도 다르기 때문이다. 특히 가출, 약물남용, 학교폭력, 청소년 매매춘 문제, 자살 등 청소년 일탈 및 부적응 문제는 청소년의 개별적인 욕구와 처한 상황을 고려한 전문적인 개입을 필요로 한다.

2. 청소년의 발달과 특성

청소년기는 아동기에서 성인기로 이행하는 과도기에 해당된다. 이 시기는 의존적인 아동기와 독립적인 성인기의 심리적 특성을 함께 공유하기 때문에 아동도 아니고, 성인도 아닌 양 집단 사이에 존재하는 주변인(marginal person)으로서의 특질을 갖는 시기라는 점에서 다른 어떤 발달단계보다도 특징적 중요성을 내포하고 있다. 청소년은 건전하고 밝은 심성으로 바람직하게 자랄 수 있는 가능성과 그 사회에 부적응하는 사람으로 성장할 수 있는 가능성을 동시에 가지고 있다.

청소년기는 인생에서 단순히 스쳐가는 하나의 과정이 아니라 독특한 요구와 도전을 함축하는 시기이기 때문에 특별한 관심을 필요로 한다. 특히 산업사회에서 기술이 고도화되고 사회구조가 복잡해질수록 직업과 사회적 역할 수행에 필요한 준비기로서의 청소년기가 길어지게 된다.

3. 청소년 정책의 발전과정

1) 청소년 정책

역사적 시각으로 볼 때, 우리나라의 청소년복지는 해방 후 상당기간은 아동복지의 연장선에서 다루어지다가 미성년자보호법의 제정(1961)과 중앙청소년보호대책위원회의 설치(1964)로 아동과 다른 '청소년 영역'이 설정되고, 세계청소년의 해(1985)를 계기로 하여 청소년육성법이 제정(1987)되면서 청소년 영역이 확립되었다. 청소년복지의 시기별 특징은 주요 법이나 제도의 변화에서 찾을 수 있다. 해방 후부터 아동복지법이 제정된 1961년까지는 청소년복지가 아동복지와 그 영역이 분화되지 않은 청소년복지의 맹아기이고, 1962년부터 청소년육성법이 제정된 1987년까지는 청소년복지의 도입기이며, 1988년부터 현재까지는 청소년복지의 전개기라고 할 수 있다(한국청소년개발원, 1994).

- 1961년 미성년보호법, 아동복리법 제정
- 1981년 아동복지법으로 개정
- 1987년 최초의 청소년법령 개정, 청소년육성법 제정
- 1990년 한국청소년기본계획 수립 및 시작

- 1990년 제1차 청소년육성 5개년계획
- 1990년 청소년헌장 제정 공포
- 1991년 청소년기본법 제정
- 1997년 청소년보호법 제정
- 1998년 청소년헌장 개정
- 1998년 제2차 청소년육성 5개년 계획
- 2000년 청소년성보호에관한법률 시행
- 2004년 청소년활동진흥법
- 2004년 청소년복지지원법 제정
- 2005년 청소년기본법 개정

2) 청소년 관련 법

청소년관련법이라 함은 청소년 또는 청소년 육성 및 보호와 직·간접적으로 관계가 있는 법으로서 청소년을 직접 대상으로 하거나 청소년의 권리·의무에 관계된 조항을 포함하는 모든 법령, 규칙을 말한다(홍봉선·남미애, 2005).

헌법에서 보장하는 인간의 존엄성과 기본권, 교육권, 사회보장 등의 정신을 법률적 차원에서 구현하기 위하여 1987년 제정된 법률이 "청소년육성법"이다. 이 법에 의하여 청소년정책조정실이 창설되고, 청소년 육성이라는 말이 처음으로 법률적 용어로 사용되기 시작하였다. 그러나 청소년육성법이 명목적이고 선언적 내용이라는 비판에 따라 1991년 '청소년기본법'이 제정되었고, 1997년 청소년보호법이 제정되었다. 2004년 청소년복지지원법과 청소년활동진흥법이 제정되어, 청소년 관련법은 청소년기본법을 중심으로, 청소년보호, 청소년활동, 청소년복지의 3가지 내용으로 정리되었다.

헌법과 청소년기본법, 청소년복지지원법, 청소년보호법에 관해 살펴보면 다음과 같다.

(1) 헌법

헌법은 청소년 육성을 포함한 국민 개개인의 일상생활을 규율하고 지원하는 최고의 법규범으로서 국민의 기본권, 통치구조, 경제체제 등 국민생활에 필요한 근본적이고 기초적인 사안을 정하는 국민이 기본법이다. 청소년 육성을 규율하는 구체적인 헌법조항으로는 헌법 제11조(인간의 존엄성과 기본권 보장), 제31조(교육을 받을 권리·의무 등), 제34조(사회보장 등)를 들 수 있다.

(2) 청소년기본법

청소년기본법은 청소년의 권리 및 책임과 가정 · 사회 · 국가 및 지방자치단체의 청소년에 대한 책임을 정하고 청소년육성정책에 관한 기본적인 사항을 규정함을 목적으로 한다. '청소년'이라 함은 9세 이상 24세 이하의 자를 말한다(청소년기본법 제3조 1호).

청소년이 사회구성원으로서 정당한 대우와 권익을 보장받음과 아울러 스스로 생각하고 자유롭게 활동할 수 있도록 하며 보다 나은 삶을 누리고 유해한 환경으로부터 보호될 수 있도록 함으로써 국가와 사회가 필요로 하는 건전한 민주시민으로 자랄 수 있도록 함을 이 법의 기본이념으로 한다.

주요내용으로는 청소년정책 수립 시 청소년의 참여 보장, 학업중단청소년 지원기관 지정(한국청소년상담원), 학교와 지역사회의 청소년관련 기관이 유기적으로 협력할 수 있는 체계 마련(학교사회복지사 등), 청소년의 인권 보장, 청소년활동의 다양화 보장, 청소년할인제, 주5일제 수업 실시에 따른 청소년의 여가활동 보장 등이다.

(3) 청소년복지지원법

청소년복지지원법은 헌법 제34조 4항(국가는 노인과 청소년의 복지향상을 위한 정책을 실시할 의무를 진다)과 청소년기본법 제49조 4항(청소년복지의 향상-제1항 내지 제3항의 규정에 관하여는 따로 법률로 정한다)의 규정에 따라 청소년복지 증진에 과한 사항을 규정하며, 2004년에 제정되었다.

(4) 청소년보호법

청소년보호법은 청소년에게 유해한 매체물과 약물 등이 청소년에게 유통되는 것과 청소년에게 유해한 업소 출입 등을 규제하고, 청소년을 청소년폭력 · 학대 등 청소년유해행위를 포함한 각종 유해한 환경으로부터 보호 · 구제함으로써 청소년이 건전한 인격체로 성장할 수 있도록 함을 목적으로 한다.

이 법은 1997년 3월 7일 제정, 동년 7월 1일 시행되었으며, 청소년 보호관련 용어개념을 명확히 하고(유해매체물, 유해약물, 유해업소 등), 청소년 보호에 대한 가정, 사회, 국가의 지자체의 책임을 규정하였다.

(5) 청소년활동진흥법

청소년활동을 청소년수련활동, 청소년문화활동 및 청소년교류활동으로 범주화함으로써 다양한 청소년활동에 대한 정책적 지원이 가능하도록 하였다. 청소년활동진흥을 위해 청소년활동 관련 사항은 교육과학기술부와 교육청은 각각 문화체육관광부 장관 및 지방자치단체와 상호협의하여 결정하도록 하고, 청소년행정기관 및 활동시설은 매년 년초 연간학교계획 작성지원, 학교와 연계한 수련거리 등 활동거리 개발, 자료요청 등 학교 및 교육청과의 연계를 강화한 것이 특징이다(2003년 12월 30일 제정).

(6) 기타

청소년의성보호에관한법률, 아동복지법, 신상공개사전심의위원회운영규정, 스카우트활동육성에관한법률, 한국청소년연맹육성에관한법률, 장애인복지법 등으로 청소년복지와 직·간접으로 관련된 법들이 많다.

3) 정부 부처내 청소년업무 유관부서

아동정책과 청소년정책은 태동과 발전의 역사를 각기 달리하면서 최근까지 독립적으로 수행되어 오다, 이명박 정부의 출범과 함께 하나의 부처로 통합되면서 아동·청소년정책으로 다시 태어나게 되었다. 청소년정책기구로는 2005년 국무총리 소속하의 청소년위원회를 공식적으로 발족하였으며, 청소년기본법의 개정에 따라 2006년 국가청소년위원회로 명칭을 변경하였다. 그 후 2008년 3월 정부조직 개편으로 아동과 청소년정책이 통합되어 보건복지가족부 아동청소년정책실이 청소년정책기구이다. 보건복지가족부 아동청소년정책실 외 중앙정부 부처는 고유기능에 따라 아동·청소년관련업무를 추진하고 있다(보건복지가족부, 2008).

제 2 절 청소년복지의 주요내용

1. 청소년복지서비스

현대 사회에서 청소년복지가 요청되는 요인은 크게 세 가지로 나뉜다. 하나는 양육비의 증가와 부모의 결손 등으로 청소년이 자라기에 가족의 양육환경이 적절하지 못한 경우이고, 다른 하나는 청소년이 고민을 가지거나 문제행동을 해서 그와 관련된 상담 및 치료 등의 전문적인 개입이 요구되는 경우이고, 세 번째는 연령차별과 유해환경과 같이 사회 환경에 문제가 있어서 청소년 보호 차원의 서비스를 해야 하는 경우이다. 다음에서 보는 바와 같이 청소년복지서비스는 전통적으로 지지적 서비스, 보충적 서비스, 대리적 서비스로 나눌 수 있다(이용교, 2005).

1) 지지적 서비스

(1) 학대받는 청소년 보호

청소년을 포함하는 아동학대 대한 발견 · 예방 · 보호 · 치료를 위하여 2000년에 아동학대예방센터가 시 · 도에 설립되었다. 아동학대예방센터의 주요업무는 아동학대 신고 · 긴급전화 운영, 아동학대의 예방이나 방지를 위한 홍보 · 아동학대 행위자를 위한 상담 · 교육, 아동 학대 행위자나 가정에 대한 조사 등이다.

정부는 아동 및 청소년에 대한 학대 문제에 본격적으로 관심을 가지고 2000년 아동복지법을 개정하여 아동보호전문기관의 설치를 위한 법적 근거를 마련하고, 2004년 복권기금을 확보하여 아동학대예방부터 치료 · 보호 및 가정복귀까지 종합적인 서비스를 제공하는 〈아동보호종합센터〉를 전국 각 시 · 도에 설치하였다(보건복지백서, 2005).

(2) 청소년상담실 운영

현재 우리나라의 청소년 상담기관은 교육인적자원부, 문화관광부, 보건복지부, 노동부 등 각 부처별 고유기능에 따른 행정기관지원상담실, 학교상담실, 민간사회단체 및 종교기관의 상담실 등 매우 다양하고 그 숫자도 상당수에 이르고 있다.

우선 정부 및 지방자치단체에서 설치 · 운영되는 상담기관을 살펴보면, 교육인적자원부에는 학교상담을 지원하기 위한 상담기관으로 각 교육청 산하 청소년상담센터, 한국직업능력개발원 진로상담센터, 한국교육개발원 상담실, 한국교육학술정보원 에듀넷 교육종합상담실 등이 운영되고 있다. 문화관광부 산하에는 한국청소년상담원, 시 · 도청소년종합상담실, 시 · 군 · 구 청소년상담실(2005년 5월 기준으로 136개소), 청소년쉼터가 있으며, 보건복지부 산하에는 아동상담소 등이 있다. 청소년 상담기관에 청소년이 가장 많이 호소하는 문제는 성문제, 학교성적과 진로문제, 인간관계 어려움, 약물남용, 인터넷 중독 등이 있다(한국청소년상담원 http://www.kyci.or.kr).

2) 보충적 서비스

(1) 방과 후 아카데미 운영

방과 후 아카데미는 학교 수업 후 홀로 시간을 보내는 저소득 · 맞벌이 · 한부모 가정의 청소년들을 대상으로 청소년시설을 활용하여 학습능력을 배양하고 다양한 체험활동과 특기적성 계발활동 및 급식 · 건강관리 · 상담 등 종합적인 지원을 제공하는 사업으로 2005년부터 시범 운영되었으며 국가청소년위원회의 핵심 사업으로 운영되고 있다. 우리나라의 맞벌이 가정 자녀의 57%, 월 100만원 미만의 저소득층 자녀의 52.1%가 방과 후 활동이 전무한 것으로 나타났으며, 시범운영이 이루어진 총 46개 청소년시설에서 초등 4~6학년, 중 1~2학년을 대상으로 2,350여 명의 청소년들이 참가하였다. 2005년 11월 2006년 사업기본계획이 수립되었고 12월에 100개(기존 42, 신규 58)의 청소년시설에서 방과 후 아카데미 사업이 선정되었다. 방과 후 아카데미는 청소년수련관, 청소년문화의집 등 청소년 수련시설에 서 오후 3시부터 밤 10시까지 학생당 평균 4~5시간씩 운영되며 프로그램은 기본공통과정(숙제지도, 보충학습 등), 전문선택과정(문화 · 예술 · 스포츠 활동 등을 통한 창의성 계발), 특별지원과정(부모간담회, 가족 캠프, 부모교육 등), 생활지원(급식, 건강관리, 상담, 생활일정관리, 안전귀가 등) 등이 있다. 2006년도 현재 전국 100개소에서 운영되고 있으며 2005년도와 달리 자원봉사 지원 인력을 상근 담임 및 자기주도 학습지도 담당 요원으로 대체하고, 아카데미 등교와 귀가를 안전하게 보장하기 위해 차량운행을 지원하는 등 사업의 효율성을 제고하였다(국가청소년위원회, 2006).

(2) 소년소녀가장세대 지원

국가는 소년소녀가정을 지원하여 자립능력을 배양토록 하고 건전한 사회인으로 육성하기 위하여 1985년 6월부터 정부 지원을 실시하고 있다.

또한 지역사회주민, 기업체, 사회단체, 교육기관, 종교단체 등과 결연을 맺도록 하고 지역사회 내의 아동위원, 사회복지관의 사회복지사, 아동복지지도원 등과의 연계체계를 구축하여 정기적으로 방문 · 지도케 함으로써 정서결핍에 따라 발생되는 아동문제를 미연에 방지하고, 소년소녀가정을 위한 협동캠프, 생활수기공모, 후원자와의 만남의 행사, 자원봉사자, 가정봉사원 파견 등 다양한 프로그램을 활용하여 소년소녀가정아동이 건전한 사회인으로 성장할 수 있도록 하는 것이 중요하다.

(3) 가출청소년의 보호

청소년복지지원법에서는 가출청소년의 일시적인 생활지원과 선도, 가정 · 사회로의 복귀를 지원하기 위해 국가 및 지방자치단체가 청소년쉼터의 설치 · 운영하도록 명시하고 있다. 청소년 쉼터의 주요기능으로는 가출청소년의 일시보호 및 숙식제공, 가출청소년의 상담 · 선도 · 수련활동, 가출청소년의 학업 및 직업훈련 지원활동, 청소년의 가출 예방을 위한 거리상담활동, 그 밖에 청소년복지지원에 관한 활동 등이 있다. 가출청소년쉼터는 9~24세의 청소년들을 입소대상으로 하고 있으나, 실질적으로 미성년자 청소년이 이용하고 있으며,

보호기간은 6개월 이하의 일시보호를 원칙으로 24시간 개방하고 있다. 가출청소년쉼터는 1992년 시범사업 운영의 일환으로 서울YMCA 청소년쉼터가 개소한 이래 1996년 이후 광역시 중심으로 늘어나기 시작하였다. 2005년 현재 국가와 지방정부의 지원을 받는 쉼터와 순수 민간쉼터 등 40여개의 쉼터가 운영 중이다.

2005년에는 가출 및 위기 청소년의 요구와 특성에 따른 보호시설 체계화를 위해 청소년쉼터를 일시쉼터(Drop-in 센터), 단기쉼터(청소년쉼터), 중 장기쉼터로 구분하였으며, 각 청소년쉼터의 전문성과 특성화가 종합적으로 고려된 정책과 지원책을 마련하였다(국가청소년위원회, 2006).

3) 대리적 서비스

(1) 가정위탁

소년소녀가장세대였던 아동의 상당수가 최근 위탁가정의 아동으로 바뀌어 보호되고 있다. 대부분 조부모나 친인척에게 보호를 받고, 일부는 일반인에게 위탁보호를 받는다. 정부는 2003년부터 시 · 도에 1개소씩 '가정위탁지원센터'를 설치 · 운영하여 위탁부모의 모집과 교육 등을 하고 있다.

(2) 아동복지시설

우리나라에서는 요보호 아동이 발생되어 보호자를 찾을 수 없으면 아동복지시설에 입소시켜 보호하였다. 아동시설에서는 최저생활을 할 수 있는 생계급여를 받고, 의료급여, 중 · 고등학교의 입학금과 수업료를 교육급여로 받고 있다.

그러나 아동복지시설을 퇴소한 청소년이 겪는 문제는 심각하다. 만 18세가 되면 학업 등 특별한 사유가 없는 한 퇴소해야 한다. 정부가 퇴소자에게 자립정착금의 명목으로 100만원(최고 300만원까지)을 주지만, 이 금액은 정착을 하기에는 극히 부족하여 사실상 돌아갈 집이 없는 퇴소 청소년을 길거리로 내모는 것과 같다.

2. 청소년을 대상으로 하는 학교 복지

청소년이 학교에서 일으키는 문제는 장기결석, 중퇴, 교칙위반, 집단 따돌림, 학교 폭력 등이 있다. 청소년이 겪는 문제는 학습권의 위기, 연령차별이나 성차별, 체벌, 학생의 자치권 억압 등이 있다. 청소년의 학교복지는 학교 상담제도와 학교사회복지제도로 나누어 볼 수 있다(이용교, 2005).

1) 학교 상담제도

교육인적자원부의 학생생활지도계획에 따르면 초 · 중 · 고등학교에 전문상담교사를 둘 수 있다. 학교상담을 위해 교육부는 상담전문교사를 배출하여 학생상담을 담당하도록 하고, 학교상담실을 설치 운영하는 것과, 학생상담 자원봉사제를 운영하고 있다. 그러나 전문상담교사제도는 교과과정이 지나치게 상담 및 심리이론교육 중심이고, 양성기관에 따라 교육내용의 통일성과 교육과정의 질적 관리가 어렵다는 것이 지적되고 있다.

이들은 상담에만 집중된 커리큘럼 때문에 '상담'이 학생의 '복지서비스'의 일부분이며, 학교 내의 학생을 위한 복지환경의 창출이나 구조적인 변화 등에는 별 관심 둘 여력이 없다. 기존의 학교사회복지사들은 이들에게 '상담'영역을 내어주는 상황이 되거나, 본의 아닌 경쟁의 대상이 되는 지경에 처하게 되었다. 그러나 학교 내에서 사회복지사의 주요 업무와 역할은 엄연히 존재하고 있다.

2) 학교사회복지

학교사회복지는 요보호 학생이나 학교부적응 학생에게는 자신의 교육적 욕구에 적합한 교육을 받을 수 있도록 교육기회의 형평성을 보장하며, 일반학생에게는 상담과 생활지도를 통하여 이들의 심리 · 사회적 기능과 학업성취를 더욱 향상시키도록 돕는다.

학교사회복지는 아직 시범사업 단계이고, 학교에 상주하는 학교사회복지사는 소수에 불과하다. 그러나, 학교사회복지사업에 의한 효과성의 검증을 통해서 서울시 교육청의 시범사업과 사회복지공동모금회의 기획사업 등으로 학교사회복지사업을 확장하고 지속하는 중에 있다. 다음 〈표 10-1〉은 학교사회복지 실천 현황이다.

〈표 10-1〉 학교사회복지실시 현황

구 분	학교 수
교육부 연구학교	96
사회복지공동모금회	28
지방자치단체	12
개별학교/복지관	2
계	138

출처: 한국학교사회복지사협회, 2005.

교육인적자원부도 교육복지투자우선지역에 사회복지사를 지역사회교육전문가로 임용하여 학교에서 적응력이 낮은 학생을 지도하고, 학교와 지역사회 간의 네트워크를 형성하도록 하고 있다. 교육투자우선지역 지원사업은 저소득층 영·유아 및 학생의 학습결손 예방과 치유를 통해 학력을 증진시키고, 저소득층 학생 및 청소년의 건강한 신체 및 정서발달과 다양한 문화적 욕구를 충족시키며, 교육·문화·복지 수준 제고를 위한 가정0학교-지역사회 차원의 지원망을 구축하는 등 지역교육공동체 구현을 통한 취약계층의 삶의 질을 제고하기 위한 목적으로 실시되고 있다(〈표 10-2〉 참조).

〈표 10-2〉 교육복지 투자우선지역 사업 현황

연도	2003-2004	2005	2006	2007
지원지역	8지역 ※서울, 부산	15지역(신규 7) ※광역시	30개지역(신규15) ※인구25만이상중소도시	60개지역(신규30) ※인구25만이상중소도시
특교지원	237억원	110억원	209억원	374억원
행정동수	23개동	32개동	79개동	164개동
학교수	79개교 (유34,초29,중16)	148개교 (유66,초50,중32)	260개교 (유97,초99,중61,고3)	517개교 (유195,초187,중132,고3)
학생수(명)	40,707(4,758)	75,189(9,765)	153,178(16,719)	336,875(1,564)

자료 : 교육인적자원부(2007)

3. 청소년 수련활동

청소년 수련활동은 청소년의 균형적 성장을 위하여 청소년의 능동적 참여에 기초를 두고 생활권 또는 자연권에서 심신을 단련하고 자질을 배양하며, 다양한 취미를 개발하고, 정서를 함양할 뿐만 아니라 사회봉사활동을 통해 배움을 실천하는 조직적인 체험활동을 말한다. 이러한 청소년수련활동은 한국청소년연맹 등 전국의 청소년단체와 청소년수련시설을 중심으로 운영되고 있으며, 청소년의 전인적 성장과 공동체 의식함양에 크게 기여하고 있다(문화관광부, 2004).

청소년 수련시설은 수련활동에 필요한 여러 시설, 설비, 프로그램 등을 갖추고 청소년지도자의 지도하에 체계적이고 조직적인 수련활동을 실시하는 시설을 말한다. 청소년 수련시설은 기능이나 수련거리 및 입지적 여건 등에 따라 다양한 유형으로 구분된다. 이전에는 생활권 수련시설(청소년수련관, 청소년문화의집), 자연권 수련시설(청소년수련원, 청소년야영장), 그리고 유스호스텔로 구분되어 왔으나, 2005년부터 청소년수련관, 청소년수련원, 청소년문화의 집, 청소년특화시설, 청소년야영장, 유스호스텔로 구분된다(국가청소년위원회, 2006).

- 청소년수련관: 다양한 수련거리를 실시할 수 있는 각종시설 및 설비를 갖춘 종합수련시설을 말한다.
- 청소년수련원: 숙박기능을 갖춘 생활관과 다양한 수련거리를 실시할 수 있는 각종 시설과 설비를 갖춘 종합수련시설을 말한다.
- 청소년문화의집: 간단한 수련활동을 실시할 수 있는 시설 및 설비를 갖춘 정보 · 문화 · 예술중심의 수련시설을 말한다.
- 청소년 특화시설: 청소년의 직업체험 · 문화예술 · 과학정보 · 환경 등 특정목적의 청소년활동을 전문적으로 실시할 수 있는 시설과 설비를 갖춘 수련시설을 말한다.
- 청소년야영장: 야영에 적합한 시설 및 설비를 갖추고 수련거리 또는 야영편의를 제공하는 수련시설을 말한다.
- 유스호스텔: 청소년의 숙박체제에 적합한 시설 · 설비와 부대 · 편익시설을 갖추고 숙식편의 제공, 여행 활동지원 등을 주된 기능으로 하는 시설을 말한다.

1992년 이전에는 수련시설이 150여개에 불과하였지만 매년 지속적으로 증가하여 2005년 12월 말 현재 723개 시설이 설치되어 있다. 그러나 청소년수련활동의 기반이 되는 청소년수련시설, 지도자 및 수련거리의 부족과 학교중심 교육제도의 사회적 제약 등으로 대다수 청소년들이 평등하게 수련활동에 참여하기 어려운 실정이다. 이에 따라 문화관광부에서는 수련거리 기본형을 개발하고, 수련시설을 확충하며, 지도자를 양성하는 등 청소년수련활동을 활성화하는 정책을 적극적으로 추진하고 있다. 다음 〈표 10-3〉은 청소년 수련시설 현황이고, 〈표 10-5〉는 영역별 수련거리를 구분해 놓은 것이다.

〈표 10-3〉 청소년 수련시설 현황(2005.12.31)

(단위 : 개소)

구분	총계	수련관	문화의 집	수련원	야영장	유스호스텔
계	723	142	185	195	101	100
공공	499	138	176	74	82	29
민간	224	4	9	121	19	71

자료: 국가청소년위원회, 2006.

〈표 10-4〉 21세기 청소년상의 영역별 수련거리(93종) 구분

	활동영역	활 동 소 개
문화적 감성	문화 감성 활동	문화권탐방활동, 예술감상활동, 명절쇠기활동, 국토탐사활동, 민속놀이활동, 노래광장활동, 놀이한마당활동, 전통문화사랑방활동(우리 노래, 춤, 악기, 극, 풍속활동), 신토불이상차림활동, 역사연극활동, 역사인물기행활동, 역사읽기운동, 박물관기행활동, 선현답사활동, 전통예술창조활동, 취미생활활동, 문예사랑활동, 영상매체이해활동, 만화이해활동, 어울마당활동, 가족과 함께 하는 놀이 24가지활동, 전설의 고향 활동, 하나되는 몸짓활동, 전통축제한마당, 영상음악, 어울춤, 철학기행(31종)
과학능력과 정보 마인드	과학 정보 활동	독서교실활동, 환경캠프활동, 장영실의 하루 활동, 자기표현활동, 컴퓨터와의 만남활동, 지구촌 시대를 여는 정보통신활동, 정보캠프활동, 창작마당활동, 과학놀이활동(9종)
봉 사 와 협력정신	사회 봉사 활동	도시농촌교환봉사활동, 모의지방의회활동, 지역사회명사만남활동, 지역사회봉사활동, 장애청소년 스포츠 활동, 화목한 가정 꾸미기 활동, 이웃돕기한마당활동, 지역사회공개토론활동, 환경 살리기 운동, 우리는 환경을 지키는 녹색 파수꾼활동, 함께 하는 지역공동체 활동, 가족유대강화활동, 한마음 한가족(13종)
모 험 과 개척정신	모험 개척 활동	바들산 체험활동, 안전사고대비훈련활동, 호연훈련활동, 자연농장활동, 수상훈련활동, 신바람풍물체조활동, 대한군인활동, 백두에서 한라까지 활동, 비만예방활동, 한국의 강 탐사활동, 국토사랑배낭여행활동, 모험체험활동, 산들탐사활동, 미지의 세계활동(15종)
전 문 적 직업능력	자기 계발 활동	부모와 함께 하는 역할놀이활동, 모의법정활동, 정신건강활동, 가치관정립활동, 바른시민생활활동, 동방예의지국활동, 진로탐색활동, 집단 속의 나 활동, 물자절약운동활동, 생활법률이해활동, 암행어사 출두여 활동, 공양미 삼백석 활동, 믿음의 유산 활동, 남이되어보기캠프활동(14종)
국제 감각	국제 교류 활동	국산품애용활동, 청소년국제교류활동, 국제교류준비활동, 세계문화비교체험활동, 나라사랑체험활동, 외국문화이해활동, 통일광장활동, 온누리로 향한 배달의 얼 활동(8종)
기 타	다영역 활동	수련거리운영지침, 출발 우리는 새내기, 우리들 세상 여기는 청소년마을(3종)
		총 계 (93종)

출처: 문화관광부, 2004 청소년백서.

4. 청소년 비행

청소년 문제에 대한 사회적 관심은 주로 청소년문제의 유형과 그 추세에 집중되고 있다. 대검찰청에 따르면, 청소년의 범죄자 수는 늘어나고, 연령이 낮아지며, 폭력화되는 경향이 있다. 그런데, 청소년의 문제행동에 대한 사회적 반응은 과장된 점이 없지 않은 것 같다. 청소년의 문제행동에 관심을 가지고 있다면, 그들의 문제행동을 예방하고 문제행동을 하는

청소년을 적절히 보호하고 교정할 수 있는 체계를 갖추어야 할 것이다. 검찰에 통제된 범죄소년 중에서 극히 일부는 소년원으로 송치되고, 대부분은 보호관찰, 선도조건부 기소유예 등으로 사회로 내보내진다. 그런데 보호소년에 대한 상담, 진단, 치료 그리고 사회복귀가 체계적으로 이루어지지 않고 있으며, 반성문이나 보호자의 각서 한 장으로 종결되는 경우가 적지 않다(이영철 외, 2004).

1) 소년비행

소년비행이라 함은 12세 이상 20세 미만의 소년에 의한 범죄행위, 촉법행위, 우범행위를 말한다. 청소년의 비행을 어떻게 다룰 것이냐에 관하여는 국가에 따라 그 제도가 약간씩 상이하나, 공통적인 추세는 비행소년들이 인격형성 과정에 있기 때문에 정신적으로 성숙되지 못하였을 뿐만 아니라 순화가능성이 있다는 점을 감안하여 형벌보다 교육에 중점을 두고 있다는 점이다. 우리나라도 소년법 등에서 소년의 비행을 일반범죄와 달리 처리하는 절차를 규정하고 있다(청소년백서, 2004).

2) 청소년 비행 예방

(1) 청소년 성매매 근절

날로 심각성을 더하고 있는 청소년 성매매의 근절을 위하여 NGO, 학교 등과 연계, 지속적인 예방·홍보 및 단속활동을 펼치고 있다. 특히 성매매특별법 시행이후 청소년성매매 사범에 대한 단속을 강화하여 2005년에는 1,593명의 청소년 성매매 사범을 검거하였으며 그 중 712명을 구속하였다.

(2) 자녀 안심하고 학교보내기 운동

1997년 대검찰청에 자원봉사위원 전국구연합회를 두고, 전국 53개 검찰청에 「자녀안심하고 학교보내기 운동」 지역 자원봉사위원 협의회를 발족시켜서 청소년보호활동을 전개하고 있다. 대검 자료에 따르면 학교폭력피해자가 2000년에 33,833명 접수되었으나 2004년에는 10,548명으로 3분의 1이상 접수건수가 감소되었다.

(3) 청소년 쉼터

1992년에 가출청소년을 위한 일시보호시설로서 '청소년 쉼터'를 서울 YMCA에서 개소하였다. 2004년 현재전국에 40개의 청소년 쉼터가 가동 중에 있다. 2003년과 2004년에 쉼터를 이용한 청소년의 수는 3,905명이고, 연간 이용인원의 총수는 99,187명이다.

(4) 드롭인 센터(Drop-in center, 일시 쉼터)

2004년도에 문화관광부(현재 국가청소년위원회)에서는 가출청소년을 위한 긴급하게 보호하기 위한 일시보호시설인 '일시쉼터(드롭인센터)'를 서울과 인천, 대전에 각각 설립했는데, 2005년도에 부산에 1개를 증설하여 총 4개소가 운영되고 있다. 이러한 시설을 신설한 이유는 전철역 부근에 잠깐 들를 수 있는 시설을 만들어 가출청소년의 접근을 용이하게 하기 위한 것이다. 한편 단기적으로 운영되는 쉼터를 퇴소하고도 가정으로 돌아갈 수 없는 청소년을 위해 중장기쉼터도 운영하고 있다. 전국적으로 15개가 분포하고 있고, 이중 남성 청소년을 위한 쉼터가 7개소, 여성청소년을 위한 쉼터가 7개소, 혼성으로 운영되는 쉼터가 1개소이다(국가청소년위원회, 2006).

3) 비행청소년의 교정교육

(1) 분류심사원

소년분류심사원은 소년법의 규정에 의해 가정법원 또는 지방법원소년부에서 위탁한 소년을 수용 · 보호하고 이들의 자질과 비행원인을 과학적으로 진단하여 어떠한 처분이 적합한가를 분류 · 심사하는 법무부 소속 기관이다. 1977년 서울소년분류심사원이 처음 개원한 이래 현재 3개 기관(서울 · 부산 · 광주)이 설치되어 있다. 소년분류심사원은 비행소년의 개체적 원인규명, 소년비행의 조기발견과 치료, 소년비행의 실증적 요인 규명, 청소년비행 예방 및 재비행 방지를 목적으로 위탁소년의 요보호성 여부와 그 정도를 과학적으로 진단하여 그 결과를 법원소년부에 보내 조사 · 심리시에 참작하도록 하며, 소년원 · 보호관찰소에 처우지침을 제공하고 보호자에게 사후지도 방법을 권고하는 기능을 수행하고 있다. 또한 「청소년적성검사실」을 부설하여 학생 등 지역사회 청소년들을 대상으로 적성 · 지능 · 성격 등 심리검사를 종합적으로 실시, 소질과 특성에 맞는 진로지도 지침을 제공하고, 가정 · 학교 · 사회단체 등에서 의뢰한 문제청소년에 대해서도 비행성향을 규명하여 구체적인 개선지침을 제시하는 등 청소년문제 전문기관으로서의 선도적 역할을 수행하고 있다. 2003년 7월 1일부터는 청소년 비행예방과 재범방지를 위해 구속송치 대상자 위주로 시행해 오던 분류심사제도를 불구속 송치자를 포함한 모든 소년보호사건 대상자로 확대하기 위하여 '보호소년 상담조사제'와 '분류심사관 심리참여제도'를 대법원과 최종 정책협의를 거쳐 시행하게 되어 2003년 이후 4,373명이 상담조사를 받았다.

(2) 소년원

소년원은 서울 · 부산 · 대구 · 광주 · 대전 · 전주 · 청주 · 대덕 · 안양 · 춘천 · 충주 · 제주 · 안산 · 창원 · 대전의료 등 전국에 15개가 설치되어 있다. 2005년 12월말 현재, 소년원 및 소년분류심사원 전체 직원은 958명으로 교육과 감호를 담당하는 소년보호직 공무원이 670명(교사자격증 소지자 185명), 별정직공무원인 직업훈련교사 37명, 의료를 담당하는 의사 · 간호사 39명, 기타기능직 공무원 192명, 전산 · 건축직 3명이다.

소년원에 수용된 보호소년은 2000년에는 2,931명이었으나 2004년에는 1,804명에 그쳐 감소되었다. 광주소년원은 고룡정보산업학교로 명칭이 바뀌었다.

(3) 소년교도소

현재 천안소년교도소와 김천소년교도소에 수용중인 소년수용자는 2000년 1,701명에서 2004년 903명으로 감소하였다.

(4) 보호관찰

1989년 7월 1일부터 소년범죄자에 대하여 시행된 보호관찰제도는 범죄인에 대한 사회내 처우로서 유죄가 인정된 범죄자를 수용시설에 구금하는 대신 자유로운 사회생활을 허용하면서 일정기간 준수사항을 지킬 것을 조건으로 보호관찰관의 지도 · 감독을 통하여 행동을 교정하고 궁극적으로 재범을 방지하는 형사사법 제도이다. 2005년 전체 보호관찰실시인원 146,895명 중 31.6%인 46,385명이 청소년으로 이들에 대한 지도감독과 원호를 통해 2005년 실시인원에 대한 재범률을 9.4%로 억제하는 등 그 성과가 상당한 것으로 나타나고 있으며, 사회봉사명령 및 수강명령을 병행 실시함으로써, 청소년대상자들이 범죄로부터 벗어나 건전한 사회인으로 복귀하도록 하는 등 내실 있는 실적을 거두고 있다.

보호관찰행정 조직은 중앙감독기관인 법무부 보호국 관찰과가 있고, 5개 보호관찰심사위원회가 고등검찰청 소재지(서울, 대전, 부산, 대구, 광주)에 설치되어 있으며, 2005년말 현재 지방검찰청 및 주요지청 소재지에 13개 보호관찰소와 22개 보호관찰지소가 설치되어 있다. 1989년 7월 1일 보호관찰제도 시행이후 2005년 12월 31일까지 총 521,986명의 소년범에 대하여 보호관찰을 실시하였다. 소년보호관찰대상자는 2001년 35,241명, 2002년 30,544명, 2003년도 29,015명, 2004년 26,531명, 2005년에 26,011명이 접수되었다(국가청소년위원회, 2006).

제 3 절 청소년 상담 시 유의사항

① 청소년은 자신의 부정적인 감정을 표현하고 싶어 한다는 것을 인식하고 열심히 경청한다.

② 청소년의 수준에서 이해하려고 노력하고 이야기를 다 듣고 난 후 긍정적인 느낌을 말로 표현한다.

③ 청소년이 현재 당면한 문제가 무엇이며 현재 감정이 어떠한가를 알아본다.

④ 지금까지 어떤 노력을 해왔고 무엇을 원하는지에 대해 이야기한다.

⑤ 청소년과 함께 공동목표를 세운다.

⑥ 목표를 달성할 수 있는 다양한 대안을 탐색하고 결정한다.

⑦ 청소년에게 도움을 줄만한 내부 자원을 찾아 연결시켜 준다.

⑧ 항상 긍정적이고 희망적이어야 한다.

⑨ 적절한 서비스를 찾아 원조한다.

제 4 절 청소년복지 분야에서 사회복지사의 직업군

1. 청소년상담사

청소년기본법에 근거해 상담의 전문적 자질과 능력을 갖춘 인재에게 국가에서 부여하는 국가자격이다. 청소년 상담사는 변화하는 사회에서 청소년이 능동적으로 삶을 실현하고 주체적으로 성장할 수 있도록 돕는 역할을 담당한다(한국청소년상담원, 2006).

〈표 10-5〉 청소년상담사 자격 검정 과목과 방법

등 급	검정과목		검정방법	
	구 분	과 목		
1급 청소년상담사	필수	・상담자 교육 및 사례지도 ・청소년관련 법과 행정 ・상담연구방법론의 실제	필기시험	면접
	선택	・비행상담・성상담・약물상담・위기상담 중 2과목		
2급 청소년상담사	필수	・청소년 상담의 이론과 실제 ・상담연구방법론의 기초 ・심리측정 평가의 활용 ・이상심리	필기시험	면접
	선택	・진로상담・집단상담・가족상담・학업상담 중 2과목		
3급 청소년상담사	필수	・발달심리 ・집단상담의 기초 ・심리측정 및 평가 ・상담이론 ・학습이론	필기시험	면접
	선택	・청소년이해론・청소년수련활동론 중 1과목		

자료 : 청소년기본법

〈표 10-6〉 시・도 및 시・군・구 청소년(상담)지원센터 문제유형별 상담실적(2005)

(단위 : 건)

구 분		가족	비행	학업 학교 부적응	진로	성	대인 관계	성격	정신 건강	생활 습관 태도	기타 상담	단순 정보 제공	계
개인상담		14,414	7,392	11,087	11,548	1,152	10,700	12,581	6,717	2,622	5,073	397	83,683
집단상담		38,773	50,289	35,087	108,467	30,143	231,827	105,844	16,300	44,828	39,569	1,879	703,006
전화상담		9,329	7,272	6,568	3,481	13,908	5,742	2,589	2,761	2,425	10,660	10,061	74,746
심리검사		3,477	1,402	16,715	51,058	323	9,606	57,593	10,550	13,049	7,877	1,838	173,488
사이버 상담	메일	2,276	617	2,417	2,545	1,293	6,307	1,195	650	421	1,828	706	20,255
	채팅	290	94	342	251	188	1,002	144	125	39	502	98	3,075
이동상담		0	748	0	0	2,262	0	0	0	0	0	0	3,000
합 계		68,559	67,814	72,216	177,350	49,269	265,384	179,896	37,108	63,384	65,509	14,979	1,061,263

자료 : 한국청소년상담원(한국청소년상담원 실적 포함)

2. 청소년 지도사

청소년 보호선도 및 건전생활의 지도, 수렴활동의 여건조성 장려 및 지원, 청소년단체의 활동 및 활동지원, 청소년을 위한 지역사회의 유익한 환경의 조성 및 유해 환경의 정화활동 등의 직무를 수행한다. 주로 청소년수련원, 유스호스텔, 청소년 야영장 및 수련활동과 관련된 단체로 진출하고 있다(한국청소년개발원, 2006).

〈표 10-7〉 청소년지도자의 분류(국가청소년위원회, 2006)

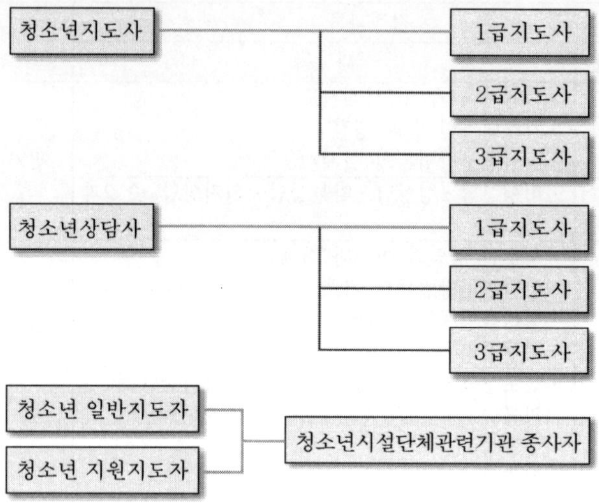

〈표 10-8〉 청소년지도사 등급별 자격검정 응시자격의 기준

등 급	응시자격기준
1급청소년지도사	2급 청소년지도사 자격 취득 후 청소년활동 등 청소년육성업무 종사경력이 3년 이상인 자
2급청소년지도사	1. 대학졸업(예정)자 또는 이와 동등 이상의 학력이 있는 자로서 2급청소년지도사 자격검정에 필요한 과목 모두를 전공과목으로 이수한 자 2. 대학원의 학위과정 수료(예정)자로서 2급청소년지도사 자격검정에 필요한 과목 모두를 전공과목으로 이수한 자 3. 대학 졸업 또는 이와 동등 이상의 학력이 있다고 다른 법령에서 인정받은 후 청소년활동 등 청소년육성업무 종사경력이 2년 이상인 자 4. 전문대학 졸업 또는 이와 동등 이상의 학력이 있다고 다른 법령에서 인정받은 후 청소년활동 등 청소년육성업무 종사경력이 3년 이상인 자 5. 3급청소년지도사 자격 취득 후 청소년활동 등 청소년 육성업무 종사경력이 2년 이상인 자 6. 고등학교 졸업 또는 이와 동등 이상의 학력을 인정받은 후 청소년활동 등 청소년 육성업무 종사경력이 8년 이상인 자
3급청소년지도사	1. 전문대학 졸업(예정)자 또는 이와 동등 이상의 학력이 있는 자로서 3급청소년지도사 자격검정에 필요한 과목 모두를 전공과목으로 이수한 자 2. 전문대학 졸업 또는 이와 동등 이상의 학력이 있다고 다른 법령에서 인정받은 후 청소년활동 등 청소년육성업무 종사경력이 2년 이상인 자 3. 고등학교 졸업 또는 이와 동등 이상의 학력이 있다고 다른 법령에서 인정받은 후 청소년활동 등 청소년육성업무 종사경력이 3년 이상인 자

자료 : 국가청소년위원회

〈표 10-9〉 청소년지도사 자격검정 과목 및 방법

<table>
<tr><th>구 분</th><th>검정과목</th><th colspan="2">검정방법</th></tr>
<tr><td>1급</td><td>청소년연구방법론, 청소년 인권과 참여, 청소년정책론, 청소년기관운영, 청소년지도자론</td><td colspan="2">주·객관식
필기 시험</td></tr>
<tr><td>2급</td><td>청소년육성제도론, 청소년지도방법론, 청소년심리 및 상담, 청소년문화, 청소년활동, 청소년복지, 청소년프로그램 개발과 평가, 청소년문제와 보호</td><td>객관식
필 기
시 험</td><td>면 접
(3급청소년지도사 자격증 소지자는 면접시험 면제)</td></tr>
<tr><td>3급</td><td>청소년육성제도론, 청소년활동, 청소년심리 및 상담, 청소년문화, 청소년지도방법론, 청소년문제와 보호, 청소년프로그램 개발과 평가</td><td>객관식
필 기
시 험</td><td>면 접</td></tr>
</table>

자료: 국가청소년위원회

3. 학교사회복지사

학교에서 일어나는 학생들의 문제를 개인의 문제만이 아닌 개인을 둘러싼 한경과의 상호작용의 문제로 보고, 이러한 심리·사회적 문제들을 학생-학교-지역사회의 연계를 통해 예방하고 해결함은 물론 모든 학생이 자신의 잠재력과 능력을 최대한 발휘할 수 있도록 최상의 교육환경과 공평한 교육기회를 제공하여 궁극적으로는 교육의 본질적 목적을 달성하고 학생복지를 실현할 수 있도록 도와주는 교육기능의 한부분이며 사회복지의 전문분야이다(한국학교사회복지사협회, 2006).

참고문헌

보건복지가족부(2008). 『2008 아동 · 청소년백서』.
보건복지부(2005) 『보건복지백서』.
이영철 · 박미은 · 윤동성 · 엄기욱 · 이용교 · 정민숙(2004). 『사회복지학』. 양서원.
이용교(2005). 『디지털 청소년복지』. 인간과 복지.
청소년위원회(2005). 『청소년정책』.
한국교육개발원(2008). 『교육복지투자우선지역 지원사업 백서 2003-2007』.
한국임상사회사업학회(2006). 『사회복지개론』. 도서출판 신정.
한국청소년개발원(1994). 『청소년복지론』. 인간과 복지.
______________(1997). 『청소년인권보고서』. 인간과 복지.
______________(2001). 『전국청소년상담기관 편람』.
한국청소년쉼터협의회(2005). 『가출청소년쉼터실태조사』.
홍봉선 · 남미애(2005). 『청소년복지론』. 양서원.

인터넷 사이트

문화관광부 http://www.mct.go.kr
국가청소년위원회 http://youth.go.kr
한국청소년상담원 http://www.kyci.or.kr
한국청소년개발원 http://www.nypi.re.kr
국립중앙청소년수련원 http://www.nyc.or.kr
청소년방과후아카데미 http://www.youthacademy.or.kr
청소년상담사국가자격검정 · 연수 홈페이지 http:www.youthcounselor.or.kr/
한국청소년단체협의회 http://www.ncyok.or.kr
한국청소년쉼터협의회 http://www.jikimi.or.kr
한국성폭력상담소 http://www.sisters.or.kr

제 11 장

여성복지

제 1 절 여성복지의 개요

1. 여성복지의 개념

사회의 구성을 성별로 구분한다면 그 절반은 여성이고 나머지 반은 남성일 것이나, '여성복지'라는 주제가 성립될 수 있는 근저에는 여성들이 상당한 범위에 걸쳐 공통적인 불이익 또는 불편 내지 불만을 유발시키고 있는 문제들에 직면하고 있다는 전제가 깔려 있다. 현대 여성은 눈이 부시도록 성공적인 수많은 역할모델을 눈앞에 두고 있지만, 가정이라는 하나의 작은 세계를 돌보면서 보다 넓은 사회 속에 동참하여 사회성원으로서의 역할을 조화시킨다는 것은 결코 쉬운 문제가 아닐 것이다(정은 외, 2006).

여성을 바라보는 시각이나 이데올로기가 다양하고 국가나 시대에 따라 다양하게 변화되어 왔기 때문에 여성복지의 개념을 한마디로 정의하기는 쉽지 않다. 시대에 따라 여성을 바라보는 시각이나 여성에 대한 이데올로기가 다양하게 변화되어 왔기 때문이다. 정부 차원에서 '여성복지'라는 용어를 사용하기 시작한 것은 1990년대 중반 이후부터이다. 이전에는 여성복지는 미혼과 기혼을 가리지 않고 여성의 모성 및 부인으로서의 기능과 역할을 강조하는 '부녀복지'로 사용하고 있었다.

우리나라 여성복지의 역사를 되돌아보면 이제까지는 요보호 여성을 중심으로 한 잔여적 개념의 '부녀복지'사업으로 발달해 왔으나, 모든 여성의 삶의 질 향상을 위한 여성정책으로 전환되어야 한다는 인식이 확산되면서 명칭 또한 여성복지로 바뀌게 되었다. 따라서 최근에는 종전의 부녀복지가 갖는 소극적 · 제한적 · 부정적인 개념에서 보다 적극적 · 확산적 · 긍정적 개념으로 변화된 관점을 제시하고 있다(정민숙 외, 2007).

한국여성개발원은 여성이 국가와 사회로부터 인간의 존엄성과 인간다운 생활을 할 권리를 동등하게 보장받음으로써 여성의 건강, 재산, 행복의 조건들이 만족스러워지는 상태를 의미하며 동시에 가부장적 가치관과 이에 기초를 둔 법, 기타 사회제도를 개선하는 것 등으로 여성의 인간다운 삶을 실현하기 위한 모든 실천적 노력을 포함하는 개념으로 여성복지를 정의하였다. 또한 여성복지의 궁극적 목표를 양성 간 동등한 권리보장을 통해 여성의 인간다운 생활을 도모하는 데 있다고 보았다(김융일 외, 2003).

2. 우리나라 여성복지 관련법

여성정책이란 여성의 평등한 사회참여를 가로막는 장애요인들을 파악하고 그것을 제거하려는 노력이며, 여성억압이나 성차별 문제를 해결하려는 의도적인 개입의 총체라고 말할 수 있다. 여성문제를 해결하기 위한 방법들은 미시적인 차원에서 시도되는 여성복지 실천과 거시적인 국가정책 차원에서 실시되는 여성복지정책으로 나누어 볼 수 있다. 여성복지정책이란 복지와 관련되는 여성정책으로 여성정책의 개념보다 더 좁은 범위의 정책내용들을 일컫는다(정민숙 외, 2007).

국내의 여성관련 단체의 압력과 외국의 관련 정책 및 관련법 제정의 영향을 받아 우리나라도 1980년대 후반부터 다음과 같은 여성복지 관련법들이 제정되었다.

① **여성기본발전법**(1995년 12월 제정): 이 법은 헌법에 명시된 남녀평등이념을 구현하기 위한 국가와 지방자치단체의 책무에 관한 기본적인 사항을 규정함으로써 정치, 경제, 사회, 문화의 모든 영역에 있어서 남녀평등을 촉진하고 여성의 발전을 도모함을 목적으로 한다. 여성발전기본법은 여성관련 개별법의 해석상의 지침으로써 또는 입법 정책적 방향제시의 기능을 갖는다(조홍식 외, 2000).

② **남녀고용평등법**(1978년 제정, 2001년 8월 4차 개정): 이 법은 헌법의 평등이념에 따라 고용에 있어서 남녀의 평등한 기회 및 대우를 보장하는 한편 모성을 보호하고 직장과 가정생활의 양립과 여성의 직업능력 개발 및 고용촉진을 지원함으로써 남녀고용평등 실현을 목적으로 한다. 이 법에서는 직장 내의 성희롱을 금지하고 여성의 고용을 촉진하고 산전후 휴가급여 지원을 규정하고 있다.

③ **성매매알선등 행위의 처벌에 관한 법률**(일부개정 2005. 3.4. 법률 7404호): 이 법은 성매매·성 알선 등 행위 및 성매매 목적의 인신매매를 근절하고, 성매매 피해자의 인권을 보호함을 목적으로 한다.

④ **성매매방지 및 피해자보호등에 관한 법률**(일부개정 2005. 3. 24. 법률 7413호): 이 법은 성매매를 방지하고 성매매 피해자 및 성을 파는 행위를 한 자의 보호와 자립을 목적으로 한다.

⑤ **성폭력범죄의 처벌 및 피해자보호등에 관한 법률**(일부개정 2005. 3. 24. 법률 7412호): 이 법은 성폭력 범죄를 예방하고 그 피해자를 보호하며, 성폭력범죄의 처벌 및 그 절차에 관한 특례를 규정함으로써 국민의 인권신장과 건강한 사회질서의 확립에 이바지함을 목적으로 한다.

⑥ **가정폭력방지 및 피해자보호등에 관한 법률**(일부개정 2005. 3. 24. 법률 7414호): 이 법은 가정폭력을 예방하고 가정폭력의 피해자를 보호함으로써 건전한 가정을 육성함을 목적으로 한다.

⑦ **가정폭력범죄의 처벌등에 관한 특례법**(일부개정 2005. 3. 31. 법률 7427호): 이 법은 가정폭력범죄의 형사처벌 절차에 관한 특례를 정하고 가정폭력범죄를 범한 자에 대하여 환경의 조정과 행위의 교정을 위한 보호처분을 행함으로써 가정폭력범죄로 파괴된 가정의 평화와 안정을 회복하고 건강한 가정을 가꾸며 피해자와 가족구성원의 인권을 보호함을 목적으로 한다.

⑧ **한부모가족지원법**(타법개정 2008. 2.29. 법률 8852호): 이 법은 한부모가족이 건강하고 문화적인 생활을 영위할 수 있도록 함으로써 한부모가족의 생활 안정과 복지 증진에 이바지함을 목적으로 한다.

⑨ **장애인·노인·임산부등의 편의증진보장에 관한 법률**(일부개정 2005. 3. 31. 법률 7476호): 이 법은 장애인·노인·임산부 등이 생활을 영위함에 있어 안전하고 편리하게 시설 및 설비를 이용하고 정보에 접근하도록 보장함으로써 이들의 사회 활동 참여와 복지증진에 이바지함을 목적으로 한다.

3. 여성복지사업의 주요 내용

종래의 여성 복지는 요보호 여성과 이들로부터 파생되는 문제에 국한되어 왔으나 최근에는 일반 여성까지 모두를 포함하는 포괄적인 개념으로 변화되었다. 즉 빈곤모자가족, 매매춘, 미혼모, 가출, 근로 여성, 여성노인 문제와 함께 일반 여성의 인권문제와 복지 문제, 사회참여와 자아실현을 돕는 여건 조성, 성차별 철폐 운동으로 확대되었다.

다음은 여성부에서 2009년 연초에 발표한 정책 목표 및 세부과제이다.

〈표 11-1〉 2009년 여성부 주요정책목표 및 추진과제

정책비전	미래를 여는 여성, 함께하는 평등사회		
정책 과제	여성의 힘으로 경제 살리기	아동과 여성이 안전한 사회 만들기	국민이 체감하는 생활정책 펼치기
세부 정책 과제	① 새로 일하기 프로젝트 : 경력단절여성을 위한 취업지원시스템 강화, 종합적 직업훈련과 취업지원 서비스 제공 ② 대상별 여성 직업능력 개발 및 취업지원 : 청년 여성을 위한 직업능력 개발 및 취업연계, 중장년층 여성을 위한 직업능력 개발과 취업 연계 ③ 공공부문 여성 일자리 확대 : 정부지원시설 일자리 확대, 청년여성에게 일자리 제공 ④ 여성 취업지원 인프라 구축 : 여성의 경제활동촉진 추진체계 강화, 여성이 일하기 좋은 기업환경 조성	① 아동과 청소년 보호를 위한 사회안전 시스템 구축 : 민관합동 추진체계 확립, 폭력피해 아동여성에 대한 ONE-STOP 서비스 지원, 아동여성폭력 예방 및 범국민 캠페인 추진 ② 여성폭력 피해자 지원서비스 개선 : 성폭력과 가정폭력 피해여성 보호와 지원서비스 강화, 성매매 피해여성 지원 내실화 ③사회통합을 위한 사회적 약자 지원 : 이주여성의 인권보호 기반 구축, 여성장애인 지원, 기타 사회적 약자 지원	① 생활 속 평등 정책 : 국민생활과 밀접한 정책에 대한 성별영향평가 추진, 일상 속 여성권익 이슈에 적극 대응 ② 여성정책 추진기능 강화 : 여성이 처한 위기상황에 선제적 대응체제 구축, 사회 각 분야 여성대표성 제고 ③ 국내외 여성계 연대강화 : 민간단체 공동협력사업을 통한 경제위기 극복, 세계한민족여성네트워크(KOWIN)를 국가 경제위기 극복 동력으로 활용

자료: 여성부, 2009년 여성부업무보고.

4. 여성복지 분야에서 사회복지사의 역할

여성복지실천에서 사회복지사의 역할은 다음과 같다(최선화, 2005).

첫째, 사회복지사는 클라이언트에게 전문가나 권위적인 인물이 아닌 동료 혹은 동반자로서의 역할을 한다.

둘째, 클라이언트의 관심과 문제는 사회적이고 정치적인 배경에서 사정되어야 한다. 클라이언트의 생활에서 권력 관계 사정에 특별한 주의를 기울인다.

셋째, 원조는 임상접근에 제한되어서는 안 된다. 더 나아가서 사회제도를 수정하기 위한 정치적 행동과 옹호를 강조한다.

넷째, 사회복지사는 관련된 개인 경험들을 기꺼이 공유하고자 한다.

다섯째, 원조과정은 역량강화를 강조하고, 강력한 교육적인 내용을 포함시킨다. 교육내용은 여성차별, 성차별, 성역할 고정관념, 여성이 자신을 어떻게 바라보는가를 포함하고, 여성에 대한 태도에 영향을 미치는 사회적이고 역사적인 요인들을 포함한다.

여섯째, 클라이언트는 원조과정에서 활동적인 참여자로 기대된다. 그리고 클라이언트의 결함과 병리보다는 강점에 초점을 둔다.

일곱째, 여성의 사회적 지지망과 지지집단을 창출하는 것을 강조한다.

여덟째, 여성이 직업을 갖고 경제적으로 독립하는 것이 바람직하다는 점을 인식하고 추구하게 한다.

아홉째, 여성에게 다른 사람과의 관계 속에서 벗어나 자신의 진정한 욕구 정체감을 찾도록 돕는다.

열째, 전통적인 성역할을 받아들이는 것에 의문을 품도록 한다. 그리고 삶의 양식을 개인이 자유롭게 선택하도록 한다.

제 2 절 여성복지의 현황

1. 시설보호서비스

여성 복지를 위한 시설보호서비스를 담당하는 기관은 모자보호시설, 모자자립시설, 모자일시보호시설, 미혼모보호시설, 성폭력피해자 보호시설, 가정폭력피해자 보호시설, 선도보호시설 등이 있다.

1) 모자보호시설

- 기능 : 생활이 어려운 모자가정을 일시 또는 일정기간 보호하여 생계를 지원하고 퇴소 후 자립기반을 조성하도록 지원

- 입소 : 여성복지상담원의 상담을 거쳐 입소
- 보호 기간 : 3년 이내
- 서비스 내용
  - 국민기초생활보장법에 의한 대상자로 분류, 생계비 지원을 받음, 일상생활의 편의를 제공받음
  - 고등학교 학비지원
  - 퇴소 자에게 정착금 지원(세대별 200만원)
  - 방과 후 아동지도, 아동 급식비 지급

2) 모자자립시설

- 기능 : 모자보호시설에서 퇴소한 세대로서 자립이 어려운 무주택 모자가정에 대하여 일정기간 주택편의만을 제공
- 입소 : 모자보호 시설을 퇴소한 모자세대로 자립준비가 미흡한 세대
- 기간 : 3년 이내(관할 시장, 군수, 구청장이 보호기간 연장이 필요하다고 인정할 경우는 2년 내에서 연장가능)
- 서비스 내용
  - 급식 및 상담, 기타 일상생활의 편의 제공
  - 퇴소자 자립정착금 지원
  - 고등학교 학비 지원

3) 모자일시보호시설

- 기능 : 배우자(사실혼관계에 있는 자를 포함)가 있으나 배우자의 물리적 · 정신적 학대로 인하여 아동의 건전양육 또는 여성의 건강에 지장을 초래할 우려가 있을 경우 일시적 또는 일정기간 그 여성과 아동을 보호
- 입소 : 물리적, 정신적 학대로 아동의 건전한 양육과 모의 건강에 지장을 초래할 우려가 있는 모와 아동
- 기간 : 2개월 이내(2개월 이내에서 연장가능)
- 서비스 내용
  - 숙식, 의료 지원
  - 법률, 심리 상담

- 비밀보장, 특별보호
- 고등학교 학비지원, 자녀 방과후 지도, 아동급식비 지원

4) 미혼모 보호시설

- 기능 : 미혼여성이 임신을 하였거나 출산을 하였을 경우 안전하게 분만하게 하고 심신의 건강을 회복할 때까지 일정기간 보호
- 입소 : 분만 혜택과 숙식 보호가 필요한 미혼 임산부
- 기간 : 6개월 이내, 6개월 범위 내에서 연장가능
- 서비스 내용
  - 숙식제공, 분만의료 혜택
  - 산전 후 검진
  - 자립지원 : 직업교육, 인성교육, 상담지도

5) 성폭력피해자 보호시설

- 기능 : 성폭력 피해자를 상담 · 보호함으로써 신체 · 정신적 안정회복과 사회복귀 도모
- 입소 : 성폭력 피해여성
- 기간 : 6개월 (3개월 연장가능)
- 서비스 내용 : 성폭력 상담 및 일시보호

6) 가정폭력피해자 보호시설

- 기능 : 가정폭력 피해자의 신체적 · 정신적 안정 및 가정 복귀를 돕는 일
- 입소 : 가정폭력 피해자 및 그 가정 구성원
- 기간 : 임시보호 3일 이내(필요한 경우 7일 연장가능), 일시보호 2개월 이내(필요 시 1회 1개월 연장 가능)
- 서비스 내용 : 숙식 무료제공, 법률 및 심리상담, 치료지원

7) 선도보호시설

- 기능: 윤락행위 여성, 윤락 우려 여성, 상습 가출 여성(미혼모, 저소득 여성은 제외)의 보호와 건강한 사회 복귀
- 입소: 윤락 행위를 한 여성, 윤락행위를 할 우려가 있는 여성, 상습 가출 여성 본인이 자발적으로 입소를 희망하는 선도보호조치, 소년부 판사가 선도보호를 위탁 · 처분한

보호처분을 받는 여성이 대상이다.

- 기간: 6개월(본인이 원하는 경우는 상담원의 상담결과 6개월 연장가능하며, 보호처분의 경우는 위탁기간을 6개월로 하되, 소년부 판사의 결정으로 6개월 범위 내에서 1차에 한하여 기간연장이 가능함)
- 서비스 내용: 생활지도, 진학을 위한 교육, 직업교육, 상담 및 교양 교육

2. 재가보호서비스

여성들을 위한 재가보호서비스 시설 및 기관은 여성회관, 여성복지상담소, 성폭력피해상담소, 가정폭력피해상담소, 여성 · 학교폭력 피해자 One-stop지원센터, 여성의 전화 「1366」, 건강가정지원센터 등이 있다.

1) 여성회관

- 기능 : 지역 내 여성의 능력 개발, 기술 · 기능 교육으로 경제적 자립기반 조성, 지역 여성복지 증진, 건전한 가정 육성
- 대상 : 일반여성
- 서비스 내용 : 각종 교육 및 여가 활동, 상담사업, 여성관련 조사사업, 여성자원봉사활동

2) 여성복지상담소

- 기능 : 윤락행위등방지법 제14조에 근거하여 설치 · 운영되고 있으며, 저소득 모자가정이나 미혼모 · 윤락여성, 학대받은 여성, 가출여성 등 요보호 여성들의 건전한 사회복귀를 유도
- 대상 : 요보호 여성
- 서비스 내용 : 요보호 여성에 대한 조사, 상담, 취업안내 및 알선, 시설입소, 보호알선, 교육 및 조언 등 기타 요보호자의 선도보호를 위해서 필요한 상담서비스

3) 성폭력피해상담소

- 기능 : 성폭력피해자를 상담 · 보호함으로써 신체 · 정신적 안정회복과 사회복귀 도모
- 대상 : 성폭력 피해여성

- 서비스 내용 : 성폭력 피해 신고 접수 및 상담, 병원이나 보호시설로 연계 및 이송, 관련기관 협조 요청, 가해자에 대한 고소와 피해 배상 청구 등 사법처리 절차와 관련한 협조와 지원요청, 성폭력 예방 및 홍보, 조사연구

4) 가정폭력피해상담소

- 기능 : 가정폭력 피해를 신고 받거나 이에 관한 상담과 관련된 조치를 취함
- 대상 : 가정폭력 피해여성
- 서비스 내용
  - 가정폭력으로 인하여 정상적인 가정생활 및 사회생활이 어렵거나 긴급히 보호를 필요로 하는 피해자를 임시보호하거나 의료기관 또는 시설로 인도
  - 행위자에 대한 고발 등 법률자문을 위한 협조와 지원요청
  - 가정폭력 예방 및 방지에 관한 홍보, 연구조사 등

5) 여성 · 학교폭력 피해자 One-stop지원센터

- 기능 : 여성가족부 · 경찰청 · 센터가 설치된 병원이 성폭력 · 가정폭력 및 성매매 등 폭력 피해자에 대하여 상담 · 의료 · 법률 지원을 24시간 one-stop 서비스로 운영
- 대상 : 여성 · 학교폭력 피해자
- 서비스 내용 : 피해자에 대한 상담 · 의료 · 수사 · 법률의 one-stop 통합 지원

6) 여성의 전화「1366」

- 기능 : 가정폭력 · 성폭력 · 성매매 등으로 긴급한 구조 · 보호 · 상담을 필요로 하는 여성들이 언제라도 전화로 피해상담을 받을 수 있도록 전국적으로 통일된 특수전화를 365일 24시간 상시 운영
- 대상 : 가정폭력 · 성폭력 · 성매매로 긴급한 구조 · 보호 · 상담을 필요로 하는 여성
- 서비스 내용
  - 긴급 상담, 서비스 연계, 위기개입 서비스 제공
  - 긴급한 구조를 위해 119, 112등의 연계조치 및 상담 · 의료 · 법률구조기관 또는 보호시설 등에 대한 정보제공 등 안내

7) 건강가정지원센터

- 기능 : 급변하는 사회 상황에 대처하여 가정 기능을 원활히 하도록 지원

• 서비스내용
  - 건강가정 상담: 가족주기별 · 문제유형별 · 상담유형별 · 가정생활 영역별 접근이 가능한 가족상담, 이혼전 상담, 가족갈등 상담, 기타 건강한 가정 강화를 위한 상담 등
  - 건강가정 교육: 가정생활, 가정과 직장 양립, 가계재무, 식생활 및 영양관리 교육, 청소년 부모교육, 중년기 부부교육, 실직가정교육, 재혼가정 교육, 노후생활설계 교육 등
  - 건강가정 문화: 민주적 · 평등한 가족문화 조성, 가족단위의 여가 · 놀이문화 발굴, 합리적인 가정의례문화 조성 및 현대적 · 합리적 정착을 위한 프로그램 개발, 세대간 격차 해소 및 화합을 도모하는 문화운동 확산

3. 저소득모자가정 지원

세대주인 모와 자녀로 이루어진 저소득 모자가정에 대한 선정기준과 지원내용은 다음과 같다.

1) 지원 대상

다음에 해당하는 세대주인 모와 그에 의해 양육되는 18세 미만(취학시 만 22세 미만)의 자녀로 이루어진 가정으로서 2008년도 선정기준을 충족한 자이다.

• 배우자와 사별 또는 이혼하거나 배우자로부터 유기된 자
• 정신 또는 신체장애로 인하여 장기간 근로능력을 상실한 배우자를 가진 자
• 미혼자(사실혼 관계에 있는 자는 제외)
  - 사실혼 관계에 있는 자'란 사실상 혼인생활을 하고 있으면서 혼인신고가 없기 때문에 법률상 혼인으로 인정되지 않는 부부관계를 하고 있는 자를 말함
• 배우자의 생사가 분명하지 아니한 자
• 배우자 또는 배우자의 가족과 불화로 인하여 가출한 자
• 배우자의 해외거주 · 장기복역 등으로 인하여 부양을 받을 수 없는 자.
  *세대주는 세대원을 사실상 부양하는 자를 포함하고 자녀는 취학한 만 20세 미만의 자녀 포함
• 국내에 체류하고 있는 외국인 중 대한민국 국민과 혼인하여 대한민국 국적의 아동을 양육하고 있는 자(세대주는 세대원을 사실상 부양하는 자를 포함하고 자녀는 취학한

만 22세 미만의 자녀 포함)
- 부모로부터 사실상 부양을 받지 못하는 아동과 그 아동을 양육하는 조부 또는 조모(저소득 조손가족)
  - 부모가 사망하거나 생사가 분명하지 아니한 아동
  - 부모가 정신 또는 신체의 장애·질병으로 장기간 노동능력을 상실한 아동
  - 부모의 장기복역 등으로 부양을 받을 수 없는 아동
  - 부모가 이혼하거나 유기하여 부양을 받을 수 없는 아동
  - 부모가 불화 등으로 가출하여 부양을 받을 수 없는 아동
  - 그 밖에 부모가 실직 등으로 장기간 경제적 능력을 상실하여 부양을 받을 수 없는 아동

2) 선정기준

저소득모자가정의 가구원수별 선정기준은 국민기초생활보장 소득인정액의 130% 이내인 자이다.

〈표 11-2〉 저소득 모·부자가정 선정기준

(2009년)

	2 인	3 인	4 인	5 인	6인
2009년	1,086,490원 이하	1,405,540원 이하	1,724,590원 이하	2,043,640원 이하	2,362,690원 이하

3) 지원내용

모자가정지원 내용은 자녀학비지원, 아동양육비지원, 자립지원금지원, 복지자금 대여, 영구임대주택입주, 보육료지원, 아동급식지원, 한부모가족 복지시설 입소 등이 있다.

4. 차상위층 지원

차상위계층 지원 사업 중 모자가정과 관련된 서비스는 차상위 의료급여 제공, 차상위 자활사업 참여, 동절기 정부양곡 할인지원, 기존주택 전세임대 등이 있다.

1) 차상위 의료급여 제공 : 국민기초생활보장 소득 인정액의 120%의 가정, 18세미만 아

동 및 희귀난치질환으로 치료가 필요한 모자가정에 의료급여제공

2) 차상위 자활사업 참여 : 실제소득이 최저생계비의 120% 이하에 해당되는 모자가정에 자치단체 및 자활후견기관의 자활사업 참여

3) 동절기 정부양곡 할인지원 : 실제소득이 최저생계비의 120% 이하에 해당되는 모자가정에 동절기(12월, 1월, 2월)에 양곡할인 지원

4) 기존주택 전세임대 : 사업대상 시군구에 거주하는 자로서 국민기초생활보장수급자 및 차상위계층 무주택세대주에게 대한주택공사에서 월임대료를 받고 최장 6년까지 주택을 지원

참고문헌

김융일 외 9인 공저(2003). 『사회복지학개론』. 동인.
보건복지가족부(2009). 『2009년 국민기초생활보장사업 안내』.
여성부(2009). "경제 어려움 극복 국민생활 안정을 위한 여성정책 실천계획".
정민숙 · 양정남 · 이형하 · 박일연 · 김혜선(2007). 『사회복지개론』. 공동체.
정은 · 은선경(2006). 『여성복지론』. 창지사.
조원탁 외(2009). 『사회복지법제론』. 양서원.
조흥식 · 김혜란 · 신혜심 · 김혜란(2000). 『여성복지학』. 학지사.
최선화(2005). 『여성복지론』. 학현사.
허홍란 · 이경아(2006). 『사회복지 현장실습 핸드북』. 나눔의 집.

인터넷사이트

평화모자원 : http://www.peacehome.or.kr
미혼모의 집 : http://www.missmom.info
한국성폭력 상담소 : http://www.sisters.or.kr
가정폭력상담소 : http://www.legal.or.kr
광주여성장애인연대 : http://www.saywomen.or.kr
광주광역시여성발전센터 : http://www.woman.gjcity.net

제 12 장

의료사회복지

제 1 절 의료사회복지 개요

1. 의료사회복지의 정의 및 개념

최근의 의료서비스는 질병의 치료에서 예방, 치료, 재활을 포함하는 통합적인 서비스로 방향전환이 이루어지고 있다. 의료사회사업은 사회적 요인들과 질병의 관계에 관한 것으로서 질병을 하나의 사회 문제로 보고 질병, 사회, 보건 등이 상호 관계성을 가지고 있다고 이해한다. 의료사회복지사는 치료 팀의 일원으로서 질병과 신체적·정신적 장애에 대한 손실을 최소화하면서 환자와 가족의 사회적 기능을 정상화하기 위한 역할을 한다(김규수, 2004). 또한 의료사회복지는 진단, 치료, 재활, 관리와 예방 등의 광범위한 서비스망을 포함함으로 의료영역에만 국한하지 않고 환자와 가족의 권리옹호와 욕구를 충족시키기 위한 다양한 개입이 필요하다.

의료사회복지의 개념은 기술적 개념과 정책적 개념으로 설명할 수 있다(이광재, 2005).

첫째 의료사회복지의 기술적 개념은 진료의 과정에서 환자 및 그 가족이 가지고 있는 사회적, 경제적, 심리적 문제를 전문적인 원조를 통하여 의료를 효과적이며 능률적으로 전개할 수 있게 도움을 주는 일련의 전문적 행동체계를 의미하고 있다. 따라서 의료사회복지란 사회복지의 전문적인 방법을 활용하여 환자의 심리적, 사회적 및 경제적 문제가 질병치료와 회복에 장애가 되지 않도록 환자 및 그 가족을 돕는 치료팀의 일원으로서 예방, 진단,

치료, 사후지도, 사회복귀 등 광의의 의료에 참여하게 된다.

둘째 의료사회복지의 정책적 개념은 질병의 예방과 건강증진 및 향상을 목적으로 보건 및 의료영역에서의 사회복지조사, 사회복지정책 및 행정 등의 방법을 통하여 보건의료의 욕구측정과 의료서비스의 전달체계를 개선하도록 하고 의료보호와 의료부조의 확대와 질적 향상을 기여하는데 참여하는 사회복지의 한 과정이다.

제 2 절 의료사회복지의 발달과정

의료사회복지가 전문직으로 발전하기 이전에 영국과 미국에서는 다음과 같은 기원적인 서비스나 활동이 있었다. 첫째는 비조직적인 봉사(Unorganized Service) 활동으로서 14세기 초 영국의 일부교회에서는 병원형태의 수도원과 구빈원들이 설립되기 시작하여 빈곤자, 노동 불가능자, 맹인, 불구자, 노인, 질병자 등을 수용 보호하여 주었다. 둘째는 간호사들의 봉사활동(Nursing Care)이다. 간호사의 기본적인 임무가 환자를 위한 의료적 봉사활동(medical care)이기 때문에 과거에 간호원이 제공한 사회적, 정서적 문제에 대한 봉사활동은 비조직적인 의료사회복지의 기원이라 할 수 있다. 셋째는 1893년에 뉴욕 헨리가 인보관(Henry Street Settlement House)에서 의료비를 지불할 수 없는 인근에 사는 환자들의 가정을 방문하였고 그들의 병 때문에 야기되는 사회적, 개인적인 문제를 연구하고 돕는 활동을 하였다. 넷째는 정신병 환자의 사후지도이다. 1880년 초 영국의 사회복지단체가 주동이 되어 정신병원에서 퇴원한 환자를 대상으로 갈 곳이 없는 불우한 환자에게는 위탁가정이나 사회복지시설 그리고 요양원 등에 의뢰하고 퇴원한 환자들이 지역사회에 적응할 수 있도록 직장을 알선해 주며 방문하여 필요한 보호와 가족들을 지도하였다. 이와 같은 독특한 서비스는 의료사회복지의 일부로서 발달하여 오늘날 정신보건사회복지의 원초적인 활동이 되었다고 할 수 있다(윤현숙, 2004).

우리나라의 의료사회복지 발달을 살펴보면, 1883년 세브란스 병원에서 자원봉사자들이 부녀봉사원의 역할을 하면서 시작되었다. 이것은 구미의 의료봉사활동이 체계화된 그 시기에 우리나라에서도 의료봉사활동이 시작된 것을 의미한다. 대한병원협회에서는 1981년 2월부터 시범적으로 외국의 모델을 도입하여 종합병원에 대한 '병원표준화심사제'를 실시하였는데, 이 표준화 심사 요강 중에 C. 지원부서편, 〈22〉의료사회복지 부문(Social Work Service)이 포함되어 있다. 1989년 전국민 의료보험 실시로 이와 같은 의료보험의 확대 실시로 피보험자의 병원 이용도가 증가하면서 이들에게 적절한 서비스와 자원을 연결하고, 치료에 도움이 되는 서비스를 제공하는 의료사회복지의 역할이 점차 중요하게 되었다.

최근의 의료사회복지는 점차 전문성을 요구하는 직무가 증가하는 현상을 보이고 있다. 임상 각 과의 환자상담은 물론 장기이식 팀과 호스피스 팀에 참여하고 있는 반면 응급의학과의 자살기도 환자, 화상환자나 절단환자, 당뇨환자, 심장질환자, 심장이식환자, 뇌성마비와 뇌손상환자, 백혈병환자, 신부전환자 등 대상 환자의 범위가 확대되고 있다.

1973년에는 종합병원단위의 의료기관에 사회복지사 자격증 소지자 채용을 의무화하는 규정이 생겨난 이후 주로 정신과에 많은 사회복지사들이 채용되었다. 이와 같은 지속적인 발전과 변화를 거듭하면서 현재 전국 130여 개의 병원에는 250여명의 의료사회복지사가 활동하고 있다(김규수, 2005).

제 3 절 의료사회복지사업 및 의료사회복지의 역할

1. 의료사회사업활동의 근거

사회적 승인(social sanction)은 전문직에게 일련의 권력과 특권(power & private)을 부여하게 되기 때문에 모든 전문직은 사회적으로 승인을 얻는 것이 중요하다. 우리나라에서의 의료사회사업은 명확한 제도적 승인 하에 그 활동을 하고 있다. 즉, 사회복지사업법, 의료법, 장기 등 이식에 관한 법률, 정신보건법 등의 법적 근거, 그리고 국민건강보험 요양급여기준 및 진료수가 산정기준 등의 제도적 근거에 기초한 사회적 승인을 확보하고 있는 것이다. 이러한 법적, 제도적 근거에 대하여 살펴보면 다음과 같다(이광재, 2005).

1) 사회복지사업법

우리나라의 사회복지사업법을 보면, 「제2조 (정의) ① 이 법에서 "사회복지사업"이라 함은 다음의 법률에 의한 보호·선도 또는 복지에 관한 사업과 사회복지상담·부랑인보호·직업보도·무료숙박·지역사회복지·의료복지·재가복지·사회복지관운영·정신질환자 및 나완치자 사회복귀에 관한 사업 등 각종 복지사업과 이와 관련된 자원봉사활동 및 복지시설의 운영 또는 지원을 목적으로 하는 사업을 말한다. 〈개정 99.4.30〉」고 되어 있어, 사회복지사업에 있어서 의료사회사업분야에 대한 활동의 근거를 명확히 하고 있다.

2) 의료법 시행규칙

의료사회사업이 우리나라에서 법적으로 처음 규정된 것은 1973년 9월 20일 개정의료시행령(대통령령 제6863호) 제24조 2항 5호에서 「종합병원에는 사회복지사업법의 규정에 의한 사회복지종사자 자격증을 가진 자 중에서 환자의 갱생, 재활과 사회복귀를 위한 상담 및 지도업무를 담당하는 요원을 1인 이상 둔다」고 되어 있다.

그 후, 사회복지종사자라는 용어가 1983년 5월 21일 사회복지사업법의 개정에 따라 사회복지사라는 용어로 대체되었으며, 현재에는 의료법 시행규칙 28조의 ②의 6(의료인 등의 정원)에 「종합병원에는 사회복지사업법의 규정에 의한 사회복지사 자격을 가진 자 중에서 환자의 갱생·재활과 사회복귀를 위한 상담 및 지도업무를 담당하는 요원을 1인 이상 둔다」라고 규정되어 있다.

3) 장기 등 이식에 관한 법률

(1) 장기 등 이식에 관한 법률 시행령

장기 등 이식에 관한 법률 시행령 제17조 (장기이식의료기관의 지정기준) 「장기이식의료기관(이하 "이식의료기관"이라 한다)으로 지정을 받고자 하는 의료기관이 갖추어야 하는 시설·장비 및 인력의 기준은 별표 1과 같다.」에서 별표 1을 보면 「...... 장기 등의 적출·이식을 위한 상담·연락업무 등을 담당하는 간호사와 사회복지사 각 1인 이상을 두어야 한다.」고 되어 있어, 장기이식의료기관에서의 전문직으로서 승인된 사회복지사에 대한 규정이 있다.

(2) 장기 등 이식에 관한 법률 시행규칙

장기 등 이식에 관한 법률 시행규칙 제 5조 (의료기관의 뇌사판정업무....)

②항에서는 「법 제14조제2항의 규정에 의하여 뇌사판정업무를 하고자 하는 의료기관이 갖추어할 시설·장비·인력 등은 다음 각 호와 같다........ 3. 신경과 전문의사, 뇌파검사를 담당하는 임상병리사, 뇌사판정을 위한 상담·연락업무 등을 담당하는 간호사와 사회복지사」 로 되어있는, 뇌사판정의료기관에서의 전문직으로서 승인된 사회복지사에 대한 규정이 있다.

4) 정신보건법

정신보건법 제7조(정신보건전문요원)를 살펴보면, 「정신보건분야에 관한 전문지식과 기술을 가진 자에게 정신보건 전문요원의 자격증을 교부할 수 있으며(1항), 이 요원은 정신보건 간호사, 정신보건 임상심리사 및 정신보건 사회복지사로 한다.(2항)」고 규정되어 있어, 정신보건영역에서의 전문직으로서의 전문요원 자격에 대하여 사회복지사의 제도적 승인을 하고 있다.

5) 요양급여기준 및 진료수가 산정기준 : 의료사회사업 활동의 규정

(1) 우리나라 국민건강보험 요양급여기준, 진료수가 및 약제비 산정기준 : 부록 1, 조혈모세포이식의 보험급여 범위에 관한 기준 - 제 4 조(실시기관의 인력, 시설 및 장비 등 기준)을 보면, 「① 실시기관에는 다음 각 호의 인력이 상근하여야 한다. - 3. 훈련된 간호사, 사회복지사, 영양사, ...기타필요인력)」라고 되어 있으며,

(2) 국민건강보험 요양급여기준, 진료수가 및 약제비 산정기준 : 제7장 의학요법료에서는 「제 3 절 전문재활치료사-128 재활사회사업 - 주: 1. 재활의학적 치료목적으로 사회복지사가 직접 실시한 경우에 산정한다.」라고 되어 있고,

(3) 국민건강보험 요양급여기준, 진료수가 및 약제비 산정기준 : 제8장 정신요법료 산정지침 (4)를 보면 「"(3)"에서.......다만, 정신의학적 사회사업(아-11)은 사회복지사가 직접 실시한 경우에만 산정한다.」고 되어 있어, 현재 우리나라 국민건강보험에서는 제한된 범위이기는 하나, 사회복지사만 할 수 있는 전문적 활동을 규정하여 인정하고 있다.

6) 요양급여기준 및 진료수가 산정기준 : 정신의학적 사회사업

국민건강보험 요양급여기준, 진료수가 및 약제비 산정기준 : 제8장, 정신요법료를 보면 아-11은 사회복지사가 직접 실시한 경우에만 산정하며, 아-2-가, 아-2-다, 아-4, 아-9, 아-10에 대해서는 정신과전문의 지도하에 정신과전공의 또는 상근하는 전문가(정신간호사, 사회복지사 등)가 실시한 경우에도 산정할 수 있다.

2. 의료사회복지의 대상과 관련체계

의료사회복지의 개입 대상자는 주로 환자와 가족이지만 때로는 집단일 수도 있고, 때로는 지역사회가 될 수도 있다. 의료사회복지 분야에서 환자와 가족에 대한 이해는 사회복지사가 적용하는 인간행동에 대한 이론적 관점에 따라 달라질 수 있다. 그리고 환자의 의학적 특성에 따라 우선적으로 고려되어야 할 문제와 욕구가 달라질 수도 있다. 의료사회복지

의 대상인 환자, 가족 그리고 사회적 관계망에 대해 좀더 자세히 살펴보면 다음과 같다(이윤로 외, 2005).

첫째는 환자이다. 사람들은 질병에 걸리면 고통과 무력감을 느끼고 주위 사람에게 의존하게 된다. 질병에 따른 환자의 행동이나 역할은 환자 자신의 과거 경험, 사고방식, 감정, 행동방식 그리고 질병에 대한 문화적 개념에 의하여 정해진다. 사회복지사는 환자와 가족이 질병을 받아들이고 치료를 위해 노력을 하도록 지원한다. 둘째는 가족이다. 육체적 질병과 장애는 가족위기를 초래하는 중대한 사건 중의 하나이다. 따라서 사회복지사는 가족에게 지지를 제공함으로써 그들이 스트레스에 잘 대처하여 자신의 정신건강을 유지 또는 개선하고, 치료에 따르는 보호자로서의 역할을 원활히 수행할 수 있도록 도움을 준다. 셋째, 사회적 관계망이다. 사회적 관계망은 환자나 가족이 사회적으로 관계를 형성하고 있는 구성원들을 말하며 이는 환자나 가족에 대한 사회적 지원의 효과 때문에 중요한 의미를 갖는다.

3. 의료사회복지의 역할 및 기능

1) 의료 사회복지의 역할

의료사회복지란 환자 및 가족의 사회적 기능 향상, 질병의 예방과 치료 및 재활 등 다양한 목적을 달성하기 위하여, 보건·의료분야에서 수행되는 사회복지의 전문적인 실천분야이다. 현대의료는 점차 치료·예방, 보건을 통합하는 추세이다. 초기의 의료사회복지사의 역할은 환자의 퇴원 후 사후지도와 가정방문지도, 심리사회적 측면에서의 교육 등을 위주로 출발하였고 이후 환자의 재활과 사회복귀를 위한 노력은 물론, 직업교육과 재활활동 등이 추가되었다. 현재는 의료사회복지사의 역할이 다양하게 변화, 확대되어 가고 있다. 환자의 질병에 대한 치료영역뿐만 아니라 가족 및 지역사회보건사업에도 깊은 관심을 갖고 의료보건전달체계의 개선이나 의료복지정책에까지 그 역할을 담당하고 있다.

의료사회복지의 역할은 첫째, 심리사회적 치료자의 역할로서 지지적인 개별사회사업의 치료적 역할과 당면문제를 해결하거나 완화되도록 돕는 치료적인 역할을 한다. 둘째, 서비스조정자의 역할로서 각기 다른 전문적인 진단과 치료 및 서비스 계획을 수립함에 있어서, 심리사회적, 경제적인 정보를 의료팀에 제공하고 팀의 종합적이고도 통합적인 서비스를 위한 협력과 조정을 담당한다. 셋째, 자원동원가로서의 역할로서 인적, 물적, 제도적, 법적인 자원 등을 개발하고 활용한다. 넷째, 재활치료와 교정자의 역할이다. 재활의료팀에서 심리사회적 측면의 조사연구와 평가, 치료, 훈련, 지도 및 서비스의 계획수립에 협력하여 의료적, 심리사회적, 직업적인 종합적 재활과정에 참여하여 치료나 교정 역할을 한다.

2) 의료사회복지의 기능

직접적 기능은 심리사회적 개입이나 경제적 지원과 같이 사회복지사가 환자 또는 가족에게 직접 제공하는 서비스를 포함하며 간접적 기능은 사례자문이나 건강교육, 프로그램 개발과 같이 병원이나 지역사회에 대한 개입을 통해 특정한 환자나 가족뿐만 아니라, 잠재적 클라이언트까지 도움이 되는 서비스를 포함한다. 의료사회복지의 본질적인 기능은 첫째, 팀 협동이다. 환자의 치료에 관련된 전문가들과 함께 팀을 이루고 이러한 건강관리팀 구성원들에게 합리적이고 정확한 진단과 전인적인 진료를 위하여, 정보를 제공하고 이해시키며, 협동적인 진료계획을 설정하는데 상호협동을 한다.

둘째는 직접적인 서비스 제공으로서 환자 및 가족에 대한 정보를 수집하여 문제를 평가하며, 문제해결에 적합한 직접적인 사회사업 서비스를 제공한다.

셋째는 병원 내 프로그램의 계획을 담당한다.

효과적인 환자 치료를 위하여 병원행정이나 서비스에 대한 제안을 하며 새로운 프로그램의 개발에 적극적으로 참여한다.

넷째는 지역사회자원의 연결 및 지역사회 보건사업에 참여하는 것이다.

지역사회의 사회복지기관이나 의료기관 및 행정당국과의 관계를 통하여, 진료 및 예방사업의 다양화와 양질의 서비스를 제공할 수 있도록 지역사회자원을 조직하고 동원한다.

다섯째, 교육프로그램에 참여한다.

의료관련 전공학생들의 보건, 의료영역의 전문적인 교육과 임상실습지도를 하는데 참여하고 의료사회복지사의 기능과 역할을 소개하며 전인적인 진료를 위한 다양한 프로그램을 지도한다.

여섯째는 의료에 관련된 조사연구에 관여한다.

보건, 의료분야에서 기초자료수집, 의료서비스의 평가, 새로운 프로그램의 착안을 위한 기반조성에 적극적으로 참여한다(한인영 외, 2006).

제 4 절 의료사회복지의 대상

1. 의료사회복지의 정책적 대상

의료사회복지의 대상은 정책적 대상과 기술적 대상으로 구분할 수 있다(이광재, 2005).

의료보장제도란 질병 및 상병으로 인한 의학적, 경제적 어려움으로부터 국민을 보호하기 위한 정책적, 제도적 장치를 의미한다. 의료보장에는 두 가지 측면이 있다.

첫째는 질병으로 고액의 진료비가 지출되면 그 결과 빈곤하게 되고, 빈곤층은 보건의료상의 문제를 보다 많이 경험하게 되므로, 의료보장은 의료비 보장이라는 빈곤정책의 일환으로 보는 측면이고, 둘째는 건강은 인간 생존의 기본조건으로서 그 필요성은 모든 사람에게 있으므로 의료보장의 목적은 빈곤층에 대한 보호를 넘어 '질병으로부터의 해방'을 의미한다고 보는 측면이다.

이러한 의료보장은 국가 책임 하에 모든 국민의 건강을 유지, 증진시키기 위해 종합적인 보건의료서비스 기회를 균등하게 보장하는 공적 시책과 소득보장으로 사회보장의 중요한 토대가 된다.

2. 의료사회복지의 기술적 대상

의료사회복지의 기술적 접근방법은 주로 질병이나 장애를 가진 환자와 그 가족들이 겪고 있는 심리적, 사회적, 경제적 문제를 대상으로 하여, 이의 해결이나 완화를 위해 도움을 제공하는 전문적인 활동이라 할 수 있다. 의료사회복지의 기술적 대상도 의료 서비스 현장에서 활동하는 사회복지사가 대면하는 의사, 환자, 그 가족 등을 포함하는 대상이다.

1) 의료사회복지사의 개입이 반드시 필요한 고위험 대상 집단

환자 및 가족에 대한 정보를 수집하여 문제를 평가하며 문제해결에 적합한 사회사업서비스를 제공한다. 필요에 따라 가족이나 직장 및 환자와 사회적 관계를 이루고 있는 관련자들이 동원되기도 하며 환자의 병원생활 적응은 물론 질병으로 인하여 야기되는 심리적, 사회적 및 경제적인 문제에 관하여 도움을 제공한다. 다음은 의료사회복지사가 개입하는 주요 문제와 주요대상군이다(대한의료사회복지사협회, 2006).

(1) 의료사회복지사가 개입하는 주요문제

① 정서적인 문제 : 충격과 분노, 혼돈, 부정/불신과 저항감, 양가감정/죽음에 대한 두려움/수술 후 회복과 생존율에 대한 과도한 관심/수술 후 재발 우려, 합병증에 대한 염려

② 가족문제 역할변화로 인한 역할 갈등, 부부갈등/입원 기간 동안의 자녀 양육 문제/가족구조 및 관계의 변화

③ 경제적인 문제 : 노동 능력 상실에 따른 수입원의 단절/진료비 해결능력의 부족/의료비용의 증가 및 입원 장기화로 인한 비용의 증가

④ 퇴원문제 : 퇴원에 대한 마음의 준비 결여/ 퇴원 후 거처의 문제/ 퇴원 후 간병의 문제/퇴원 후 건강관리의 문제/퇴원 후 직업복귀의 문제

⑤ 재활문제 : 사회복귀의 문제(복직, 복학, 지역사회내의 적응)/신체장애에 따른 사회/재적응의 문제

(2) 의료사회복지사가 개입하는 주요대상 환자군

암 진단을 받은 환자/더 이상의 치료가 불가능한 말기 환자/절단환자/척추손상환자/편마비환자/심한 화상환자/자살기도 환자/신생아 입양을 원하는 환자/장애를 갖고 태어난 신생아/뇌성마비아동/정신지체환자/소아당뇨환자/소아백혈병 및 혈액종양환자/소아 심장환자/장기이식 환자/알코올이나 약물중독 환자/의사나 간호사의 지시를 따르지 않는 환자/병동에서 소란을 피우거나 불만이 많은 환자/의료분쟁의 가능성이 있는 환자/보호자가 없는 환자/퇴원 후 거처가 없는 환자/고가의 진료비 예상환자/수술 후 부적응 환자

2) 질병이 가족에 미치는 영향

첫째, 가족 전체에 미치는 영향

환자의 가족들은 가족 가운데 한 사람에게 질병이 발생한 이후 심리, 사회적 문제들을 경험하는 비율이 높았고, 가족 갈등, 역할 수행의 어려움, 장염, 위궤양, 고혈압, 알코올 문제 등을 포함한 다양한 문제를 경험할 위험이 높아지는 것으로 나타났다.

둘째, 배우자에게 미치는 영향

질병이나 외상이 부부체계에 미치는 영향은 배우자 의해 곧바로 경험되거나 부부관계에 미치는 영향을 통해 경험된다. 환자의 배우자들은 대부분 심각한 디스트레스를 경험한 것으로 나타났으며, 일부 연구에서는 암환자와 그 배우자가 동일한 심리적 적응을 경험한다는 결과도 있다.

셋째, 부모에게 미치는 영향

자녀가 질병을 앓고 있다면 그 부모는 양육에 대한 부담의 증가 등으로 여러 가지 영향을 받는다. 일반적으로 부모들은 신체적 질환, 우울증, 고도의 불안 등을 경험하며 재정상의 문제를 경험한다.

넷째, 자녀에게 미치는 영향

부모의 질병 자녀에게 미치는 영향에 관한 연구는 많지 않지만 연구에 의하면 부모가 다발성 경화증을 앓고 있는 경우 그 자녀들은 그렇지 않은 자녀들에 비해 응집력이 저하되고 갈등이 증가되는 것으로 나타났다. 또한 스트레스 수준이 높아지는 것으로 나타났다(대한의료사회사업가협회, 2002).

3. 의료복지서비스의 관련제도

1) 의료보장제도

의료보장제도란 질병 및 상병으로 인한 의학적·경제적인 어려움으로부터 국민을 보호하기 위한 정책적·제도적 장치를 말하는 것으로서 다음과 같은 의미를 가지고 있다.

첫째, 고액의 진료비 지출이란 빈곤정책적 측면과 모든 사람이 질병으로부터의 해방이라는 건강의 보장으로 보는 측면이 있다.

둘째는 의료제공에 필요한 재원조달과 지출의 의료재정체계적 측면이 있으며 셋째는 의료의 수용자·공급자의 만남의 구조와 기회에 중대한 영향을 주는 규제 수단으로 작용하는 측면이다.

우리나라의 의료보장제도는 사회보험부문과 공공부조의 부문으로 구성되어 있는데 사회보험부문에는 국민건강보험과 산업재해보상보험법에 따른 요양 및 장애급여, 군인연금법에 따른 치료보상 등이 포함되어 있다.

또한 공공부조부문으로는 의료급여와 해산보호, 군인보훈보상법에 따른 수용치료 등이 있으며, 그 밖에 국민보건서비스와 관계있는 일반보건서비스, 모부자보건서비스, 결핵관리서비스, 전염병관리서비스 및 기생충관리 서비스 등의 제 서비스도 여기에 포함된다(이윤로 외, 2005).

2) 국민건강보험

의료보장과 관련된 핵심적인 체계로서, 국민의 기본적인 의료문제를 해결하고 개별가계가 일시에 겪게 되는 의료비의 과중부담을 방지하기 위하여, 국가가 개입하여 국민건강과 생활의 안정을 도모하는 데 목적이 있는 것이 국민건강보험이다.

또한 사회보험이라는 기술원리를 통하여 개인의 위험을 보험가입자 전원에게 분산하여 전 국민을 대상자로 하여, 질병 발생시 가계에 지워지는 경제적 부담을 경감시켜 주는 소득재분배 기능을 수행한다. 또한 국민의 의료비용을 사회연대성의 원리에 따라 공동체적으로 해결하여 모든 사람이 골고루 잘 살 수 있는 사회를 만드는 사회통합을 이루고자 함이 건강보험의 기본취지이다. 이러한 취지에 따라 국민보건을 향상시키고 사회보장을 증진하기 위함을 목적으로 1999년 2월 8일 「국민건강보험법」이 공포되었고, 2000년 7월 1일에 국민건강보험관리 공단이 설립되어 실질적인 전 국민 관리통합이 시작되었다.

국민건강보험의 개념을 좀더 자세히 살펴보면, 종래의 「의료보험」이 상병을 치료하기 위해 소요되는 비용 및 의료서비스를 제공하는 것을 주된 내용으로 하는 반면, 「건강보험」은 진료비 보장 · 질병치료를 포함함은 물론 건강진단 · 재활 및 예방의 범위까지 포함하는 적극적이고 포괄적인 의미가 함축되어 있다.

사회보험으로서 국민건강보험법의 성격을 살펴보면 다음과 같다.

첫째, 질병 및 부상을 보험사고로 하고 있으므로 질병보험의 범주에 속한다. 이는 사회보험에 속하므로 강제보험이 원칙이다. 둘째, 국민건강보험법은 단기보험이며, 의료급여 대상자를 제외한 전 국민이 건강보험의 대상이 된다. 국민건강보험은 강제보험으로서 성격상 건강보험의 실효성을 확보하기 위해 벌칙 규정을 두고 있다.

한편, 국민건강보험법의 법률상 의료보장은 국민건강보험법과 의료급여로 나뉘는데, 국민건강보험법은 그 적용에서 전 국민을 포함하며 의무적으로 의료비의 일부를 본인이 부담한다는 점에서 의료급여와는 구별이 되지만, 국민전체의 의료보장을 담당하는 기능을 볼 때, 국민건강보험법과 의료급여법은 대립관계가 아니라, 상호보완관계에 있다. 이중 현대사회에서 의료보장의 중추적 역할을 담당하고 있는 것은 건강보험법이라 할 수 있다.

3) 의료급여

의료급여는 국민의 복지향상을 위하여 개인 · 가족이 병이 들었을 때 진료비가 없거나 기타 무능력으로 치료받을 수 없는 처지에 있는 사람들을 위해 국가가 그 진료비를 부담하는 공공부조방식의 사회보장이다.

의료급여 환자는 일반 환자에 비해 특별한 서비스가 요구된다. 이들은 질병 이외에 많은 문제들을 가지고 있으며 문제들 간의 복합적인 관계를 맺고 있고 이로 인한 악순환을 거듭하고 있는 경우가 많다. 이러한 악순환의 고리를 끊기 위해서는 사회복지사가 개입하여 심리적, 사회적 문제에 대하여 전문적인 기술이나 방법을 동원하면 효과적이다. 질병은 의학적으로만 고쳐질 수 있는 것이 아니라 사회적, 심리적 차원에서 접근되어야 효과적인 치료가 될 수 있다.

이러한 측면에서 의료사회복지사의 의료급여환자에 대한 사회복지사의 역할을 살펴보면, 의료급여대상자를 선정하는 과정에 개입하여 공정한 입장에서 대상자를 선정하도록 하는 역할, 이미 의료급여대상자가 된 자가 여러 이유로 인하여 의료급여서비스를 받을 수 없는 경우에 개입하여 의료혜택을 받을 수 있도록 하는 역할, 도움을 필요로 하는 환자를 조기 발견하고 그들이 도움을 적절하게 받을 수 있도록 연결해 주거나 알선해 주는 역할, 환자의 병이 회복되어 퇴원한 이후, 사회적응을 할 때까지 복지시설 알선 등의 자원연결, 사후지도(follow up)를 하는 역할이 있다.

► 의료급여 수급권자의 구분(2005년 1월 현재)

구분	적용대상
1종	· 국민기초생활수급자 -근로능력이 없는 수급자, -경찰관서에서 무연고자임이 확인된 자 -조건부수급자 중 미취학 자녀 또는 질병, 부상 또는 장애 등으로 거동이 곤란한 가구원이나 치매 등으로 특히 보호가 필요한 가구원을 양육, 간병 또는 보호하는 수급자 -보장시설에서 급여를 받고 있는 수급자, -의료급여특례수급자 및 2종 보호대상자 중 희귀난치성질환으로 6개월 이상 장기치료를 받고 있는 환자 또는 6개월 이상의 장기 치료를 요하는 환자) · 이재민 · 의상자 및 의사자 유족 · 국내에 입양된 18세 미만의 아동 · 독립유공자 및 국가유공자 그 가족 · 중요무형문화재의 보유자(인간문화재) 및 그 가족(명예보유자 포함) · 북한이탈주민과 그 가족 · 광주민주화운동 관련자와 그 가족 · 행려환자
2종	· 국민기초생활보장수급자(조건부수급자)

자료: 이광재, 2005.

제 5 절 한국의료복지의 최근 동향

최근 우리나라 의료 환경의 변화에 따라 의료사회복지 서비스의 중요성이 강조되고 있다. 우선, U.R.에 의한 의료분야의 개방으로 외국 의료서비스가 국내에 진입하게 되어 선진화된 경영관리 기법, 의료관리 전략, 적극적인 마케팅에 관심이 모아지고 있다. 또한 병원 서비스 평가제에 따른 진료비 차등지급, 의료시장개방 계획 등 정부정책변화와, 신설병원급증과 대기업 병원사업투자 등이 의료기관 경쟁을 심화시켜 소비자 중심의 통합적 서비스제공으로 방향 전환이 이루어지고 있다. 이와 같이 의료기관이 클라이언트 중심의 서비스에 관심을 갖게 됨에 따라 의료사회복지사의 개입과 역할 확대가 기대되고 있다. 특히 최근의 의료사회복지실천의 변화는 팀워크 접근을 강조하고, 환자와 가족을 하나의 체계로 이해하며, 입원기간 뿐 아니라 퇴원 후나 입원 전에도 서비스가 제공되며, 개인에 대한 포괄적, 전인적 접근이 어느 실천 영역보다 강조되고 있다. 또한 난치성 질환 및 특정 질환에 대한 지원단체의 증가는 경제적 어려움으로 치료에 어려움을 겪고 있는 환자들에 대한 의료사회복지적 지원을 강화하는 요인이 되었고, 재활의료, 당뇨, 호스피스에 대한 업무가 증가하고 다각화되는 형태를 보이고 있다. 따라서 의료사회복지사는 의료에 대한 국민의 권리 의식 강화와 의료 관련 사회제도의 변화 등이 의료조직은 물론 의료사회복지의 서비스에도 영향을 줌으로 이러한 의료환경의 변화를 정확하게 파악하고 있어야 한다(한인영 외, 2006). 또한 질적인 의료복지를 달성하기 위한 의료 전달체계의 개선, 의료보험제도의 보완, 의료시설의 확충, 의료팀접근 등 더 많은 변화가 필요함으로 이러한 변화에 대처하고 의료사회복지 전문직 발전을 위한 훈련과 교육 등 지속적인 노력이 필요하다.

참고문헌

김규수(2004). 『의료사회복지실천론』, 형설출판사.
김규수(1998). 『의료사회사업론(개정판)』, 형설출판사.
대한의료사회사업가협회(1995). "의료수가와 의료사회사업의 질관리", 『제15차 워크샵자료집』, 서울: 대한의료사회사업가협회.
대한의료사회사업가협회(1996). "의료사회사업의 교육과 수련", 『제16차 워크샵자료집』, 서울: 대한의료사회사업과협회.
대한의료사회사업가협회(2001). "21세기 의료사회복지사의 새로운 역할모색". 『제20차 워크샵자료집』, 서울: 대한의료사회사업가협회.
대한의료사회사업가협회(2002). "의료사회사업의 실천과 가족", 『제21차 워크샵자료집』. 서울: 대한의료사회사업가협회.
대한의료사회사업가협회(2005). "의료사회복지활동의최신동향과 정도모색", 『제24차 대한의료사회복지사협회워크샵자료집』. 서울: 대한의료사회사업가협회.
세브란스병원 사회사업과(1996). 『의료사회사업사례집』.
윤현숙 외(2004). 『의료사회사업론』, 나남출판사.
이광재(2005). 『의료사회사업원론(제2판)』, 인간과 복지.
이윤로 · 홍영수(2005). 『의료사회사업론(제4판)』, 학지사.
최선화 외(2000). 『의료복지 서비스와 의료정책』, 세종출판사.
한림대 의료사회사업실(1997). 『의료사회사업의 실제』.
한림대학교의료원 사회사업가(2003). 『의료사회사업의 실제』.
한인영 · 최현미(2000). 『의료사회사업론』, 학문사.
한인영 외(2006). 의료사회복지실천론: 학지사.
한인영 · 최인미(2000). 의료사회사업론: 학문사.

Bracht, N. F., 1978, *Social Work in Health Care: A Guide to Professional Practice*. New York. The Haworth Press.
Carlton, T. O., 1984, *Clinical Social Work in Health Settings*. New York: Springer publishing Co.
Germain, C. B., 1984, *Social Work Practice in Health Care*. New York: Free Press.
Holosoko, M. J. & Taylor, P. A, 1989, *Social Work in Health Care Setting*. Toronto: Canadian Scholar's Press, inc.
Kerson, T. S., 1997, *Socal Work in Health settings: Practice in Context*. 2nd Ed. New York: The Hawthome Press, Inc.
Maillick, M. D. & Caroff, P., 1996, *Professional Social Work Education and Health care: Challenges For the Future*. New York: The Haworth Press, Inc.
Rosenberg, G. & Weissman, A., 1994, *Social Work in Abulatory care: New Implications For Health and Social Services*. New York: Haworth Press, Inc.

제 13 장

정신보건사회복지

제 1 절 정신보건사회복지의 개요

1. 정신보건사회복지의 정의 및 목적

정신보건사회복지에 대한 정의는 학자나 시대 또는 문화적 배경에 따라 상이하지만, '정신의료' 영역으로부터 지역사회와 공중보건의 개념이 접목된 '정신건강' 영역으로 확대되는 추세이다. 정신보건사회복지란 "정신질환이나 정신장애를 가지고 있는 사람이나 그 가능성을 지닌 사람들에 대하여 정신의학적 전문지식과 사회복지이론 및 실천기술을 적용하여 그들의 사회적 기능을 회복시키고 궁극적인 삶의 질 향상을 목적으로 이루어지는 사회복지실천의 한 분야"라고 정의할 수 있다. 1954년 『미국사회사업연감(*Social Work Year Book*)』에는, "정신보건사회사업은 정신의학과 함께 직접적이고 책임 있는 관계 내에서 이루어지는 사회사업이다. 이는 정신의학적 치료와 관련된 전문적인 사람들, 다시 말하면 정신의학자, 심리학자, 정신전문간호사, 작업치료사 등과 함께 치료팀의 일원이 되며, 병원이나 외래진료소, 기타 정신의학적 기관에서 실시되며, 개입의 목적은 정신적, 정서적 장애로 고통 받고 있는 사람들의 건강을 회복시키며 지역사회 내에서 정신건강을 촉진하는 활동을 하는 것이다"라고 정의하고 있다(권진숙 외, 2009).

국내 학자들이 정의한 정신보건사회복지의 목적을 총괄적으로 정리해 보면, 정신보건사회복지는 정신적 · 정서적 장애로 고통을 받고 있는 사람들의 정신건강이 회복되도록 총체적이고 체계적인 도움을 주며, 국민정신건강을 증진시키기 위한 각종 예방활동을 하는 것이다. 그 대상은 정신적 · 정서적 장애가 있는 환자와 그의 가족들이다. 특히, 정신보건사회복지사는 환자의 질병에 영향을 주는 가정, 환경, 사회적 요소에 대한 평가 및 진단, 치료 계획 수립에 대한 협조, 개별 또는 집단상담 및 가족 상담을 통한 치료, 퇴원 후의 추후 치료, 재활 및 지역 사회와의 관계를 유지하는 등 정신보건 치료팀에서 없어서는 안 될 중요한 구성원이다(김규수, 2004).

2. 정신보건사회복지 실천의 근간인 정신보건법

우리 사회는 1980년대 초반까지 체계적인 정신보건서비스의 미비, 정신병상의 절대적 부족, 의료보장제도 및 시설보호제도의 미비, 비인가시설의 불법적 강제입원 및 감금, 가혹행위 등의 인권 침해가 별다른 규제를 받지 않고 존재할 수 있었다. 이를 해결하기 위해서 언론과 정신보건전문가들은 강력하게 시정을 요구했으며, 정부는 치료를 위한 병상 확충과 정신질환자 요양 시설 및 서비스 개선을 위한 노력을 기울이는 동시에 정신질환자의 인권 보호와 정신보건정책의 체계를 마련하기 위하여 정신보건법 제정에 착수하였다.

정신보건법은 정신질환의 예방과 치료 및 사회복귀에 관하여 필요한 사항을 규정하여 국민의 정신건강증진에 이바지함을 목적으로 만들어진 법(정신보건법 1조)으로써 사회복지사업법에 속한다. 이 법의 목적은 '최적의 치료권 보장, 부당한 차별대우 금지, 미성년자인 환자에 대한 특별한 권리(교육 등)의 보장, 자발적 입원 권장, 입원환자에 대한 자유로운 환경과 의견교환(면회, 전화, 이메일 등) 보장' 등이다(제2조).

정신보건법의 이념을 바탕으로 하여 국가와 지방자치단체는 국민의 정신건강을 증진시키고, 정신질환을 예방하며, 정신질환자의 치료 재활 및 장애극복과 사회복귀 촉진을 위한 연구 · 조사와 지도 · 상담 등의 필요한 조치를 하여야 하고, 정신질환의 예방과 치료 및 재활을 위하여 정신보건센터와 정신보건시설을 연계하는 정신보건서비스 전달체계를 확립하여야 한다(정신보건법 제4조, 제1, 2항).

정신보건법은 1995년 12월 30일 법률 제5133호로 제정되었으며, 1997년 12월 31일에 일부 개정되었고(법률 제5453호), 그 후로 2000년 1월 12일(법률 제6152호), 2004년 1월 29일(법률 제7149호), 2008년 3월 21일(법률 제8939호) 일부 개정되는 과정을 거쳐 나가고 있다. 정신보건법이 그동안 정신보건 영역에 기여한 바를 정리해보면, 첫째, 정신질환자와 정신장애인을 치료와 재활, 사회복귀의 대상으로 간주하고 이에 따른 체계적인 노력을 기울이게 되었다. 둘째, 정신질환을 예방하는 체계적인 노력, 즉 전 국민의 정신건강을 증진하기 위한 조직적인 노력을 하게 되었다. 셋째, 입·퇴원과 정신보건시설의 인권 보호적 운영을 법으로 명시함으로써 정신질환자들의 인권을 보호할 수 있는 제도적 장치가 마련되었다. 넷째, 정신보건사업과 관련된 전문가 집단들의 직무와 자격(정신보건사회복지사 1·2급, 정신간호사 1·2급, 정신보건임상심리사 1·2급)을 명시함으로써 다양한 전문가들에 의해 정신보건사업이 활성화될 것으로 기대된다.

제 2 절 정신보건사회복지의 발달과정

현대적인 의미의 정신보건사회복지는, 미국의 경우는 1905년 보스톤 매사추세츠 종합병원 신경진료소에 최초로 사회사업가를 채용하였고 1906년 맨해튼 종합병원에서 사회사업가를 채용하였으며 당시 사회사업가의 역할은 정신과 의사의 보조적 위치로서 새로운 환자에 대한 생활력조사와 환자의 가족이나 친지들과 환자의 유대를 강화하도록 노력하였다. 1926년에는 미국 정신의료사회사업가협회가 결성되었고 1946년에 정신보건법이 제정되었다. 1950년 정신약물의 급속한 발달로 탈유대화, 정상화에 대한 경향이 증가되어 지역사회 중심의 정신장애인 재활, 특히 지역사회정신보건체계가 확대되었다. 우리나라에서 정신보건사회사업의 발달 과정을 보면, 한국전쟁 중 미군병원에서 정신의료사회사업가가 정신과 의사와 함께 일한 것이 계기가 되어 정신의료사회사업가의 필요성을 인식하게 되었다. 1970년대에 들어서 민간 부문의 정신보건사회사업이 활성화되었고 1983년에는 정신보건사회사업학회가 창립되었다. 1984년 인권문제 발생과 장기수용, 장기입원의 반복, 악순환의 고리로 인하여 보건사회부와 전문가들은 종합대책을 마련하게 되었다. 1996년에 정신보건사회복지사 자격 훈련과정이 시작되었으며 1997년에 정신보건법이 시행됨에 따라 전국 48개소 정신보건센터가 설립되었다. 또한 전국 보건소에 전문요원 배치 시작과 개정 장애인복지법에 의해 정신장애인도 서비스 수혜대상자가 되었다(김기태 외, 2001). 2008년 6월말 현재 정신보건법에 의한 정신보건센터가 전국에 183개, 정신요양시설이 59개, 사회복귀시설이 193개, 알코올상담센터가 34개 운영되고 있다.

제 3 절 정신장애의 분류

정신장애(Mental disorders)란 광의의 개념으로 질병 자체의 진행 외에도 질병으로 인한 손상을 포함하는 개념이다. 세계보건기구의 국제질병분류(ICD-10)에 따르면 정신장애를 정신병, 신경증, 인격장애 또는 기타의 정신병이 아닌 정신장애, 정신지체로 분류하고 있다. 한편 미국의 정신의학계에서 독자적으로 정신장애의 진단 및 통계편람(DSM-IV)을 제작했으며 1994년에 4번째 개정판이 출간되었다. 이 개정판은 심리장애를 개념화하는데 있어서 어떤 병리이론에도 치우치지 않고 증상과 증후를 위주로 장애의 특성을 정의하였다. DSM-IV에서는 정신장애를 크게 다음과 같이 17가지로 구분하고 있다(이근후 외, 1995).

① 유아기, 아동기, 청소년기에 흔히 처음으로 진단되는 장애

이 광범위한 범주 속에는 대개 유아기, 아동기, 청소년기에 시작되는 지적, 정서적, 신체적 및 발달적 장애들이 포함된다. 예를 들어, 정신지체, 품행장애, 분리불안장애, 주의력 결핍/과잉행동장애, 유아자폐증, 그리고 말하기, 읽기, 산수, 쓰기 기술의 습득이 지체되는 학습장애 등이 있다.

② 섬망, 치매, 그리고 기억상실장애 및 기타 인지장애

섬망은 의식이 흐려지고 주의가 저하되며 사고의 흐름에 일관성이 없어진다. 치매는 정신능력의 퇴화, 특히 기억의 퇴화가 두드러진 것으로 알츠하이머병, 물질남용, 다른 여러 의학적 조건, 뇌졸중 등과 관련된다.

③ 다른 곳에 분류되지 않는 일반적 의학적 상태로 인한 정신 장애

일반적인 의학적 상태로 인한 정신장애는 일반적인 의학적 상태의 직접적인 생리적 결과라고 판단되는 정신증상을 특징으로 한다. 예를 들면, 일반적인 의학적 상태로 인한 섬망, 일반적인 의학적 상태로 인한 치매 등이다.

④ 물질관련장애

술, 아편, 코카인, 각성제, 니코틴, 흡입제 등 습관성 및 의존성이 강한 물질로 직업수행이나 대인관계에 장애를 일으키는 것을 말한다. 중독성 물질의 과다사용은 우울이나 불안 등 정서장애를 일으킬 가능성이 높다.

⑤ 정신분열증과 기타 정신증적 장애

정신분열장애환자들은 자신의 몸을 돌보고 사회적 관계를 형성하거나 직업수행에서 퇴

화되어 있다. 이들은 언어표현 및 의사소통능력이 손상되어 있어 대화할 때 한 주제로부터 관련성이 적거나 전혀 없는 다른 주제로 금방 옮겨가기도 한다. DSM-IV에서는 편집장애와 망상형 정신분열증을 구별한다. 즉 보다 심각한 정신분열증에서는 망상이 기괴하고 단편화되어 있으며 환각으로 인한 장애도 더 크다.

⑥ 기분장애

대표적인 증상은 우울과 조증이다.

· 우울증: 깊은 슬픔, 낙담 등의 정서가 지배적이고, 행동하려는 동기와 활기가 저하되며, 자살사고와 자살충동, 자살시도를 하게 되고, 죄책감이나 자기 무가치감에 빠진다. 불면이나, 과수면 상태를 경험하기도 한다.
· 조증: 지나치게 들떠있고, 에너지와 동기가 넘치며 과잉행동을 하며, 비현실적으로 자존감과 자신감이 넘친다. 주위가 산만해지고 화를 과도하게 내기도 한다.
· 양극성 장애: 우울과 조증을 번갈아 겪거나 혹은 조증을 여러 차례 반복해서 겪을 때 내리는 진단이다.

⑦ 불안장애: 어떤 유형의 불안을 핵심장애로 갖고 있는 경우이다.

· 공포증: 어떤 대상이나 상황을 너무 무서워하며, 그 무서움에 합당한 이유가 없고 불합리하다는 것을 스스로 알고 있지만 그 대상을 회피하게 된다.
· 공황장애: 갑작스럽게 강력한 불안을 호소하며, 불안이 너무 심한 나머지 몸을 떨고, 어지러움을 느끼며 호흡곤란을 겪을 수도 있다.
· 범불안장애: 불안이 전반적이고 지속적이다.
· 강박장애: 끊임없는 강박관념이나 강박행동을 보인다.
· 외상 후 스트레스장애: 충격적인 사건을 겪은 후 나타나는 스트레스성 장애를 말하는 것으로 악몽을 반복해서 꾸거나 고통스러운 기억을 떨쳐 버리지 못하는 경우 겪게 되는 불안과 무감각 증세를 지칭하는 진단명이다. 급성스트레스장애는 외상 후 스트레스장애와 유사하지만 증상이 그렇게 오래 지속되지는 않는다.

⑧ 신체형 장애

신체형 장애는 신체적 · 생리적 원인은 없으나 심리적 원인에 의해 몸에 이상증상을 호소하는 증세를 보이며 대개는 심리적 이유나 목적을 갖고 있다고 보여진다. 신체화 장애, 전환 장애, 동통장애, 건강염려증 등이 있다.

⑨ 허위성 장애

명백히 환자 역할을 하려는 심리적 욕구 때문에 신체적 혹은 심리적 증상을 의도적으로 만들어 내고 불편을 호소하는 사람에게 적용되는 진단이다.

⑩ 해리성 장애: 기억이나 정체감과 관련된 의식에 갑작스런 변화가 생기는 현상을 말한다.

· 해리성 기억상실: 과거 기억의 전체 혹은 특정 시간대 기억이 상실되는 경우

· 해리성 둔주: 갑자기 예상할 수 없는 전혀 새로운 장소에 여행을 가서 새로운 삶을 시작하며 자신의 과거 정체성 즉 자기가 누구였는지 잊어버리는 경우이다.

· 다중성격(해리성 정체감 장애): 두 개 이상 별개의 성격들이 한 번에 하나씩 의식을 지배하는 장애를 말한다.

⑪ 성장애 및 성정체감 장애

성과 관련된 장애에는 세 가지 범주가 있다. 첫째, 변태성욕의 경우는 성적 만족의 근원이 노출증, 관음증, 성적 가학증 및 피학증 등 통상적이지 않는 것에서 온다. 둘째, 성기능 장애를 보이는 사람들은 발기불능, 조루, 오르가즘이 억제되는 것 등으로 보통의 성적 반응패턴을 갖지 못한다. 셋째, 성정체감 장애환자들은 자신의 해부학적 성에 대해 불편하고 부적합하다는 느낌을 갖고 있고 자신을 자신과 다른 성을 가진 것으로 생각하기도 한다.

⑫ 섭식장애: 신경성 식욕부진증(거식증)환자들은 흔히 살찌는 것에 대한 강렬한 공포 때문에 먹는 것을 회피하고 살이 빠진다. 신경성 폭식증의 경우, 폭식과 더불어 이를 보상하려는 자발적 구토 등의 에피소드를 빈번하게 보인다.

⑬ 수면장애

· 불면증: 수면의 양, 질, 그리고 수면시간상의 문제가 있는 경우를 말한다.

· 수면 관련 장애: 수면 중 악몽을 꾸거나 걸어 다니는 것 등이 포함된다.

⑭ 다른 곳에 분류되지 않는 충동조절장애: 행동이 부적절하고 통제되지 않는 경우에 해당된다. 여기에는 간헐적 폭발성 장애, 병적 도벽, 병적 방화, 병적 도박, 발모광, 달리 분류할 수 없는 충동조정 장애가 여기에 속한다.

⑮ 적응장애: 생활상의 변화(진학, 전학, 이상, 결혼, 이혼, 직장변경, 이직 등) 이후에 행동적 · 정서적(우울, 불안)증상이 6개월 이상 증세가 지속이 생기는 경우를 말한다.

⑯ 성격장애(또는 인격 장애): 성격장애는 개인의 직업생활과 사회생활의 기능을 크게 저하시키며, 심한 정서장애를 유발하는 원인으로 작용한다. 성격장애의 유형은 크게 A군, B군, C군으로 분류한다.

· A군 성격장애: 괴상하고 별난 경향을 보이는 것으로 여기에는 편집성 성격장애, 분열성 성격장애, 분열형 성격장애가 있다.

· B군 성격장애: 지나치게 감정적이고 극적이며 변덕스러운 것이 특징이며, 여기에는

반사회성 성격장애, 경계선적 성격장애, 연극성 성격장애, 자기애적 성격장애가 있다.

· C군 성격장애: 감정적으로 위축되어 있고, 불안을 많이 느끼고, 늘 근심하는 것이 주요 특징이고, 여기에는 회피성 성격장애, 강박성 성격장애, 의존성 성격장애가 있다.

⑰ 임상적 관심의 초점이 될 수 있는 기타상태

여기에는 의학적 상태에 영향을 주는 심리적 요인들, 약물이 유발한 운동장애, 학업문제, 반사회적 행동, 꾀병, 부부문제, 관계문제, 직업문제, 신체적 학대나 성학대 등이 포함된다.

제 4 절 정신보건사회복지 관련 기관 및 시설

1. 정신보건서비스 전달체계

1) 정신보건서비스 전달체계

우리나라 정신보건 서비스 전달체계는 〈그림 13-1〉에서 보는 바와 같이, 중앙정부로서 보건복지가족부에서 총괄하며, 시 · 도를 거쳐 시 · 군 · 구 보건소 및 지역사회정신보건시설을 통하여 정신질환자와 가족, 그리고 지역주민을 대상으로 서비스가 이루어지고 있다(보건복지가족부, 2009).

2) 정신질환자 현황 및 정신보건기관 · 시설 현황

보건복지가족부에서 2006년도에 실시한 "정신질환실태 역학조사"에 의하면, 정신질환의 1년 유병률은 18세 이상 64세 이하 인구의 12.9%이며, 매년 약 412만 명이 정신질환으로 이환된다. 〈표 13-1〉에 의하면 불안장애, 기분장애, 정신병적 장애의 1년 유병률은 8.3%로서 약 264만 명이고, 알코올사용장애의 1년 유병률은 5.6%로서 약 179만명 정도이다.

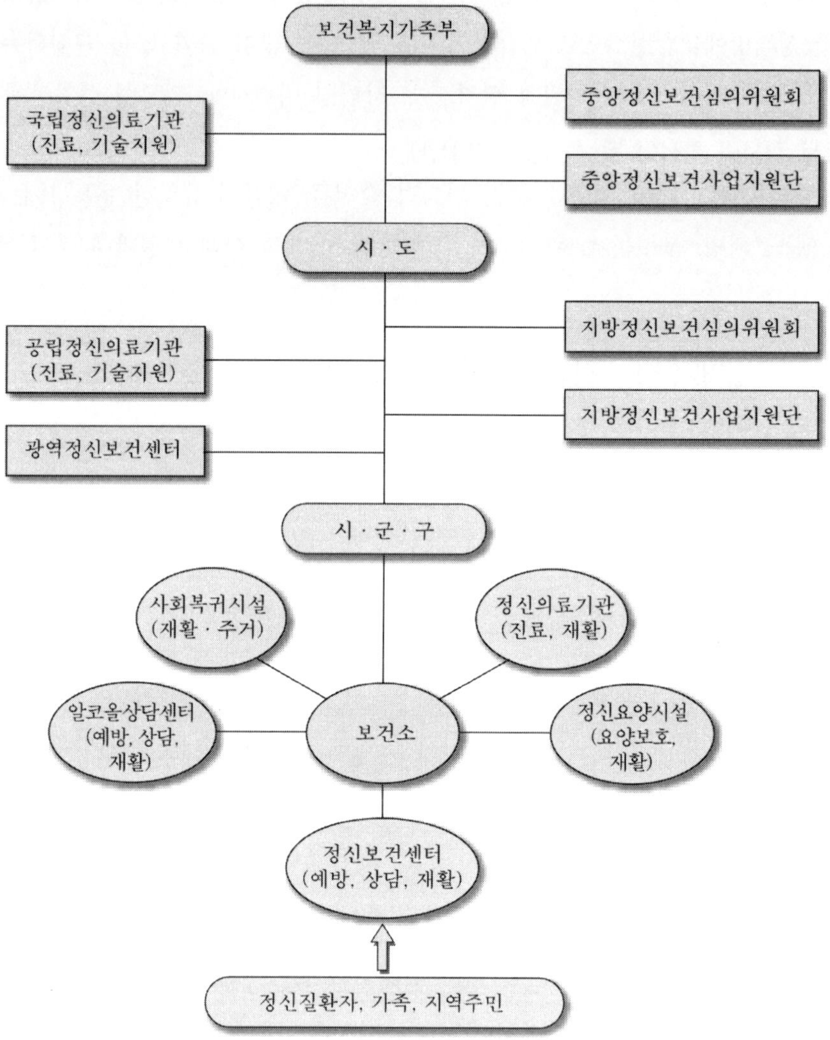

출처: 보건복지가족부. 2009년 정신보건사업안내.

〈그림 13-1〉 정신보건서비스 전달체계

〈표 13-1〉 정신장애 1년 유병률* 및 추정환자 수(상과 연령별 보정)

	남자		여자		전체	
	유병률(%)	추정 환자 수(명)	유병률(%)	추정 환자 수(명)	유병률(%)	추정 환자 수(명)
알코올 사용장애	8.7	1,392,826	2.5	402,571	5.6	1,795,397
정신병적 장애	0.4	68,938	0.2	31,645	0.3	100,583
기분장애	2.1	340,596	3.9	611,584	3.0	952,180
불안장애	3.2	511,808	6.9	1,085,321	5.0	1,597,129
모든 정신장애 (니코틴사용장애 제외)	13.0	2,085,508	12.9	2,035,576	12.9	4,121,084

* 지난 1년 간 한 번이라도 정신장애를 앓은 적이 있는 대상자, 출처 : 보건복지가족부. 2009년 정신보건사업 안내

〈표 13-2〉 정신보건사회복지 관련 시설현황
(연도별로 2005. 6. 30, 2007. 12. 31, 2008. 12월말 현재 기준 자료임)

	연도별 기관수				연도별 병상수/정원/이용자수			주요기능
	2005	2006	2007	2008	2005	2006	2007	
계	1,372	1,462	1,624	1,640	-	-	-	
정신의료기관	1,036	1,097	1,173	1,200	59,863	64,609	66,739	급성정신질환 대상 진단 및 치료
정신보건센터	126	135	151	151	28,847 /연	36,142 /연	66,653 /연	- 지역사회 내 정신질환 예방, 정신질환자 발견 · 상담 · 사회복귀훈련 및 사례관리 - 정신보건 시설 간 연계구축 등 지역사회정신보건사업 기획 · 조정※ 표준형 151개소, 기본형 29개소, 광역형 3개소
(아동 · 청소년 사업수행) 정신보건센터	-	-	32	50	-	-	2,889 (등록)	아동 · 청소년 정신건강 선별검사, 개인상담, 집단프로그램 운영, 교육 · 홍보
사회복귀시설	134	147	179	196	681 (입소) 3,335 (이용)	914 (입소) 3,591 (이용)	1,481 (입소) 3,722 (이용)	정신의료기관 또는 정신요양시설 치료 · 요양 후 퇴원(소)한 정신질환자 대상 사회복귀훈련 실시
알코올상담 센터	20	26	30	34	2,022 (등록)	2,688 (등록)	4,286 (등록)	알코올의존 예방, 중독자 상담 · 재활 서비스 제공
정신요양시설	56	57	59	59	14,050	14,224	14,689 (입소)	정신의료기관에서 의뢰된 정신질환자와 만성정신질환에 대한 요양과 사회복귀 촉진 훈련 서비스 제공

자료: 보건복지부(2008). 「보건복지가족백서」, 보건복지부(2007, 2006). 「보건복지백서」, 보건복지가족부(2009), 「정신보건사업안내」의 자료를 재구성한 것임.

2008년 말 현재, 우리나라 정신보건 관련 시설 현황은 〈표 13-2〉에서 보는 바와 같다. 전체 기관수는 1,640개이며, 이중 정신의료 기관이 1,200개(국 · 공립 19개, 민간 1,181개)로 가장 큰 비중을 차지하고 있고, 사회복귀시설은 196개, 정신보건센터 151개, 정신요양시설 59개, 알코올상담센터 34개이다.

정신의료기관에는 국 · 공립 및 사립정신병원, 종합(병원)정신과, 정신과 의원 등이 포함된다. 최근 통계를 보면, 정신의료기관은 2005년 1,036개 기관에서 2008년 12월 현재 1,200개 기관으로 3년 동안 164개 기관이 증가하였다. 국 · 공립 정신병원의 수는 19개로 1개만만 증가한 반면에, 주로 정신과 의원 등 민간 부분에서 증가세가 뚜렷하였다. 이에 따라 정신의료기관의 병상 수도 2005년 59,863병상에서, 2007년 66,739병상으로 크게 증가하였다. 그러나, 지역에 기반한 정신보건서비스 제공이 우리 정부의 주된 정신보건 전략인 것을 감안한다면, 입원병상의 증가는 그다지 긍정적인 것은 아니라고 볼 수 있다. 보다 실효성 있는 정신보건 전략을 통해서 입원 병상을 줄이고, 지역사회에 기반한 정신보건 서비스의 양과 질을 향상시키는 것이 가장 중요한 과제인 것이다.

정신보건센터는 만성정신질환자에 대한 지역사회 차원의 개입과 지역주민의 정신건강증진을 목표로 운영되고 있다. 정신보건센터는 1998년 국비지원으로 4개의 정신보건센터가 시범 운영을 시작하였으며, 2008년 12월 말 현재 151개소가 설치 운영되고 있다. 2005년 정신보건센터의 이용인원이 28,847명에서 2007년 66,653명으로 증가하여 정신보건센터 수의 양적인 증가와 함께, 연도별 이용인원도 큰 폭으로 증가해 온 추세이다. 2007년에는 소아 · 청소년 정신건강 증진과 조기 발견을 위해서 소아 · 청소년 정신보건사업을 32개소의 정신보건센터에서 실시하였으며, 2008년에는 50개소의 정신보건센터에서 소아 · 청소년 정신건강사업을 시행하였다. 소아 · 청소년 시기에 발생하는 정신건강문제를 조기에 발견하여 개입함으로써, 성인기 이후에 심각하게 진행할 수 있는 정신장애를 예방하고자 하는 것이다. 이는 정신질환의 치료와 관리에 투입되는 비용을 절감하는 차원에서 효과성이 가시화되면서 소아 · 청소년정신보건센터도 지역사회 중심으로 계속 확대될 것으로 보인다. 정신보건법 시행 이후 사회복귀시설은 꾸준하게 증가추세를 보이고 있다. 2008년 12월 현재 196개 기관이 설치 · 운영되고 있으며, 2007년 12월말 현재 1,481명의 입소회원과 3,722명의 이용회원들이 사회복귀 서비스를 받고 있다. 알코올상담센터는 인구 20만명 이상의 시 · 구에서 설치하는 것을 원칙으로 하였으나, 2008년 이후 증가추세가 멈추고 있는 상태이다. 정신요양시설은 양적인 증가는 크지 않았으며, 국가에서는 정신요양시설의 운영을 내실화하는 것에 주안점을 두고 있으며, 시설의 여건을 개선하는 것을 우선으로 하고 있다.

(1) 정신보건센터 현황

① 법적 근거

○ 목적: 지역사회 중심의 통합적인 정신질환자 관리체계를 구축함으로써 정신질환의 예방, 정신질환자의 조기발견 · 상담 · 치료 · 재활 및 사회복귀 도모

○ 법적 근거: 정신보건법 제13조(지역사회정신보건사업 등)

② 운영 형태 및 개소 수

○ 운영형태

- 직영형 : 시 · 도지사 또는 시장 · 군수 · 구청장(보건소장)이 지역사회 정신보건사업의 전문적 수행을 위해 보건소 또는 국 · 공립 정신의료기관에 정신보건센터를 직접 설치하여 운영하는 형태
- 위탁형 : 개정 정신보건법 시행령 제3조의 3(고등교육법 제2조에 의한 학교 또는 정신보건사업을 수행하기 위하여 설립된 비영리법인)에 근거, 시 · 도지사 또는 시장 · 군수 · 구청장(보건소장)이 지역사회 정신보건사업의 전문적 수행을 위해 정신보건센터 운영을 정신보건사업을 목적으로 하는 비영리법인 또는 학교법인에 위탁하여 운영하는 형태(단, 기존 수탁기관의 경우 계약기간 만료시까지는 사업 위탁을 지속 가능)

③ 직영/위탁여부 및 위탁기준

가) 현황(2009년 3월 현재): 153개소

○ 중앙정부지원: 130개소

- 광역형 센터: 2개소(인천 1, 경기 1)
- 표준형 센터: 128개소(부산 8, 대구 8, 인천 8, 대전 3, 광주 5, 울산 3, 경기 35, 강원 5, 충북 7, 충남 10, 전북 6, 전남 9, 경북 8, 경남 11, 제주 2)

○ 지방정부지원: 23개소

- 광역형 센터: 2개소(서울 2)
- 표준형 센터: 21개소(서울 21)

④ 사업내용

〈표 13-3〉 정신보건센터 사업내용

영역	광역형	표준형
기획	- 지역사회 진단 및 연구조사 - 서비스 평가체계 구축	- 지역사회 진단 - 기획 및 자원 조정
중증 정신 질환 관리	- 편견 해소 사업 - 24시간 위기관리 지원 - 초발정신질환관리체계구축 - 탈원화 전달체계 구축 - 프로그램 개발 및 지원 - 노숙정신질환관리	- 신규 발견체계 구축 - 사례관리서비스 - 위기관리서비스 - 사회재활 프로그램 * - 직업재활 프로그램 * - 주거서비스 네트워크 구축
정신 건강 증진 사업	- 인식개선 사업 - 24시간 상담 및 지원 - 자살위기개입 체계 운영 - 프로그램 개발 및 지원 - 고위험군 조기검진 지원 - 교육프로그램 개발 및 교육지원	- 홍보 및 교육사업 - 1577-0199 상담전화 - 고위험군 조기발견과 치료연계사업 ◦ 어린이 청소년 ◦ 성인 우울증, 스트레스 ◦ 노인 우울증 및 치매 ◦ 알코올 중독
정신 보건 환경 조성	- 사회안전망 구축 지원 - 언론 네트워크 구축 및 지원	- 보건복지 네트워크 구축 - 자원봉사운영체계 구축 - 지역 언론 협력체계 구축 - 경찰 및 구조구급 네트워크
* 사회재활 및 직업재활프로그램은 상황에 따라 직접 또는 네트워크 구축을 통해 제공할 수 있음 * 대규모 검진사업과 기타 시범사업은 예산과 인력의 추가확보 시 수행할 수 있음(예 : 어린이 청소년 사업예산 별도 지원, 자살예방 시범사업 등) * 기타 지역특성에 따른 특화사업(예: 새터민, 해외이주민) 수행 가능		

출처: 보건복지가족부(2009). 「2009년 정신보건사업안내」, p. 19

(2) 사회복귀시설 현황

① 법적 근거

사회복귀시설은 2008년 3월 개정된 정신보건법 제3조 4항(4차 개정법 정신보건법 제3조 2항), 정신보건법 제15조에 근거하여 설립된 시설로써, 정신질환자사회복귀시설이라 함은 이 법에 의하여 설치된 시설로서 정신질환자를 정신의료기관에 입원시키거나 정신요양시설에 입소시키지 아니하고 사회복귀촉진을 위한 훈련을 시키는 시설을 말한다. 동법에 명시된 시설의 종류에는 생활훈련시설, 작업훈련시설, 기타 보건복지부령이 정하는 시설로 규정하고 있다. 운영형태에 따른 구분은 이용시설, 입소시설, 주거시설로 나누기도 하고, 여기에 이용과 입소를 함께 하는 이용 및 입소시설을 추가하는 경우가 있다.

② 운영 형태 및 개소 수

1997년 정신보건법 시행 이후 2개소로 출발한 사회복귀시설은 1998년 10개소, 1999년 19개소, 2000년 47개소, 2001년 64개소, 2002년 86개소, 2003년 90개소, 2004년 123개소, 2005년 136개소, 2006년 147개소로 대폭 확충되었으며, 2007년 12월말 179개소로 이용·입소 현황은 약 5,203명이다(보건복지가족백서, 2007). 시설유형별로 살펴보면, 이용시설 88개소, 입소시설이 21개소(596명 정원), 주거시설 62개소(546명 정원)가 설치되어 있다. 우리나라 정신장애인의 지역사회재활을 위한 거주시설의 정원은 1,142개로 예상수요 기준의 약 20% 정도 수준에 머물러 있는 상태이다. 특히 지역사회 복귀의 중요한 축인 거주시설 정원은 2006년 1,105개에서 2007년 1,142개로 67개 밖에 늘어나지 못했다. 〈그림 13-2〉와 같이 사회복귀 거주시설의 경우 인구 10만명당 10명이 되지 않으며, 심지어 거주시설이 하나도 없는 시도가 울산, 제주도 두 곳이나 있다(중앙정신보건사업지원단, 2008).

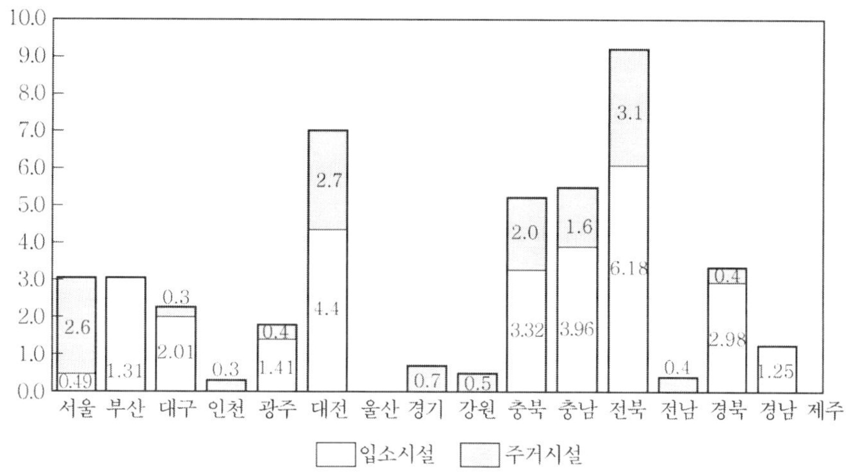

자료: '보건복지가족부(2008). 보건복지가족백서'를 기준으로 재구성.

〈그림 13-2〉 인구 10만 명당 사회복귀 거주시설(입소 및 주거)의 상대적 비율

2008년 사회복지시설평가에 의하면(평가 대상 사회복귀시설 수는 113개임), 2005년도 평가와 비교해 볼 때, 이용시설은 20개소, 입소시설은 7개소, 주거시설은 12개소가 증가하였다. 평가 대상시설의 유형별로 살펴보면, 종합훈련시설이 68개소, 생활훈련시설이 13개소, 작업훈련시설이 3개소였다(보건복지가족부 · 한국사회복지협의회, 2008).

보건복지가족부에 의하면 전국 시 · 도 · 군 · 구에 1개소 이상 사회복귀시설을 확대 · 설치하기 위하여 정책 방향이 설정되어 있어 당분간 사회복귀시설 증가는 지속될 것으로 추

정된다(보건복지가족부, 2008).

(3) 알코올상담센터 현황

① 법적 근거: 알코올상담센터는 정신보건법 제48조(단체·시설의 보호·육성 등)와 제52조(보조금 등)에 법적 근거를 두고 있다.

② 운영 형태 및 개소수

- 2000년 시범사업(4개소)으로 시작된 알코올상담센터는 2008년 말 현재 34개 알코올상담센터가 전국에 설치되었고, 2008년 말 현재 운영기간이 1년 미만이 5개소, 1년 이상에서 3년 미만 12개소, 4년 이상 6년 미만 11개소, 6년 이상은 6개소이다.
- 인구 20만 이상 시·구별 1개소 설치를 원칙으로 함

③ 사업내용

〈표 13-4〉 사회복귀시설 사업내용

구분	사 업 내 용	비 고
기본 사업	ㅇ 알코올남용 및 의존자 발견·등록사업 * 음주문제 조기발견 검진도구(성인 및 청소년)를 활용하여 문제음주자 조기발견 및 상담연계 ㅇ 알코올의존자 및 가족전화·내방상담·교육 ㅇ 알코올의존자 재활프로그램 개발 및 시행 ㅇ 알코올의존자 및 가족 사례관리 ㅇ 학생, 직장인, 지역주민 대상 알코올문제예방홍보·교육·자문 및 프로그램 진행 ㅇ 지역사회 자원발굴 및 유관기관과의 연계체계 구축 ㅇ 지역내 알코올문제자 조기발견 및 치료연계 ㅇ 자원봉사자 관리 및 연결 ㅇ 운영위원회 운영(월 1회, 자문위원회는 필요시)	
특수 사업	ㅇ 음주운전자 및 음주범죄자 보호관찰(수강명령 및 상담명령)프로그램 ㅇ 지역사회 학교와 연계한 방과후 프로그램 운영 ㅇ 지역사회 조사사업 ㅇ 주간보호(day care)프로그램 ㅇ 알코올의존자 및 가족 자조모임 지원 ㅇ 알코올문제 관련 세미나 ㅇ 소식지 발간 ㅇ 사이버 상담 등 ㅇ 직업재활 준비 및 타기관 재활프로그램 연계 등	※ 지역사회 조사사업 : 센터개소 원년은 필수적으로 실시하고, 그 이후는 3년마다 1회실시

출처: 보건복지가족부(2009). 「2009년 정신보건사업안내」, p. 154.

제 5 절 정신보건사회복지사의 역할 및 팀워크

1. 정신보건사회복지사의 역할

정신보건사회복지사의 역할과 기능은 여러 가지로 분류할 수 있다. 그리고 정신보건사회복지사가 속한 기관의 기능이나 내용, 한계에 따라 차이가 있을 수 있으나 정신보건사회복지사는 치료팀의 치료 방향과 일치하는 범위 내에서 활동이 이루어져야 한다. 김기태 외(2001)는 정신보건사회복지사의 역할을 병원에 입원하는 클라이언트에 대한 서비스, 외래환자서비스, 시간제 입원서비스, 기타 비정규적 서비스로 분류하였다.

1) 병원에 입원하는 클라이언트에 대한 서비스

환자와 가족에게 병원시설과 프로그램을 설명하며 클라이언트가 병원에 입원함으로써 발생하는 가족문제를 해결하는 데 도움을 준다. 경제적 어려움이 있을 경우 경제문제 해결을 위해 가족들과 논의하고 병원의 치료절차를 가족에게 설명해 준다. 그리고 정신질환에 대한 이해의 부족으로 입원치료가 계속 필요함에도 불구하고 중도에 퇴원시키려는 가족에게는 치료에 잘 협조하도록 돕는 역할도 한다. 클라이언트의 개인력 조사와 입원하는 클라이언트에 대한 개인치료, 정신요법, 집단치료 등을 실시하며 클라이언트의 가족의 병리를 사정하고, 될 수 있는 한 가족상담과 가족치료를 받을 수 있도록 하며, 클라이언트의 퇴원계획을 한다.

2) 외래환자에 대한 서비스

정신보건사회복지사는 외래환자를 위하여 정신요법, 집단치료 등을 하기도 하며, 환자를 지역사회 내의 다른 자원과 연결시키는 일, 환자를 위하여 가족 구성원, 고용주 혹은 환자와 중요한 관계를 맺고 있는 다른 사람들의 태도를 수정하도록 원조하는 역할을 한다. 그리고 사회복지사는 필요한 경우 가정, 학교 혹은 직장방문 등을 실시한다.

3) 시간제 입원 환자에 대한 서비스

시간제 입원서비스는 외래환자진료센터보다는 조직적인 서비스를 제공하지만 시설에 입원하여 치료를 받는 것에 비하면 제약을 덜 받고, 외래환자진료와 입원시설의 장점을 모두 가지고 있다. 시간제 입원서비스에서 정신보건사회복지사의 역할은 클라이언트의 개인력 조사, 환자에게 프로그램에 대한 오리엔테이션, 치료목표의 설정 등을 포함한 인테이크 업무, 개별치료, 집단치료 및 가족치료, 퇴원계획을 겸한 사후서비스 등을 실시한다. 그리고 적응력이 약한 환자를 위해 지지적 개인치료를 실천하고 구체적인 대처기술을 가르치며 가족 구성원의 치료를 포함한 환경개입에 많은 노력을 기울인다.

그 외 비전통적인 서비스로써 사회복지사가 직접적인 정신건강서비스를 제공하는 것으로는 산업체, 교정기관, 학교, 상담기관 및 가정복지기관 등이 있다.

2. 정신보건 사회복지 영역에서의 팀워크

1) 팀워크의 개념과 필요성

팀워크란 타 학문전공 전문가에 의해 행해지는 치료행위이다. 정신보건영역에서는 환자에 대한 포괄적인 치료를 위해 정신의학자, 정신과간호사, 임상심리학자, 정신보건사회복지사 등을 비롯한 각 전문가들이 그들의 전문적 기능과 책임을 토대로 서로간의 상호작용과 기술의 합동을 위한 숙련된 과정으로서, 팀성원 전체의 효율성을 중시하며, 환자에 대한 보다 나은 서비스에 일차적 목적을 두는 공동활동이다.

정신보건기관에서 팀워크의 필요성이 요구되는 이유는 단순한 원인과 결과의 관계에서 이해할 수 있는 신체질환과는 달리 정신장애는 생물학적, 심리학적, 사회환경적 요인들이 복합적으로 작용하기 때문에 하나의 전체로서 인간을 다루어야 하기 때문이다(김기태 외, 2001). 정신보건 영역의 전문가는 정신과전문의, 임상심리사, 사회복지사, 간호사를 포함한다.

2) 정신보건 영역에 있어 팀성원들의 역할

(1) 정신과 전문의

환자의 질병에 대한 정신병리학적, 발생학적, 유전학적 소인과 해부학적·생물학적 생화학적 과정의 영향 및 성격의 발달과 병리에 중점을 두고, 주로 임상진단과 약물치료 및 정신치료를 행하며 종합적인 치료의 전략 등을 계획하여 시도하도록 주관한다.

(2) 정신보건 임상심리사

심리학적 이론과 훈련을 통하여 여러 가지 검사 도구를 활용한 심리진단, 임상적인 문제에 대한 학습이론과 행동수정의 원리를 적용한 인지-행동치료, 개인치료와 집단치료 그리고 성격, 정신병리 및 치료기법에 대한 연구, 교육 및 자문의 역할을 행한다.

(3) 정신보건사회복지사

환자를 둘러싸고 있는 가족, 친구, 학교, 지역사회들과의 관계 및 환경에 초점을 두고 사회조사를 통하여 진단한다. 환자의 입원기간을 통하여 개별 및 집단상담, 가족 상담이나 가족치료를 실시한다. 정신건강 분야에서 다른 전문직과 협동을 함에 있어 정신보건사회복지사는 개인 및 가족문제에 영향을 미치는 사회적 요인을 취급하는 데 주된 관심이 있다는 것을 기억해야 한다.

(4) 정신과간호사

간호사 역할은 무조건적인 믿음의 바탕 위에서 환자와 관계를 맺고 진심 어린 관심과 지지를 제공한다. 또한 간호학의 지식과 기술을 바탕으로 신체의 치료와 더불어 환자를 위한 치료적 환경을 조성한다(이영호 외, 2006).

제 6 절 정신보건사회복지의 실천방법

1. 사정

사정의 정의는 클라이언트가 보다 유용한 정보를 잘 학습하고 활용하도록 하기 위해 클라이언트와 클라이언트 주변에 관한 정보 또는 자료를 수집, 분석, 종합하여 클라이언트의 욕구와 문제를 명확히 이해하고, 문제를 다루는 적절한 방법을 결정하는 과정이라고 할 수 있다. 사정의 목적은 클라이언트의 욕구와 해결책, 현존하는 문제, 현 상황에서의 클라이언트에 대한 이해에 도달하기 위하여 클라이언트와 사회복지사가 문제를 완화하기 위한 계획을 수립하는 것이다.

1) 사정에서 필요한 정보는 어디서, 어떻게 얻는가?

① 클라이언트로부터의 구두보고 : 클라이언트가 구두로 전해주는 정보 이외에 클라이

언트의 감정도 정신상태를 나타내는 정보이므로, 중요하게 취급한다.

② 클라이언트에 의한 자기보고 형태 : 성인 클라이언트에 의한 자가보고는 사정과정에 주요한 자료이다.

③ 기타 부수적인 정보의 원천 : 친구, 또 다른 사회기관, 교사, 이웃 의사들이 제공하는 정보이다.

④ 심리검사의 결과

⑤ 클라이언트의 비언어적 행동

⑥ 중요한 다른 사람의 상호작용과 가정방문

⑦ 직접적 상호작용으로부터 얻은 사회복지사의 지각

2) 강점관점에 입각한 사정을 실천할 수 있는 능력

사회사업실천 영역에서 클라이언트와 그 가족을 대상으로 사정을 할 때, 개인이나 가족의 결함이나 단점보다는 강점을 발견하고, 강점을 고취시키는 것은 사회복지사의 전문적 능력과 부합되는 중요한 요소이다. 클라이언트의 단점보다는 장점을 찾아서 문제를 해결하도록 돕는 것은 클라이언트와 그 가족의 적극적인 참여를 촉진하며, 긍정적인 변화를 유도할 수 있다.

3) 클라이언트의 욕구에 기반한 사정이어야 한다

사회복지사의 가장 중요한 업무는 클라이언트에 대한 욕구사정을 하는 것이다. 사정은 몇 가지 방법으로 행해질 수 있다. 우선, 서비스에 대한 일반적 의견이나 서비스에 대한 욕구는 지역사회의 다양한 분야에서 얻어질 수 있다. 두 번째는 서비스의 사용자들을 조사하는 것이다. 욕구사정을 계획하기 전에 표적이 되는 지역사회, 욕구영역, 주민과 친숙해질 필요가 있다.

2. 심리사회적 사정의 기본

정신보건영역에서 주로 사용하는 심리사회적 사정의 기본 틀은 다음과 같다.

〈표 13-5〉 심리사회적 사정(Psychosocial Assessment)의 기본틀

Ⅰ. 정보수집(Information Gathering)
1. 인적사항(Identification) : 이름/나이/성별/주소/연락처/학력/종교/직업/병역/결혼상태/진단명 및 주치의/입원(등록, 의뢰)경로/접수(입원)일/면담개시일/마감일/현 약물복용상태(현재 주요 정신과적 질환을 치료하기 위하여 복용중인 약물의 종류 용량 횟수 등)와 복약상태(자가, 관리 등의)기타 약물 및 불법적 약물사용 유무 등)/의료보장형태(의료보호 1종, 의료보호 2종, 의료보험, 일반/장애등록여부 및 장애등급)/경제상태/주택/생활비 부담자/치료비 부담자/정보제공자/정보의 신뢰도/ 등
2. 주요문제(main problem or need) : 클라이언트 및 정보제공자가 기술하는 주관적인 문제
3. 현 문제 및 과거경력(Present illness & Past psychiatric history) : 현 문제의 경과와 이전의 정신과적 병력
4. 의뢰과정(Referral source) & 면접 당시 Client 상태(General Appearance, Attitude & Behavior) : 정신상태 검사(Mental status examination)는 참고사항임.
5. 개인력(Personal history) : 임신 중 산모의 상태 및 상황, 유아기, 아동기, 청소년기, 성인기, 장년 및 노년기 등 클라이언트의 발달단계에 관한 전반적인 이해
6. 가족력(Family history) : 가족구성원과 관계(family constitution & relationship), 가계도, 정신과적 가족력(genetic factor), 생태도(Eco-map) 등을 통한 클라이언트의 가족에 관한 전반적인 이해, 클라이언트와 가족과의 관계(부모, 부부, 형제, 부모-자녀 관계 등의 가족관계) 기술
Ⅱ. 심리·사회적 사정(Psychosocial Assessment)
1. 심리·사회적, 환경적 문제(Psychosocial & Environment Problem) : 클라이언트의 일차적 지지집단과의 문제, 사회적 환경과 관련된 문제, 교육적·직업적·경제적 문제, 주거, 건강서비스 문제, 법적체제와 범죄와의 관계, 기타 심리·사회적 문제들
2. 강점과 약점(Strength & weakness) : 클라이언트의 자원과 한계(결핍된 자원)파악
3. 이용자원체제(Available resources) : 공식적 자원(formal resource), 비공식적 자원 (informal resource), 사회적 자원(societal resource), 사회지지망(social network)
4. 사정을 위한 이론적 근거(Theoretical Background for Assessment) : 이론을 근거로 클라이언트의 문제 원인에 대한 사례의 역동을 사정하고 분석한다
Ⅲ. 목표 및 계획(Goal & Plan)
1. 개입을 위한 이론적 근거(Theoretical Background for Intervention) : 구체적인 이론적 관점, 개입전략 및 방법론을 기술한다
2. 장·단기 목표(Target problem &Goal) : 클라이언트와 의뢰인이 원하는 목표, 정신보건사회복지사(혹은 실습생)가 지향하는 목표는 측정 가능하며, 일관적인 장·단기 목표(장·단기목표이어야 함)
3. 치료계획(Treatment plan) : 장·단기 목표에 따른 치료계획들
Ⅳ. 정신보건사회복지사(혹은 실습생)의 의견(Social Worker's opinion)
Ⅴ. 수퍼바이저의 의견

3. 정신보건사회복지현장의 주요 프로그램

정신보건사회복지 실천영역에서 실습하는 경우에 자주 접하게 되는 프로그램으로는 다음과 같은 것들이 있으며, 정신보건 영역의 특수성 때문에 개별상담을 통해서 라포를 형성하기 보다는 초기에는 집단프로그램 내에서 환자인 클라이언트들을 관찰하고, 접근하고 관계를 맺는 것을 훈련하도록 하는 것이 보편적이다.

1) 사회기술훈련

일반적으로 정신장애인들은 질병 자체의 합병증이나 병적 성격 때문에 대인관계 형성이나 자기주장이 원활하지 못하다. 사회기술훈련은 대인관계에서 자신의 긍정적이고 부정적인 감정들을 언어적이고 비언어적으로 상대방에게 전달하는 훈련으로 사회에 적응하도록 돕는 재활치료의 한 유형이다. 여기에는 자기주장훈련, 대인관계훈련, 일상생활기술훈련 등이 있다(이윤로 외, 2002).

2) 지역사회적응훈련

한정된 지역 내에 만성정신장애 대상자가 적응하는 기술훈련으로 기본적인 생활 환경안내, 이웃과의 교류방법, 공공시설이용(대중교통 이용하기, 주민자체센터에서 필요한 증명서나 문서 발부해서 가져오기, 마트나 백화점 이용하기, 박물관이나 도서관, 미술관 전시회 가기 등)을 행하는 프로그램을 말한다.

3) 직업재활

입원상태에서의 단순작업에서부터 시작하여 사업체에 정식으로 취업을 하기 위한 직업훈련을 말한다. 클라이언트들의 상태나 증상에 따라서 여러 단계의 직업재활프로그램이 필요하며, 실습생들은 보호작업장이나, 지원고용을 준비하는 클라이언트들을 도우면서 라포를 형성하고 개입하는 것을 배우게 된다.

4) 정기적인 가정방문 및 사례관리

사례관리는 지역사회정신건강사업 가운데 중요한 프로그램의 하나이다. 재가치료 혹은 가정방문치료라고 할 수 있는 이 프로그램은 관할구역내의 정신건강 문제를 갖고 있거나 위험도가 높은 주민을 정기적으로 사례관리자가 방문하여 투약, 상담, 교육을 제공하고 대상자의 상태를 관찰, 중재하며, 지역 내의 다양한 서비스를 대상자가 이용할 수 있도록 도와주고 대상자의 권리를 옹호하는 등의 활동을 한다.

5) 조사와 평가 서비스

정신보건에 대한 지역사회 주민의 욕구와 지역사회에서 사용 가능한 자원을 조사한다. 또한 실시된 사업에 대한 평가를 실시한다.

6) 대상자 및 가족교육

정신장애인의 치료 및 관리에 대한 교육을 통하여 정신 장애인에 관한 일반인들의 편견을 감소시키고, 대상자의 가족에게 대상자의 치료 및 관리가능성을 확신시키고 대상자 관리의 방법을 훈련하는 것이 주요 내용이다.

4. 실습 주의 사항

※ 정신보건사회복지 현장에서 실습할 때 클라이언트인 환자들과의 관계에서 지켜야 할 수칙은 다음과 같다.

1. 놀람을 표현하지 말라.
2. 과도한 관심을 표현하지 말라.
3. 도덕적인 판단을 하지 말라.
4. 어떠한 경우에도 징벌적인 태도를 취하지 마라.
5. 환자를 비판하지 말라.
6. 거짓 약속을 하지 마라.
7. 개인적인 연관을 짓거나 자랑을 하지마라.
8. 위협하지 마라.
9. 인내성 없는 것을 드러내지 마라.
10. 환자와 함께 논쟁하는 것을 피하도록 하라.
11. 환자를 조롱하는 일은 금하도록 하라.
12. 환자를 얕보는 말이나 행동은 하지 마라.
13. 환자의 실수를 책망하지 마라.
14. 환자를 거부하지 마라.
15. 편협한 표현은 피하라.
16. 독단적인 발언은 피하도록 하라.

17. 불합리한 태도에 대해서도 마음을 내어라.
18. 치료자와는 다른 가치관이나 기호를 표현할 수 있도록 환자의 권리를 존중하라.

※ 다음은 특히, 정신과 병의원의 입원 병동 실습 시에 유의해야 할 사항이다.

정신과 병동은 다른 병동과 같은 점도 있지만 다른 점도 많이 있다. '병동'은 환자들의 마음을 깊이 이해하고, 공감하는 능력을 키우고 훈련하는 장소임을 기억해야 한다.

1. 입원환자들의 신상과 병의 내용 등을 병동 밖에서 이야기하고 다니면 안 된다(특히 복도에서). 정신과는 특히 환자들의 병력을 비밀로 해주어야 하는 부분이 많으므로 환자에 대한 정보를 알고 있는 치료팀 및 실습생들은 비밀을 반드시 지켜 주어야 할 윤리적인 의무가 있다.
2. 때로 환자들이 외부와 연락을 취하기 위해 학생들에게 전화연락이나 쪽지 등을 전달해달라고 부탁할 때가 있다. 이런 경우 개인적으로 중간전달자 역할을 하는 것은 금지된다. 그런 경우가 생기면 병동치료팀 및 실습지도자와 먼저 상의한 후 행동을 결정하도록 한다.
3. 정신과 환자들을 대하는 태도에 있어 비록 정신과적 문제가 있을지라도 그들의 모든 정신영역이 파괴되어 있는 것은 아님을 분명히 알아야 한다. 그러므로 정신과 환자를 존중하는 태도와 함께 자연스럽게 환자들을 대하여야 한다.
4. 만일 실습기간 중 환자와 어려운 문제가 생길 때에는 지체 말고 바로 실습지도자와 상의하도록 한다.

참고문헌

권진숙 · 김정진 · 전석균 · 성준모(2009). 『정신보건복지론』, 공동체.
김규수(2004). 『정신보건사회사업실천론』, 형설출판사.
김기태 외(2001). 『정신보건복지론』, 양서원.
보건복지가족부(2009). 정신보건사업안내.
보건복지부(2007). 보건복지백서.
보건복지가족부(2008). 보건복지가족백서.
보건복지가족부 · 한국사회복지협의회(2008). 2008년 사회복지시설평가(Ⅰ).
이영호 · 심경순 · 김태준(2006). 『정신보건사회복지의 이해』, 학지사.
이윤로 · 이선영(2002). 『정신보건사회복지론』, 학지사.
중앙정신보건사업지원단(2008). 2007년 중앙정신보건사업지원단 사업보고서.
American Psychiatric Association(1994). *Diagnostic and Statistical Manual of Mental Disorders* (4th ed.). Washington DC: American Psychiatric Association Press. 이근후 외 역(1995).

인터넷 사이트

한국정신보건사회복지사협회 www.kamhsw.or.kr
한국정신보건사회학회 www.kamhsw.com
중앙정신보건사업지원단 www.cmhsc.or.kr
정신보건가족협회 www.ifhm.or.kr

제 14 장

자활사업

제 1 절 자활사업의 개요

자활사업과 이를 지원하기 위한 만들어진 지역자활센터는 공식적으로는 'IMF경제위기'의 산물이다. 지역자활센터에 의해 자활사업이 실시된 지 8년이 지났지만 지역자활센터는 기초생활보장제도가 생기기 전에 자활지원센터라는 이름으로 이미 몇몇 지역에서 활동을 하고 있었다. 다만 그 당시에는 자활지원센터의 법적 지위가 모호하고 시범적으로 운영되고 있었기 때문에, 아직도 보편적인 지역사회기관의 위치에는 이르지 못했던 것이다.

자활사업은 2000년 10월에 시행된 국민기초생활보장법의 규정에 따라 저소득층 주민들의 자활을 돕기 위해 실시되어졌다. 국민기초생활보장제도는 과거의 생활보호제도와 적어도 원리면에서는 근본적으로 다른 시각을 가지고 있다. 이 제도는 인구학적 변수와 근로능력의 유무를 가리지 않고, 일정한 소득 수준 이하에 놓여 있는 사람들의 생계를 국가가 보장해 준다. 사회의 빈곤층에 대해 정부가 보편주의적인 자원을 제공하는 것이다.

이와 같은 보편주의적인 공공부조제도는 언제나 근로 유인의 문제를 일으킬 소지를 안고 있다. 정부는 국민기초생활보장제도가 야기할지도 모르는 근로 유인 문제를 해결하기 위해, 노동능력이 있는 사람들에게는 반드시 자활 사업에 참여할 것을 규정하고 있다. 미국이나 영국에서 시행 중인 근로연계복지(workfare)를 한국에도 도입한 것이다. 자활사업은 기초생활보장 수급자나 바로 위의 저소득계층(次上位계층)의 자활 지원을 담당하는 새로운 사회복지사업으로 그 중요성이 부각되고 있다(이문규, 2002; 이인재; 2006).

1. 자활사업의 개념

자활사업은 시 · 군 · 구별로 지역사회의 복지자원을 최대한 이용하여 자활근로, 지역봉사, 사회적응 프로그램 등 다양한 자활프로그램 제공 및 자활공동체의 창업을 지원하는 한편, 노동부의 고용 관련 인프라를 통하여 취업알선 · 직업훈련 등의 취업지원서비스를 제공하는 등 저소득층의 자활촉진을 위한 각종 지원 및 서비스 제공을 실시하고 있는 사업이다(보건복지부, 2006).

2. 자활사업 추진경과

1999년 9월 : 국민기초생활보장법 공포(법률 제 6024호)
2000년 10월 : 자활사업대상자 선정 · 통지 및 가구별 자활지원계획 수립
2000년 11월 : 자활사업 실시
2004년 1월 : 자활근로사업 다양화 추진(취로 · 업그레이드형 → 시장진입 · 인턴 · 사회적일자리 · 근로유지형)
2004년 8월 : 차상위계층에 대한 자활근로사업 참여확대
2008년 2월 : 자활급여법 국회 계류 중

3. 자활사업 참여대상자

2000년 10월 국민기초생활보장법 시행에 따라 근로능력이 있는 수급자에게는 자활에 필요한 사업에 참가할 것을 조건으로 생계급여를 실시하고, 체계적인 자활지원 서비스와 각종 자활사업 참여기회를 제공하여 자활능력 배양 및 기능습득을 통해 빈곤탈피를 유도하고 있다. 이에 따라 근로능력이 있는 수급자중 조건부수급자는 조건에 의한 자활사업에 의무적으로 참여하여야 하고 자활급여특례자 · 조건부수급자 이외의 차상위계층도 실질적 소득지원과 빈곤예방 등을 위하여 자활사업에 참여할 수가 있다.

자활사업 대 상 자 = ① 조건부 수급자 + ② 자활급여 특례자 + ③ 차상위 계층

※ 의무참여 : ①, 희망참여 : ②③ ※ 수급자 ※ 참여우선순위 : ①②→③

자료 : 보건복지부(2009). 2009년도 자활사업안내에서 인용

〈그림 14-1〉 자활사업 대상자

근로능력이 있는 수급자는 일정 연령조건을 충족하고 장애인고용촉진 및 직업재활법에 의한 중증 장애인, 복지부장관이 정하는 질병·부상 또는 그 후유증으로 일정기간 이상의 치료 또는 요양이 필요한 자, 임산부, 공익근무요원 등 법률상의 의무를 이행중인자 등 에 해당하지 아니한 자를 말한다. 2004년부터 연령기준을 18세 이상 62세 이하에서 18세 이상 64세 이하의 수급자로 노령자의 자활사업 참여를 확대하는 한편, 참여범위를 차상위계층까지 확대하여 자활사업 참여기회를 확대하고 있다.

조건부수급자는 근로능력이 있는 수급자로서 개별가구 또는 개인의 여건 등으로 자활사업에 참가하기가 곤란한 자, 근로 또는 사업에 종사하는 대가로 소득을 얻고 있는 자, 환경변화로 적응기간이 필요하다고 인정되는 자 등에 해당하지 아니하여 자활사업에 참가할 것을 조건으로 생계급여를 받는 수급자를 말한다. 장애등급 5·6급 장애인, 도서벽지거주 수급자, 시험준비생, 직업훈련생, 학원수강생, 북한이탈주민 등을 조건제시 유예자로 관리하고 있다.

자활급여특례자는 자활사업에 참가하여 발생한 소득으로 인하여 소득인정액이 선정기준을 초과하는 수급자를 말한다. 차상위계층은 수급자로 선정되지 아니한 자로서 실제소득이 최저생계비의 120% 미만인 가구를 말한다.

4. 자활사업 참여 절차

읍·면·동에서 기초생활보장수급자를 대상으로 근로능력, 자활욕구, 자활의지 등을 종합하여 가구별 자활지원계획을 수립한 후 시·군·구에 보고하고 시·군·구의 참여결정에 의해 수급자에게 자활사업 지정통지를 한다. 자활사업 실시기관에서는 참여의뢰한 수급자 및 차상위계층 등 일반저소득층에게 자활사업에 참여토록 하고 참여결과를 읍·면·동에 통보한다.

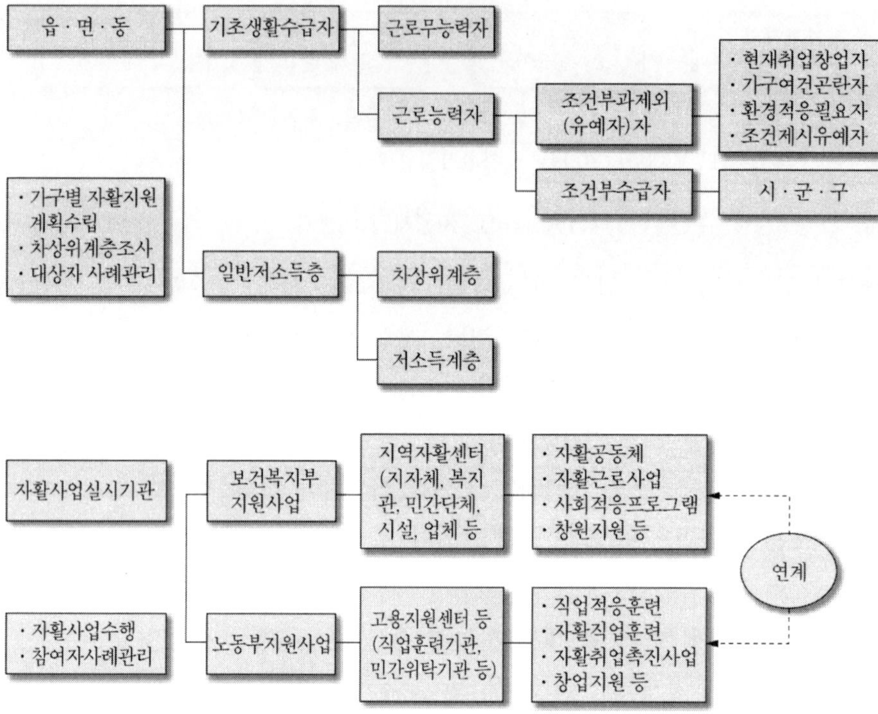

자료: 보건복지가족부(2009). 2009년도 자활사업안내

〈그림 14-1〉 자활사업 참여절차

제 2 절 자활사업의 주요 내용

1990년대부터 탈빈곤운동의 중심은 저소득 주민들에게 일자리를 제공하는 것으로 관심이 전환되었으며, 서울을 중심으로 대도시 지역의 빈민생활공동체의 경제적 자립을 위한 노동자협동조합의 건설 등이 다양한 지역에서 모색되었다. 1992년 서울 하월곡동의 〈건축일꾼 두레〉, 1993년 서울시 상계동의 〈실과 바늘〉 등은 소규모에도 불구하고, 민주적 운영과 교육훈련을 중시하는 노동자협동조합의 선구자적 역할을 담당하였다. 이러한 생산공동체적 실험은 현재 사회적 일자리사업의 전형이 되었다(신명호 · 김홍일, 2002). 그러나 몇 가지 사례를 통해 시장진입형 생산공동체가 보여준 업종선택의 실패, 기술력과 전문성의 부족, 허술한 생산 관리시스템 등은 지속적인 생산공동체로서의 발전에 근본적인 한계로 작용하였다. 생산공동체 실패로부터 배운 성공의 조건은 유망한 사업아이템, 지도자의 경

영마인드, 생산성 고양을 위한 상호통제 시스템, 갈등해소를 위한 기제 마련 등을 제시하고 있다(신명호, 2003).

1997년 경제위기 이후 정부 빈곤정책 변화의 핵심은 1999년 9월 국민기초생활보장법(이하 기초법)의 제정이다. 기초법의 특성은 연령과 근로능력에 상관없이 해당 가구의 소득인정액이 최저 생계비 이하인 경우 누구나 수급자가 될 수 있다는 점이다. 기초법의 여러 급여 중 자활급여는 근로능력이 있다고 판정이 나는 경우 가구별 자활계획에 따라 다양한 관련 급여를 제공하는 것이다. 이러한 자활 프로그램들을 지원하기 위해 설립된 기관이 지역자활센터이다. 새롭게 제기된 대량실업과 빈곤은 지역복지서비스와 환경분야에서 '사회적 일자리'를 창출하기 위한 다양한 시민사회단체들간의 연대와 협력 확대의 이슈를 제기하였다. 자활사업을 통해 간병 등의 무급봉사활동, 가난한 사람들의 집수리사업, 컴퓨터 등 폐자원재활용사업, 음식물 재활용, 음식나누기 그리고 소년소녀가장 돕기 등 실업빈민들에 의한 다양한 서비스들이 제공되었다. 지역자활센터의 지원과 함께 자활수급자들은 간병 등의 보호, 재활용, 환경보호 등의 새로운 기술을 획득하였다. 그들은 사회적으로 유용한 서비스(공익형 서비스)를 제공할 뿐만 아니라 지역사회내 사회적 일자리를 창출하였다. 자활사업은 정부의 인건비 지원에 의존하면서 장차 경제적 자립을 도모하는 자활근로와 곧바로 경제적 자립을 추구하는 자활공동체로 구분할 수 있다. 2006년 12월 현재 242개의 지역자활센터, 442개의 자활공동체와 1,491개의 자활근로사업단 그리고 61,297여명의 사업참여자를 확보하고 있다(보건복지부, 2007년도 자활사업 안내책자).

8년의 짧은 경험이지만 자활사업의 시행 결과 자활사업에서 추진해야 할 정책방향은 보호된 시장의 형성과 함께 새로운 일자리 창출과의 연계로 나타났다. 복지나 환경영역 등에서 사회적 요구가 매우 큼에도 불구하고 기업이 활동하고 있지 못한 분야에서 사업을 개발하고 안정적인 일자리로 발전될 수 있도록 제도화하는 노력이 필요하다. 사회적 일자리 창출시 간병사업, 보육사업 등 사회적 서비스 부문에서의 고용 창출 가능성은 대단히 높다.

자활사업은 근로유지형(취로형) 자활근로 - 사회적일자리형 시장진입형(업그레이드) 자활근로 - 자활공동체 (자활기업) 경로를 통해 사업 참여자의 자활자립을 도모하고 있으며, 이러한 경로의 핵심은 근로를 통한 학습효과의 극대화에 있다. 예를 들어 복지간병사업의 경우 초보자로 구성된 사회적일자리형 간병사업단은 기초생활대상자 무료간병을 담당하며, 어느 정도 경험을 쌓은 시장진입형의 경우는 실비간병이나 소규모 병원간병을 담당하며, 자활근로사업단을 통해 경쟁력을 갖춘 간병인 주축의 간병공동체의 경우는 중대형병원에서 민간업체와 경쟁하는 간병사업단을 운영하게 되는 것이다.

1. 취로형 자활근로와 업그레이드 자활근로

자활근로는 취로형과 업그레이드(Up-grade)형으로 나뉘는데 주로 지자체가 수행하는 취로형 자활근로는 과거 취로사업이나 단순노무형 공공근로에 준하는 정도의 사업내용으로 운영되고 있으며, 업그레이드형 자활근로는 주로 지역자활센터 등 민간단체들에 위탁되어 수행되는데 일자리 창출과 시장진입을 통한 경제적 자립을 목표로 운영된다(이인재 · 이성수, 2002; 이인재, 2003).

업그레이드형 자활근로는 한시적 일자리 제공을 목적으로 단순노무를 했던 공공근로사업 및 근로의욕 유지를 목표로 하는 취로형 자활근로와는 달리 사업참여자들의 자활의욕 고취와 노동능력 제고에 필요한 제반 교육 · 훈련을 연계하여 자활공동체 설립을 준비하는 과정으로서 사업의 특성에 따라 '시장형'과 '사회적일자리형'으로 분류된다. 시장에서 일반적으로 거래되는 상품이나 서비스를 생산 · 판매하는 사업들이 있는가 하면 취약계층을 위한 무료간병 · 가사지원 · 집수리 서비스와 같이 수익이 발생하지 않는 공익적 사업영역도 있어 2002년부터는 업그레이드형 자활근로를 '시장형 사업'과 '공익형 사업'으로 구분하여 사업특성에 맞는 자활근로 지원체계를 마련하게 된 것이다. 지역자활센터 자활사업에 참여하는 대상자는 조건부 수급자 뿐만 아니라 일반 수급자와 소득이 최저생계비의 120%미만인 차상위계층, 기타 저소득계층의 참여가 가능하며 업그레이드형 자활근로의 경우 참여인원의 40% 이내에서 차상위계층이 참여할 수 있다.

2. 근로유지형 자활근로와 시장진입형 자활근로

2004년부터는 자활근로의 유형을 근로유지형, 사회적 일자리형, 인턴형, 시장진입형의 4가지로 확대하였다. 시장진입형은 투입예산의 20% 이상 수익금이 발생하고, 일정기간내에 자활공동체 창업을 통한 시장진입을 지향하는 사업을 의미한다. 사회적 일자리형은 수익성은 떨어지나 사회적으로 유용한 일자리 제공으로 참여자의 자활능력 개발과 의지를 고취하여 향후 시장진입을 준비하는 사업으로, 무료간병 · 집수리사업단, 자활사업도우미, 복지도우미, 보육지원도우미 등이 해당한다. 인턴형은 일반기업체에서 자활사업 대상자가 자활인턴사원으로 근로를 하면서 기술 · 경력을 쌓은 후 취업을 통한 자활을 도모하는 사업이며, 근로유지형은 현재의 근로능력 및 자활의지를 유지하면서 향후 상위 자활사업 참여를 준비하는 형태의 사업을 의미한다.

근로유지형 자활근로사업은 2003년도 취로형 자활근로사업과 의미가 같으며, 현재의 근로능력 및 자활의지를 유지하면서 향후 상위 자활사업참여를 준비하는 형태로, 노동강도가 낮은 사업 참여가 가능한 자 또는 간병·양육 등 가구여건상 관내 사업만이 가능한 자를 대상으로 추가소득 기회 제공 및 자활의욕 고취가 가능한 사업을 의미한다. 근로유지형은 한시적 일자리 제공 목적인 공공근로사업과는 달리 근로의욕 고취 및 자활능력을 향상시킬 수 있는 사업으로 추진하고 있다. 즉 근로유지형 사업 참여를 통한 능력 향상을 통해 사회적일자리형, 시장진입형 사업으로 전환할 것을 기대하고 있는 것이다.

시장진입형 자활근로는 2003년도 업그레이드 자활근로와 유사하다. 시장진입형은 투입예산의 20% 이상(2004년 10%, 2005년 20%로 상향) 수익금이 발생하고, 일정기간내에 자활공동체 창업을 통한 시장진입을 지향하는 사업이다. 「간병·집수리·청소·폐자원재활용·음식물재활용사업」의 5대 전국표준화사업을 중점사업으로 추진하되, 영농·도시락·세차·환경정비 등 지역실정에 맞는 특화된 사업을 적극 개발하여 추진하도록 하고 있다. 시장진입형 자활근로 참여의 경우는 근로유지형에 비해 자활공동체로의 발전에 대한 전망을 훨씬 강하게 가지고 있다(강명구, 2002; 오정수 외, 2006; 이인재, 2006).

3. 자활공동체

자활공동체는 자활근로 참여에 대해 국가가 지급하는 '자활근로 임금'이 아니라 참여자들이 생산한 상품과 서비스를 판매하여 생기는 사업수익금에 의해 소득을 창출하는 방식으로 운영되는 사업단을 의미한다. 자활공동체는 2인 이상의 수급자 또는 저소득층이 상호·협력하여, 조합 또는 공동사업자의 형태로 탈빈곤을 위한 자활사업을 운영하는 업체를 말하며, 국민기초생활보장법에 의한 자활공동체 요건을 갖추고 보장기관으로부터 인정을 받은 인정 공동체를 의미한다. 자활공동체 성립요건(인정요건)은 첫째, 자활공동체 구성원 중 기초생활보장 수급자가 1/3 이상이어야 한다. 둘째, 조합 또는 부가가치세법상의 2인 이상의 사업자로 설립해야 한다. 셋째, 모든 구성원에 대해 자활근로임금(월 50만원 기준) 이상의 수익금 배분이 가능하여야 한다. 넷째, 자활근로사업단의 공동체 전환시 사업의 동일성을 유지해야 한다.

2006년 12월 말 현재 전체 자활공동체가 참여자에게 지급한 월 평균급여는 1인당 71만6천원 수준이다. 자활공동체 사업을 통해 가구별 최저생계비를 넘는 소득을 얻게 되면 경제적 의미수준의 '자활' 상태에 이른 것으로 판정되어 수급권수준에서 벗어나 생계·의료·교육·주거급여 지급이 중지된다. 자활공동체는 자활근로 참여에 대해 국가가 지급하는 '자활근로 임금'이 아니라 참여자들이 생산한 상품과 서비스를 판매하여 생기는 사업수익금에 의해 소득을 창출하는 방식으로 운영되는 사업단을 의미한다. 자활공동체는 2인 이상의 수급자 또는 저소득층이 상호·협력하여, 조합 또는 공동사업자의 형태로 탈빈곤을 위한 자활사업을 운영하는 업체를 말하며, 국민기초생활보장법에 의한 자활공동체 요건을 갖추고 보장기관으로부터 인정을 받은 인정 공동체를 의미한다. 자활공동체 성립요건(인정요건)은 첫째, 자활공동체 구성원 중 기초생활보장 수급자가 1/3 이상이어야 한다. 둘째, 조합 또는 부가가치세법상의 2인 이상의 사업자로 설립해야 한다. 셋째, 모든 구성원에 대해 자활근로임금(월 50만원 기준) 이상의 수익금 배분이 가능하여야 한다. 넷째, 자활근로사업단의 공동체 전환시 사업의 동일성을 유지해야 한다.

자활공동체의 문제는 자활공동체 전환 이후의 전망이 불투명하며, 이에 대한 지원책도 미비하다는 점이다. 기초법에는 자활공동체에 대한 지방자치단체의 국공유지 우선 임대, 국가 또는 지자체가 실시하는 사업의 우선 위탁, 공동체 생산품의 우선 구매(법 제18조 3항)를 명문화하고 있으나, 이런 식의 지원을 받는 자활공동체는 극소수에 불과하다. 그리고 자활공동체를 통하여 기초법 수급 대상자에서 탈피하는 순간 의료급여, 주거급여, 교육급여 등 다양한 급여를 모두 받지 못하게 됨에 따라 얻는 것에 비해 잃는 것이 너무 많게 되어 자활공동체로의 전환을 꺼리게 된다. 자활공동체의 상당수는 차상위계층 및 일반 저소득계층 중심으로 설립되면서 점차 조건부 수급자들이 결합하는 방식으로 운영되어 왔으나 조건부 수급자들 중심의 업그레이드형 자활근로를 거쳐 설립된 경우가 차츰 늘어나고 있다.

제 3 절 자활사업 실시기관

1. 지역자활센터

근로능력이 있는 저소득층에게 집중적·체계적인 자활지원서비스를 제공함으로써 자활의욕 고취 및 자립능력향상을 지원하는 목적으로 기초수급자 및 차상위계층의 자활촉진에 필요한 사업을 수행하는 기관이다. 지역자활센터는 기초자치단체인 시·군·구에 1개소씩 설치를 목표로 하여 2006년 12월 현재 242개의 지역자활센터, 442개의 자활공동체와 1,491개의 자활근로사업단 그리고 61,297여명의 사업참여자를 확보하고 있다(보건복지부, 2007

년도 자활사업 안내책자).

1) 지역자활센터의 주요사업 및 추진방향

2006년 보건복지부의 자활사업안내에서 제시한 지역자활센터의 주요사업은 다음과 같다.

(1) 자활의욕 고취를 위한 교육
- 근로능력 있는 저소득층의 자활의욕 고취 및 기초능력 배양을 위한 교육프로그램(한글학교, 컴퓨터 교실 등)을 개발 · 운영

(2) 자활을 위한 정보제공 · 상담 · 직업교육 및 취업알선

(3) 생업(창업)을 위한 자금융자 알선, 자영창업 지원 및 기술 · 경영지도
- 저소득층 창업 · 운영 등에 필요한 생업자금을 대여해 주는 '생업자금 대여' 제도에 대한 적극적인 알선(국민기초생활보장법시행령 제17조)
- 창업을 통해 자활할 수 있도록 기술 · 경영지원을 하고, 창업 후에도 적극적인 사후관리를 통해 완전 자립할 수 있도록 지원

(4) 자활공동체의 설립 · 운영지원
- 기초수급자 등 저소득층이 모여 경제적으로 자립할 수 있는 공동체를 설립해 자립 · 자활할 수 있도록 체계적인 지원

(5) 기타 자활을 위한 각종 사업
- 수급자 또는 차상위계층의 부업소득 향상을 위한 부업장의 설치 · 운영사업
- 자활공동체 또는 부업장의 일감확보 및 판로개척을 위한 알선사업
- 자활공동체 또는 부업장의 운영을 위한 후원의 알선사업
- 수급자 또는 차상위계층의 자녀교육 및 보육을 위한 자활지원관의 설치 · 운영 사업(청소년자활지원관 전국 20개소 설치 · 운영)
- 기타 수급자 등의 자활을 위한 사업

보건복지부에서는 2003년부터 간병도우미, 집수리, 청소, 음식물 · 폐자원 재활용 등을 5대 표준화 사업으로 선정하여 도시 · 농촌 지역별로 구분하여 가급적 모든 지역자활센터가 참여하도록 유도하고 있으며 그 외에 지역별 특성, 지역자활센터의 기술 · 경험에 따른 자활사업도 적극 개발하고 있다. 또한 자활근로 유형별 참여자에 대한 자활급여를 차등지급함으로써 근로유인 효과를 제고하고 있다. 이러한 자활근로 사업은 2005말 현재 48,195명이 참여하고 있다.

〈표 14-1〉 5대 표준화 사업 현황

구분	계	집수리	간병	청소	폐자원재활용	음식물재활용
사업단수	1,124	301	358	242	201	22
참여자(명)	12,109	2,188	5,294	2,544	1,916	167

자료 : 보건복지부(2008), 2007년 사회복지 백서

지역자활센터의 주요추진방향은 첫째로 지역자활센터의 주요사업인 자활공동체의 설립·운영을 적극 지원하고, 자활근로사업의 운영을 통하여 공동체로 발전시키기 위한 배양기관으로서의 역할을 수행하도록 한다. 둘째로 어느 정도 근로의지와 능력을 가지고 있으나 시장경쟁이 취약하고 당사자들에게 적합하고, 지역사회에서 해결해야 할 과제이면서 공익성이 강한 사회적일자리를 적극 개발 지원하는데 두고 있다

2) 지역자활센터의 운영기본원칙

지역자활센터의 운영은 참여주민 고유성과 존엄성의 원칙, 주민자발성의 원칙, 독립성의 원칙, 기준시설 확보의 원칙, 전문가에 의한 사업수행의 원칙, 지역사회 제반자원 활용의 원칙, 사업실행 평가의 원칙에 따라 수행되어야 한다(보건복지부, 2006).

〈표 14-2〉 지역자활센터의 운영기본 원칙

운영기본원칙	내 용
참여주민 고유성과 존엄성의 원칙	인도주의 원칙 하에 주민들의 개별적 고유성과 존엄성이 최대한 보장되도록 수행하여야 한다.
주민자발성의 원칙	저소득층 주민의 자발적 참여와 자조 자립할 수 있도록 지원하여 주민의 역할과 책임을 장려한다.
독립성의 원칙	독립된 행정체계와 운영체계를 가져야 하며 기존 복지관이나 시설의 프로그램 일부로 편입되어 운영되어서는 안 된다.
기준시설 확보의 원칙	주민들과의 상담, 교육, 훈련 및 경영지도 등의 자활 자립을 도모하는 종합적인 서비스를 제공하기 위하여 일정한 규모의 기준시설을 확보해야 한다.
전문가에 의한 사업수행의 원칙	지역사회복지, 지역사회조직 및 개발 관련분야의 전문지식과 함께 지역조직활동에 전념하여 지역현장 경험을 갖춘 전문적이고 헌신적인 인력에 의해 수행한다.
지역사회 제반자원 활용의 원칙	주민의 자활자립을 위하여 지역 내 다양한 물적·인적자원을 필요로 하며 이를 위해 지역의 제반자원을 조직·동원하여 가용자원으로 활용한다.
사업실행 평가의 원칙	주민들의 생활향상과 변화의 효과, 재정투자의 효과, 사업내용 및 방법의 적합성 등이 지속적으로 평가되어야 하며, 평가 결과가 새로운 사업수행에 환류하여 활용되도록 한다.

2. 고용지원센터의 자활사업

노동부 고용지원센터에서는 근로능력 있는 취업대상자에게 효과적인 근로기회 제공 및 교육훈련의 확대로 스스로의 자립·자활을 촉진하여 기초생활보장제도에의 장기의존 가능성을 사전 예방하기 위하여 자활사업을 실시한다. 고용지원센터의 자활관련 업무내용은 취업대상자에 대한 초기상담, 자활사업 정보제공, 개인별 취업지원계획 수립, 자활사업 지정, 조건이행여부 통보(지자체), 취업알선 및 구직활동 지원, 직업적응훈련·자활직업훈련 및 자활취업촉진사업 실시, 직업적응훈련기관 공모 및 지정, 기타 자활사업에 관한 사항이다.

노동부 자활사업 참여는 행정기관으로부터 취업대상자 접수, 구직등록 및 초기상담, 직업적응 훈련투입, 취업지원계획 수립, 자활사업추진의 절차를 통해서 이루어진다. 자활지원사업의 내용은 직업적응훈련, 자활직업훈련, 자활취업촉진사업, 창업지원, 취업알선 및 구직지원으로 구성된다.

직업적응 훈련은 자활의지를 배양하고 근로의욕을 고취함으로써 성공적인 취업가능성을 높여주며 일자리탐색으로 다양한 취업정보 및 노동시장 정보를 획득하고 직업생활에 공통적으로 요구되는 정보화기초능력 배양 및 자동차운전면허취득 등 직업적응능력을 배양하는 것을 목적으로 하는 사업이다. 참여대상자는 자체로부터 고용안정센터에 의뢰된 취업대상자, 지자체로부터 위탁받은 비취업대상자, 일반수급자 중 자활의지 및 근로의욕 배양이 필요하다고 판단되는 자이다.

〈표 14-3〉 직업적응훈련 내용

직업적응훈련	내 용
근로의욕증진 프로그램	·훈련내용 : 근로의욕 및 성취동기를 부여하여 재취업 의욕을 고취 ·훈련기관 : 관내 여성인력개발센터, 지역자활센터, 복지관 등 ·훈련시기 : 매월 1회 1일 5~6시간씩 5일 진행
직업지도 프로그램	·훈련내용 : 직업의 올바른 선택과 진로결정 등 지원 ·훈련기관 : 노동부 각 지역 관할 고용지원센터 ·훈련시기 : 수시진행
취업기초능력 갖추기 프로그램 -정보화기초과정	·훈련내용 : 컴퓨터 활용능력 등 기초 정보화 능력 배양 ·훈련기관 : 각 지역 지정된 컴퓨터 학원 ·훈련시기 : 매월 1회 1일 4시간이상 10일 진행
취업기초능력 갖추기 프로그램 -자동차운전교육과정	·훈련내용 : 직업활동에 필요로 하는 운전면허를 취득 ·훈련기관 : 각 지역 지정 운전면허전문학원 ·훈련시기 : 4주 이내

자활직업훈련은 취업 또는 창업이 용이한 다양한 훈련과정 및 취업이 유망한 분야 등의 훈련과정을 운영하여 취업능력 및 기능습득을 지원하는 것이다. 자활대상자중 직업훈련이 필요한 대상자가 참여할 수 있다.

〈표 14-4〉 자활직업훈련

자활지원사업	내 용
자활직업훈련	· 훈련과정 : 자활대상자 특성에 맞는 직종 · 훈련기관 : 노동부장관의 승인을 받은 독자과정 또는 실업자훈련과정 · 훈련시기 : 1개월 이상 1년 이하의 과정으로 총 훈련시간 60시간이상 · 훈련수당 : 소정시간 이수 시 과정에 따라 식비 · 교통비 · 훈련수당 지급

자활취업촉진사업은 국민기초생활보장제도 수급자를 선발, 중소업체를 중심으로 틈새일자리를 개척하게 하여 본인의 근로의욕 및 취업 가능성을 제고하고 타 실업자의 취업을 지원하는 것이다. 심층상담을 실시한 후 취업의욕이 높아 구직활동을 통해 조속히 취업할 필요성이 높다고 판단되는 자를 선발한다.

〈표 14-5〉 자활취업촉진사업

자활지원사업	내 용
자활취업촉진사업	· 실시기관 : 노동부 각 지역 관할 고용지원센터 · 지원내용 : 1일 32,000원 지급(식비 등 부대비용 포함) · 모집기간 : 연간 예산범위 내 수시채용 · 접수방법 : 고용지원센터 방문접수

창업지원은 창업을 희망하는 취업대상자에 대한 점포임대 등 창업지원 서비스 제공으로 신속한 자활자립 기반조성을 지원하는 것이다. 고용지원센터에서는 창업희망자중 근로복지공단 창업지원 자격요건 해당자 중 창업능력 및 성공가능성을 면밀히 검토하여 지원대상자를 선정하고 창업희망 소재지 근로복지공단(지사)에 위탁한다.

〈표 14-6〉 창업지원사업

자활지원사업	내 용
창업지원사업	· 실시기관 : 각 지역 관할 근로복지공단 · 지원대상 : 실직 후 3개월 이상 경과한 장기실업자 및 실직여성 가장 중 창업희망자 · 지원내용 : 가구당 1억원 한도로 연 4.5% 이율로 무보증무담보 임대

취업알선 및 구직활동 지원은 취업대상자의 특성에 부합하는 구직활동을 지원함으로써 근로능력이 있는 대상자의 취업을 촉진하는 사업이다. 근로능력 및 자활욕구, 가구여건 등이 취업에 적합한 자로 구여건자활프로그램 참가보다 집중적인 구직활동지원으로 노동시장에의 취업이 가능한 자가 참여대상자가 된다.

〈표 14-7〉 취업활동 및 구직활동 지원

자활지원사업	내 용
취업알선 및 구직활동 지원	· 실시기관 : 노동부 각 지역 관할 고용지원센터 · 사업기간 : 8주 이내 · 지원내용 : 구직희망 직종에의 취업알선 등 구직활동 지원, 기타 직업 상당 서비스 제공

제 4 절 자활사업분야의 실습

1. 자활사업분야 사회복지전문가의 역할

자활사업에서 요구되는 사회복지전문가의 역할은 다음과 같이 나누어 볼 수 있다(조추용·권현주 역, 2003에서 정리).

첫째, 클라이언트의 자립을 촉진하도록 심리적인 원조를 할 것
둘째, 전문가의 입장에서 자활계획에 대한 설명을 서비스제공자 등에게 할 수 있을 것
셋째, 자원의 발견이나 서비스제공 기관과의 교섭에서 창조성을 발휘할 것
넷째, 가족관계에서의 문제나 클라이언트의 분노 등에 능숙하게 대응할 것
다섯째, 클라이언트나 그 가족에게 서비스에 관한 교육을 할 것
여섯째, 클라이언트의 개별적 상황을 이해하고, 그것에의 감정이입을 할 것
일곱째, 클라이언트의 변화나 새로운 서비스를 가져오기 위해 유효한 접근을 활용할 것
여덟째, 클라이언트가 구하고 있는 서비스나 원조를 받을 수 있도록 할 것
아홉째, 역량이상의 문제에 대해서는 다른 전문가에게 위임할 것

2. 실습사례

다음에서는 나주시에 소재하고 있는 지역자활센터의 인턴십 실습사례를 소개하였다.

1) 실습기관 현황

- 기관명 : 나주지역자활센터
- 대표자 : 000
- 소재지 : 나주시 영산동

2) 인턴십 주요내용

- 나주지역자활센터는 어떠한 곳이며 이 지역에서 일어나는 문제점들을 살펴보고 어떻게 지원 받는지 지원받는 대상에 대해서 이야기해 보도록 한다.
- 교과과정에서 배우는 점과 현장에 적용되고 있는 관점에 대해서 어떻게 다른지 알아보도록 한다.
- 문제점을 어떻게 해결해 나가야 하는지 또 내가 배우고 느낀 것은 무엇인지 이번 실습을 통해서 알 수 있도록 한다.

3) 인턴십 기간 : 2007년 1월 22일부터 2007년 2월 16일까지(20일)

4) 주별 실습내용

(1) 1주째

• 출근 및 퇴근 - 출근 시간은 오전 9시, 퇴근시간은 오후 6시.
오전에 사무실에 나와서 사무실 내부와 복도 청소를 한다.

• 선생님을 도우면서 실무 담당 - 후견기관에는 1명, 팀장 2명, 감사 2명 자원사업도우미 1명, 그리고 기관장 1명을 포함하여 체계화되어 있었다.

• 자활센터 홈페이지에 공지사항을 올리고, 관리하고, 메일 관리 - 오전에 출근 시 자활센터홈페이지와 메일을 열어본 후 적당한 소식이나 문의 사항에 자활센터의 문의 사항을 선생님들께 여쭈어서 댓글들을 달고 그날 신문들을 보고 자활에 관련된 사항 찾아보기. 홈페이지의 운영자라는 마음으로 많은 정보를 담을 수 있도록 정보를 올려놓

는다.

- 전화 상담 - 자활에 전화해서 요구하는 사항을 선생님들께 여쭈어 보고 최대한 요구사항을 하나하나씩 해결해 나가도록 한다.
- 교육 준비 - 케어 간병사업단, 복지 간병사업단(재가독거노인 및 장애인 저소득층의 유, 무료 간병 지원 사업)에 대한 참여자들에 대해서 교육하는 시간을 갖고, 이에 대해서 알아야 하는 여러 기본적인 사항들을 익힌다.
- 교육 시에 전에 우리 기관에 대한 동영상이나 프리젠테이션을 갖고 자활센터에 대해서 더 알리도록 한다. 교육 시 참여하시는 분들께 간단한 다과를 준비해서 대접을 하도록 하고 참여사항과 유의사항을 잘 익히도록 설명하고 참가 신청서 및 서류 작성을 적는 것을 도와드렸는데 주로 나이를 드신 분들이어서 잘 적지 못하시는 분들이 대부분이셨고, 자신의 경제적인 기본 상태에 대해서도 모르시는 분들이 많았다.
- 그 밖에 필요한 공문이나 기관에서 익혀야 할 기본적인 오리엔테이션을 갖는 시간이었다. 1주일이 어떻게 지나가 버렸는지, 모르는 것도 많고 익혀두어야 할 사항도 있어서 1주일이 금방 지나가 버린 것 같았다.

(2) 2주째

- 케어 간병사업단, 복지 간병 사업단 준비 - 나주의 여러 면에 자활근로 일을 하시는 분들을 만나 뵙고 어떻게 일을 하시는지 가정방문도 해서 같이 도와드리고 사회복지사 선생님들이 상담일지를 어떻게 쓰시는지도 보고 어떻게 현장 감독 관찰을 하는지도 보고 여러 가지를 보고 느낄 수 있어서 좋은 기회였다.

  또한 홍보물을 제작하였는데, 오리고 자르고 꾸미고 어떻게 하면 조금 더 쉽게 눈에 들어오고 다가오는지, 홍보를 하기 위해 열심히 프랑을 만들었다.
- 아름 건강원 - 농민들이 배즙을 가공하여 판매하고 있었는데 작업 공간 등 저온 창고도 배치되어 있었고 배즙 뿐만 아니라 포도즙, 양파즙도 판매를 하고 있었고, 위생적으로 철저하게 관리되고 있는 모습들을 직접 볼 수 있었고, 그곳에서 먹은 배즙이 바로 그 자리에서 먹어서인지 평소에도 잘 안 먹던 배즙이 너무 맛있었다.
- 복합영농 사업단 둘러보기 - 배즙을 먹고 나오는 길에 배 과수원을 찾았다. 여기는 배재배를 포함한 다양한 작목 재배를 통하여 영농기술을 습득하고 고수익 창출로 자립기반 구축 농촌형 자활 수익모델 창출 영농조합법인 설립을 유도함으로써 영농자활사업 모델 창출 배농장의 협동적 노동을 통해 이 지역 저소득층들의 공동체적인 의식과 품성을 형성 공동소유와 경영참여를 통해 수급권자의 민주적 훈련과 자치능력을 함양

사회적 기업운영을 통해 지역경제 활성화에 기여 등 여러 기대효과를 가져올 수 있는 사업이라서 기대도 많이 했지만, 배 사업은 가장 맛있는 제철이 있고 명철 때가 가장 잘 팔리고 있어서 걱정을 했지만 요즘은 하우스재배도 하고 있어서 어느 때든지 먹을 수가 있다.

- 이번 주 실습은 대체로 밖에서 현장을 둘러보고 익힐 수 있는 시간이어서 특히 좋았던 부분이 많았다.

(3) 3주째

- 또 다른 일주일의 시작을 맞이해 가면서 어느 정도 적응되어 가는 내 모습을 볼 수 있었다.
- 차상위 계층의 봉사자와의 만남 - 차상위 계층분들과 저소득층 분들이 어떻게 봉사를 하고 있고 어떻게 시간을 나누어서 구체적으로 어떤 일을 하는지 선생님과 함께 만나보았다. 1주일에 수혜자의 건강 상태를 보아, 많이 봉사를 들어가야 하는 집은 2~3회 정도 거동이 가능하시는 분들은 1주일에 1~2번 정도 이렇게 해서 나누어서 들어가고, 요일 별로 나누어서 들어가기도 하고 주로 가사 일을 많이 돕고 밀린 빨래나, 설거지, 등 그리고 말벗도 해드리고 목욕도 시켜드리고, 많은 일들을 하신다는 것을 알 수 있었다.
- 폐자원 재활용사업단에 대해서 소개 받기.

  폐자원 재활용 사업단은 나주시 100ml공병을 수거 및 분리 세정하여 판매하는 것인데, 폐캔 및 병뚜껑, 플라스틱 분리수거 및 판매, 전남/광주/전북/경남 각 지역자활센터 공병 매입 후 세정 판매, 일반 공병 업체(순천, 광양, 인동GRC) 공병 매입 후 세정 판매, 나주시 위생매립장과 연계하여 파병 및 재활용 가능 공병 수거 및 구입, 선생님들께 말씀을 듣고 이런 기대효과도 들을 수 있었다. 전문가 투입으로 현장 공동작업을 통한 실습교육 수익금목표액 : 약 1억 2천만원 전남/전북 자활센터의 폐자원재활용사업단 네트워크를 통해 물량 확보 주력 세정사업관련 정기적인 사업교육을 통해 그 분야에 맞는 기술인력 양성 심성교육, 기술교육, 이론교육으로 세정 자활공동체 설립유도, 등 실제 기대하는 효과는 못 미치지만 앞으로 더욱더 주력하면 이러한 효과를 달성할 것 이라고 말씀하셨습니다.
- 사무실 환경정리를 함으로써 자활센터를 방문하신 모든 분들이 이곳에 대해 깨끗한 인상을 받을 수 있도록 환경정리를 열심히 했던 한 주였던 것 같았다.

(4) 4주째

이번 주는 자활 사업의 지침에 대해서 더 구체적으로 알 수 있도록 자활에 관해서 더 자세히 설명해 주셨다. 마지막 주라서 왠지 모를 끝나고 있다는 내 느낌이 처음과 같이 흔들리지 않도록 더욱더 마음을 다잡았던 거 같았다.

- 저소득층 재가 독거노인들은 이번 주가 싫을 것 같았다. 대명절인 설날도 들어 있고 가족들의 품이 가장 많이 생각나고 힘든 한 주가 되지 않을까 생각이 들었다. 간병 집안을 방문하면서, 할머니들에게 그 어떤 선물보다 따뜻한 말이라도 더 해드리고, 말동무가 되어 드리는 것이 더 큰 선물이라는 것을 알았던 기회였던 것 같다.
- 설 연휴 준비 - 설 연휴가 되면 각 면 · 읍 · 동에서 간단히 준비한 다과와 함께, 어르신 분들이 혼자 보내는 것보다는 같은 처지에 있는 분들이 서로 말동무도 하고 나누면서 같이 따뜻하게 보내실 수 있도록 모여서 이야기하실 수 있도록 하였고, 이 지역 자활센터를 더 잘 홍보할 수 있게 자활센터가 무엇인지 더 알려드릴 수 있는 기회도 있어서 더욱 좋았던 것 같다. 활센새 실습이 끝나가고 지난 4주 동안 내가 배운 점들을 총정리 하면서 이런 기회가 많이 더 활성화되어서 후배들에게도 많이 참여할 수 있도록 권하도록 홍보를 해야겠다는 생각이 들었다. 그냥 실습이 아닌 이 지역사회에 대해서 더 자세히 알 수 있는 기회가 생겨서, 바빴지만 내 자신에게 도움이 되는 행복한 시간들이었던 것 같아서 즐겁게 실습을 마무리 할 수 있었던 것 같았다.

제 5 절 자활사업분야의 사회복지프로그램 사례

자활사업 프로그램은 '단계적 발전전략'에 따라 구성되어 있다. 즉, 자활사업 참여자의 근로 능력과 수준을 점진적으로 향상시켜 궁극적으로는 자립이라는 단계에 이르게 하는 것을 목표로 참여자의 능력에 따라 단계별로 ① 사회적응프로그램/지역봉사 → ② 자활근로 → ③ 자활공동체/직업알선 · 창업지원프로그램 등을 제공하고 있다.

이러한 자활사업 프로그램은 크게 자활공동체 · 자활근로 등 비취업대상자 중심의 복지부 주관 자활사업과 직업훈련 · 취업촉진사업 등 취업대상자 중심의 노동부 주관 자활사업으로 구분할 수 있다.

〈표 14-8〉 자활사업 프로그램

<table>
<tr><th></th><th colspan="2">자활공동체사업</th><th>지역자활센터</th></tr>
<tr><td rowspan="7">비취업대상자</td><td rowspan="4">자활 근로</td><td>시장진입형</td><td rowspan="3">민간위탁기관, 시・군・구 등</td></tr>
<tr><td>인턴형</td></tr>
<tr><td>사회적일자리형</td></tr>
<tr><td>근로유지형</td><td>시・군・구 등</td></tr>
<tr><td colspan="2">지역봉사</td><td>사회복지기관, 자원봉사센터, 시・군・구 등</td></tr>
<tr><td colspan="2">사회적응프로그램</td><td>정신보건센터 등 정신보건시설, 사회복지관, 대학연구소, 지역자활센터 등</td></tr>
<tr><td colspan="2">생업자금융자</td><td>시・군・구</td></tr>
<tr><td rowspan="4">취업대상자</td><td colspan="2">취업알선</td><td>고용지원센터</td></tr>
<tr><td colspan="2">직업훈련 (창업훈련)</td><td>직업훈련기관</td></tr>
<tr><td colspan="2">직업적응훈련</td><td>고용지원센터, 직업적응훈련기관</td></tr>
<tr><td colspan="2">자활취업촉진사업 등</td><td>고용지원센터</td></tr>
</table>

1. 비취업 대상자 프로그램(보건복지부 주관)

1) 사회적응 프로그램 및 지역봉사

사회적응프로그램은 근로의욕이 현저히 낮거나 알코올 남용, 심리적 문제 등으로 가정이나 사회생활에 적응이 어려운 수급자를 대상으로 근로의욕을 고취하기 위하여 체계적인 상담・치료와 사회적응을 제공하는 프로그램으로 정신보건센터 등에서 실시한다. 지역봉사는 연령이 높고 건강상태가 좋지 않아 근로능력이 낮은 수급자를 대상으로 하루 4시간 정도의 가벼운 지역사회 자원봉사 활동을 통해 근로의욕을 유지하고 지역사회 참여기회를 제공하는 사업으로 장애인・노인에 대한 재가복지도우미, 무료급식배달, 지역사회도우미, 산불감시 환경도우미등 다양한 형태로 이루어지고 있다. 지역봉사센터, 사회복지관 등의 기관에 위탁하는 방법과 지역봉사자를 연결・관리하는 기관이 없거나 지역봉사단 구성이 어려울 경우에 시・군・구에서 직접 운영하는 방법으로 추진된다.

2) 자활근로사업

자활근로사업은 주로 한시적 일자리를 제공하는 종전의 공공근로 사업과는 달리 저소득층의 자활촉진을 위하여 보다 장기적인 계획 하에 자활공동체 창업 등 자립이 가능하도록 기초능력 배양에 중점을 두고 있는 사업이다. 자활의지는 있으나 근로능력이 다소 미흡한 저소득층을 대상으로 근로 능력 향상과 자활공동체 창업 등 자립을 위한 전 단계 프로그램으로 활용하고 있다. 저소득층의 자활능력과 사업유형에 따라 근로유지형, 사회적 일자리형, 인턴형, 시장진입형의 자활근로 사업으로 구분하여 실시하고 있다.

근로유지형 자활근로사업은 노동강도가 낮은 사업참여자 또는 간병・양육 등 가구여건상 관내 사업만 가능한자를 대상으로 하는 사업으로 1일 5시간, 주4일 참여를 원칙으로 하며 지방자치단체에서 직접 시행하는 사업이다.

사회적 일자리형 자활근로사업은 공익성이 있는 사회적으로 유용한 일자리사업을 선정하여 추진하여 향후 시장진입의 가능성을 높이는 사업이다. 주요사업유형은 무료간병, 무료집수리, 자활사업도우미, 복지도우미, 복지시설도우미, 보육지원도우미, 급식도우미 등이 있다. 주 5일 참여를 보장하고 사업실시 기간은 10개월을 원칙으로 하여 지역자활센터에서 실시하는 사업이다.

시장진입형 자활근로사업은 시장진입의 가능성이 높고 자활공동체 창업이 용이한 사업으로 지역자활센터에서 실시하는 사업이다. 추진방식은 사업단위별로 사업단을 구성하여 운영한다.

인턴형 자활근로사업은 일반기업체에서 자활사업대상자가 인턴사원으로 근무를 하면서 기술・경력을 쌓은 후 취업을 통한 자활을 도모하는 취업유도형 자활근로 사업이다.

3) 자활공동체사업

자활공동체란 2인 이상의 수급자등이 근로・생산・판매・소득공동체 등을 결성・운영하여 자립기반을 다지는 공동출자방식의 사업이다. 일반적으로 시장진입형 자활사업이 발전하여 수익성이 확보되는 경우 해당 사업단의 참여자들 주도로 사업자 등록 등을 통한 독립채산제 형태로 창업하는 형태이다. 자활공동체 활성화를 통해 저소득층 자활 촉진을 위하여 기초생활보장기금을 활용한 점포임대 등 각종 사업자금 융자, 국공유지 우선임대, 국가 또는 지방자치단체가 실시하는 사업의 우선위탁, 조달구매 시 공동체 생산품의 우선 구매 등 각종 지원을 실시하고 있다.

4) 생업자금 융자

국민기초생활보장법상의 수급자와 차상위계층(실제소득이 최저생계비의 150% 이하인

자)중에서 자활의지가 있고 사업전망 · 기술 · 경역능력 등 사업계획의 타당성이 인정되는 자에게 시 · 군 · 구청장이 융자대상자를 결정한다. 융자한도액은 무보증 대출은 가구당 1,200만원 이하, 보증대출은 가구당 2,000만원 이하이다. 이율은 연 3%이고 융자기간은 5년 거치 5년 상환의 융자제도이다.

2. 취업대상자 프로그램(노동부)

노동부주관으로 고용지원센터가 추진하는 취업대상자 및 취업을 희망하는 비 취업대상자에 대한 취업지원 프로그램으로 직업적응훈련, 자활직업훈련, 취업알선 및 구직활동 지원, 자활취업촉진사업 등이 있다.

직업적응 훈련은 취업대상자의 자활의지 및 근로의욕의 고취와 다양한 취업정보를 획득하고, 직업생활에 필요한 기초적인 컴퓨터 활용능력 · 자동차 운전능력 등을 배양하는 프로그램이다. 자활직업훈련은 자활대상자를 직업훈련기관에 위탁하여 자활에 필요한 기능습득 지원 및 취업효과를 높이기 위해 실시하는 프로그램이다.

취업알선은 당장 취업이 가능한 취업대상자에게 제공되는 프로그램으로 직업상담을 통해 대상자에게 적합한 사업체에 지정 · 알선을 실시하게 된다. 자활취업촉진사업은 자활대상자 스스로 산업현장 방문을 통하여 구인현황 파악 및 현장면접을 통하여 본인 취업 및 다른 자활대상자의 취업을 지원하는 프로그램이다.

3. 지역사회복지관 자활프로그램 현황

1) 직업기능훈련 저소득층의 자립능력배양과 가계소득에 기여할 수 있는 기능훈련을 실시하여 창업 또는 취업을 하도록 지원한다.

① 미용교실

자격증 자신에게 어울리는 헤어스타일 연출법과 기본 커트를 배우고 자격증 취득하여 개업을 할 수 있는 기술 지도와 기능 연마를 통해 여성의 전문 인력을 양성한다.

- 대 상 : 지역주민 누구나, 자격증을 취득하고 싶으신 분
- 교육시간 : 매주 월 · 목 · 금 9:30~12:30(개인 연습시간 월~금 9:00~17:30)
- 기 간 : 1월~12월, 6개월 과정으로 주3회 실시
- 수 강 료 : 1개월에 50,000원

• 내 용 : 이론과 실습을 병행하여 지도, 자격증 취득할 수 있도록 교육자료 제공

② 종이접기

자격증 건전한 놀이문화로써 정서함양, 인간성 회복 운동에 필요한 교육 프로그램 내용으로 구성하고 취미반, 자격증, 사범과정반으로 이론과 실기 병행하여 수업을 지도함.

• 대 상 : 지역주민 누구나, 자격증을 취득하고 싶으신 분
• 기 간 : 1월~12월, 3개월 과정으로 주 1회 실시
• 교육시간 : 매주 금요일 오전 10:00~12:00 · 수 강 료 : 3개월에 50,000원
• 내 용 : 취미반, 초 · 중 · 고급반, 자격증 취득반, 사범과정반, 지도자 과정반으로 운영

③ 미용창업

미용교실 자격증 취득자에 한해서 전문적인 미용 창업 경영을 할 수 있도록 교육 지도

• 대 상 : 창업에 관심 있으신 분
• 기 간 : 1월~12월, 6개월 과정으로 주5회 실시 · 교육시간 : 매주 월~금
• 내 용 : 창업할 수 있도록 정보 제공 및 강의 진행

2) 사회적일자리 창출사업

• 신체적, 정신적, 사회적 문제로 일상생활을 영위하기 어려운 독거노인, 노인장애인들에게 어르신의 일상생활 유지에 필요한 가사, 정서, 보건 · 의료, 사회서비스를 제공
• 대 상 : 미취업 대상자
• 기 간 : 1월~12월
• 지역 내에서 자원봉사를 원하시는 분을 찾아 어르신들과 연결하고 후원을 통하여 지역에서 유대관계를 형성하고 전문인력의 활용으로 질적 서비스 제공

3) 가사, 간병 방문도우미

지역사회의 저소득층으로서 가정에서 병을 앓고 있는 환자, 거동이 불편한 노약자, 장애인등 혼자서 일상 생활이 어려운 사람들에게 소정의 간병교육을 받은 가사, 간병 방문도우미를 통하여 간단한 마사지, 건강체조 및 식사보조, 집안일, 외출 등의 서비스를 제공하고 의사, 간호사 등 전문 의료인들이 해줄 수 없는 자상한 보살핌과 정서적 안정감을 제공하고, 참여자들의 자활의지를 고취시킨다.

• 대 상 : 조건부 수급자, 차상위계층(150%) 사업참여 희망자
• 기 간 : 1월~11월

• 내 용 : 무료 가사, 간병 서비스(병원, 자택)

4. 광주전남 지역자활센터, 고용지원센터 현황

1) 광주전남 지역자활센터

지역자활센터명	대표자	전화번호	주 소
송광지역자활센터	정민숙	062)941-1634	광주시 광산구 송정동 1124-23
남구지역자활센터	이선미	062)676-5086	광주시 남구 봉선2동 132
동구지역자활센터	정향자	062)228-1410	광주시 동구 금남로 2가 7-1(2층)
북구일터지역자활센터	김인봉	062)524-0377	광주시 북구 신안동 239-1
북구희망지역자활센터	최동욱	062)265-5517	광주시 북구 두암동 591-3
북구동신지역자활센터	양재호	062)529-2350	광주시 북구 두암동 890-2
서구지역자활센터	김경희	062)351-3028	광주시 서구 양동 456-120
쌍촌지역자활센터	윤금중	062)375-0384	광주시 서구 쌍촌동 1229
완도지역자활센터	김민호	061)554-1001	전남 완도군 완도읍 죽청리 596-5
장성지역자활센터	남상도	061)395-2020	전남 장성군 장성읍 영천리 1087-1(502호)
강진지역자활센터	한동진	061)434-7002	전남 강진군 강진읍 동성리 198-2
곡성지역자활센터	정병룡	061)363-4370	전남 곡성군 곡성읍 읍내리411-17(2층)
담양지역자활센터	이동희	061)383-9909	전남 담양군 담양읍 천변리 130
목포지역자활센터	임영배	061)242-0003	전남 목포시 경동 1가8-1
무안지역자활센터	조순형	061)452-6225	전남 무안군 청계면 도림리 성남리 79(3층)
보성지역자활센터	최의기	061)857-4664	전남 보성군 벌교읍 척령리 612-3
순천지역자활센터	허규만	061)744-3825	전남 순천시 남정동 328-8
신안지역자활센터	김영철	061)272-6788	전남 목포시 용당1동 1088-9(505호)
여수시민지역자활센터	주종섭	061)663-8378	전남 여수시 고소동 636-4(2층)
영광지역자활센터	김경옥	061)353-2000	전남 영광군 영광읍 도동리 252-4
영암지역자활센터	최민석	061)471-9933	전남 영암군 군서면 월곡리 842
장흥지역자활센터	김용원	061)862-8266	전남 장흥군 장흥읍 충렬리 122
진도지역자활센터	조재만	061)542-6900	전남 진도군 진도읍 동외리 1080
함평지역자활센터	장성대	061)323-9556	전남 함평군 함평읍 내교리 401
해남지역자활센터	민인기	061)532-0043	전남 해남군 옥천면 영춘리 816-1
화순지역자활센터	이정화	061)375-4111	전남 화순군 화순읍 교리 238-2

2) 광주전남 고용지원센터 현황

센터 명	전화번호	주 소	관할지역
광주종합고용지원센터	062)239-8000	광주광역시 동구 금남로5가 42번지 대신증권(주)무등지점빌딩3~7층	광주광역시, 전라남도 곡성군, 구례군, 나주시, 담양군, 영광군, 장성군, 함평군, 화순군
목포종합고용지원센터	061)280-0500	전남 목포시 상동 975번지	목포시, 신안군, 진도군, 무안군, 영암군, 강진군, 해남군, 완도군, 장흥군
순천종합고용지원센터	061)720-9114	전남 순천시 연향동 1326-1GS빌딩 4F	여수시, 순천시, 광양시, 보성군, 고흥군

참고문헌

강명구(2002). "자활사업실태 및 개선방안 연구", 한국노동연구원.
노대명 외(2004). "자활지원정책 · 지원제도 개선방안 연구", 한국보건사회연구원 · 한국노동연구원.
노대명 · 강신욱 · 이현주 · 임완섭 · 원일(2006). [빈곤의 동태적 특성 연구 2003~2005], 사람입국 · 일자리 위원회.
노대명 · 최승아(2004). "한국의 근로빈곤층의 소득 · 고용실태 연구", 한국보건사회연구원.
노동부(2005). 2005자활지원사업 종합지침.
류만희 · 노대명 · 김정자 · 김심양 · 손치훈 · 장원봉 · 모세종(2006). "지역자활센터 지원체계 개선 방안 연구", 자활정보센터.
박창균 · 조숙진 · 김정인 · 이철인 · 노대명(2006). "자활근로사업의 심층평가", 한국개발연구원.
보건복지부(2007). 『2007 자활사업안내』.
보건복지부(2006). 『2005년도 보건복지백서』.
보건복지부(2006). 『2006년도 자활사업 안내』.
신명호(2003). "시장진입형 생산공동체의 경쟁력과 그 요인에 관한 연구", 『도시공동체론』, 한국도시연구소 엮음.
신명호 · 김홍일(2002). "생산공동체 운동의 역사와 자활지원사업", 동향과 전망』 53호, 한국사회과학연구소.
오정수외(2006). 『지역사회 복지론』, 학지사.
이문규(2002). 『자활사업과 인파워먼트 실천』, 나눔의집.
이인재(2003). "한국 자활사업의 동향과 과제", 『동향과 전망』 58호, 한국사회과학연구소. (2006) 『자활정책론』, 나눔의집.
이인재 · 이문국 · 김환준 · 조성은 · 김경휘(2005). 『광역자활지원센터 평가 및 운영모형연구』, 보건복지부.
이인재 · 이성수(2002). "자활사업의 현황과 쟁점", 『동향과 전망』 53호, 한국사회과학연구소.
조추용 · 권현주 역(2003). 『사례관리의 이론과 실제』, 유풍출판사.

관련기관 인터넷 주소

한국지역자활센터협회	http://www.jahwal.or.kr/
은평지역자활센터	http://www.epjahwal.or.kr/
마포지역자활센터	http://www.mapojahwal.or.kr/
강서지역자활센터	http://www.yonseijahwal.or.kr/
고용지원센터	http://jobcenter.work.go.kr/
서울종합고용지원센터	http://jobcenter.work.go.kr/
광주종합고용지원센터	http://gwangju.jobcenter.go.kr
목포종합고용지원센터	http://mokpo.jobcenter.go.kr
순천종합고용지원센터	http://suncheon.jobcenter.go.kr

광산구송광자활후견긴관　http://www.sgself.or.kr/
북구동신지역자활센터　http://www.jahwal-21c.or.kr/
전남나주지역자활센터　http://www.njjahwal.or.kr/

제 15 장

아동복지

제 1 절 아동복지의 개요

1. 아동복지의 개념

아동복지는 협의의 아동복지와 광의의 아동복지로 나누어 생각할 수 있다. 협의의 아동복지는 요보호 아동을 중심으로 빈곤가정이나 폭력 및 해체가정의 아동이나 선천적인 또는 후천적인 장애를 가진 아동을 대상으로 한다. 광의의 아동복지는 일반 아동과 그 가족을 대상으로 다양한 복지 주체들이 유기적인 관련 하에 체계적으로 복지활동을 전개하는 것이다.

그러므로 아동복지의 개념은 "보호를 요하는 상태에 있는 아동은 물론 모든 아동이 가족 및 사회의 일원으로 건강하고 건전하게 성장할 수 있도록 개인, 민간 및 국가가 서로 협력하여 벌이는 활동"으로 정의할 수 있다(도미향 외, 2006).

근래에 이르러 아동복지의 개념이 가족복지의 개념을 포괄하는 개념으로 확대되고 있다. 초기의 아동복지는 주로 위탁가정이나 시설에서 양육되거나 입양 준비 중인 아동과 피학대아동에 대한 보호 분야로 간주되었으나 진정한 아동복지는 가족전체에 대한 지원 없이는 불가능하다는 생각 하에 최근에는 다양한 아동 및 가족지원 프로그램을 포함하는 분야로 새롭게 인식되고 있다(박종삼, 2002).

2. 아동의 환경과 권리

오늘날 아동복지는 아동을 보호하고 아동의 욕구를 해결하는 것을 넘어 가족의 기능을 강화하고 가족을 위한 건강한 환경을 조성하는 것을 강조한다. 아동을 둘러싼 물적 · 인적 자원과 그의 가족들의 특성은 아동이 건강하게 성장하는데 매우 중요하게 작용하기 때문이다.

특히, 아동기는 가정 · 학교와 이웃으로 아동의 활동 범위가 넓어지고, 이에 따른 사회적 환경도 넓어진다. 이 시기 아동은 가족뿐만 아니라 친구, 책, 텔레비전 등의 영향을 많이 받게 되고 사회 · 도덕적으로도 현저하게 발달하며, 새로운 지식을 얻는데 주저하지 않고 무엇이든지 알고 싶어 하며 습득하기 위해 활발하게 활동한다. 또한 사회가 중요시하는 기술을 습득하기 위하여 대부분의 시간을 소비하며, 획득한 지식을 지역사회에서 활용하게 된다(도미향 외, 2006).

최근 아동복지는 아동을 보호의 대상에서 독립적 기본 권리와 자유를 향유하는 주체로 인식하는 입장으로 전환되고 있다. 아동은 '인간으로서 존엄성과 행복을 추구할 권리(헌법 제10조)'를 가지고 있으며, 미래사회의 주역으로서 '건전한 성년으로 발달할 권리(어린이 헌장)'를 가지고 있다. 우리나라에서는 아동의 권리를 보장하려는 노력 아래 '아동복리법'이 1961년 개정되었으며, 1981년에는 일반아동까지도 보호한다는 취지하에 '아동복지법'으로 개정하였다. 2000년에는 아동복지법을 새롭게 개정하여 '아동의 권리에 관한 국제협약'을 반영하고자 노력했다는 점이 높이 평가되었으나 아동의 최선의 이익을 고려하지 못한 부분이 지적되고 있다.

3. 아동복지 정책의 발전과정

- 광복 이후 미군정 법령으로 아동노동법규 공포
- 1959년 아동복지시설의 운영 국고보조
- 1961년 생활보호법, 아동복리법 제정
- 1961년 고아입양특례법
- 1976년 입양특례법
- 1979년 한국사회복지협의회 '아동학대고발센터' 개설

- 1981년 아동복리법을 아동복지법으로 개정
- 1984년 소년소녀가장 지원
- 1985년 서울시립아동상담소 '아동권익보호신고소' 개설
- 1989년 아동복지법 시행령 개정하여 탁아시설로 환원, 가정탁아제도 마련
- 1991년 영유아보육법 아동복지법에서 분리
- 1998년 성폭력범죄의처벌및피해자보호등에관한법률 제정
- 2000년 아동복지법 개정으로 아동보호서비스 체계 구축
- 2004년 실종아동 등의 보호 및 지원에 관한 법률제정
- 2008년 아동·청소년관련 법률 개정 추진

제 2 절 아동복지의 주요내용

1. 아동복지서비스

아동복지서비스는 아동지원서비스(child supportive services), 아동대체서비스(child substitute services), 아동보호서비스(child protective services)로 나뉜다(원석조, 2005).

1) 아동지원서비스

아동지원서비스란 부모와 아동이 자신의 지위에 맞는 책임을 완수하도록 그들의 능력을 지원하고 강화시키는 것을 말한다. 쉽게 말해서 가족 외부에서 가족의 기능을 강화시켜 주는 서비스가 지원서비스이다. 기본적인 경제적 지원, 가족치료, 상담, 집단상담과 같은 심리치료, 아동보호서비스, 집중가족유지서비스, 데이케어서비스 등이 여기에 속한다.

2) 아동대체서비스

아동대체서비스는 아동의 가족을 대체해 주는 서비스로서 일시적 또는 항구적으로 부모의 모든 역할을 대신해 주는 것이다. 집중적 가족유지서비스로는 해결이 안 되는 결함을 가진 아동이 대상이 된다. 친척보호, 위탁가정보호, 그룹홈, 치료센터, 생활시설보호, 입양이 여기에 포함된다.

3) 아동보호서비스

아동보호서비스는 위기에 빠진 아동을 보호하는데 목적을 둔 개입방법이다. 위기에 빠진 아동이란 학대 및 방임된 상태에 있는 아동을 말한다. 이 경우 아동보호서비스 기관은 아동학대나 방임에 관한 조사보고서를 작성하고, 위기가 아동에게 어느 정도 해를 끼치고 있는지를 사정하며, 아동을 어느 곳에서 보호하는 것이 가장 적절한지를 결정하고, 가족이나 청소년법원과 긴밀하게 협력하여 아동의 안전과 복지를 위한 계획을 수립한다.

〈표 15-1〉 아동복지서비스 유형

유 형	내 용
지원서비스	가족 외부에서 가족의 기능을 강화시켜 주는 서비스. 기본적인 경제적 지원, 가족치료, 상담, 집단치료와 같은 정신치료, 아동보호서비스, 집중적 가족유지서비스, 데이케어서비스, 가족교육
대체서비스	일시적 또는 항구적으로 부모의 모든 역할을 대신해 주는 서비스. 친척보호, 위탁가정보호, 생활시설(그룹 홈, 생활시설, 치료센터), 입양
보호서비스	학대아동, 방임아동과 같은 위기에 빠진 아동을 보호하는 서비스

2. 아동복지시설

우리나라 아동복지법령 상 아동복지시설은 아동양육시설, 아동보호치료시설, 아동일시보호시설, 아동직업훈련시설, 자립지원시설, 아동전용시설, 아동복지관, 아동종합시설 등이 있다(아동복지법 제16조). 2008년 12월 31일 기준으로 285개소의 아동복지시설에 보호하고 있는 아동의 수는 17,992명이다(보건복지부, 2009).

〈표 15-2〉 아동복지시설의 유형

종류	내용
아동양육시설	보호를 필요로 하는 아동을 입소시켜 보호·양육하는 것을 목적으로 하는 시설
아동일시보호시설	보호를 필요로 하는 아동을 일시보호하고 아동에 대한 향후의 양육대책 수립 및 보호조치를 행하는 것을 목적으로 하는 시설
아동보호치료시설	불량행위를 하거나 불량행위를 할 우려가 있는 아동으로서 보호자가 없거나 친권자나 후견인이 입소를 신청한 아동 또는 가정법원, 지방법원 소년부지원에서 보호위탁된 아동을 입소시켜 그들을 선도하여 건전한 사회원으로 육성하는 것을 목적을 하는 시설

아동직업훈련시설	아동복지시설에 입소되어 있는 만 15세 이상의 아동과 생활이 어려운 가정의 아동에 대하여 자활에 필요한 지식과 기능을 습득시키는 것을 목적으로 하는 시설
자립지원시설	아동복지시설에서 퇴소한 자에게 취업 준비 기간이나 또는 취업 후 일정 기간 보호함으로써 자립을 지원하는 것을 목적으로 하는 시설
아동단기보호시설	일반 가정에 아동을 보호하기 곤란한 일시적 사정이 있는 경우 아동을 단기간 보호하며 가정의 복지에 필요한 지원조치를 하는 것을 목적으로 하는 시설
아동상담소	아동과 그 가족의 문제에 관한 상담, 치료, 예방 및 연구 등을 목적으로 하는 시설
아동전용시설	어린이 공원, 어린이 놀이터, 아동회관, 체육, 연극 영화, 과학실험 전시시설, 아동휴게숙박시설, 야영장 등 아동에게 건전한 놀이, 오락, 기타 각종 편의를 제공하여 심신의 건강 유지와 복지 증진에 필요한 서비스를 제공하는 것을 목적으로 하는 시설
아동복지관	지역사회 아동의 건전 육성을 위하여 심신의 건강 유지와 복지 증진에 필요한 서비스를 제공하는 것을 목적으로 하는 시설
공동생활가정	보호를 필요로 하는 아동에게 가정과 같은 주거 여건과 보호를 제공하는 것을 목적으로 하는 시설
지역아동센터	지역사회 아동의 보호·교육, 건전한 놀이와 오락의 제공, 보호자와 지역 사회의 연계 등 아동의 건전 육성을 위하여 종합적인 아동복지서비스를 제공하는 시설

자료: 아동복지법, 2009

〈표 15-3〉 아동복지 시설수 및 보호아동 현황(2008.12.31)

구분	시설 수	총 수용인원	양육	직업훈련	보호 치료	자립 지원	일시 보호	종합 시설	아동 복지관	아동 전용
2006	285	18,817	17,517	75	436	235	391	163	0	0
2007	286	18,426	17,161	72	404	269	365	155	0	0
2008	285	17,992	16,706	69	477	257	341	142	0	0

자료: 보건복지부, 2009 아동·청소년 백서

아동복지시설은 각 시설의 고유 업무 외에도 아동가정지원사업, 아동주간보호사업, 아동전문상담사업, 학대아동보호사업, 공동생활 가정사업, 방과후 아동지도사업 등을 실시할 수 있다.

〈표 15-4〉 아동복지시설의 부수적 사업

사업의 종류	내 용
아동가정지원사업	지역사회 아동의 건전한 발달을 위하여 아동, 가정, 지역 주민에게 상담, 조언 및 정보를 제공해 주는 사업
아동주간보호사업	부득이한 사유로 가정에서 낮 동안 보호를 받을 수 없는 아동을 대상으로 개별적인 보호와 교육을 통하여 아동의 건전한 성장을 도모하는 사업
아동전문상담사업	학교 부적응 아동 등을 대상으로 올바른 인격 형성을 위한 상담, 치료 및 학교폭력 예방을 실시하는 사업
학대아동보호사업	학대아동의 발견, 보호, 치료 및 아동학대의 예방 등을 전문적으로 실시하는 사업
공동생활 가정사업	보호를 필요로 하는 아동에게 가정과 같은 주거 여건과 보호를 제공하는 것을 목적으로 하는 사업
방과 후 아동지도사업	저소득층 아동을 대상으로 방과 후 개별적인 보호와 교육을 통하여 건전한 인격 형성을 목적으로 하는 사업

자료: 아동복지법, 2009

3. 아동학대

아동학대란 "보호자를 포함한 성인에 의하여 아동의 건강, 복지를 해치거나 정상적 발달을 저해할 수 있는 신체적 · 정신적 · 성적 폭력, 가혹행위 및 아동의 보호자에 의하여 이루어지는 유기와 방임"을 말한다. 아동에 대한 신체적 학대는 물론 정신적 · 성적 학대 및 유기와 방임까지도 아동학대 속에 포함시키고 있다. 우리나라 보건복지부의 지침은 아동학대의 유형을 신체적 학대, 정서적 학대, 성 학대, 방임으로 제시하고 있다(보건복지부, 2009).

1) 아동학대 유형

① 신체학대(Physical Abuse)

보호자를 포함한 성인이 아동에게 우발적 사고가 아닌 상황에서 신체손상을 입히거나 또는 신체손상을 입도록 하는 모든 행위를 말한다.

② 정서학대(Emotional Abuse)

보호자나 양육자가 아동에게 행하는 언어적 · 정서적 위협, 감금이나 억제 등의 가학적인 행위를 말한다.

③ 성학대(Sexual Abuse)

성인이 자신의 성적인 욕구충족을 위해 미성숙한 아동과 함께 하는 모든 성적 행위를 말한다.

④ 방임(Neglect) 및 유기(Abandonment)

방임은 보호자가 아동에게 고의적, 반복적으로 아동양육과 보호를 소홀히 함으로써 아동의 정상적인 발달을 저해할 수 있는 모든 행위를 말한다. 유기는 성인의 보호감독을 받아야 하는 아동을 버리는 행위를 말한다.

정부는 아동학대 문제에 본격적으로 관심을 가지고 2000년 1월 아동복지법을 개정하여 아동보호전문기관의 설치를 위한 법적 근거를 마련하고, 2000년 10월에 전국 16개 시 · 도에 17개소의 『거점아동보호전문기관』을 설치하였고, 2001년 10월에는 중앙아동보호전문기관을 설치하여 아동학대 예방 사업의 체계를 갖추었다. 2004년부터는 소규모센터 23개소를 추가로 설치 · 운영함으로써 아동학대에 대한 접근성을 높였다. 또한 2004년 복권기금을 확보하여 아동학대의 예방부터 치료 · 보호 및 가정 복귀까지 종합적인 행정서비스를 제공하는 '아동보호종합센터'기능을 부과하여 시 · 도별 1개소씩 아동보호전문기관에 설치하였다. 아동보호종합센터에는 학대피해아동을 위한 치료실, 놀이실 등은 물론 보호시설까지 갖추어져 있으며 아동보호를 위한 전체적 기능을 수행토록 하고 있다(2009년 현재 전국 아동보호전문기관 44개소).

현재, 보건복지콜센터(129)와 함께 아동보호전문기관에서는 4회선씩 아동학대 신고전화(1577-1391)를 설치하고 전문상담원을 배치하여 24시간 운영하고 있다. 아동보호전문 기관은 신고를 받고 현장에 출동하여 학대사례에 대한 조사를 한다. 학대 상황이 심각한 경우 아동을 일시보호시설에 격리 · 보호 하는 등의 조치를 취하며, 학대피해아동 및 학대행위자(가족)에게 상담, 교육 등 적절한 서비스를 제공하여 학대의 재발방지를 도모하도록 하고 있다.

2008년 한 해 동안 아동학대 신고전화를 통해 접수된 건수는 총 9,570건이며, 이중 7,219건(75.4%)이 아동학대 신고전화였고 나머지는 일반 상담전화였다. 아동학대 신고전화 중 아동보호전문기관이 개입하여 조사한 결과 5,578건이 아동학대사례로 판정되어 아동을 보호하였다. 아동학대의 유형은 방임이 가장 많은 40.1%였고 중복학대 34.0%, 정서학대 12.2%, 신체학대 7.6%, 성학대 5.1%, 유기 1.0%로 나타났다.

정부는 아동보호전문기관의 조직과 전문 인력을 점진적으로 확충하여 체계적이고 전문적인 서비스를 제공할 수 있도록 노력하고 있다. 이를 위해 2009년 7월 1일자로 시행된 아동복지법 개정안에 전국 시 · 도 또는 시 · 군 · 구에 아동보호전문기관을 설치하도록 하는 관련규정을 마련하였으며, 아동학대행위자가 의무적으로 상담, 교육 등 전문서비스를 받도록 하는 제도의 도입을 추진하고 있다.

4. 가정위탁 보호와 그룹 홈

가정위탁은 건전한 가정에서 보호가 필요한 아동을 일시적으로 보호하는 것으로 그 동안 민간에서 자발적으로 실시하고 있었으나, 가정위탁제도를 활성화하기 위해 정부에서는 위탁가정에게 양육보조금(월 7만원이상)을 지원하고 있다. 또한 위탁가정 발굴, 부모교육, 위탁아동 및 위탁 가정의 조사, 사후관리 등에 있어 시·도를 지원하기 위하여 2003년부터 전국에 17개소의 가정위탁지원센터를 운영하고 있으며 2004년 7월부터 중앙가정위탁센터를 설치하여 지방의 가정위탁지원센터를 지원하고, 각종 프로그램을 개발·보급하고 있다. 2008년 말 기준 16,454명의 아동을 가정위탁으로 보호하고 있다.

최근 소규모 가정형태의 보호체계가 요보호 아동에게 심리·사회적으로 안정적인 주거환경을 제공한다는 인식하에 시설보호 비중을 낮추는 방안의 하나로 그룹홈에 대한 지원이 강화되고 있다. 그리하여 2004년 1월 아동복지법 개정으로 아동복지시설종류에 공동생활가정(그룹홈)이 추가되었다. 그룹홈은 아동 5인으로 가구를 구성하여 가정적인 분위기에서 정서적인 안정과 사회적응능력을 배양할 수 있도록 하는 보호형태로서 1997년부터 시범사업을 실시하였다. 2008년말 기준 정부지원 그룹홈은 248세대로서 앞으로 그 대상을 확대해 나갈 계획이다. 정부에서는 그룹홈 시설장 및 보육교사에 대해 인건비와 관리운영비를 지원하고 있으며, 그룹홈 생활 아동들의 경우 기초생활보장 수급자로 선정하여 생계비(주부식비, 피복비)를 지원하고, 퇴소 시 양육시설 퇴소아동과 같은 액수의 자립지원금을 지원하고 있다.

〈표 10-5〉 가정위탁보호사업현황 (2008년 12월 31일 기준)

구분	위탁가정 유형			
	계	대리양육가정	친인척 위탁가정	일반인 위탁가정
아동 수(명)	16,454	10,790	4,519	1,226

자료: 중앙가정위탁지원센터, 가정위탁 현황, 2009

5. 입양

국내입양사업은 보호가 필요한 아동을 국내가정에서 양육시킬 수 있어 아동보호시책으로는 최선의 방법으로 인식되어 꾸준히 추진되어 왔다. 최근 들어 국내 입양이 조금씩 늘어나고 있으나 선진국에서와 같은 아동복지차원의 입양문화는 아직 정착되지 못하고 있다.

정부에서는 입양촉진 및 절차에 관한 특례법(2005.3.31)을 통해 5월 11일을 입양의 날로 제정하였다. 가정의 달 5월에 한 가정(1)이 한 명(1)의 아동을 입양하여 새로운 가정(1+1)으로 거듭난다는 의미를 담고 있다.

국내입양과 국외입양의 비중을 살펴보면 1990년에는 국내입양(1,647명)이 35.7%, 국외입양(2,962명)이 64.3%, 2001년에는 국내입양(1,770명)이 42.0%, 국외입양(2,436명)이 58.0%를, 2002년에는 국내입양(1,694명)이 41.6%, 국외입양(2,365명)이 58.4%를, 2003년에는 국내입양(1,564명)이 40.7%, 국외입양(2,283명)이 59.3%를, 2004년에는 국내입양(1,641명)이 42.0%, 국외입양(2,258명)이 58%를 차지하고 있다. 국내입양과 국외입양은 약 40:60의 비율로 이루어지고 있는 실정이다.

〈표 10-6〉 아동입양기관수 및 입양아동수

구분	입양기관 수			입양아동(명)		
	계	국내	국내/국외	계	국내	국외
2004	23	19	4	3,928	1,641	2,287
2005	24	20	4	3,719	1,461	2,258
2006	25	21	4	3,231	1,332	2,101
2007	24	20	4	2,652	1,388	1,264
2008	24	20	4	2,556	1,306	1,250

자료: 보건복지부, 아동입양기관 수 및 입양아동수, 2008.12.31 기준

6. 지역아동센터

최근 경제적 어려움과 가정해체 등으로 지역사회의 빈곤, 교육기회 상실, 질병 등에 노출되어 있고 아동학대 등의 문제가 빈발하고 있고 자녀양육기능이 약화되어 보호자로부터

적절한 보호와 지도를 받지 못하는 아동이 증가하고 있으나 지역사회 안에서 빈곤아동을 보호·교육·상담·급식 등을 제공하는 기능이 미흡한 실정이다.

정부는 2004년부터 전국 244개 공부방에 운영비를 지원하여 지역사회에서 보호가 필요한 아동을 보호·육성하고 아동복지법에 지역아동센터를 시설의 종류로 추가하여 공부방을 지역아동센터로 확대하였다.

〈표 10-7〉 지역아동센터 시설 수와 국고 지원 개소 수

(단위: 개, 원, %)

연도	시설 수 (06년12월말기준)	국고지원 시설 수(%)	신고 시설 수	미신고 시설 수
2004년	895	244	340 (38.0%)	555 (62.0%)
2005년	1,709 (▲814)	500 (55.9%) (▲256)	1,377 (80.6%)	332 (19.4%)
2006년	2,029 (▲320)	902 (44.5%) (▲402)	1,871 (92.2%)	158 (7.8%)
2007년		1,800 (89.0%) (▲898)		

자료: 지역아동센터협의회(2007. 8), '지역아동센터 현안문제에 대한 정책제언', 지역아동센터지도자 워크숍 자료집

7. 아동급식 지원

부모의 실직으로 경제적 빈곤 또는 부모의 질병, 사망, 가출 등 가족기능의 결손으로 발생하는 결식우려 아동에 대한 급식을 2000년 10월부터 지원하여 결식아동의 문제아동화, 체력약화 등을 예방하기 위한 것이다.

아동급식은 사회복지관, 민간 및 종교단체 급식소와 연계하여 교육 및 복지프로그램과 병행하여 급식이 제공하고 있으며, 2001년부터는 취학아동에 대하여 조·석식, 미취학아동에 대하여는 조·중·석식을 제공하고 있다. 아래 표는 아동에 대한 급식지원을 하는 사회복지기관들이다.

〈표 10-8〉 아동 급식 지원 기관

(단위: 개소, 명)

구 분		시설 명	개소 기관 수	이용 아동 수	개소당 평균 아동수	비고
지역 사회	보건복지부	지역아동센터	2,029	59,172	29	
		종합복지관	396	11,880	30	
		아동복지시설	282	18,817	66	양육, 치료시설, 일시보호시설등
	청소년위원회	방과후아카데미	100	4,171	41.7	
합 계			2,807	94,040		

자료: 고경화국회의원 정책자료 '지역 빈곤아동의 사회적 케어를 위한 정책제안 2006. 11.
지역아동센터, 아동복지시설은 2006년말 자체 분석결과 첨부

8. 소년 · 소녀 가정 보호

우리나라의 소년 · 소녀가정 세대는 1997년 이래 계속 감소하고 있다. 1997년(9,544세대) IMF를 정점으로 1999년 7,924세대, 2001년 5,248세대, 2003년 3,994세대, 2005년 2,755세대, 2007년 1,630세대로 지속적으로 줄어들고 있다. 2008년 소년 · 소녀가정 세대는 총 1,337세대 2,058명이다. 재학상태별로는 미취학 12명, 초등학교 292명, 중학교 621명, 고등학교 1,059명, 기타 74명이다. 전년도인 2007년(1,630세대)에 비해 18.0%(293세대) 감소하였고, 소년 · 소녀가정 세대가 가장 많았던 1997년(9,544세대)에 비해서는 무려 86.0%(8,207세대) 감소하였다. 소년 · 소녀가정 세대의 급격한 감소는 최근의 정책적 변화에 기인한다. 특히, 15세 미만의 아동세대를 구성할 경우 정부에서 소년 · 소녀가정 지정을 제한하고 가정위탁이나 시설(그룹홈) 입소를 강구함에 따라서 소년 · 소녀가정 세대가 급격히 감소하게 된 것이다.

제 3 절 아동복지시설에서의 유의사항

① 아동들에게 무리한 약속을 하지 않는다.

② 금품을 요구하는 경우 무조건 응해서는 안 되며, 필요시에는 반드시 관계 직원과 논의하는 것이 좋다.

③ 아동들에게 직원에 대한 사항을 말하거나 직원을 비방하는 말을 하지 않도록 한다.

④ 아동이 이성적 감정을 갖고 접근치 않도록 유의한다. 이성적 애정이 싹틀 수 있으므로 실습과 무관한 만남이 되지 않도록 주의한다.

⑤ 아동의 개인적인 과거를 묻지 않는다.

⑥ 아동을 동정의 눈이나 호기심이 눈으로 보지 않도록 한다. 그들은 "시설아동"이라는 시각으로 보이길 원치 않는다.

제 4 절 사회복지사의 역할

아동복지 시설에서 사회복지사는 다음의 역할을 수행할 수 있도록 노력해야 한다.

① 가능케 하는 자(enabler)

사회복지사가 클라이언트의 문제 해결을 위하여 목표로 정한 변화를 스스로 성취하도록 능력을 격려하고 촉진하는 역할을 한다. 지지나 조력함으로써 아동 자신이 변화를 가져오게 하는 것이다.

② 자문가(consultant)

아동, 가족 혹은 학급과 때로는 정책, 절차 혹은 서비스나 프로그램에 관해 교사, 교장, 학교관련인사, 지역사회인사들의 자문을 구한다.

③ 공동협력자(collaborator)

각 분야의 관계자가 동등하게 참여하여 정보를 교환하므로, 각 전문직이 기여하는 바를 타 전문직의 기여하는 바와 연결시키는 능력이 요구된다.

④ 교사(teacher, educator)

사회복지사가 아동에게 교육을 통해 새로운 정보를 지속적으로 제공함으로써 학생들을 성장시키고 문제해결능력을 기른다. 문제 상황을 극복하는데 필요한 행동과 기술을 실천하도록 클라이언트를 도우며, 또 대안적 행동 유형을 모델링을 통하여 가르칠 수 있다.

⑤ 조정자(mediator) 또는 중재자

아동과 환경 사이에서 양자 모두에게 문제해결 서비스를 제공하는 것이다. 바람직하지 못한 관계나 갈등이 있을 때 사회복지사가 개입하여 개선시킨다.

⑥ 옹호자(advocater)

아동이 자원 및 서비스를 받을 권리를 유지하도록 돕는다. 클라이언트나 그가 속한 집단에게 부정적인 효과를 주는 프로그램과 정책을 변화시키는 운동을 적극적으로 지지한다.

⑦ 관리자(manager) 및 중개자(broker)

사회복지서비스를 계획, 협상, 추진 및 평가하는 전 과정에서 관련자들이 협동적, 효율적, 합리적으로 활동할 수 있도록 지도하고 촉진한다.

제5절 아동복지 실습 사례

기관명: 이화영아원(http://www.happyehwa.net)

1. 실습일정

일 자	내 용	일 자	내 용
12월 20일(월)	기관 소개, 오리엔테이션	1월 3일(월)	미혼모 그룹홈
12월 21일(화)	입양이란 무엇인가?	1월 4일(화)	파양에 대하여
12월 22일(수)	입양절차	1월 5일(수)	자원봉사자 관리 및 소개
12월 23일(목)	IMF와 영아원의 변화, 성탄절 행사 준비	1월 6일(목)	후원금 관리
12월 24일(금)	성탄절 행사	1월 7일(금)	지역내시설과의 연계
12월 25일(토)	성탄절	1월 8일(토)	자원봉사 동아리와 만남(나누리)
12월 27일(월)	입양 신청 시 알아야 할 사항	1월 10일(월)	청소년 자원 봉사 활동과 영아원
12월 28일(화)	미혼모 상담교육	1월 11일(화)	지역사회의 후원자 개발 계획
12월 29일(수)	아동보육업무 보조	1월 12일(수)	시설에서의 사회복지사의 역할
12월 30일(목)	송년의 밤 행사	1월 13일(목)	공휴일 시설관리 - 아동관리
12일 31일(금)	미혼모 발생 현황과 실태	1월 14일(금)	공휴일 시설관리 -방문자 관리
1월 1일 (토)	신정휴무	1월 15일(토)	실습 총 마무리

2. 실습내용

1) 자원봉사자 관리

나주지역의 특성상 학생들의 봉사활동 체험기회가 많지 않은데 이곳 영아원에서 각 학교들과 활발한 교류를 통하여 학생들의 자원봉사에 대한 의식과 체험을 가르치고 있다. 또한 학생들의 활동과는 다르게 지역의 주민들이 봉사자로 참여하는 경우가 많은데 많은 봉사단체들이 영아원 중심으로 운영되고 있다. 효율적인 자원봉사자 관리는 봉사자들의 특성과 능력에 맞는 일을 할 수 있도록 해야 하며 친밀한 관계유지에 힘써야 한다.

2) 후원자 개발 및 관리

시설운영에 있어 가장 중요한 것은 후원자들을 관리하는 것이라고 할 수 있는데 후원자들을 잘 관리하기 위해서는 그 후원자에 대한 정확한 정보, 생활 환경이나 주위환경, 사회생활의 활동 범위 특성들을 잘 파악하여 보관하고 전산기록시키며 항상 관심을 가질 수 있도록 자주 연락하고 소식을 전해야 한다.

3) 아동보육업무와 프로그램 연구

많은 수의 아이들을 효율적으로 보육하기 위해서는 전문적인 지식을 가지고 프로그램을 개발하고 적용시켜야 한다. 정서적인 지지를 위한 프로그램, 아동의 신체발달에 따른 프로그램, 일반 가정과 다른 공동체 생활에 필요한 프로그램 등 새로운 프로그램 개발에 노력하여야 한다.

4) 입양상담

입양을 원하는 사람들에게 보육아동의 상세한 자료를 개방하고 입양을 하는데 필요한 절차와 입양 조건, 입양을 하였을 때 법적권리와 의무 그리고 효력 등에 대한 상세한 상담을 통하여 입양하는 과정에서 어려움을 해소할 수 있다.

5) 미혼모상담

미혼모에 대한 상담과 아동입양과정에 관한 전문지식이 필요하다.

3. 프로그램 기획 연습사례: 저소득층 아동 방과후 지도 프로그램 계획안

1) 프로그램의 목적 및 목표

(1) 프로그램 목적

가정의 경제적 여건의 미흡하고, 부모의 맞벌이 혹은 한 부모가정의 여건 때문에 방과 후에는 부모로부터 방임되거나 방치될 확률이 높은 영세 맞벌이가정 및 빈곤층 아동·청소년들을 중심으로 방과 후 일정한 여가 및 학습공간을 마련해 줌으로써 가정에서 충족되지 못한 욕구를 충족시킴과 동시에 학습능력 향상 및 정서적 안정을 도모하고, 유해환경으로부터 보호하며, 이들의 사회적 욕구를 충족시키는데 목적이 있다. 그리고 대인관계와 사회에 대 긍정적 관점을 형성하여 주며, 신뢰감 형성을 향상시키고, 환경에 대한 적응력을 향상시키는 데 기여하고자 한다.

(2) 프로그램 목표

목표 ① : 방과 후 아동을 안전하게 보호함으로써 탈선 비행예방
하위목표 (1) 안전한 생활환경 제공

목표 ② : 건전한 자율학습태도 및 학습능력 향상을 위한 보완적 서비스 제공
하위목표 (1) 학습능력 향상을 위한 학습지도
(2) 학교 적응능력 보완

목표 ③ : 아동의 원활한 생활을 하기 위한 능력을 강화시키는 지지적 서비스
하위목표 (1) 특기교육 보조 및 지지
(2) 정서함양 및 사회성 발달
(3) 잠재 학습 능력 개발 확보

목표 ④ : 아동이 또래 집단과의 긍정적인 경험의 기회를 제공하고 가족과 함께 책임을 효율적으로 수행할 수 있도록 서비스 제공
하위목표 (1) 원만한 교우관계 형성을 위한 서비스 제공
(2) 아동과 가족 간의 역할 수행을 위한 기회 마련

2) 프로그램 내용

월별 프로그램 실시

월	교육목표 및 행사	교육 내용
1월 2월	회원모집 및 공부방 확보. 자원봉사자 및 대상자 모집, 홍보	자원봉사는 대학과 연계하여 기존의 자원봉사자를 통하여 모집하고, 회원은 동사무소 사회복지 전문요원을 통해서나 전화상담, 생활지도 등 개별 면접을 통해서 모집한다. 그리고 홍보물 및 자원봉사자 지침서 제작
3월	대상자 모집 및 명부확인, 프로그램 소개, 대상자 욕구조사, 입학식, 생일잔치	대상자들의 파악과 욕구조사를 하고, 새로운 환경에서 생활의 즐거움을 적응하도록 돕고 새 학기 시작으로 입학식 및 생일잔치 실시
4월	자원봉사자 교육, 대상자 상담, 봄 소풍, 생일잔치	자원봉사자들을 교육하고 대상자의 욕구충족을 위해 상담을 실시하며 봄 소풍을 통한 자연의 소중함을 알고 자연과학에 대한 탐구심을 기르도록 프로그램 실시
5월	운동회 어린이날 행사, 청소년의 행사, 어버이날, 생일잔치	대상자와 자원봉사자가 펼치는 운동회와 어린이날 및 청소년의 날을 파악하고 가족의 소중함을 안다.
6월	현충일, 생일잔치	현충일을 맞아 우리나라를 빛낸 위인들을 살펴보기
7월	학기평가회, 방학생활 여름캠프계획, 공부방 방학	여름방학을 맞이하여 알차게 보내기 위해 계획을 짜고 학기 평가회를 실시
8월	여름캠프, 공부방 개강, 생일잔치	여름캠프를 통한 정체성형성과 방학생활을 계획대로 생활하고 있는지 점검하고 대상자와 상담
9월	자원봉사 모집, 가을소풍, 생일잔치	자원봉사를 다시 모집하고 가을 소풍을 통한 자연을 소중함을 알고 자연과학에 대한 탐구심 기르기
10월	가을운동회, 생일잔치	대상자를 상담하고 슈퍼바이저와의 만남을 주선하며 가을운동회와 생일잔치 실시
11월	자원봉사자 평가회, 생일잔치	자원봉사자들의 평가회를 열어 토론하고 마무리 활동
12월	대상자 상담, 슈퍼바이져와의 만남, 1년 평가, 생일잔치	1년 동안 실시한 프로그램 및 대상자 욕구충족과 자원봉사자에 대한 평가를 한다.

프로그램 세부내용

목표	하위목표	프로그램 명	프로그램 서술 및 방법	수행인력
1. 방과 후 아동을 안전하게 보호함으로써 탈선, 비행을 예방	안전한 생활환경 제공	"푸른교실"	- 안전하면서도 실내에서 마음껏 움직일 수 있는 충분한 공간 확보. - 오후시간과 방학 중에는 시간 제약 없이 이용 없이 이용하도록 개방 - 독서 열람과 프로그램 진행에 알맞은 시설제공	사회복지사 1명
2. 아동의 건전한 자율학습 태도 및 학습능력 향상을 위한 보완적 서비스 제공	1. 학습능력 향상을 위한 학습지도	"숙제 지도하기"	- 매일 개별적으로 확인 및 지도	사회복지사 1명 자원봉사자 1명
		"살펴보기"	- 자원봉사자들의 연계를 통해 숙제지도 서비스 제공 - 숙제해결을 스스로 참여할 수 있는 분위기 조성	사회복지사 1명 자원봉사자 1명
	2. 학교적응 능력보완	"부진아 학습지도"	- 매일 실시 - 학습부진아를 사전 파악하고 특별관리	자원봉사자 2명
3. 아동이 원활한 생활을 하기 위한 능력을 강화시키는 지지적 서비스 제공	1.특기 교육 보조 및 지지	"특기 살리기"	- 매일 실시 - 본인이 원하고 적성에 맞는 시간에 가서 해당 시간에 맞게 교육을 받도록 보조 - 학부모와 연계한 개인 관리 및 상담	자원봉사자 2명
	2.정서 함양 및 사회성 발달	"간식제공"	- 매일 약간의 간식제공 - 학부모와 사전 합의하여 생활능력에 맞게 운영	사회복지사 1명
		"시청각 교육"	- 주1회 이상 실시 - 교육 및 학습지도에 맞는 주제를 선정하여 비디오 감상을 함으로써 교육의 효율성과 흥미 유발	사회복지사 1명 자원봉사자 1명
		"한마음 레크리에이션"	- 월 1회 실시 - 게임과 레크리에이션을 통해 스트레스 해소 및 관계조성 활성	사회복지사 1명 자원봉사자 2명
		"길거리 농구대회"	- 연 4회 실시 - 운동을 통해 건강증진 도모 사회성 발달 지지	사회복지사 2명 자원봉사자 3명
		"견학 및 현장학습"	- 연 2회 실시 - 현장학급을 통해 학교에서 얻지 못하는 학습효과의 효율성 증대	사회복지사 1명 자원봉사자 2명
		"눈썰매장 가기"	- 연 1회 실시 - 겨울방학 중에 실시하여 방학을 즐겁게 보냄과 동시에 아름다운 추억을 만들기 위해 실시	사회복지사 2명 자원봉사자 3명
	3.잠재 학습 능력 개발 확보	"글은 나의 친구"	- 주 1회 실시 - 권장 도서를 읽고 감상문 TM기 - 열람실 활동을 통한 독서 지도	자원봉사자 1명

			- 감상회 실시	
		"에디슨 과학 교실"	- 주 1회 실시 - 직접 실험을 통해 자연현상에 대한 탐구의 기쁨과 과학방법을 제시	사회복지사 1명 자원봉사자 1명
		"노래교실"	- 주 1회 실시 - 노래를 통해 스트레스 해소와 소질을 발견할 수 있는 기회 제공 및 지지	자원봉사자 1명
		"공작교실"	- 주 1회 실시 - 그림과 만들기를 병행하여 소질개발 및 미술 교육 연계 - 재활용품을 이용하여 자원의 소중함을 일깨워 주기	자원봉사자 1명
4. 아동이 또래 집단과의 긍정적인 경험의 기회를 제공하고 가족과 함께 책임을 효율적으로 수행 할 수 있도록 서비스 제공	1.원만한 교우 관계 형성	"편지 주고받기"	- 매주 일 회 실시 - 인간관계를 원만하게 하는 훈련	사회복지사 1명
	2.아동과 가족 간의 역할 수행을 위한 기회 마련	"가족과 함께"	- 연 1회 실시 - 가족과 함께 야유회나 캠프 실시 - 가족과 함께 할 수 있는 기회를 제공함과 가족의 소중함을 인식	사회복지사 1명 자원봉사자 2명

자료: 동신대학교 사회복지학과 사회복지실습 및 프로그램 보고서

제 6 절 아동복지분야 프로그램

1. 사업 명: 피학대 아동의 대인관계 향상을 위한 집단놀이 활동 프로그램 "우리 모두 다 함께"

2. 필요성

최근 아동학대 발생률이 증가하고 있는데, 이러한 아동학대는 부모의 이혼이나 사별로 인한 한부모 가정, 조손가정, 재혼가정이 증가함과 정비례관계를 나타내고 있다. 2005년 광주아동보호전문기관의 아동학대 사례 현황을 살펴보면 이러한 가정의 피해아동들의 특성을 알 수 있다. 정서문제를 가진 아동이 32건(14.0%)으로 가장 많고, 학교부적응 10건(4.4%), 학습문제 13건(5.7%)으로 각각 파악되었다(광주아동보호전문기관, 2005). 또한 안동현(2000)은 아동의 학대 후유증으로는 공격성, 우울, 과잉행동, 불안정한 성격, 대인관계

불안, 자신감 결여, 낮은 자아존중감을 유발시킨다고 보았는데, 이는 학대를 더 많이 지속적으로 경험할수록 자신에 대해 부정적이고, 스스로 더 공격적이라고 평가한다는 점을 나타내 주고 있다. 이와 같이, 일반적으로 피학대 아동은 심리 및 정서적 불안과 사회 부적응을 경험하기 쉽고 공격성을 보이는 경향이 있어 타인과의 관계 형성에 있어서 적응하는 것이 어려웠다.

이에 본 프로그램은 학대 아동의 낮은 자아 존중감, 자신감이 부족하여 자기 표현에 어려움을 겪고 있는 피학대아동들의 대인관계 문제에 초점을 두어 아동 학대 후유증에 대해 긍정적으로 변화시킬 집단놀이 활동, 협동심 기르기 프로그램을 통해 자아 존중감 향상과 자기표현력, 사회적응력을 이루는데 적극적 지지를 해줄 수 있도록 프로그램을 실시하고자 한다.

3. 프로그램의 기대효과

목 표	기 대 효 과
사랑의 싸이클	친구들과 이야기함으로써 자신에 대해 표현하는 방법을 알게 된다.
나의 장기 표현하기	조원들과 장기연습을 통해 관계형성 및 자신감 향상에 기여할 수 있게 된다.
나를 만들어 보세요	내 몸을 직접 만들어봄으로써 자신을 생각하는 시간을 갖게 되고 자신의 자아상을 보게 된다.
협동 도미노	조원 간에 협동심을 기를 수 있고 성취감을 느낄 수 있게 된다.
사랑의 편지쓰기	자신의 감정을 타인에게 전달할 수 있게 된다.
사진으로 말해요	친구들과 하나의 통일된 이야기를 만들어봄으로써 타인의 생각을 받아들일 수 있게 된다.
미니 운동회	개방적인 공간에서 마음껏 뛰놀며 게임을 통해 규칙을 알게 되고 하나된 마음으로 협력하게 한다.
핑거 페인팅	자유롭게 그림으로 표현하며 자신의 감정을 표출할 수 있다.
요리 경연대회	함께 계획·준비하고 일을 분담하는 과정을 통해 책임감을 키우고, 친밀감 및 사회성을 높일 수 있다. 음식을 완성한 후의 성취감과 자신감을 높일 수 있다.
나 자랑하기	자신의 소중함에 대해서 스스로 생각할 수 있게 된다.

4. 목적 및 목표

<table>
<tr><th>목 적</th><th>목 표</th><th>세 부 목 표</th></tr>
<tr><td rowspan="10">집 단 놀 이 활동 프로그램을 통해 대인관계를 증진시키자.</td><td rowspan="3">피학대 아동이 '나 자랑하기' '나의 장기 표현하기'
'나를 만들어보세요' 프로그램을 통해서, 자신에 대해 알아보고 자아존중감을 고취시킨다.</td><td>나 자랑하기
내 주변의 소중한 것들, 내가 소중하다는 것을 글로 나타내고 발표하는 시간을 갖는다. /1회 1시간 20분</td></tr>
<tr><td>나의 장기 표현하기
조별로 친구들 앞에서 자신들의 장기를 마음껏 뽐내볼 수 있는 시간을 갖는다. /1회 3시간 30분</td></tr>
<tr><td>나를 만들어보세요
각자 칼라점토를 이용하여 자기 몸을 만들어본다. /1회 2시간</td></tr>
<tr><td rowspan="3">피학대 아동이 '사랑의 싸이클' '사랑의 편지 쓰기' '핑거 페인팅'프로그램을 통해서, 자기 표현력을 향상시킬 수 있도록 도와준다.</td><td>사랑의 싸이클
아동들이 각각 두 명씩 짝지어 돌아가며 인사하고 이야기함으로써 자기를 표현한다. /1회 1시간</td></tr>
<tr><td>사랑의 편지쓰기
자신이 마음을 표현하고 싶은 사람에게 편지를 써봄으로써 그 대상에게 마음을 전달할 수 있다. /1회 1시간</td></tr>
<tr><td>핑거 페인팅
손바닥, 손가락을 이용하여 물감을 찍어 주제 그림을 완성함으로써 억눌린 감정을 표출할 수 있다. /1회 2시간</td></tr>
<tr><td rowspan="4">피학대 아동은 '협동도미노' '사진으로 말해요' '미니 운동회' '요리경연대회' 프로그램을 통해서, 협동심을 길러 사회적응력을 향상시킨다.</td><td>협동 도미노
5개조가 한 글자씩 완성하여 팀원간의 협동심뿐만 아니라 전체아동들이 성취감을 느낄 수 있도록 한다. /1회 2시간</td></tr>
<tr><td>사진으로 말해요
신문이나 잡지에서 각자 자신이 원하는 사진을 오려 붙여, 조원들끼리 하나의 이야기를 완성하여 팀간의 협동능력을 증진시킨다. /1회 1시간 30분</td></tr>
<tr><td>미니 운동회
5개의 종목을 한 게임씩 실시하여 팀원간의 협력을 구축하고 성취감 및 활력소를 얻을 수 있다. /1회 6시간</td></tr>
<tr><td>요리 경연대회
자원봉사자와 함께 5개조로 나누어 준비된 재료를 가지고 만들고 싶은 요리를 만든다. /1회 3시간 30분</td></tr>
</table>

5. 서비스 대상

<table>
<tr><td colspan="3">· 서비스 대상: 광주아동보호전문기관에 아동학대로 접수된 사례관리 중인 아동
· 실인원: 20명(서비스 실시 대상 인원)</td></tr>
<tr><td>대상구분</td><td>서비스 대상자 산출근거</td><td>단위수(명)</td></tr>
<tr><td>일반집단</td><td>광주광역시 지역에 거주하는 아동(통계청, 2005)</td><td>372,252</td></tr>
<tr><td>위기집단</td><td>일반집단 중에서 사례관리 중인 아동</td><td>186</td></tr>
<tr><td>표적집단</td><td>위기집단 중에서 초등학생</td><td>102</td></tr>
<tr><td>클라이언트의 수</td><td>피학대아동 중 초등학교 고학년(4~6학년) 아동</td><td>20</td></tr>
</table>

6. 세부사업 내용

· 시기 : 2007년 7월 27일~2007년 8월 24일(매주 금, 토요일 주 2회 실시)

· 장소 : 광주 아동보호전문기관 1층 강당, 5층의 그룹홈(요리경연대회)
상일중학교 운동장(미니운동회)

· 자원봉사자: 현재 광주 아동보호전문기관에서 자원봉사를 하고 있는 분 중에서 모집

· 수행인력: 프로그램 담당 선생님

· 조구성: 척도검사를 통해 아동들의 유형을 살펴본 후 4인 5조로 구성

<table>
<tr><td rowspan="2"></td><td colspan="4">투 입</td><td colspan="2">산출근거</td></tr>
<tr><td>프로그램</td><td>수 행 방 법</td><td>시행 시기</td><td>수행인력 (명)</td><td>참여인원 (명)</td><td>시행 횟수</td></tr>
<tr><td rowspan="2">1회기</td><td rowspan="2">오리엔테이션</td><td>- 오리엔테이션을 통해 간단한 소개와 앞으로의 집단 활동 프로그램을 어떻게 실시할 것인지 알려준다. (10:00~10:50)</td><td>1째주 금요일</td><td>진행자:1</td><td>수행인력 +아동:21</td><td>1회</td></tr>
<tr><td>- 사전 자아존중감 척도 검사와 대인관계기술 척도 검사를 통해 학대아동의 현재 자아 상태를 알아본다.(11:00~11:30)</td><td>1째주 금요일</td><td>진행자:1</td><td>수행인력 +아동:21</td><td>1회</td></tr>
<tr><td rowspan="2">2회기</td><td>사랑의 싸이클</td><td>- 10명씩 두 줄로 마주보며 나란히 서게 한다.(10:00~10:05)
- 약1분간 자신이 마주보는 사람과 서로 인사하고, 이야기를 나눌 수 있는 시간을 가진다.
- 로테이션형식(10:05 ~11:00)</td><td>1째주 토요일</td><td>진행자:1
도우미:2</td><td>수행인력 +아동:23</td><td>1회</td></tr>
<tr><td>나의장기 표현하기</td><td>- 조별로 조원들끼리 하고 싶은 장기를 정한다.(11:10 ~11:30)
- 연습 할 시간을 준다.(11:30~12:30)
- 점심시간을 가진다.(12:30~13:30)</td><td>1째주 토요일</td><td>진행자:1
도우미:2</td><td>수행인력 +아동:23</td><td>1회</td></tr>
</table>

		- 친구들 앞에서 자신들의 장기를 마음껏 뽐내볼 수 있는 시간을 갖는다. (13:30~14:30)				
3회기	나를 만들어 보세요	- 각자 고무판과 칼라 점토를 나눠준다. (10:00~10:05) - 담당자가 활동에 간단한 설명을 한다. (10:05~10:20) - 자신의 신체를 느끼고 생각하는 대로 만들어보게 한다.(10:20~11:20) - 완성 후 본인이 설명해보고 선생님과 친구들의 의견을 들어 본다.(11:30~12:00)	2째주 금요일	진행자:1 도우미:3	수행인력 +아동:24	1회
4회기	협동 도미노	- 4명씩 5조를 구성한다. - 진행자가 도미노에 대한 설명을 한다. (10:00~ 10:30) - '사랑해요♡'란 글자를 각 조에 하나씩 완성하여 전체적인 모양으로 연결한다. (10:30~12:00)	2째주 토요일	진행자:1 도우미:5	수행인력 +아동:26	1회
5회기	사랑의 편지쓰기	- 자신이 마음을 표현하고 싶은 사람에 대해서 함께 이야기를 나눈다.(10:00~10:20) - 편지지를 나눠주고, 마음을 표현하고 싶은 사람에게 사랑의 편지를 써본다. (10:20~10:50)	3째주 금요일	진행자:1	수행인력 +아동:21	1회
	사진으로 말해요	- 4명씩 5조를 구성한다. - 프로그램의 진행과정을 설명한 뒤, 그림이 실려 있는 잡지나 신문을 조별로 나누어준다.(11:00~ 11:10) - 한 명당 한 장씩 그림을 정해서 자신의 해당 조인, 종이에 잘라 붙인다. (11:10~11:30) - 진행자가 4개의 그림으로 하나의 이야기를 만들어 보라고 지시한다.(11:35~12:00) -이야기를 만든 후 각 조별로 발표한다. (12:00~ 12:30)	3째주 금요일	진행자:1 도우미:2	수행인력 +아동:23	1회
6회기	미니 운동회	- 개회사를 시작하고 청팀, 백팀으로 나눈다. 이때, 간단한 준비운동도 함께 한다. (10:00~10:30) - 오전에는 2인3각 릴레이, 단체닭싸움 게임을 진행한다.(10:30~12:00) - 점심시간을 가진다.(12:00~13:00) - 오후에는 공 튕기기, 과자 따먹기, 단체줄넘기 게임을 진행한다. (13:00~15:00) - 이긴 팀에게는 웃는 얼굴 스티커를 진 팀에게는 우는 얼굴 스티커를 점수판에 붙인다. - 모든 경기가 끝난 후, 폐회사와 함께 승패에 관계없이 서로를 격려하고 박수로 칭찬한다.(15:20 ~16:00)	3째주 토요일	진행자:1 도우미:7	수행인력 +아동:28	1회

7회기	핑거 페인팅	- 미술치료 선생님께서 핑거페인팅 진행에 대해서 설명한다.(10:00~10:30) - 바닥에 큰 종이를 2장 깔고 한 장의 종이에 10명씩 배치한다. - 손바닥과 손가락을 사용하여 물감을 찍어 주제에 관련된 그림을 완성한다.(10:30~11:30) - 그림에 대해서 선생님과 아동들이 함께 이야기해보는 시간을 갖는다.(11:30~12:00)	4째주 금요일	진행자:1 도우미:5	수행인력 +아동:26	1회
8회기	요리 경연대회	- 요리를 시작하기 전에 위험요소에 대해 주의사항을 알려준다.(10:00~10:30) - 4명씩 5개조로 나누어 준비된 재료로 원하는 음식을 자원봉사자와 함께 요리를 한다.(10:30 ~12:00) - 요리에 대한 평가는 아이들이 스스로 한다.(스티커 2개를 나누어주고 간단히 시식 후 맛있는 요리에 스티커를 붙여 평가)(12:00~12:30) - 평가 후 에는 다 함께 모여서 직접 만든 요리를 먹어보는 시간을 갖는다.(12:30~13:30) - 빙수, 김밥, 스파게티, 라볶이, 샌드위치, 유부초밥을 조별로 만들어본다.	4째주 토요일	진행자:1 도우미:5	수행인력 +아동:26	1회
9회기	나 자랑하기	- 각자 종이를 주고 내주변의 것들과 나의 소중함을 생각하고 종이에 적게 한다.(10:00~ 10:30) - 일정 시간이 지나면, 담당자가 돌아가면서 발표하도록 유도시킨다.(10:30~11:20)	5째주 금요일	진행자:1 도우미:2	수행인력 +아동:23	1회
	사후 평가	- 사후 자아존중감 척도 검사와 대인 관계 기술 척도 검사를 통해 학대아동의 현재 자아 상태를 알아본다.(11:30 ~12:00)	5째주 금요일	진행자:1	수행인력 +아동:21	1회

※ 모든 프로그램 종결 후, 아동들이 프로그램을 하면서 찍은 활동사진들을 앨범에 넣어 아동 각자에게 선물한다.

6. 평가척도

1) 아동 평가

(1) 대인관계기술 척도

	전혀 그렇지 않다(1점)	거의 그렇지 않다(2점)	가끔 그렇다 (3점)	매우 그렇다 (4점)
1. 나는 친구를 쉽게 사귄다.				
2. 다른 사람들이 나에게 말을 걸기 전에 먼저 말을 건다.				
3. 나는 친구가 자기의 고민을 털어 놓을 때 잘 들어준다.				
4. 다른 사람들에게 칭찬을 잘 해준다.				
5. 다른 사람과 다른 의견을 가지고 있을 때 싸우지 않고 참을 수 있다.				
6. 다른 사람이 나에게 화를 낼 때 덩달아 화를 내지 않고 참을 수 있다.				
7. 친구와의 사이에 문제가 생겼을 때 대화로 문제를 해결하려고 한다.				

☻ 아동에게 사전, 사후로 대인관계기술 척도 검사를 실시하여 아동들의 프로그램 참가 후의 대인관계기술에 관한 평가를 알 수 있다.

본 검사는 척도의 점수가 높게 나올수록 대인관계 기술이 좋은 것으로 평가된다.

(2) 자아 존중감 척도

아래의 문제들은 '여러분이 자신을 어떻게 보느냐' 하는 자신에 대한 생각을 나타내는 것입니다. 여러분의 생각을 잘 나타내 주는 곳에 ∨표를 해주시기 바랍니다.

문 제	거의 그렇지 않다(1점)	보통이다 (2점)	거의 그렇다(3점)	항상 그렇다(4점)
1. 나는 내가 다른 사람들처럼 가치 있는 사람이라고 생각한다.				
2. 나는 좋은 성격을 가졌다고 생각한다.				
3. 나는 대체로 실패한 사람이라는 느낌이 든다.				
4. 나는 대부분의 다른 사람들과 같이 일을 잘 할 수 있다.				
5. 나는 자랑할 것이 별로 없다.				
6. 나는 내 자신에 대하여 좋게 생각한다.				
7. 나는 내 자신에 대하여 좋게 생각한다.				
8. 나는 내 자신을 좀 더 존경할 수 있었으면 좋겠다.				
9. 나는 가끔 내 자신이 쓸모없는 사람이라는 느낌이 든다.				
10. 나는 가끔 내가 좋지 않는 사람이라고 생각한다.				

☻ 아동에게 사전, 사후로 자아 존중감 척도 검사를 실시하여 아동들의 프로그램 참가 후의 자아존중감에 관한 평가를 알 수 있다.
본 검사는 척도의 점수가 높게 나올수록 자아 존중감이 좋은 것으로 평가된다.

(3) 프로그램 평가

목표	목표에 대한 평가방법	측정 도구
자아 존중감 향상	자신이 얼마나 소중한 존재인지를 알게 되었는가? 자아존중감척도 검사 실시	평가 체크리스트 자아존중감척도
자기 표현력 향상	타인에게 먼저 다가가서 대화를 할 수 있는가? 상황에 따른 감정표현을 할 수 있는가? 스스로 자신감 있게 발표 할 수 있는가?	평가 체크리스트
협동심과 사회적응력 향상	또래들과 잘 협력하여 프로그램을 수행하였는가? 집단놀이 활동 시 거리낌 없이 참여하였는가? 프로그램 참여시 적극성을 얼마나 띠는가? 대인관계기술 척도 검사 실시	평가 체크리스트 대인관계기술척도

☻ 평가 체크리스트

영역	문항	항목	평가 점수			
			전혀 그렇지 않다	그렇지 않다	그렇다	매우 그렇다
자아 존중감 향상	1	자신이 얼마나 소중한 존재인지를 알게 되었는가?				
자기 표현력 향상	2	타인에게 먼저 다가가서 대화를 할 수 있는가?				
	3	상황에 따른 감정표현을 할 수 있는가?				
	4	스스로 자신감 있게 발표 할 수 있는가?				
협동심과 사회적응력 향상	5	또래들과 잘 협력하여 프로그램을 수행 하였는가?				
	6	집단놀이 활동 시 거리낌 없이 참여 하였는가?				
	7	프로그램 참여시 적극성을 얼마나 띠는가?				

7. 기대효과

학대로 인한 후유증으로 감정적이거나 자기표현이 부족한 아동들에게 미술활동, 체육활동 등의 여러 프로그램을 통해서 자아 존중감, 자신감 향상 및 협동심을 길러짐으로써 사회적응력과 대인관계를 향상시켜 조금 더 성숙하게 자랄 수 있는 기회가 된다.

또한 조별 활동을 통해서 아동들이 조의 일원으로 소속감과 책임감을 기를 수 있게 된다. 프로그램을 통해서 자신의 생각이나 느낌 등을 타인에게 전달하는 능력과 타인의 생각이나 느낌을 수용할 수 있게 된다.

참고문헌

고경화 국회의원 정책자료(2006. 11). '지역빈곤아동의 사회적 케어를 위한 정책제안'.
도미향 외 3인(2006). 『아동복지론』, 공동체.
박종삼(2002). 『사회복지개론』, 학지사.
보건복지부 중앙아동보호전문기관(2009). 2009년 아동학대현황보고서.
보건복지부(2007.6.30) 아동복지시설 종사자수 및 보호아동현황. 보건복지부 홈페이지 보건복지자료실 통계자료방(게시물번호 22번)
보건복지부(2009). 『아동복지법』.
보건복지부(2009). 『아동・청소년 백서』.
원석조(2005). 『사회복지개론』. 양서원.
중앙가정위탁지원센터(2009). 가정위탁현황. 정보나누미방 통계 및 관련자료실.
지역아동센터협의회(2007). 지역아동센터 현안문제에 대한 정책 제언. 지역아동센터 지도자워크숍 자료집.
한국아동학회(2001). 『아동발달백서』, 한솔교육문화연구원.

인터넷 사이트

대한사회복지회 http://alovenest.santanara.net
동방사회복지회 http://www.eastern.or.kr
사단법인 지역아동센터협의회 http://www.jckh.org
아동학대신고상담센터 http://www.childabuse.or.kr
아이들과 미래 http://www.kidsfuture.net
월드비전 http://www.wvkorea.or.kr
유니세프한국위원회 http://www.unicef.or.kr
입양아부모찾아주기 http://www.findparent.or.kr
전국아동청소년그룹홈협의회 http://grouphome.kr
한국보육시설연합회(중앙보육정보센터) http://www.educare.or.kr
한국수양부모협회 http://babylove.simin.org
한국아동학대예방협회 http://kapcan.welfare.net
한국이웃사랑회 아동학대문제연구소 http://www.1391.or.kr
한국인입양아를 위한 홈페이지 http://www.adoptee.com
한국입양홍보회 http://www.mpak.co.kr
홀트아동복지회 http://www.holt.or.kr
중앙가정위탁지원센터 http://www.fostercare.or.kr
이화영아원 http://www.happyehwa.net

광주광역시 및 전라남도 소재 아동보호전문기관

· 광주광역시아동보호전문기관: 광주광역시 서구 쌍촌동 1355-1 (502-860)
전화(062-385-1391~3), 팩스(062-383-1391)

· 전라남도아동보호전문기관: 전남 순천시 용당동 561 (540-969)
전화(061-753-5125-8), 팩스(061-753-1391)

· 전남목포아동보호전문기관: 전남 목포시 상동 928 2층 (530-390)
전화(061-285-1391), 팩스(061-285-1394

찾아보기

[저자 소개]

• 양정남
숭실대학교 대학원 사회사업학과(석사)
영국 런던대학교 사회복지전공(문학박사)
현 동신대학교 사회복지학과 교수

• 윤동성
대구대학교 사회복지학과
대구대학교 사회복지학과(석사, 박사수료)
현 순천종합사회복지관 관장

• 최은정
숭실대학교 대학원 사회사업학과(석사)
숭실대학교 대학원 사회복지학과(박사수료)
현 동신대학교 사회복지학과 교수

• 조 준
연세대학교 법학과
동신대학교 대학원 사회복지학과(석, 박사)
현 동신대학교 사회복지학과 교수

• 이형하
전남대학교 사학과
동신대학교 대학원 사회복지학과(석, 박사)
현 광주여자대학교 사회복지학과 교수

사회복지현장실습

2010년 2월 25일 초판인쇄
2010년 3월 5일 초판발행

저 자 양정남 · 윤동성 · 최은정 · 조준 · 이형하
발행인 유 성 렬
발행처 **청목출판사**
서울특별시 영등포구 신길동 233-96
전화 (02) 849-6157(代) · 2820
FAX (02) 849-0817
등록 제318-1994-000090호

파본은 바꾸어 드립니다. 값 18,000원

http : //www.chongmok.co.kr

ISBN 978-89-5565-343-4